70억의 별:

위기의 인류

70억의 별:

위기의 인류

주동주 지음

▪ 머리말

이 책은 지구 위에 인간의 숫자가 대략 70억 명을 넘어선 현재 시점에서 인류가 공동으로 직면하고 있는 문제들에 대한 필자의 오랜 관심을 담은 책이다. 70억이 사는 우리의 별 지구가 이제는 그야말로 하나의 지구촌이 되었고, 여기에 너무나 많은 복잡한 문제들이 있으며, 상당히 심각한 위기가 다가오고 있다는 것이 필자의 문제의식이었다. 인류사회는 산업혁명 이후 대량생산체제를 실현하고 성장을 거듭해왔지만, 지금은 그 반작용 내지 부작용으로 기후변화 등 환경문제를 비롯해 경제, 사회 전반에 심각한 문제를 안게 되었다. 이 책은 역사적 맥락에서 인류사회의 발전과정을 짚어보고 현시점의 주요한 문제들을 진단한 다음, 인류가 미래의 후손들과 지구촌에 함께 사는 모든 생명체를 고려하며 공존할 수 있는 길이 무엇인지를 고민해보고자 했다.

UN이 2015년 9월 말에 채택한 "지속 가능한 개발목표"(Sustainable Development Goals: SDGs)는 마침 필자가 고민하는 이러한 문제의식과 연결되어 있다. 지속 가능한 개발이라는 주제는 특히 국제개발학 분야에서 오랫동안 많은 사람들이 집중적으로 논의해온 주제이다. 그러나 UN이 채택한 17개의 개발 가능 목표는 이러한 논의의 결과를 응축한 것이라기보다 동시에 해결하기 어려운 많은 목표들을 한꺼번에 나열해놓은 듯한 아쉬움이 있다. 필자가 이 책을 쓰던 시점에서는 UN의 SDGs가 계속 논의 중에 있었고, 최종 채택된 시점에서는 필자의 초고가 거의 끝난 상태였기 때문에 이 책에서는 특별히 UN이 논의하는 바의 SDGs를 깊이 다루지는 않았다. 다만 "지속 가능한 개발"이라는 논의가 나올 수밖에 없는 문제의식을 공유했다는 것이다.

지속 가능한 개발이라는 용어가 회자되기 시작한 사실 자체가 인류의 미래가 지속 가능한가라는 의문에 부딪히게 되었기 때문이다. 인류사회가 위기라는 생각은 어린 시절 학교에서 노스트라다무스의 예언을 듣고부터 막연히 가져왔지만, 나이 들어 머리가 크고 독서를 하면서 이것이 구체적인 현실의 문제라는 생각이 들었다. 날마다 뉴스에 나오는 세계의 온갖 사건사고들을 넘어 그 이면에 심각한 구조적 위기가 닥쳐오고 있다는 생각이 늘 떠나지 않았다.

도대체 세상은 왜 이렇게 복잡하고 시끄러운지, 어떻게 해야 인간들이 서로 행복하게 살 수 있는지, 이런 문제가 늘 궁금했는데, 필자가 품고 있던 의문 자체가 너무나 막연하고 누구도 쉽게 답을 해주지 않아 가슴속에 항상 답답한 마음을 품고 살았다. 그런데 이제는 나이가 오십이 넘어 더 이상 누군가로부터 답을 찾고 있기도 힘드니 지금까지 내가 생각해온 문제들을 더 나이 들어 잊어먹기 전에 한번 정리해보자고 생각해서 이 책을 쓰기로 마음먹었다. 세상이 너무나 크고 복잡해서 70억의 인구가 사는 다양한 삶의 모습을 다 이해할 수도 없고, 내가 무슨 대단한 지혜를 꿰뚫고 있는 현인이어서 답을 제시할 수 있는 것도 아니지만, 그냥 역량이 닿는 대로 지금껏 내가 고민하고 생각해온 문제들을 한번 정리해두자고 생각했다.

필자는 대학에서 어문학과 정치학을 공부했고, 대학원에서는 경영학을 공부했다. 대학 졸업 후 10여 년간 직장 생활을 하다가 휴직을 하고 영국에 가서 국제개발학(International Development Studies)을 공부하고 왔다. 필자가 공부한 국제개발학은 주로 가난한 제3세계 국가들의 빈곤문제를 연구하면서 이들의 경제, 사회적 상황을 어떻게 개선시킬까 하는 주제에 집중하는 학문이다.

유학을 마친 후에는 같은 직장에 복귀하여 휴직기간을 포함하면 지금까지 30여 년간 근무하고 있다. 그사이 정부에서 잠시 근무했고, 대학에서 겸임교수로 오랫동안 강의도 했다. 한국의 산업과 무역정책을 연구하는 기관에서 중동과 아프리카를 중심으로 전 세계의 개발도상국에서 다양한 현지 조사를 수행하고 많은 연구보고서를 작성하였다. 특히 최근 10여 년 동안에는 한국의 대외원조사업과 국제기구 업무에 관계하면서 숨 가쁘게 많은 나라를 다녀야 했다. 그 과정에서 다양한 국제사업을 수행하고 회의에 참석하였다.

필자가 연구해온 주제는 크게 두 가지 분야로 나눌 수 있다. 하나는 매우 실용적인 관점에서 개발도상국의 경제동향과 무역, 투자환경 등을 연구하고 이 나라들에 대한 우리의 경제협력전략을 연구하는 것이다. 한국의 기업과 국민경제에 도움이 되는 방향으로 수출, 투자, 해외건설, 자원개발 등의 문제를 연구하고, 이를 위해 한국 정부 및 산업계와도 많은 모임을 가져왔다. 잠시 동안 국무총리실의 규제개혁위원회에 파견되어 근무한 경험도 있다.

다른 한 분야는 개발도상국들의 빈곤 퇴치를 위해 인도적인 관점에서 우리가 이들을 어떻게 도와줄 수 있는가 하는 원조문제를 연구하는 것이다. 이 주제는 특히 2010년 한국이 선진국들의 모임인 경제협력개발기구(OECD)의 개발원조위원회(Development Assistance Committee: DAC)에 회원으로 가입하면서 중요한 정책 이슈의 하나가 되었다. 필자는 이 문제로 많은 국제협력사업을 수행하고, 정부의 각종 위원회 멤버로 활동하였다. 2012년 한국 정부의 국무총리실이 18개 연구기관에 위탁하여 만든『한국형 ODA 모델 수립』연구는 필자가 연구책임자를 맡아 100여 명의 학자들과 함께 작업하였다.

이러한 학문적 배경과 경험이 이 책의 문제의식에 접근해나가는 데 많은 도움이 되었다. 학문적으로도 다양한 분야를 섭렵했지만, 사회생활 경험도 많은 나라를 다니면서 여러 분야의 다양한 사람을 만났다. 선진국과 후진국을 오가면서 한쪽으로는 각 나라의 고위 공직자들과 유수 기업인들을 만나 세계경제의 역동적인 현상을 관찰했고, 한쪽으로는 가장 가난하고 힘없는 사람들의 문제를 꾸준히 관찰하면서 가슴 아파해야 했다. 필자의 개인적인 삶도 얼핏 보면 제법 화려한 듯도 한데, 실상은 매우 신산하고 외로운 삶을 오랫동안 살아왔다. 그래서 이런 문제에 더욱 절실한 관심을 가지게 된 듯하다.

이 책은 필자가 2014년 7월부터 1년 동안 미국 시애틀의 워싱턴 대학에 방문학자로 나가 있는 동안 집필하였다. 30년의 직장 생활 끝에 겨우 허락받은 천금 같은 시간을 이용해서 오랜 세월 필자가 궁금해하던 인류의 위기에 대한 책을 한 권 집필해보자고 마음먹고 쓴 것이다. "70억의 별"이라는 제목을 정하고 글을 쓰자니 제목이 너무나 거창해서 무슨 책을 쓰는지 궁금해하는 주위 동료들에게 제대로 답변도 못 하고 혼자 고민하면서 원고를 마쳤다. 2015년 7월에 한국에 돌아와 마무리해서 출판하려 했는데, 귀국하자마자 다시 바쁜 일상에 치여 손을 대지 못하다가 이제야 책을 내게 되었다.

필자의 원래 의도는 전문적인 학술서적이 아니라 일반 대중을 상대로 교양도서를 한 권 쓰겠다는 것이었다. 이런 의도에서 인문학과 사회과학의 영역을 넘나들고 때로는 개인의 경험을 적절하게 삽입하면서 가급적 쉽고 평이한 표현으로 내용을 전달하고자 했다. 그러나 다루는 문제 자체가 매우 심각한 것들이기 때문에 전문용어가 나오고 내용이 다소 어려운 부분들이 있다. 방대한 분야의 심오한 문제를 비전문가가 함부로 언급하는 것은 위험한 일이어서 최대한 각 분야의 권위 있는 책들을 찾아 읽고 나름대로 제대로 이해했다고 생각되는 시점에서 집필하고자 했다. 출처가 필요한 모든 내용에는 원전과 원문을 명시하려 노력해서, 이 책에는 상당한 분량의 각주가 달려 있다. 사실은 지금보다 훨씬 더 많은 각주와 영어 원문들을 넣었지만, 출간 과정에서 독자들에게 시각적인 불편을 주지 않기 위해 상당 부분 삭제하였다.

 이 방대한 주제의 책을 1년 이내라는 주어진 시간에 누구의 도움도 받지 않고 혼자 힘으로 쓰는 일은 매우 힘에 부치는 작업이었다. 필자의 능력과 시간의 제약으로 충분히 다루지 못한 내용들이 많지만, 아쉬운 대로 현재 상태에서 작업을 마친다. 이 작업을 기초로 해서 훗날에 더욱 심도 있는 저작들을 써볼 수 있으리라 기대한다. 나라 안팎의 경제사정이 전반적으로 어렵고 출판계도 불황인 상황인데, 이 책을 내어주기로 한 한국학술정보에 특별히 감사의 말을 전하고 싶다.

2016년 8월 세종시에서
주동주

■ 추천사

지속 가능한 인류의 미래를 위한
대안 모색

이 책은 국제개발학을 전공한 한 지성인이 평소 갖고 있던 고민과 문제의식을 정리한 내용을 담고 있다. 저자 주동주 박사는 이론을 기초로 오랜 기간 현실상황의 전개를 직접 목격하고 체험하였기 때문에 이 글의 흐름은 생동력과 함께 설득력을 갖추고 있어 우리의 피부에 와 닿는다. 내가 기억하는 그의 경력만으로도 국책연구원의 선임연구위원을 비롯해서 정부 및 기업의 자문, 국제기구 자문위원, 대학교수, 정부정책자문 및 국제회의 한국대표 등으로 다양하다. 이러한 다채로운 직책은 이 책의 어딘가에서 실증적인 자료를 제공한다.

이 책의 취지는 어떻게 하면 '지속 가능한 인류의 미래'를 이룩할 수 있는가 하는 문제에 대해 대안을 모색하는 데 있으며, UN SDGs와도 많은 부분 그 맥을 같이한다.

그간 관련 주제를 다룬 보고서, 서적 및 논문이 많이 출간되었지만, 특정 사건을 중심으로 한 단편적인 소개에 국한하거나 또는 외국학자의 저작물, 번역서 및 국제기구의 보고 자료들이 주류를 이룬다.

반면에 국내 학자가 주관적인 시각에서 인류의 발전사부터 오늘날 당면한 세계적 위기에 이르기까지 대장정의 시대적 배경과 발전상황을 체계적으로 서술한 저서는 찾아보기 힘들다. 이 책은 특히 국제위기의 조성과정에서 국내 상황을 정보나 자료로 적절하게 삽입함으로써 한국도 이러한 흐름에서 무관하지 않다는 인식을 갖게 해준다. 바로 이 점이 이 책의 큰 장점이며, 저자의 폭넓은 경험과 관심을 반영하고 있다.

저자는 잘 알려진 1972년 로마클럽보고서(성장의 한계)의 접근시각을 받아들인다. 인구, 식량, 자원제약, 산업생산 및 환경오염 등 오늘날에도 유효한 변수들이다. 이들 변수가 그간 어떻게 바뀌어 왔는지를 실증자료를 통해 저자의 견해를 뒷받침하고 있다.

이 책은 여기에 더하여 제도의 변화에도 초점을 맞춘다. 체제의 경쟁에서 자본주의체제의 우월성이 입증되었고, 이 선택이 수세기에 걸쳐 세계경제·사회의 발전에 크게 기여한 것은 누구도 부인할 수는 없다. 그러나 저자는 이 과정에서 노정된 오작동과 같은 어두운 측면이 오늘날 기후변화, 과잉공급, 반복되는 경제위기, 자원파괴 및 불평등과 같은 부작용이나 남용을 가져옴으로써 '지속가능한 인류의 공존'을 위협하는 인재(人災)로 등장하고 있음을 경고한다.

그렇다면 대안은 무엇인가? 저자는 우선 국가 제도적인 차원에서 따뜻한 자본주의, 바꾸어 말하면 '남을 배려하는 포용적 자본주의'를 제안함으로써 우리 모두의 의식적인 공동노력에 호소한다.

다음, 국제적인 거버넌스의 개혁차원에서 세계의회 및 세계정부의 수립을 주장함으로써 이상적인 인본주의자의 일면을 보여준다. 저자와 함께 70억을 포함하는 별이 공존할 수 있는 조건이 실현되기를 기대한다.

끝으로 이 책은 구성면에서 방대하고도 복잡하게 얽혀 때로는 지루함을 줄 수 있는 주제들을 다루면서도 각 장들 간 서로 일관성을 유지하면서 평이한 표현으로 매끄럽게 이어지고 있어 일단 책을 들면 끝까지 눈을 뗄 수 없게 한다. 더구나 경제학에서 등장하는 난해한 전문용어는 거의 찾아볼 수 없으며, 특정개념이 나오면 친절하게 각주나 필요한 설명이 뒤따른다. 이런 의미에서 이 책은 전문학술서와 동시에 교양서로서의 요소들을 고루 갖추고 있다.

서울대학교 명예교수
김세원

■ 추천사

'70억의 별'인 지구에서
한계와 희망을 동시에 발견한
국제개발학자의 진솔한 자기 성찰서

국제개발학계의 선배연구자이자 평소 존경하는 산업연구원 주동주 박사님으로부터 새로운 책을 한 권 발간했으니 추천사를 써줄 수 있냐는 전화를 받았을 때 처음 든 생각은 그동안 연구한 결과를 한 권의 책으로 묶어 내는 줄 알았다. 그러나 책의 초고를 받아 들고는 깜짝 놀라지 않을 수 없었다. 받아본 초고는 저자가 평상시 연구하고 있는 개도국 경제협력이나 대외원조에 관한 것이 아니라 인류 공동의 문제를 역사적으로, 또 횡단적으로 거침없이 풀어낸 내용을 담고 있었다. '70억의 별'인 지구가 현재 당면하고 있는 문제를 저자의 독특한 시각으로 분석하고 또 그 해결책을 모색했던 외로운 과정을 떠올리면서 선배 연구자에게 더없는 존경심을 가지게 되었다.

주동주 박사는 매우 독특한 학문적 배경을 가지고 있다. 대학에서 중동어문학과 정치학을 전공하고, 석사과정에서는 경영학을, 그리고 박사과정은 국제개발학을 공부하였다. 얼핏 보면 한 전공분야에 천착하지 못하고 여러 학문분야를 '방황'한 것으로 오해할 수 있으나, 중동문제를 공부하면서 정치적 문제해결을 고민하지 않을 수 없었고, 이러한 문제해결이 얼마나 어려운가를 발견하고는 보다 현실적인 해결방법인 경영학을 선택한 것으로 보인다. 그러나 박사과정에서는 초기에 가졌던 문제의식인 개도국의 빈곤과 갈등을 해소하고 경제와 사회적 상황을 개선하는 주제를 다루는 국제개발학을 한국에서 최초로 전공한 학자이다. 당시 국제개발학 자체가 국내에서는 매우 생소했기 때문에 졸업 후 진로를 고민했다면 쉽게 선택하지 못했을 것이라 짐작되지만, 주동주 박사의 흔들리지 않는 문제의식은 그러한 고민을 넘어 가난한 제3세계 국가들의 빈곤문제 해결에 집중할 수 있는 학문분야를 선택하게 이끈 것이다.

'지속 가능한 미래를 위한 한 개발학자의 고민과 제언'이라는 부제가 붙은 '70억의 별: 위기의 인류'는 이러한 문제의식의 연장선상에서 보다 거시적인 시각으로 인류의 위기상황에 대한 저자의 지적 통찰을 보여주고 있다. 분쟁과 갈등, 가난, 기후 변화 등 인류가 공동으로 직면하고 있는 문제들을 병렬적으로 나열하여 기술하고 정리하는 수준이 아니라 보다 근원적인 문제의 뿌리를 찾아가는 과정을 매우 진술하고 진정성 있게 풀어내고 있다. 현재 포화와 절벽의 양면적 위기를 가진 인구문제를 분석하면서 인류의 위기상황에 대한 질문을 던지고, 인류의 진화과정을 분석하면서 산업혁명이라는 분수령을 초점으로 경제성장의 성공이 환경파괴, 자본주의 문제, 민족국가와 세계화의 문제 등을 초래하는 역설을 쉽게 설명한다. 인류의 위기라는 큰 주제를 역사적 맥락에서 보면서 성취가 위기로 이어지는 연결고리를 풀어내는 저자의 학문적 내공이 엿보이는 대목이다.

또한 성장이 한계에 부딪힌 상황에서 사회주의와 함께 양대 이념적 체계를 이루어 왔던 자본주의와 그 운영원리인 자유경쟁의 원칙이 인간사회의 갈등을 키우는 불평등을 심화시키고 성장의 이면에서 빈곤문제를 초래하는 현상을 이론과 담론의 차원이 아닌 실제 현상분석을 통해 우리에게 논리적으로 전달하고 있다. 진화와 진보의 근대성에 입각한 인류의 성장과정이 결국 환경파괴와 지구에 사는 다른 생명체와 인류 자신의 생존에 위협을 가져오는 과정을 성찰하면서 현재 기후변화와 환경문제 등 위기상황에 대한 원인과 처방을 동시에 제시하고 있다. 저자의 정치학적 학문배경은 이러한 문제해결이 단순히 인간의 자각과 행동의 변화만으로 이루어질 수 없으며, 근대민족국가 단위에서는 근본적인 해결이 어려운 상황임을 진단하게 한다.

이러한 역사적 접근과 범분야적 접근을 통해 저자는 '인류가 함께 공존해야 하며, 이를 위해 따뜻한 자본주의가 필요하고, 환경을 보호하고, 자원을 절약하여 미래의 우리 후손들도 이 지구에서 안전하게 살 수 있도록 지속 가능한 개발을 추구'해야 한다고 주장한다. 이를 위해 UN총회를 세계의회로 발전시켜야 하며, 민주적인 세계정부도 필요하다는 결론을 제시한다. 결론에서 제시하는 세계의회와 세계정부의 실현가능성과 타당성에 대한 논의를 차치하더라도 현재 인류의 위기 상황이 일상적이고 점진적인 접근으로는 해결할 수 없고, 지구적 차원에서 인류공동의 일체화된 노력이 필요하다는 절실함을 그대로 보여주고 있다.

이 책을 읽어가면서 쉽게 손에서 놓을 수 없는 이유는 인류의

위기의 원인과 전개과정에 대한 저자의 생각에 공감하는 바도 있
지만, 손대기 어려운 주제들을 일관된 시각으로 충분히 소화하여
읽기 쉽게 펼쳐낸 저자의 지적 역량에 있다는 점이다. 주동주 박사
의 역저에 다시 한 번 고개 숙여 찬사를 보내며, 향후 이 책이 우
리 주변의 문제를 넘어 인류의 공공성을 고민하는 젊은이와 연구
자, 정책결정자 모두에게 귀중한 동반자가 될 것으로 기대한다.

경희대학교 공공대학원장 및 국제개발협력학회장
손혁상

■ 추천사

인류의 현실에 대한
한 개발경제학자의 치열한 성찰

주동주 박사는 정통 개발경제학자다. 그가 오랜 세월 어느 한 분
야에 정진해왔다고 해서 정통이란 수식어를 붙이는 것은 아니다.
당초 우리나라에서 개발경제학에 대한 관심은 우리나라의 경제 및
사회 발전에 초점을 맞추고 있었다. 우리가 저개발 후진국의 단계
를 벗어나지 못하던 시절로 거슬러 올라가면 그렇다는 말이다. 개
발연대 초기부터 하루라도 빨리 후진국의 굴레를 벗어나기 위해
경제성장의 지름길을 찾고자 하는 목적에서 개발경제학을 추구했
는지도 모른다. 그러나 주동주 박사는 일찍부터 지속 가능한 개발
에 더 많은 관심을 가지고 개발경제학을 탐구해왔다. 빠른 길이 아
니라 바른 길, 바람직한 방향을 모색하고자 하려는 것이었으리라.
그의 출발은 우리가 왜 경제개발에 나서야 하는가 하는 보다 근본
적인 문제에서 비롯된다. 그리고 오랫동안 바로 이 '화두'를 놓지
않고 성찰해왔다. 그를 정통 개발경제학자라 부르는 이유다.

그는 그동안 산업연구원에서 국제개발협력 이슈에 매달려 왔다. 경제발전의 빠른 길에만 관심이 있었다면 국제개발협력이란 것도 별로 어려운 과업이 아닐 수 있다. 그저 우리의 개발연대 시절 경험을 전수해주면 그만일 수도 있었을 테니까 말이다. 그러나 그는 인간과 자연에 대한 깊은 애정을 바탕으로 아직 저개발 후진국 단계에 머물러 있는 나라들과의 의미 있는 협력 방안을 모색하러 나서곤 했다. 우리나라 대외원조의 기본정신이라 할 수 있는 '수원국에 감동을, 국제사회에 모범을, 국민에게 자부심을!'이라는 캐치프레이즈를 만든 이도 바로 그다. 그냥 구호성 표어가 아니라 그의 인류에 대한 애정과 현실에 대한 깊은 성찰의 결과를 함축한 표현이라고 보는 것이 더 정확할 것이다. 이를 구현하기 위해 그는 2012년에 '한국형 ODA 모델'을 수립하는 데 주도적인 역할을 수행하기도 하였다.

주동주 박사와는 산업연구원에서 오랜 연구 동료로 지내왔다. 그럼에도 나는 그를 열정이 넘치는 연구자라고 피상적으로만 이해하고 있었다. 온 세상의 빈곤 문제를 혼자서 끌어안고 끙끙대느냐고 그에게 윽박지를(?) 때도 있었지만, 그때마다 그는 그냥 웃으면서 넘기곤 하였다. 그러던 그가 지난해 미국에서 1년간 지내며 이 책을 집필했노라고 원고를 보여주었을 때 사실은 좀 충격적이었다. 그에게 그동안 이토록 깊은 성찰이 있었구나, 끊임없이 이어지는 연구원의 바쁜 과업 중에도 그는 이런 본질적인 문제를 놓지 않고 있었구나, 미국에서 조용한 시간을 보냈는가 했더니 이 책을 집필하기 위해 그는 매우 치열하게 지냈었구나 하는 생각들이 떠올랐다.

이 책을 통해 그를 더욱 이해할 수 있다니 얼마나 다행스런 일인가 말이다. 그렇지 않으면 그의 반쪽만 알고 말았을 것 아닌가.

어쨌든 이 책의 진가는 그의 연구의 깊이를 가늠하고 정통 개발경제학자로서의 주동주 박사를 이해하는 데 도움이 될 만하다는 데에 있다. 감히 일독을 권하는 바이다.

전 산업연구원 부원장, 경제학 박사
심영섭

■ 차례

제6장 환경 파괴, 자연과 인간의 갈등

제1장

서론: 위기의 인류

1. 70억의 별

세계인구는 2011년에 70억을 넘어섰고 지금까지 빠른 속도로 계속 늘어났다. 지구 위에 인간이라는 종(species)이 탄생한 이래 최초로 인구 10억 명을 넘어선 것은 1804년이라고 한다. 거기까지 오는 데 인류 역사 전체가 걸렸다. 그런데 이때로부터 두 배가 늘어 20억 명이 된 해는 1927년으로 123년밖에 걸리지 않았다. 여기서 다시 두 배가 늘어 40억 명이 된 해는 1974년으로 불과 47년밖에 걸리지 않았다. 이런 추세로 두 배가 되는 시간이 계속 빠르게 단축되었다면 2000년에 지구 인구는 이미 80억을 넘어섰을 것이다. 그러나 다행히 인구증가 속도가 떨어지면서 2013년 기준으로 72억 명에 머물렀다.[1]

UN이 최근에 발표한 2015년판 인구예측 자료에 따르면 세계인구는 2050년에 97억 명이 된다고 한다(UN, 2015).[2] 다른 자료는

---

1) 세계은행 데이터베이스. http://data.worldbank.org/region/WLD

100억 명을 넘어설 것이라고 예측하는 것도 있다. 그러나 2040년쯤부터는 세계적으로 출산율이 낮아져서 인구가 더 이상 늘어나지 않고 대략 80억 명 선에서 유지될 것이라고 전망하는 학자도 있다 (Jörgen Randers, 2012). 미래에 대한 전망은 누구도 장담할 수 없기 때문에 어떤 예측이 정확하게 맞을지는 아무도 모른다.

이 책에서 "70억의 별"이라는 표현을 사용하는 것은 2013년 기준 72억 명이라는 숫자를 받아서 조금 간단하게 바꾼 것이다. 필자가 이 글을 집필하기 시작한 것은 2014년 말이지만, 지구촌의 인구는 대략 70억 명 수준이라고 본다면 무리가 없다는 생각에서 "70억의 별"이라는 제목을 뽑았다. 이 제목에는 지구촌의 인구가 이미 포화 상태라는 뜻이 담겨 있다. 그것이 함축하는 문제들을 파악해서 필자의 시각으로 정리해보고자 하는 것이 이 책의 집필 목적이다.

필자는 어린 시절부터 지구의 인구가 포화 상태라는 말을 듣고 자랐다. 내가 아주 어렸던 시절에 "서울은 만원이다"라는 영화가 나왔는데, 만원을 돈의 가치로만 알고 있던 어린 나는 그 제목의 의미를 정확히 이해하지 못했었다. 지금 인터넷에서 찾아보니 이 영화는 필자가 국민학교 2학년이던 1967년에 나온 것으로 되어 있다. 물론 그 제목의 의미는 서울 인구가 포화 상태라는 뜻이었다. 자료를 찾아보니 서울 인구는 1960년 244만 명에서 1970년에는 543만 명으로 10년 사이 두 배 가까이 늘어난 것으로 되어 있다.[3]

그 무렵 대한민국 정부는 인구 억제를 위해 "한 집 두 자녀 낳

---

2) 아래 주소에서 UN의 *World Population Prospect* 2015년 개정판 전문을 받을 수 있다. http://esa.un.org/unpd/wpp/Publications/Files/Key_Findings_WPP_2015.pdf

3) News1, 2015년 1월 3일자, [광복70] 수도 서울 인구추이 "대한민국 역사가 보인다." http://news1.kr/articles/?2029701

기 운동"을 벌이고 있었고, "아들 딸 구별 말고 둘만 낳아 잘 기르자", "잘 키운 딸 하나 열 아들 부럽지 않다" 등등 이런 구호를 날마다 홍보하면서 가족계획을 권장하고 있었다. 예비군 훈련을 받을 때면 남자들에게 정관수술을 권장하던 기억도 새삼스럽다. 내가 대학을 다닐 무렵에는 "삼천만 동포"라는 단어를 늘 듣고 자랐고, 그래서 한국의 인구가 대략 3천만 명이라고 생각했다. 벌써 그 시절에도 인구가 많아 그렇게들 걱정을 했는데, 지금 대한민국의 인구는 5천만 명을 넘어섰다. 그리고 2013년 기준 서울 인구는 1,038만 명으로 40여 년 전에 비해 다시 두 배쯤 늘어나 있다.

뒤에서 자세히 살펴보겠지만, 영국의 맬서스가 지구 인구가 너무 많아 식량 부족으로 인류의 종말이 올 것이라고 염려한 책을 낸 것은 무려 217년 전인 1798년이다. 43년 전인 1972년에는 로마클럽(Club of Rome)이 지구의 미래를 걱정한 『성장의 한계(Limits to Growth)』라는 책을 내서 세계적인 베스트셀러가 되었다. 그러니 지구 인구가 너무 많아서 걱정이라는 생각은 우리 세대에 대한민국 사람들만 한 것이 아니고 이미 오래전부터 세계의 많은 사람들이 해왔던 것이다. 그런데 로마클럽이 지구의 한계를 걱정하던 책을 냈던 그때 인구는 대략 35억 명으로 지금 인구의 절반 수준이었다.

그 후 인류는 지금까지 무사히 버티면서 여전히 번영하고 있지만, 하여간 로마클럽이 걱정하던 시대로부터도 인구가 다시 두 배로 늘었으니 문제가 없을 수 없다. 인간이 먹고 사는 일에 식량, 자원은 물론 깨끗한 땅, 깨끗한 물, 깨끗한 공기 이런 자연조건들이 필요한데 70억이 넘는 인구가 살게 되니 지구라는 별에 물리적인 한계가 온 것은 분명해 보인다. 더 나가서 대략 지금으로부터 35년쯤 후인 2050년경에는 지구 인구가 100억 명 수준이 될 것이라고 하니 우리 자식들의 시대가 되면 지구에 어떤 문제가 생길는 지 알 수 없는 상황이 됐다.

2. 인구포화와 인구절벽

1984년에 세계은행(World Bank)은 '인구변화와 개발'을 주제로 한 "세계개발보고서"(World Development Report: WDR)를 발행했다. 세계은행은 1978년부터 해마다 개발도상국들의 발전에 관련된 가장 중요한 이슈 하나를 주제로 해서 WDR을 발행하는데, 7번째로 나온 보고서의 주제가 인구변화였다. 이 보고서는 선진국의 인구증가율이 1% 전후로 낮은 수준이고, 세계 전체의 인구증가율이 하락하고는 있지만, 개도국의 인구증가율은 2% 수준으로 여전히 높은 편이며, 빠른 인구증가가 개발의 문제를 드리우고 있다고 파악하면서 다음과 같이 서술하였다(World Bank, 1985: 7).

> "빠른 인구증가의 비용은, 최소한 세계 전체로 본다면, 대재앙이 아닐 수도 있다. 운이 따른다면 갑작스러운 기근, 전쟁, 정치적 또는 환경적 붕괴 사태는 피할 수 있을 것이다. 그러나 규모가 점점 더 커지면서 지속적으로 빠르게 늘어나는 인구는 수백만의 사람들에게 생활의 질이 저하된다는 사실을 의미한다. 그러한 인구증가의 비용은 주로 개발도상국의 빈곤층이 부담하게 될 것이며, 여전히 높은 사망률을 떨어뜨리고자 하는 시도를 좌절시키고, 생활을 개선할 수 있는 기회를 상실하게 만들 것이다."

이 보고서는 세계경제가 두 차례의 오일쇼크를 겪으면서 제2차 세계대전 이후 가장 큰 침체를 겪은 1974-1975년간, 그리고 1980-1983년간의 기간 중 대부분의 개발도상국들이 심대한 어려움에 처한 상황을 분석하고 빠른 인구증가를 억제하는 정책이 필요하다고 주장하였다. 당시 산업연구원에 막 입사한 신입연구원이었던 필자는 한국 정부의 인구억제정책을 뒷받침하기 위해 동료들과 함께 이 보고서를 급히 번역했던 기억이 있다. 가족계획(family planning) 이라는 용어는 그 시절 흔하게 듣던 말이었다.

그런데 이 보고서가 나온 지 30년이 지난 지금은 놀라운 상황이 전개되고 있다. 한국에서는 10년 전쯤부터 인구감소를 우려하는 소리가 나오기 시작하더니 지금은 정부가 출산을 권장하는 쪽으로 정책을 바꾸었다. 선진국들은 우리보다 앞서 이런 현상이 생겼다. 소득 향상과 의학기술의 발전으로 옛날보다 잘 먹고 오래 사니 인구의 고령화가 심해지는 가운데 젊은 층은 결혼과 출산을 기피해서 인구증가율이 낮아져 우려를 하고 있다. 일본 경우는 인구 규모 자체가 줄어들고 있다.

미국의 인구문제 전문가인 해리 덴트(Harry Dent, Jr., 권성희 역, 2014)는 세계 각국에서 출산율의 저하로 소비, 노동, 투자하는 사람들이 급격히 감소하는 인구절벽(Demographic Cliff)이 온다고 예측하여 화제를 모으고 있다. 한국은 2018년에 인구절벽이 온다고 한다. 일본은 1990년에 인구절벽을 맞았으며, 그 이후 장기간 지속되고 있는 경제 불황은 이러한 인구구조 변화와 직접적인 관련이 있다고 언급한다. 인구감소가 문제되는 상황으로 바뀌니 세계은행이나 UN 같은 국제기구들도 이제는 더 이상 인구 억제를 권장하지 않는다.

필자 세대는 늘 인구 억제, 가족계획이라는 말을 들으면서 살았는데, 한 사람의 세대 안에 어떻게 해서 이런 놀라운 변화가 생기게 된 것일까? 지구의 인구포화 문제가 갑자기 다 해결된 것일까?

인구밀도가 세계에서 가장 높은 나라 중의 하나라고 고민하던 한국이 이제는 아이를 더 낳아도 좋은 나라로 바뀐 것일까?

이 의문에 대한 답을 제공하는 단초를 앞에 인용한 세계은행 보고서에서 찾을 수 있다. 이 보고서는 개발도상국의 인구증가 문제에 집중했지만, 선진국들의 낮은 인구증가를 설명하고 20세기 후반기가 인구증가의 분수령이 되었다고 언급했다. 이는 그 이전 수세기 동안 가속적으로 인구가 늘어나던 추세가 전환되어 감소하기 시작하는 단계로 접어들었다는 말이다(World Bank, 1985: 5). 그로부터 30년이 지나 21세기 초에 접어들면서 인류는 인구절벽이라는 새로운 현상을 목도하게 되었다. 그러나 이 보고서는 앞으로도 수십 년 동안 총인구가 계속 늘어날 것이라는 사실은 분명하고, 특히 개발도상국의 인구증가를 억제해야 한다는 문제의식으로 접근하였다.

해리 덴트가 말하는 인구절벽은 소비가 가장 왕성한 40대 후반, 즉 45-49세의 인구가 급격히 감소하는 시기를 말한다. 이 시기를 지나면 한 사회의 소비력이 감소해서 경제가 불황으로 돌입할 수밖에 없다고 한다. UN 통계를 이용해서 필자가 한국의 인구변화를 살펴보니 과연 절벽과 비슷한 현상이 보인다. 그러나 총인구가 계속 늘어나고 인구포화가 더 심해지고 있는 현상도 분명하다. 두 가지 현상이 복합적으로 발생하고 있으니, 과거와 달리 인구정책도 복합적인 접근을 요구하는 상황을 맞게 됐다.

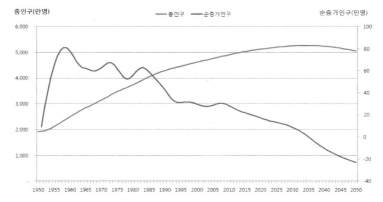

자료: UN(2015), *World Population Prospects: The 2015 Revision*을 이용해서 필자가 작성.

〈그림 1-1〉 한국의 연도별 총인구와 순증가인구 추이(1950-2050)4)

<그림 1-1>은 1950년에서 2050년까지 한국의 인구변화를 추정하고 예측한 자료이다. 한쪽은 총인구이고 한쪽은 해마다 새로 늘어난 인구 숫자이다. 축을 두 개로 만들고 높이를 조정해보면 두 그래프가 X자 모양으로 엇갈리게 보인다. 1985년이 교차점이다. 한국의 총인구는 1950년 1,921만 명에서 2015년에는 5,029만 명으로 65년 동안 2.6배가 늘었다. 같은 기간 동안에 1km²당 인구를 의미하는 인구밀도 역시 192명에서 504명으로 늘어 인구포화 현상은 훨씬 더 심해졌다. 이 통계는 뒤에 나오는 세계은행 통계나 한국 정부 통계와 조금씩 다른데, 이는 실제 인구를 정확히 알 수는 없고 각기관마다 고유한 추정방법을 사용하기 때문이다.

그런데 해마다 새로 늘어나는 인구는 급속하게 줄어들고 있다. 한국은 1950-1953년간 전쟁을 겪고 난 후 1955-1960년까지 인구

---

4) 인구증가는 한 해의 출생자 수에서 사망자 수를 뺀 자연적 증가와 이민 등의 사회적 증가를 포함한다.

증가율이 매년 3%를 넘어서는 소위 "베이비 붐" 시대를 맞았다. 인구증가율이 가장 높았던 해는 1958년으로 이해에 3.6%를 기록했고 80만 9천 명이 늘어났다. 그 후 1980년대 중반을 넘어서면서 인구증가율이 빠르게 하락하여 2014년에는 0.4%를 기록했고, 그해에 늘어난 인구는 21만 9천 명에 머물렀다. 베이비붐 시대에 태어난 사람들이 40대 후반이 되는 시점은 대략 2000년을 넘어서면서부터이니 그 후 인구절벽이 나타난다는 말은 틀리지 않은 것으로 생각된다. 2039년부터는 인구증가율이 마이너스로 돌아서서 총인구도 줄어들기 시작한다. 총인구는 2038년에 5,258만 명으로 최고에 달하고 2050년에는 5,059만 명으로 줄어든다. 물론 이는 UN의 예측이고 수십 년 후에 실제 무슨 일이 일어날지는 누구도 모른다.

〈표 1-1〉 세계 주요국 인구 관련 주요 지표(2014년 기준)

	인구비중(%)		기대 수명	인구변동(천 명당)		인구 증가율(%)	인구 밀도
	65세 이상	14세 이하		출생	사망		
일본	26	13	83	8	10	-0.2	349
프랑스	17	19	82	12	9	0.4	121
미국	14	19	79	13	8	0.7	35
한국	13	14	81	9	5	0.4	517
러시아	13	16	71	13	13	0.2	9
중국	9	17	75	12	7	0.5	145
브라질	7	24	74	15	6	0.9	25
멕시코	6	28	77	19	5	1.3	65
인도	5	29	68	20	7	1.2	436
이집트	5	33	71	28	6	2.2	90
나이지리아	3	44	52	40	13	2.7	195
세계 평균	8.1	26.2	71	19.4	7.8	1.2	56

자료: 세계은행 데이터 이용 필자가 작성(http://data.worldbank.org).
주: 일부 통계는 2013년 기준이며, UN 통계와는 전반적으로 미세한 차이를 보이고 있음.

일본은 한국에서 지금 일어나고 있는 현상을 앞서 보여주고 있는 나라이다. 일본은 이미 2009년부터 절대규모가 감소하기 시작했다. 2014년 일본의 인구증가율은 -0.2%를 기록하여 22만 명이 줄었다. 인구 규모가 감소하는 사실도 놀랍지만, 연령별 인구구조를 감안하면 이것이 시사하는 의미는 충격적이다. 일본인의 평균기대수명은 83세로 세계에서 가장 높다. 세계 평균은 71세이고 한국은 81세로 나와 있다. 평균수명이 이처럼 길어지고 출산율은 낮아지니 사회에 노인들만 많아지는 고령화 현상이 급속히 진행된다. 일본의 전체 인구 가운데 65세 이상 인구 비율은 26%로 네 명 중 한 명이 65세 이상이다. 한국은 2014년에 아직 14%로 나와 있지만, 점점 늘어나고 있다.

경제활동에서 은퇴한 사람들이 이처럼 늘어나고 새롭게 노동시장에 투입되는 인력은 줄어드니 경제가 활력을 잃을 것은 당연한 일이다. 인구절벽이 자본주의 시장경제에서 가져오는 함축적 의미는 전반적으로 부정적이다. 왜 이런 현상이 나타나는가에 대한 분석은 지금 필자가 쓰는 이 책이 아닌 다른 연구를 요구하지만, 인구절벽은 자본주의 시장경제에서 공급과잉과 연결되어 불황을 초래하는 중요한 요인의 하나로 간주된다.

그러나 일부 선진국들의 인구절벽 문제가 지구촌의 심각한 인구포화 문제를 해소해준 것은 아니라는 사실을 상기해야 한다. 오히려 인구포화 현상은 더욱 심각해지고, 특히 개발도상국들에서 그러하다. 국제사회가 힘 있는 선진국들의 인구절벽 문제에 관심을 기울이면서 지구 전체의 인구포화 문제를 간과하고 있는 현상은 우려스럽기까지 하다. 한국 역시 인구 3천만 명 시대에 좁은 국토를 걱정했는데, 지금 인구 5천만 명 시대에 다산을 장려하고 있으니 역설적이다.

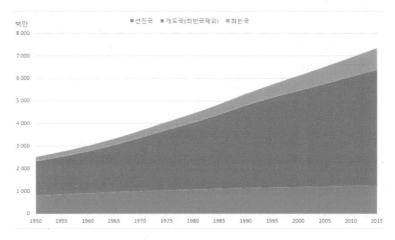

백만

■선진국   ■개도국(최빈국제외)   ■최빈국

자료: UN(2015), *World Population Prospects: The 2015 Revision*을 이용해서 필자가 작성

〈그림 1-2〉 경제권별 세계인구 추이(1950-2015)

　인구포화 문제를 통계적으로 잠깐 살펴보자. 지구 전체로 이 문제는 점점 더 심각해지는 단계로 왔으며, 21세기 안에 개선될 전망도 없다. 앞서 인용한 세계은행 보고서는 1980년 기준 지구 인구가 43억이며 그중 75%가 개발도상국에서 산다고 추정하였다. UN 통계에 따르면 2012년 기준으로 지구 인구는 71억이며 개발도상국 인구 비율은 82.5%로 높아졌다. <그림 1-2>는 UN 통계를 이용해서 1950년부터 2015년까지 지구 인구 변화를 그래프로 만들어본 것이다. 세계인구가 계속 늘어났고, 특히 개발도상국 인구 비중이 더욱 높아진 사실을 시각적으로 확인할 수 있다. 한국의 총인구 변화를 봐도 세계 전체 인구 추세와 비슷한 모양으로 나타난다.

　2050년이 되면 지구 인구가 97억 명에 달하고, 그중 84억 명이 개발도상국에 있을 것이라고 한다. 선진국 인구는 12억 명 수준에서 큰 변화가 없는데 개도국 인구는 2012년 59억 명에서 25억 명이나 더 늘어난다는 것이다. 이 가운데 가장 못사는 나라들의 그룹인 최빈개도국(Least Developed Countries: LDCs)의 인구는 2012년 9억 명에서 2050년에는 18억 명으로 두 배 늘어난다. 이렇게되면 2050년에는 대략 지구 인구 10명 가운데 9명이 개도국에 살고, 그 가운데 2명은 최빈국에 사는 것이다.[5]

〈표 1-2〉 UN의 경제권별 세계인구 변화 예측

	2012		2050	
	인구(천명)	구성비	인구(천명)	구성비
선진국	1,241,302	17.5%	1,286,422	13.2%
개도국	5,856,198	82.5%	8,438,726	86.8%
(최빈국)	888,560	12.5%	1,896,921	19.5%
세계	7,097,500	100.0%	9,725,148	100.0%

자료: UN(2015), *World Population Prospects: The 2015 Revision*을 이용해서 필자가 작성.

세계 전체로 인구증가율이 하락하고 있는 추세는 분명하다. UN 통계에 따르면 세계인구증가율은 1950년대 초반까지 2% 전후한 수준에서 최근에는 1.2% 정도로 하락하였다. 그렇지만 아직도 엄청난 인구가 해마다 늘어나고 있다. 2014년 한 해 동안 늘어난 지구 인구는 8,407만 명이라고 나와 있다. 남북한을 합친 인구, 또는 독일 인구보다 많은 인구가 해마다 늘어난다. 이처럼 늘어나는 인구는 거의 전부가 개발도상국에 위치한다.

늘어나는 인구를 먹여 살리는 일차원적인 문제가 20세기까지의 문제였는데, 21세기에 들어와서는 경제활동능력을 상실한 고령자가

---

5) http://www.un.org/en/development/desa/news/population/un-report-world-population-projected-to-reach-9-6-billion-by-2050.html

많아지면서 총인구가 늘어나는 보다 다차원적 문제를 안게 된 것이 지금 인류사회의 현실이다. 선진국과 개도국의 인구 격차가 더욱 커지고, 이는 빈부 격차도 더욱 커질 수밖에 없는 환경을 만들게 된다.

3. 지구의 부양능력과 시장의 한계

이 책은 70억의 인간들이 사는 이 지구라는 별이 이제 인간을 부양할 수 있는 능력에 한계가 오고 있다는 문제인식에서 위기의 징후로 나타나는 주요한 문제들을 진단한다. 인구포화와 인구절벽이라는 상반된 현상이 동시에 나타나고 있지만, 사실 인구절벽은 인구포화에 부딪힌 인류사회가 그에 대응하면서 자연스레 나타나는 현상이다. 늘어나는 인구를 더 수용할 공간이 없으니 이제는 줄이는 방법밖에 없는 것이다. 그 점에서 크게 본다면 인구포화가 가져오는 지구의 부양능력 한계가 인구절벽 문제를 낳고 있다고 볼수 있다. 선진국들의 예처럼 어느 시점을 넘어서면 인구포화 문제는 완화되고 인구절벽 문제가 부각될 것이다. 그러나 현시점에서는 두 가지 현상이 복합적으로 나타나면서 위기의 양상도 복합적으로 전개되고 있다.

우선 인구포화는 지구라는 별의 물리적 한계를 느끼게 한다. 공간의 한계, 자원의 제약, 환경 파괴와 기후변화 같은 문제가 무엇보다 인구포화와 관련이 있다. 반면, 인구절벽은 자본주의의 운영과 관계가 깊은 문제이다. 노동인력과 소비의 감소, 공급과잉 같은 시장의 문제는 인구절벽 현상과 관련이 깊다. 한 쪽은 하드웨어적인 문제고 한쪽은 소프트웨어적인 문제라고 할 수 있다. 필자는 이 두 흐름의 문제를 전체적으로 "성장의 한계"라는 용어로 포괄하고, 이 개념을 <그림 1-3>을 통해 표현해보았다. 이 책에서는 성장의 한계로 나타나는 다양한 문제들 가운데 크게 세 가지 범주의 문제에 주목하고, 이에 대응하는 문제를 네 번째 문제로 간주해서 각장별로 살펴본다.

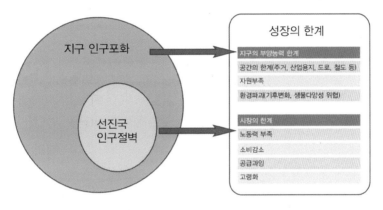

자료: 필자가 작성.

〈그림 1-3〉 성장의 한계 개념도

첫 번째 문제는 지구의 부양능력 한계이다. 이 별이 얼마만큼 많은 인간을 최대한 수용해서 먹여 살릴 수 있는지는 필자가 알지 못한다. 필자는 인구, 식량, 자원, 산업생산, 공해 등 다섯 가지 변수에 주목하여 성장의 한계를 주장한 1972년 로마클럽 보고서의 문제제기에 의탁하면서 이 문제를 지금 시점에서 검토해본다. 40여 년 전에 나온 이 보고서는 한동안 충격을 주었고, 많은 지식인들이 계속 인용해왔으나, 세월이 흐르면서 대강 잊힌 책이 되었다. 컴퓨터와 인터넷, 휴대폰이 나오면서 인간의 기술진보에 대한 신뢰가 높아졌다. 인간들은 어찌 됐든 새로운 기술을 개발하여 지구라는 별의 한계를 극복해나갈 것이라는 신뢰가 한편으로 있다. 필자역시 이러한 기대를 포기하지 않는다.

그러나 로마클럽이 제기한 문제와 분석방법은 지금 시점에서도 여전히 유효하다는 것이 필자의 기본인식이다. 40여 년 전에 그들이 수행했던 작업을 지금 시점에서 다시 해본다면 일부 구체적인데이터에 차이가 있을지라도 그들이 예측했던 추세가 시간은 조금 늦추어졌으나 대체로 그대로 가고 있다는 사실을 확인할 수 있으리라 생각한다. 로마클럽은 당시로서 인간들이 지금과 같은 방식의 성장을 중단하지 않는 한 2100년 이전에 재앙적 상황에 직면할 것이라고 예측하였다. 2015년에 UN이 지속 가능한 개발목표(SDGs)를 이 시대의 최대 과제로 채택한 사실은 인류사회의 지속 가능성이 심각하게 의문시되는 상황에 부딪혔기 때문이다. 이 책의 제4장은 이 문제를 집중적으로 다룬다.

두 번째는 자본주의 시장경제의 시스템적 문제이다. 필자는 자본주의가 이 시대 인간사회를 제어하는 기본 운영체제, 혹은 인류가 올라탄 배라는 인식 위에서 이 운영체제 혹은 배의 오작동을 진단해본다. 이 문제는 제5장에서 집중적으로 검토된다. 오늘날 70억의 인류는 자본주의라는 배를 타고 인생이라는 바다를 항해하고 있다. 이 바다에는 한때 사회주의라는 배도 있었으나, 그 배는 침몰했다. 이제 남은 이 자본주의라는 배가 과연 인간들을 안전하고 행복하게 삶의 종착지까지 데려다줄 것인지 궁금하지 않을 수 없다. 불안하게도 이 배는 많은 위험요인을 싣고 있으며, 선장이 누구인지도 알 수 없고, 승객들은 안전하다고 느끼고 있지도 않은 것 같다.

250여 년 전 영국에서 시작된 산업혁명 이래 인류는 생산능력을 비약적으로 확대하고 대량소비 시대를 실현하였다. 자본주의는 산업혁명이라는 변혁 위에서 생겨난 인간들의 종합적인 정치, 경제, 사회체제이며, 사회주의 역시 그러했다. 그런데 개인들의 사유재산 위에서 시장을 통한 자유로운 경제활동과 교환을 원칙으로 운영되는 자본주의체제는 수시로 많은 문제를 빚어왔다. 경쟁의 과정에 승자와 패자가 생기고, 사회적 갈등이 발생한다. 빈부 격차가 심화되면 공정한 경쟁 자체가 점차 어렵게 되고, 갈등이 더욱 팽배해진다.

사회주의는 이러한 갈등에 주목하면서 자본주의를 부정하고 생겨난 체제였다. 개인의 사유재산을 없애고 공동체가 모든 재산을 관리하여 구성원들에게 공정하게 나누어주겠다고 약속하였다. 그 체제 안에서는 경쟁이 없이 모든 사람이 능력대로 생산하고 필요대로 분배받아 행복한 공동체 생활을 할 수 있을 것이라고 선전하였다. 그러나 결과는 참담한 실패였다. 내 것이 분명하지 않은 세계에서 생산이 활발하게 이루어지지 않고, 분배 역시 엉망이었다. 권력을 잡은 사람만 중세의 왕들 이상으로 호의호식하며 군림하는 최악의 상태가 북한의 예에서 확인된다. 그 결과 사회주의는 대중들의 봉기로 몰락하였다.

경쟁상대가 무너진 자본주의는 이제 긴장의 해소에서 오는 도덕적 해이 증상을 보인다. 자유화와 규제완화라는 이름 아래 시장의 결함을 제어하기 위한 장치들이 제거되고, 힘 있는 사람들이 시장을 석권하며 불평등이 최악으로 확대되고 있다는 이야기가 나온다. 2014년 파리 대학의 피케티(Thomas Piketty) 교수가 선진국들의 경제적 불평등 실태를 분석한 책을 써서 세계적인 베스트셀러가 되었다. 2015년 한국 사회에서는 출생 신분이 미래를 좌우한다는 "금수저, 흙수저"론이 화두가 되었다. 이 책의 제5장에서는 여러 학자의 저술을 참고하면서 자유경쟁의 한계와 불평등에 대해 검토해본다.

위에서 언급한 문제는 자본주의의 운영원칙에 관한 철학적 문제지만, 자본주의는 시장의 작동 과정에서 심각한 기술적 문제들도 노정하고 있다. 최근의 세계경제는 1990년대의 장기 호황과 2008년의 대금융위기를 거치고 본격적인 공급과잉 국면에서 침체를 겪고 있다. 자본주의하에서 대량생산체제가 확장을 거듭하여 공급과잉 상태가 되면 불황이 닥치는 현상은 역사에서 이미 거듭되어 왔고, 많은 학자들이 이 현상의 원인과 주기 등을 연구해왔다.

자본주의는 대량소비를 전제로 한 대량생산체제 위에서 움직인다. 만들어놓은 물건들을 사려는 사람이 없으면 공장이 문을 닫고 실업이 발생한다. 경기가 불황으로 들어설 수밖에 없다. 현대의 자본주의는 기본적으로 공급과잉 시대에 들어섰다. 이 말은 전체 산업이 모두 공급과잉이라는 말은 아니다. 그것은 증명하기도 어렵다. 특정 산업에서는 여전히 공급이 부족할 수도 있다.

그러나 불황은 한 시대에 경제를 주도하던 특정산업의 공급과잉에서 유발된다. 경제의 호황 국면이 상당기간 이어지면 호황을 주도하는 분야에 기업들이 투자를 늘리면서 공급과잉이 발생한다. 현재 세계경제를 짓누르고 있는 불황은 이 시대를 주도하는 산업들의 공급과잉에서 유발되고 있다는 것이 분명하다. 간단한 통계만으로도 이 사실을 쉽게 짐작할 수 있다. 2014년 한 해 동안 전 세계에서 새로 늘어난 인간의 숫자는 8,407만 명인데 자동차는 8,973만 대가 생산되었고, 휴대폰은 10억 대가 훨씬 넘게 생산되었다.

2012년에 사상 최초로 한 해 동안 생산된 자동차 숫자가 그해에 새로 늘어난 지구 인구 숫자를 넘어섰다. 이 통계는 지금 시대의 공급과잉을 상징적으로, 그리고 극적으로 보여준다. 중국과 신흥국가들의 생산이 비약적으로 늘어나면서 철강과 정유, 조선, 석유화학 등 대부분의 주력산업들이 공급과잉으로 고전하고 있다. 이 문제는 뒤의 제5장에서 자세히 살펴볼 것이다.

한편으로 산업의 과잉생산 구조와 상관없이 금융자본은 투기적으로 진화하여 "거품경제"(bubble economy)라는 현상을 만들어내며, 지구촌 사람들의 삶에 심각한 불안을 안겨주고 있다. 자본주의라는 배의 오작동은 이 문제에서 결정적으로 증폭되어 나타난다. 실제 수요도 없는 부동산이나 증권 등에 투기꾼들이 개입하여 가격을 엄청나게 올려놓고 결국에는 폭락하게 만들어 일시에 많은 사람들에게 고통을 안겨준다.

컴퓨터와 통신기술의 발달에 의한 소위 정보화 추세는 금융산업의 발달과 함께 투기경제의 규모를 막대하게 키워 인간이 통제하기 힘든 수준으로까지 만들어놓았다. 1929년 시작된 세계 대공황, 2008년 미국의 금융위기에서 시작된 세계경제의 대침체 현상이 모두 이런 투기경제가 만든 거품과 관련이 깊다. 투기경제는 인류사회에 파국을 가져다줄 수 있는 치명적 약점인데도 이에 대한 통제장치를 마련하는 일이 쉽지 않다. 투기로 돈을 버는 사람들이 권력을 움직이기 때문에 규제에 대해 저항하고, 일반 대중은 복잡한 금융체계 안에서 무슨 일이 벌어지고 있는지 제대로 알지 못하기 때문이다.

자본주의는 인류를 늘 괴롭혀왔던 궁핍과 기아를 해결해주었지만, 지금은 과잉생산과 투기로 모든 사람을 불안하게 만드는 극단의 지점에 와 있다. 대량생산 시스템은 자원낭비와 환경오염을 초래하고 인간을 경쟁으로 내몰아 행복하지 못하게 만드는 문제를 야기한다. 투기는 남의 불행을 아랑곳하지 않고 자신의 물질적 욕망을 추구하는 사람들이 사회를 파괴하는 행위이다. 지금 우리는 이런 문제들을 슬기롭게 극복해야 우리와 우리 자식들의 미래가 안전하게 지켜질 수 있는 상황에 직면해 있다.

한편으로 인류사회의 전반적인 풍요에도 불구하고 지구 위에는 여전히 궁핍에 시달리며 기아의 위험에 노출되어 있는 10억 이상의 인구가 있다. 세계은행통계에 따르면 지금 이 지구촌에서 우리 돈으로 1,500원 남짓한 하루 1.25달러 이하의 소득으로 살아가는 극빈 인구가 10억 명이 넘는다. 이들은 모두 개발도상국에 살고 있다. 2012년 58억의 개발도상국 인구 가운데 대략 다섯 명 중 한 명이 극빈 인구이다. 나머지 네 명의 생활도 그다지 여유롭지는 못하다. 지구촌의 빈곤문제가 매우 심각해서 UN은 2000년에 전 세계 지도자들을 불러 모아 "새천년 개발목표"(Millennium Development Goals: MGDs)라는 것을 채택하고, 당시로부터 15년 이후인 2015년까지 절대빈곤 인구를 절반으로 줄이겠다는 목표를 내세웠다.[6] 2015년에 이 목표 연도가 끝나서 그 후속목표로 앞서 언급한 SDGs가 채택된 것이다.

그런데 앞에서 살펴봤듯이 이 나라들에서는 선진국과 달리 인구가 계속 폭발적으로 늘어나고 있다. 가난한 나라에서 인구가 계속 늘어나는 문제는 빈곤을 없애는 데 장애를 드리우고, 선진국과 개도국들의 빈부 격차가 줄어들 수 없는 요인이 된다. 일자리를 가질

---

6) MDGs에 대해서는 제5장의 <Box 5-7> 참조.

수 없는 사람들이 더욱 늘어나면서 정치, 사회적 불안이 확대되고, 궁극적으로 지구촌 전체의 안전을 위협하는 심각한 위협이 된다. 난민, 테러, 신종 질병, 환경 파괴 같은 문제들이 모두 국제사회의 빈곤과 관련이 있다. 지구의 인구포화를 가중시키는 개발도상국들의 인구증가 문제에 다시 관심을 가지고, 이들이 절대빈곤에서 벗어나 최소한의 인간적 삶을 누릴 수 있도록 있도록 지원해주어야 하는 과제가 역시 이 시대의 숙제이다.

4. 환경 파괴, 그리고 설국열차

지금까지 성장의 한계라고 포괄할 수 있는 문제 중에 두 가지 문제를 설명하였다. 이제 남은 두 가지 문제를 간단히 언급하고자 한다. 그것은 환경문제와 세계정부의 부재에 따른 문제이다. 세계정부 문제는 그 자체가 성장의 한계라기보다 이에 대응하는 문제라고 할 수 있다.

성장의 한계로 간주할 수 있는 세 번째 문제는 인간 활동이 비약적으로 늘어나면서 지구라는 별의 자연조건을 심대하게 훼손하여 발생하고 있는 환경문제이다. 제6장에서 이 문제가 집중적으로 검토된다.

산업혁명 이래 세계경제는 폭발적인 성장을 거듭했다. 경제가 성장한다는 것은 간단히 말하면 공장과 빌딩과 도로와 철도가 더욱 늘어나는 현상을 말한다. 지난 수백 년간 지구 위에 인간의 숫자가 늘어나는 속도보다 훨씬 빠른 속도로 경제성장이 이루어졌다. 그 결과 사람들의 생활은 전반적으로 풍요로워졌다. 새로운 기술의 개발과 첨단 장비 도입으로 인간의 발자취가 지구촌 곳곳은 물론 우주에까지 닿게 되었다. 1969년에 인간은 달에 상륙하여 과거 우리 선조들이 상상조차 할 수 없던 일을 현실로 만들었다.

인간 활동의 이 같은 확대는 이 지구라는 별에서 함께 살아온 다른 생물들에게는 치명적인 재앙이 되었다. 지구 곳곳을 누비는 인간들의 발자취와 인간이 쏟아내는 오염물질들로 인해 생태계가 균형이 깨지면서 기후변화가 발생하고 지구는 점차 생물이 살기 어려운 별로 바뀌어가고 있다. 환경오염과 더불어 먹이사슬의 최고 꼭대기에 있는 인간이라는 종의 활동영역이 넓어지면서 다른 생물들은 생명을 유지하기도 힘든 환경에 직면해가고 있다. 지구 역사상 여섯 번째 대규모 멸종(The Sixth Extinction)이 다가오고 있다는 경고가 나오고, "생물의 다양성"(biodiversity)을 유지하는 일이 UN을 비롯한 국제기구들의 중요한 회의 의제가 되고 있다.

여섯 번째 멸종은 인간 자신이 초래하면서 인류의 멸종까지 가져오는 특징을 지닐 것이라는 예측이 나오고 있다(Elizabeth Kolbert, 2014). 인구 70억 명을 넘어서고 100억 명이 되어가는 시대에 이러한 예측은 막연한 공상이 아니라 현실로 닥칠 가능성이 커지고 있다. 이러한 사실을 반영하여 시중에는 종말론적 재앙을 소재로 하는 책과 영화, 만화 등이 늘어나고 있다. 이 문제는 시급히 제어하고 개선하지 못하면 정말 어느 때 영화와 같은 대재앙이 닥칠는지 알 수 없는 상황이 되었다.

그런데 인간사회가 이에 대한 대응을 적절히 하고 있는가 하는 문제가 바로 필자가 제기하는 네 번째 문제에 해당된다. 지금의 국제사회는 200여 개의 주권국가로 나누어져 있고, 하나의 세계정부를 가지고 있지 못하다. 200여 개의 정부가 각기 사람들을 제어하는 세계는 사실 무정부적인 세계에 가깝다. 미국, 러시아 등의 강대국들이 실질적으로 국제정치를 주도하고 UN을 비롯한 여러 국제기구가 국가들 간에 협력 창구의 역할을 하고 있지만, 국가들 간의 이해관계가 엇갈리는 지점에서는 효율적인 협력과 조화가 이루어지고 있지 못하다.

세계 일등 국가인 미국이 교토의정서(Kyoto Protocol)에 대한 비준을 거부하고 환경문제에 적극적이지 않지만, 어느 나라나 국제기구도 미국을 제어할 수 없다. 중동에서는 IS 같은 극단적인 종교세력이 생겨나 많은 문제를 일으키고 있지만, 세계는 이에 효율적으로 대응하지 못하고 있다. 기업들의 활동이 국경을 넘나들면서 세계화가 촉진되는 시대에 사람들의 이해관계가 첨예하게 엇갈리면서 지구촌의 많은 곳에서 반세계화 시위가 벌어지기도 한다. AIDS, 에볼라 같은 신종 질병도 세계화를 따라 확산되고, 테러와 난민문제도 심각한 이슈가 되고 있다. 제7장에서는 이런 문제들을 살펴본다.

이상으로 필자가 이 책을 쓰면서 가진 문제의식을 설명하였다. 이와 관련해 한 편의 영화가 생각난다. 2013년에 배우 송강호가 주연한 "설국열차"라는 한국 영화가 전 세계에서 개봉되었다.7) 이 영화의 내용은 기상이변으로 지구에 빙하기가 닥쳐와 인간이 멸망하고, 살아남은 소수의 인간들이 눈길을 달리는 한 편의 설국열차에 올라탄 후 벌어지는 이야기를 다룬다. 프랑스 만화가 원작이라는 이 영화가 보여주는 이야기는 자못 놀랍다. 참혹한 재난을 겪은 이후에 살아남은 극소수의 사람들이 서로 협력해서 함께 살아갈 방안을 강구하는 것이 아니고, 그 좁은 한 편의 열차 안에서 1등칸, 2

---

7) 외국에서는 "Snow Piecer"라는 제목으로 개봉되었다.

등칸, 3등칸 승객을 구분하여 처절한 권력 싸움을 한다는 것이다. 1등칸의 사람들은 안락한 차내에서 호화로운 생활을 누리고, 3등칸의 사람들은 바퀴벌레로 만든 과자 하나로 하루 식사를 하면서 인간 이하의 대접을 받는다. 결국 3등칸의 사람들이 반란을 일으켜 1등칸을 탈취하면서 죽고 죽이는 싸움을 벌이는 것이 이 영화의 내용이다.

지금 이 지구 위에서 선진국과 후진국의 사람들이 살아가는 모습은 어쩌면 이 영화의 설정과 많이 비슷하다. 세계는 지금 한쪽은 1등칸이고, 한쪽은 3등칸과 비슷한 상태로 여러 나라가 존재하고 있다. 3등칸을 탈출해 1등칸으로 옮겨가고 싶어 하는 난민들의 문제가 지구촌 곳곳에서 정치, 경제, 사회적 문제로 부각되고 있기도 하다. 앞으로 30여 년 후 선진국과 후진국의 인구 격차, 빈부 격차가 더 심해진다면 그 때는 그야말로 지구 자체가 한 편의 설국열차가 될지 모른다.

이러한 문제들에 대한 필자의 지금 생각을 간단하게 결론만 표현하자면 이렇다. "함께 살지 않으면 모두 죽는다"는 것이다. 지구는 한 편의 설국열차가 될 수 없다. 설국열차 자체가 무한정 달릴 수 있는 것도 아니다. 그 좁은 공간 안에 갇혀 살아가는 사람들이 함께 협력해서 인류사회를 어떻게 재건할지 힘 모아 연구하지 않고 서로 뺏고 뺏기면서 나만 안락하게 살겠다고 한다면 필연적으로 열차가 멈추면서 다 함께 죽는 길밖에 없다. 전례 없는 위기에 직면해가고 있는 인류는 이 위기를 어떻게 극복할지 서로 마음을 모아 논의하고 협력해야 한다. 대량생산체제의 결함을 시정하고 환경과 자원을 고려하면서 지속적으로 사람들에게 일자리를 제공할 수 있는 성장방식을 찾아나가야 한다.

이 책에서 다루는 이야기는 먼 나중의 이야기가 아니고 지금 우리 세대에서 일어나고 있는 일이다. 또 우리 자식들의 세대에는 더욱 심각한 문제가 될 이야기이다. 인구 100억 명 수준이 되는 2050년에 지금 56세인 필자는 노구를 이끌고 겨우 살아 있을는지, 아니면 지구와 어느 곳에 잠들어 있을는지 모른다. 25세인 나의 외아들은 그 때 아마 지금의 내 나이 또래가 되어 있을 것이다. 이 35년 동안에 위기를 향해 달리는 지구의 이야기는 내 자신의 노후문제에 관한 이야기이고, 내 자식의 미래에 관한 이야기이기도 한 것이다.

인류에게 위기가 온다고 해도 평범한 사람들이 일상생활 속에서 할 수 있는 일은 아무것도 없다고 생각할 수 있다. 하루하루 생활을 챙기기에도 너무나 바쁜 삶이지만, 그래도 가끔 시간을 내어 지구촌의 다른 사람들이 사는 세계는 어떠하며, 그들과 우리의 미래는 어떻게 될까를 한번씩 생각해보는 것도 건강한 삶을 위해 도움이 되지 않을까 생각해본다.

궁극적으로는 이 지구촌에 70억 명의 사람들이 일상에서 함께 나누고 같이 살아가는 삶의 자세를 견지하는 것이야말로 인류가 위기를 벗어나고 나의 노후와 내 자식의 미래가 평안해지게 하는 요체라는 것이 필자의 생각이다. 이 책이 지구촌의 위기에 함께 대응하면서 모두가 평안하고 행복한 사회를 만들고 싶어 하는 사람들에게 조금이라도 도움이 되기를 바라는 마음으로 글을 쓴다.

5. 이 책의 구성

이 책은 모두 8개의 장으로 구성되며, 마지막에 필자의 개인적인 소회를 담은 간단한 에필로그를 추가했다. 각 장의 내용은 다음과 같다.

제1장은 서론이다. 지구촌의 인구가 70억을 넘어선 현재 시점에서 성장의 한계에 부딪히면서 인류가 겪고 있는 위기 상황을 진단해보고자 하는 문제의식에서 이 책을 집필하게 되었다는 사실을 밝히고 있다.

제2장은 인류의 위기를 본격적으로 검토하기 이전에 인류라는 종이 대략 300만 년 전 이 지구 위에 출현한 이래 지금까지 이룩한 위대한 성취를 필자의 시각으로 압축해서 서술한다. 이 내용을 앞부분에 두는 것은 위기를 주제로 하는 이 책이 인간의 미래에 대해 비관적이거나 부정적인 시각에 기초하고 있지 않다는 사실을 인식시켜 주고자 함이다. 인류는 다른 종들과의 생존경쟁에서 이기고 지구를 지배하다시피 하는 종으로 발전하기까지 수없이 많은 어려움을 극복해왔으며, 지금의 이 위기도 반드시 극복할 수 있으리라는 희망의 메시지를 시사하는 것이 이 장의 목적이다.

제3장은 대략 250여 년 전 영국에서 발생한 산업혁명으로 인류사회가 물질적 생산과 소비의 비약을 이루고, 이에 따라 사회제도가 바뀌어온 과정을 살펴본다. 산업혁명은 영국에서 시작되어 유럽 대륙과 미국을 거쳐 전 세계로 확산되어 왔다. 이 과정은 인류의 성취가 집약적으로 이루어진 과정이지만, 한편으로 위기가 본격적으로 잉태된 과정이기도 하다. 산업혁명은 그 성공과 함께 환경 파괴, 자본주의의 문제, 민족국가와 세계화의 문제 등 그 부작용 또는 반작용을 낳아 오늘날의 위기 상황을 초래한 인류 역사의 분수령(分水嶺)이었다. 그 점에서 제3장은 인류의 성취가 위기로 이어지는 연결고리를 제시한다.

제4장은 산업혁명 이후 물질적 성장을 지속해온 인류사회가 이

제 성장의 한계에 다다른 상황을 살펴본다. 성장이라는 용어의 개념과 이에 관련된 문제들을 살펴보고, 왜 성장이 한계에 이르렀는지를 점검한다. 지구라는 별이 인간에게 자원과 식량을 공급할 수 있는 부양능력에 한계를 지니고 있다는 사실을 맬서스의 인구론(1798)과 1972년 로마클럽의 세계모델 보고서를 중심으로 검토한다. 그리고 압도적인 인구를 보유하면서 고도성장을 이룩해오고 있는 아시아 국가들의 예에서 성장의 한계와 관련된 논의를 점검한다.

제5장은 두 개의 경쟁하던 체제 중 사회주의가 무너진 지금 상황에서 인류사회 운영의 기초가 되는 자본주의체제의 문제점을 점검한다. 우선 사회주의와 대비를 통해 자본주의의 개념과 특징을 살펴보면서 자유경쟁의 원칙이 지니는 한계를 검토한다. 이어서 과잉공급이 가져오는 심각한 불황의·문제를 역사적으로 살펴보고 2008년 금융위기 이후 세계경제가 겪고 있는 지금의 심각한 불황을 주요 산업의 공급과잉 상황과 연결하여 검토해본다. 그리고 금융경제의 발달과 함께 세계경제의 위기를 증폭시키는 투기문제를 살펴본다. 마지막으로는 인간사회의 갈등을 증폭시키는 불평등과 빈곤문제를 검토해본다.

제6장은 인류사회의 확장으로 자연이 훼손되어 환경문제가 발생하고, 이로 인해 다른 생명체들은 물론 궁극적으로는 인류 자신까지 생존의 위협에 직면하게 된 상황을 살펴본다. 환경문제의 양상이 국지적 문제에서 전 지구적인 문제로 변했으며, 특히 선진국의 문제에서 개도국에 더 심각한 문제로 바뀌었고, 인간의 문제에서 모든 생명체의 문제로 바뀐 과정이 검토된다. 이어서 환경문제와 관련된 국제사회의 주요 논의 현안을 살펴본 후, 하늘, 땅, 바다에 걸쳐 지구 전체에서 발생하고 있는 환경문제의 실태를 살펴보고,

멸종위기에 처해가고 있는 생물들의 문제를 살펴본다.

제7장은 200여 개의 주권국가로 나뉘어 세계정부가 없는 현재의 국제정치 상황을 논의한다. 주권국가들의 벽을 넘어 하나의 지구촌을 요구하는 경제, 사회적 힘이 세계화이며, 세계화의 양상과 동인이 무엇인지를 다국적기업과 국제기구들을 중심으로 살펴본다. 이어서 지구촌의 질서를 유지하는 글로벌 거버넌스 문제를 UN과 국제경제기구, 국제사법기구들을 통해 살펴본다. 마지막으로는 세계정부에 대한 논의를 살펴보고, 인류의 미래에 대한 불안이 커질수록 세계정부에 대한 논의도 커질 수밖에 없다는 사실을 제시한다.

제8장은 앞에서 제시한 모든 문제를 종합적으로 요약하면서, 인류가 이 위기에 대응하여 이제 어떻게 해야 할 것인가를 생각해보는 내용이다. 문제의 폭과 깊이가 너무나 크고 넓어 한 개인이 모든 문제를 전체적으로 이해하기도 쉽지 않다. 필자 역시 미약한 능력을 지닌 한 개인으로서 지혜의 부족을 느끼지만, 공동의 해결책을 모색하기 위해 필요한 담론을 제시한다는 차원에서 몇 가지 방향성을 제시해본다. 인류는 함께 공존해야 하며, 이를 위해 따뜻한 자본주의가 필요하고, 환경을 보호하고, 자원을 절약하여 미래의 우리 후손들도 이 지구 위에서 안전하게 살 수 있도록 지속 가능한 개발을 추구해야 한다. 이를 위해 세계정부가 필요하며, UN총회를 세계의회로 발전시켜 인구와 국력을 합리적으로 반영하는 민주적인 세계정부 건설이 필요하다는 결론을 제시한다.

마지막으로 에필로그는 필자가 이 힘든 책을 집필하기로 마음먹은 동기와 집필을 마치면서 느끼는 소회를 간략하게 서술한다.

제 2 장

인류 진보의 역사

인류가 부딪히고 있는 전례 없는 위기를 주제로 다루고자 하는
이 책의 앞머리는 인류가 지금까지 이룩해온 위대한 성취를 개관
하는 내용으로 먼저 시작하고자 한다. 인류의 역사를 어떤 관점에
서 보고 어떻게 해석하느냐는 사람에 따라 제각각일 수밖에 없다.
수십 년에 불과한 한 개인의 인생사를 해석하는 데에도 그 사람이
독재자였다거나 무능했다거나 유능했다거나에 대한 평가가 제각각
이다. 하물며 지금 70억이 넘는 인류 전체의 장구한 역사를 해석하
자면 어떠하겠는가? 마르크스(Karl Marx)[1]에게 인류의 역사는 계
급투쟁의 역사였고, 대부분의 역사가들에게 역사란 국가의 흥망성
쇠 과정인 데 반해, 토인비(Arnold Toynbee)[2]에게 역사란 국가가

---

[1] 칼 마르크스(Karl Marx, 1818-1883)는 독일 태생의 철학자, 경제학자이다. 프러시
아(Prussia)의 트리어(Trier)에서 출생하였고, 본 대학과 베를린 대학에서 헤겔(Hegel)
의 철학을 연구하였다. 유럽에서 산업혁명이 진행되어 자본주의가 발전하는 과정에
산업자본가와 임금노동자들 간에 극심한 경제사회적 격차가 고착되고 있음을 간파
하고, 자본주의에 대한 비판적 저술활동을 하였다. 1848년 엥겔스(Friedrich Engels)
와 같이 쓴 『공산당선언(Communist Manifesto)』과 1867년 엥겔스가 사후 유고를
정리하여 출판한 『자본론(Capital)』이 대표적인 저술이다. 그의 사상은 공산주의
운동의 기반이 되었고, 사회과학 전 분야에 큰 영향을 주었다.

아닌 문명들 간의 조우 과정이었다. 그 과정은 물론 현재까지의 결과를 보는 시각도 다르다. 성취의 역사일 수도 있고, 실패의 역사일 수도 있다. 그것은 하나의 사물을 놓고 어느 각도에서 보느냐에 따라 묘사가 달라지는 것과 마찬가지이다.

이 장에서 말하는 역사는 인류라는 생물학적인 종의 전체적인 발전 과정이라고 할 수 있다. 이에 대해 필자는 우선 그 결과를 놓고 해석하자면 인류가 이 별에 태어난 이래 지금까지 놀라운 성취를 이루었다고 평가한다. 그 첫 번째 성취는 자연에 의해 주어진 신체적 약점을 극복하고 인간들 간의 협동으로 문명사회를 건설하여 다른 종들과의 생존경쟁에서 압도적 우위를 지니게 되었다는 점이다. 두 번째는 인간사회 내부의 문제로 시선을 돌릴 때도 수많은 갈등과 분쟁에도 불구하고 궁극적으로는 모든 사람이 함께 평화롭게 사는 사회를 건설하는 방향으로 역사의 발전이 이루어져 왔다는 것이다.

아직도 인간사회 내부에 많은 갈등요인이 있기는 하지만, 오늘날의 인류는 기본적으로 태어나면서부터 신분이 주어지는 계급사회를 스스로의 힘으로 청산하고 노예를 해방하여 모든 사람이 똑같이 평등한 민주주의가 상식이 되는 사회를 만들었다. 경제적으로는 약탈이 지배적인 생존방식이던 사회에서 서로 생산하고 교환하는 사회로 전환하였다. 한편 끊임없이 새로운 기술을 개발하여 의식주의

---

2) 아놀드 토인비(Arnold Joseph Toynbee, 1889-1975)는 영국의 역사가이다. 1934년부터 12권으로 이루어진 방대한 책『역사의 연구(A Study of History)』를 집필하여 1961년에 완성했다. 그는 역사연구의 단위는 개별 국가가 아니라 문명(Civilization)이라고 부르는 광대한 세계여야 한다는 인식에서 출발하여 인류 역사에 26개의 문명이 존재했다고 파악하고, 문명들이 흥망성쇠 하는 과정의 역사법칙을 찾아내고자 했다. 옥스퍼드(Oxford) 대학의 밸리올 칼리지에서 공부하고 런던정경대학(London School of Economics)에서 교수로 강의했다.

궁핍을 해결한 단계에 왔다. 이 과정을 긴 안목으로 보면 모든 사람이 생존의 위협에서 자유로워지고 평화롭게 공존하는 사회를 건설하는 방향으로 진보해왔다고 해석하는 것이 필자의 관점이다.

이러한 역사는 그 과정을 거부하거나 위협하는 세력과 추구하는 세력 간에 많은 갈등과 분쟁을 겪으면서 이루어졌다. 마르크스가 인류 역사를 가진 자들과 못 가진 자들의 투쟁의 역사라고 본 것은 이런 관점이라고 할 수 있다. 그럼에도 궁극적으로 인류사회가 공존의 방향으로 나아온 것은 그것이 인류의 생존에 유리한 방향이었기 때문이다. 인류가 다수의 고통과 희생 위에서 소수가 안락한 삶을 누리는 계급사회체제를 계속 유지해왔다면, 외부 생명체들과의 생존경쟁 이전에 아마도 내부의 갈등으로 이미 자멸했을 것이다.

1. 지구촌의 지배자가 되다

생물학에서 지금의 인간들과 같은 우리의 조상, 호모사피엔스(Homo Sapiens)라는 종이 생겨난 것은 대략 300만 년 전이라고 한다. 진화론의 시조인 다윈(Charles Darwin)[3]에 따르면 인류는 아프리카 원숭이의 후손일 가능성이 높다고 한다. 그러나 보다 최근의 생물학은 인류가 물속에 살다가 진화해서 육지로 나왔다고도 한다

---

3) 찰스 다윈(Charles Darwin, 1809-1882)은 영국의 생물학자, 철학자로 에든버러 대학에서 의학을 공부하고 케임브리지 대학에서 신학을 공부했으나, 개인적으로는 생물학과 지질학 등 자연과학에 더 관심이 많았다. 1831년 12월 로버트 피츠로이(Robert FitzRoy) 선장이 이끄는 영국 해군의 비글(HMS Beagle)호에 탑승하여 5년간 세계 각지를 여행하며 동식물과 지질 상태를 연구하였다. 1859년『종의 기원(Origins of Species)』을 출판하고 진화론을 주장하여 세계적으로 엄청난 충격을 가져왔다.

(Shubin, 2013). 이에 반해 성경의 창세기는 인류가 어느 순간 신에 의해 처음부터 지금과 같은 모습으로 만들어졌다고 이야기하고 있다. 누구도 직접 가서 본 적이 없는 머나먼 과거의 일을 말하는 것은 기본적으로 가설이라고 할 수밖에 없다. 그 가설을 얼마나 확신 있게 말하고 믿느냐가 학문과 종교의 기본적인 차이라고도 생각된다.

알지 못하는 세계에 대해 끊임없이 연구하고 다양한 자료를 수집하여 객관적으로 증명하고자 하는 것이 학문적 방법론이라면, 종교적 접근은 신이나 계시 등 어떤 권위에 의탁하여 주어진 사실을 그냥 그렇게 믿으라고 요구하는 것이다. 종교는 그것과 반대되는 의견을 용납하지 않는다. 반대의견을 용납하는 순간 그 권위 자체가 사라지기 때문인데, 실상 그러한 권위는 그걸 내세우고 주장하는 사람들의 생각 속에 존재한다는 것이 필자의 생각이다.

같은 신을 믿는다고 하는 사람들끼리도 얼마나 생각이 많이 다르고, 그 생각의 차이로 인해 인류가 얼마나 많은 전쟁을 치르며 피를 뿌려야 했는가를 역사 속에서 살펴보면 "종교 없는 아름다운 세상"이라는 무신론자들의 구호가 틀린 말은 아니라는 생각도 든다(리처드 도킨스, 2010). 신을 독점해서 정작 자신의 인간적인 권세를 유지하고자 하는 사람들로 인해 세상이 평화로워지기 어렵다는 사실을 깨닫게 된다.4)

---

4) 오늘날 기독교의 삼위일체(Trinity) 교리는 325년 니케아 공의회와 381년 콘스탄티노플 공의회, 451년 칼케돈 공의회 등을 통해 확립되었다. 이 과정은 무려 100년이 넘는 세월 동안 아타나시우와 아리우스, 네스토리우스와 시릴 등 주요 교구의 실력자들이 자신들의 생각을 관철하고 유일한 교리로 만들기 위해 로마제국의 권력을 빌려 반대자를 제거한 정치적 과정이다. 신이 어떤 존재인가를 묘사하는 인간들이 만든 단어들을 놓고 인간들끼리 자신의 생각을 상대에게 강요해온 과정이다. 삼위일체라는 단어에 대한 해석은 아직도 신학자들마다 다르고, 그 단어 자체는 성경에

학문적 방법론은 많은 실험과 검증을 통해 객관적으로 확인되는 사실을 정설로 받아들인다. 그러나 더 정교한 연구에 의해 다른 사실이 객관적으로 확인된다면 그것을 받아들일 수 있다는 개방적인 사고를 전제로 한다. 하여간 오늘날 널리 받아들여지고 있는 학문적 관점을 빌린다면 인류는 탄생 이후로부터 수렵, 채집의 동물 같은 생활을 하다가 석기를 사용하기 시작한 것이 대략 250만 년 전부터라고 한다. 그리고는 문명을 건설하고 글자를 사용하기 시작하여 역사시대로 접어든 것은 대략 6,000년 전쯤부터라고 한다. 그 후 인류의 역사가 서기 2015년 여기까지 오는 과정은 절대 순탄하지 않았다. 자연재해와 질병의 공포가 수시로 엄습했고, 다른 생물들로부터의 위협, 그리고 인간들끼리의 전쟁도 끊어지지 않고 이어졌다. 이 엄청난 시련의 과정을 거쳐 나오면서 인류라는 종이 여기까지 온 것은 그 자체가 참으로 위대한 성취인 것이다.

지구라는 별이 생겨난 것이 45억 년 전이라고 하는데, 그 후 이 별에서 살았던 모든 생물 중에 지금의 인류처럼 번성하면서 위대한 문명을 이룬 다른 생명체는 우리가 아는 한 없다. 지금 이 땅에는 72억 명의 인간이 살면서 자연의 원리를 이용하여 그것을 제어하고 다양한 문명의 이기를 만들어 생활하고 있다. 인류의 탄생으로부터 시작해도 대략 300만 년의 세월을 이 지구에서 함께 살아온 생물체 중에 지금 인류처럼 지구를 지배하고 있는 다른 종이 있는지 살펴보라.

하버드 대학 생물학자인 윌슨(Edward Wilson, 2014: 47)에 따르

도 나오지 않는다. 성부, 성자, 성신이라는 삼위의 신을 말하는 순간 기독교는 다신교라는 공격을 받기 때문에 이에 대응해서 기술적으로 고안된 단어가 "셋이면서 하나"인 삼위일체라는 것이다. 이슬람교는 바로 이 점을 논박하면서 "알라 이외에 신은 없다"는 유일신 교리를 더욱 확실하게 설파한 것이다.

면 2013년 기준으로 지구에는 27만 3,000종의 알려진 식물이 있으며, 여기에다 동물과 곰팡이, 미생물을 포함한 모든 생명체의 종은 알려진 것만 200만 종이다. 알려지지 않은 종까지 합친다면 이것의 최소한 3배 이상 될 것으로 추정된다고 한다.

많은 생명체 중에 인류는 현재 단연 지구를 지배하는 위치에 있다. 약 5천만 년 전쯤 이 지구를 지배하다 완전히 사라져 버린 공룡과 오늘의 인류를 한번 비교해보라. 개미나 벌 같은 곤충들도 유구한 세월에 계속 번식하면서 자신들의 사회를 만들고 문명을 건설했다고 하는데, 일단은 그 외형적 힘에서 인류라는 종과 비교할 수가 없다. 육식동물 중에서 최강자라고 불리는 호랑이나 사자는 인류에 의해 거의 멸종단계로까지 왔다. 지구 위에서 인류는 지금 자연계의 다른 생물체들을 지배하는 거의 신과 같은 위치에 올라섰다.

이러한 성취는 인류라는 종의 신체적 약점을 극복하고 이룬 것이기 때문에 더욱 위대하다. 인간은 공룡이나 코끼리, 고래, 하마처럼 몸집이 거대하거나 힘이 세지도 않고, 사자나 호랑이처럼 날카로운 이빨이나 발톱, 빠른 주행능력을 가지고 있지도 않다. 인간의 시각이나 청각, 후각 등 감각능력은 다른 생물체들에 비해 매우 열등하다. 윌슨(Wilson, 2014: 48-49) 교수는 인간의 감각 능력이 다른 동물들에 비해 얼마나 빈약한지를 잘 묘사하고 있다.

인간의 시각은 빛의 파장 가운데 400-700나노미터 구간의 파장을 갖는 가시광선에 의존하고 있는데, 이것은 우주에 존재하는 파장 가운데 극히 미세한 구간일 뿐이다. 나비는 400나노미터 이하의 파장을 갖는 자외선을 이용해 꽃가루와 꿀을 찾아내며, 곤충들은 적외선을 이용해 빛과 어둠을 식별하고 물체를 탐지한다. 인간의 청각은 20에서 2만 헤르츠까지의 소리만 탐지할 수 있는데, 박 쥐는 어둠 속에서 초음파를 쏘아 그것이 반사되는 소리로 장애물 을 식별하며 나방이나 곤충을 잡아먹는다. 윌슨(Wilson, 2014: 49) 교수의 표현에 따르면 "우리는 마치 청각 장애자가 뉴욕의 도로 위를 걷는 것처럼 약간의 진동만을 알아채고 아무것도 해석할 수 없는 상태로 자연 속을 걷고 있다."

인간의 감각 능력이 동물에 비해 얼마나 형편없는지는 우리가 키우는 개나 고양이가 인간들이 알아채지 못하는 소리와 냄새에 예민하게 반응한다는 사실을 통해서도 잘 알 수 있다. 그 밖에 다른 동물들의 사례도 물론 수두룩하다. 수컷 나방은 8km 떨어진 곳에 있는 암컷 나방의 냄새를 맡고 반응한다(이브 시아마, 2011). 오죽하면 우리 인간들은 보통 능력을 뛰어넘는 탁월한 운동신경이나 인지능력을 지닌 사람에 대해 "동물적 감각"을 지녔다는 표현을 사용하고 있기도 하다.

동물의 세계에서 약한 짐승들이 강한 짐승들에게 잡아먹히는 현상을 보면 신체능력이 취약한 인류에게 다른 생명체들과 함께 살아야 하는 현실은 하루하루 생명의 위협을 느끼는 공포의 연속이었다. 그럼에도 불구하고 인류는 두뇌를 사용할 줄 아는 능력을 발전시켜서 생존경쟁에서 승리하고 계속 번식하며 마침내 다른 생명체들을 지배하는 지위로까지 왔다. 두 발로 걷게 되면서 두 손을 사용하게 되고 이를 통해 도구와 불을 이용할 줄 아는 능력을 가지게 된 것이 인류의 번성에 크게 기여한 원인이라고 한다.

그러나 인류가 개인으로 생활하는 존재였다면 아마도 다른 종들과의 경쟁에서 승리하지 못했을 것이다. 인간은 사회를 건설하고 제도를 만들어 함께 협동하는 존재로 살아오면서 개인들의 취약한 신체 능력을 초월하는 힘을 지닌 존재로 발전해온 것이다. 지금 72억 명의 인구에 달한 인류의 현재 상태는 커다란 위기의 신호이기도 하지만, 그 자체가 지금까지 모든 위기를 극복하고 번성해온 위대한 성취의 역사라고 할 수 있다.

2. 약탈에서 교환으로

지구 위의 생명체 중에서 동물이라는 속성을 지닌 모든 종의 기본적인 생존방식은 다른 생명체에 대한 사냥과 약탈이다. 태양으로부터 나오는 빛과 열을 이용해 스스로 광합성을 해서 사는 식물군을 제외한다면, 모든 생명체는 다른 생명체를 잡아먹거나 약탈하여 자신의 생명을 유지하는 데 필요한 에너지와 필수 물질들을 획득한다. 아프리카의 사자가 한 끼의 식사를 해결하고 새끼들의 배고픔을 덜어주기 위해 한 마리의 얼룩말을 사냥하는 데 얼마나 치열한 노력을 해야 하는지, 그리고 그 얼룩말은 목숨을 부지하기 위해 얼마나 치열하게 도망쳐야 하는지를 TV로 보면 동물의 생존방식은 정말 비극적이다. 사자에게 잡혀 죽은 엄마의 시신 옆에서 하루 종일 떠나지 못하는 새끼 얼룩말의 모습, 이런 장면들이 나오는 세렝게티 초원의 영상을 보면 필자는 늘 가슴이 아프다. 신이 있다면 우주를 왜 이렇게 잔인하게 설계했는지 궁금하고, 이렇게 잔인하지 않은 다른 방식의 생존방법은 없는 것인지를 혼자 고민해보곤 한다.

인류의 역사는 이런 사냥과 약탈의 생존방식을 점진적으로 개선해온 역사이다. 인간이 생명을 유지하기 위해 얼마나 많은 동물과 식물들을 잡아먹어야 하는가를 생각하면 사냥의 시대가 끝났다고 말할 수는 없다. 어쩌면 더 많은 짐승과 식물들을 가둬놓고 일부러 키워서 잡아먹는 지금의 양식 방법이 예전의 수렵보다 더 잔인한 것인지도 모른다. 인간은 타 생물체로부터 에너지를 흡수해야 하는 우주의 근본적인 생명원리로부터 전혀 자유롭지 못하며, 이로 인해 엄청난 숫자의 다른 생물체를 날마다 잡아먹고 산다. 먹이사슬의 최고 꼭대기에 있으면서 육식 초식 가리지 않는 인간이라는 종의 숫자가 늘어나니 지구의 먹이사슬 고리에도 심대한 문제가 발생한다.

그러나 지금의 인류는 식량의 차원에서 동식물을 기르거나 잡는 것 이외에는 불완전하나마 다른 생물들을 보호하기 위한 노력을 전개해나가고 있다. 외부의 생명체가 인간이 정복해야 할 대상이 아니고 보호하면서 함께 생존해야 할 대상이라는 인식이 확대되고 있다. 그리고 시선을 인간사회 내부로 돌리면 보다 획기적인 변화가 있었음을 깨닫게 된다.

선사시대를 젖혀두고 역사시대 6천 년 동안만 봐도 인류의 생존 방식은 사실상 약탈이 오랫동안 지배적이었다. 개인에서 씨족, 부족, 민족으로 사회가 발전함에 따라 약탈의 대상도 확대되어 왔다. 힘센 부족, 힘센 민족이 약한 부족과 민족들을 정복하고 피정복자들의 노동과 물자를 수탈하여 생활하는 방식이 인류 역사의 거의 전 기간을 통해 보편적이었다. 다른 부족들과의 전쟁에서 진 부족은 아예 멸종되거나 노예로 끌려가 생활해야 했다. 밀턴 멜처(Milton Meltzer, 1993: 1)가 쓴 『노예제도의 세계사』 첫 페이지에 나오는 다음 문장은 이런 역사를 압축적으로 표현하고 있다. 전쟁에서 진 부족을 노예로 만든 것은 그냥 죽이던 사회에서 그나마 한 걸음 진보한 역사 발전이라는 것이다.

"일부 독자들은 상당수의 학자들이 노예제도(slavery)가 문명의 발전에 한 걸음 더 나간 것이라고 생각한다는 사실을 알게 되면 아마도 충격을 받을 것이다. 인류 역사의 가장 초기단계에서부터 부족 간의 전투에서 자신들이 패배시킨 전사들을 죽이는 것은 원시인들의 관행이었다. 이런 사회에서는 사냥이 생활의 방식이었다. 인간들은 자신들이 먹기에 충분한 짐승들을 죽일 수 있었지만, 포로들을 먹일 수 있는 여유 식량은 없었다."

구약성경의 출애굽기는 히브리민족이 강대국인 이집트왕의 박해를 피하여 탈출하는 이야기지만, 정작 노예 상태에서 탈출한 히브리민족이 가나안 땅을 침입하여 다른 민족을 살육하고 약탈하는 이야기이다. 모세(Moses)가 이스라엘 민족을 인솔하여 가나안 땅으로 들어가는 길에서 처음으로 마주친 이민족인 모압, 아모리, 바산 등의 부족은 어른 아이 한 사람도 남기지 않고 살육을 당하였다고 성경은 전하고 있다.

"여호와께서 모세에게 이르시되 그를 두려워 말라. 내가 그와 그 백성과 그 땅을 네 손에 붙였나니 너는 헤스본에 거하던 아모리인의 왕 시혼에게 행한 것같이 그에게도 행할 지니라. 이에 그와 그 아들들과 백성을 다 쳐서 한 사람도 남기지 아니하고 그 땅을 점령하였더라."(구약 민수기, 21: 34-35)

지중해의 강력한 도시국가였던 카르타고(Carthage)는 기원전 264년에서 146년 사이 로마와 세 차례의 포에니전쟁을 벌인 끝에 패전하여 도시국가 전체가 흔적도 없이 멸망하였다. 기원전 218년부터 16년에 걸쳐 벌어졌던 제2차 포에니전쟁에서는 한니발(Hannibal, B.C. 247-183)이 이끈 카르타고군이 로마를 위협하기도 했으나, 50여년 후 다시 벌어진 세 번째 전쟁에서 지면서 멸망한 것이다. 로마는 지금의 아프리카 튀니지에 있던 카르타고를 흔적도 없이 파괴하고 50만여 명의 주민을 전부 학살하거나 포로로 끌고 가 노예로 삼았다. 자랑스러운 카르타고의 시민이었던 사람들 중 죽지 않은 사람들은 노예로 비참하게 살다 남은 생을 마쳐야 했다.

전쟁이 일어나게 되는 구체적인 원인은 영토, 자원, 시장, 이념 등 매우 다양하다. 호머(Homer)가 묘사한 고대 그리스의 트로이전쟁은 트로이의 왕자 패리스가 스파르타의 왕비 헬렌을 납치해간 데서 시작되었다고 한다.5) 권력자들의 여자문제가 전쟁의 중요한 원인 중 하나였음을 보여주는 예이다. 그러나 모든 전쟁의 가장 기본적인 원인은 상대방을 힘으로 제압하여 영토든, 자원이든, 여자이든 약탈을 하겠다는 것이다. 이웃한 민족은 공존의 상대가 아니라 정복과 약탈의 대상이거나, 언제 내 것을 약탈할지 모르는 경계의 대상이었다. 힘센 자가 나타나면 이웃을 정복하고 지배하겠다는 충동에 휩쓸려왔고, 이러한 현상이 인류가 역사시대로 들어선 이후부터 최근까지 계속 이어져오고 있다.

인류 최초의 문명으로 알려져 있는 고대 중동 수메르의 도시국가들 가운데 우루크(Uruk) 제3왕조의 왕이었던 루갈작게시(Lugalzaggisi, B.C. 2294-2270)는 정복전쟁을 계속하여 광대한 영토를 점령하였다. 니푸르에서 발굴된 그의 승전비에는 다음과 같은 문구가 새겨져 있다(Jack Finegan, 1974: 44).

---

5) 호머(Homer/Homeros)는 기원전 8세기경 사람으로 추정되는 그리스의 시인이다. 그가 남긴 두 편의 서사시 일리아드(Iliad)와 오디세이(Odyssey)는 서양문학에서 최초이자 흔히 최고의 걸작으로 꼽는다. 이 서사시들은 그리스의 도시국가들과 오늘날 터키 영토인 소아시아의 도시국가 트로이 간에 벌어졌던 전쟁과 여기 참여했던 영웅들의 이야기를 다루고 있다. 트로이전쟁은 오랫동안 가공의 전설로 간주되었으나, 1870년 독일의 하인리히 슐리만(Heinrich Schliemann)이 터키의 히사르리크(Hisarlik)에서 트로이 유적을 발견했다고 주장하면서 실제 있었던 역사적인 사건으로 받아들여지는 계기를 만들었다. 오늘날의 학자들은 트로이전쟁이 기원전 12-13세기경에 있었던 것으로 추정하고 많은 발굴 작업을 진행하고 있다.

"나라들의 왕인 엔릴이 루갈작게시에게 땅의 왕권을 주셨고, 땅들의 눈을 그에게로 향하게 하셨으며, 나라들을 그의 발아래 굴복시키셨도다. 그는 아래 바다로부터 티그리스와 유프라테스 강을 따라 위의 바다에 이르기까지 길을 곧게 만들었도다. 동쪽으로부터 서쪽에 이르기까지 엔릴은 그에게 적을 허락하지 아니하셨도다."

<아래 바다로부터 위의 바다에 이르기까지> 그리고 <동쪽으로부터 서쪽에 이르기까지> 대적할 자가 없다는 루갈작게시의 정복 전쟁은 그 후 중동에 나타나는 위대한 군주들의 이상이 되었다. 세상 전체를 한 사람의 군주가 지배한다는 제국(Empire)의 이념이 이 루갈작게시에게서 처음으로 나타난다. 그러나 당대를 호령하던 이 영웅도 말년에는 아카드(Akkad)의 사르곤(Sargon, B.C. 2270-2215)에게 패하여 개 줄에 묶여 끌려가는 치욕을 당하게 되었다. 루갈작게시를 격파한 사르곤도 "해가 뜨는 곳에서 해가 지는 곳까지" 자신의 영토를 만들었다는 기록을 남겼다.

사르곤보다 대략 2,000년쯤 후의 사람인 중국의 진시황(B.C. 259-210)은 천하를 통일한 자신에게 합당한 호칭으로 고대 중국의 "삼황오제"(三皇五帝)를 합친 "황제"(皇帝)라는 호칭을 도입하였다. 자신은 세 명의 황과 다섯 명의 제를 합친 만큼 위대한 사람이라는 표현이다. 진시황보다 대략 100년쯤 후의 사람인 그리스의 알렉산더(B.C. 356-323), 그리고 1,300년쯤 뒤에 태어난 몽고의 칭기즈칸(1162-1227)은 진시황을 능가하는 광대한 영토를 휩쓸며 정복하였다. 그들은 모두 세상을 정복하고 지배한 영웅으로 역사에 이름을 남겼으나, 그들이 휩쓸고 지나간 지역은 철저하게 약탈당하고 파괴당했다.

알렉산더에게 정복당한 대제국 페르시아의 수도 페르세폴리스는 철저하게 약탈당하고 화려했던 다리우스황제의 궁전은 폐허로 변했다. 고대의 전쟁에서 그런 약탈은 승리자의 당연한 권리였다. 목숨을 걸고 치열한 전쟁터를 누벼야 하는 병사들에게 적의 재산과 여자를 약탈하여 전리품을 얻는 것이야말로 가장 절실한 꿈이고 보상이었다.

칭기즈칸이 지나간 곳에서도 잔인한 학살과 파괴가 이어졌다. 금나라에서는 30만 군대가 학살되고, 수만 명의 포로가 쇠사슬에 묶여 끌려갔다. 1220년 중앙아시아의 호레즘(Khwarezmian Empire)과의 전쟁에서 오트라르라는 도시는 개나 고양이 한 마리 남지 않을 정도로 몰살되었고, 부하르, 사마르칸트 등에서도 대량 학살과 파괴가 이루어진 후 많은 사람이 노예로 끌려갔다. 이란에서는 100-150만 명으로 추정되는 인구가 학살당했다고 한다. 그가 가는 길에 항복하지 않은 도시는 주민들을 몰살하였기 때문에 나중에는 스스로 항복하는 도시들이 많았다. 칭기즈칸은 다음과 같은 말을 했다고 하는데, 그가 일으킨 전쟁이 얼마나 잔인한 약탈과 학살 행위였는지를 알 수 있게 해준다.[6]

> "인생의 가장 큰 즐거움은 적을 추격해 쓰러뜨리고 소유물을 약탈하여 여자들이 울부짖는 소리를 듣는 것이다. 그들의 말을 빼앗아 타고 다니고 그 여자들의 몸을 침대와 베개 삼아 노는 것이다."

---

[6] 이 말의 출처는 Michael Gibson(1973), *Genghis Khan & the Mongols,* p.3이나, 원문의 내용과는 조금 다르며, 여러 가지로 변형된 글이 많이 유포되어 있다. 칭기즈칸이 실제 이렇게 말했는지는 논란이 있다. 그러나 몽고인들이 남긴 『몽고비사(Tumurtogoo)』(2007)에는 전투에 승리한 후 여자와 재물을 약탈하고 성인남자들은 모조리 죽여버린 일화들이 많이 기록되어 있다. 이런 기록에서 칭기즈칸이 비슷한 말을 했으리라고는 충분히 유추할 수 있다. https://en.wikiquote.org/wiki/Genghis_Khan

정복자들의 찬란한 영광은 이처럼 피정복자들의 피와 눈물과 폐허 위에 이룩되었다. 세계를 모두 지배하겠다는 정복자들의 야망은 그 후의 티무르, 나폴레옹, 히틀러에게서도 나타난다. 찰리 채플린(Charlie Chaplin)의 1940년 영화 "위대한 독재자"(The Great Dictator)에서 히틀러로 분장한 채플린이 지구의를 가지고 놀면서 세계 정복을 꿈꾸는 장면은 엄청난 희생과 파괴를 초래한 히틀러의 허황한 야망을 적절히 연상시켜 주는 명장면이다.

인류 전체로 본다면 오랜 역사 시기에 걸쳐 약탈과 학살은 이처럼 일반적이었다. 인간은 타민족을 거의 동물 취급했다. 유목민들은 농경민을 "풀을 뜯어 먹고 사는 짐승들"로 간주했으며, 농경민은 유목민들을 "들판을 헤매는 짐승들의 무리"로 간주했다. 유럽의 백인들이 아프리카의 흑인들을 처음 보았을 때 이들을 같은 인간으로 간주해야 할 것인지 궁금해했다는 기록도 있다.

사실 우리 인류의 오랜 조상들은 동물들과 거의 다름없는 생활을 하였다. 다른 동물들을 사냥해서 먹이로 삼았지만 강한 육식동물들의 먹이가 되기도 하였다. 인간이 언어나 생김새가 다른 부족들을 만났을 때 살육하고 약탈하는 행위를 하게 된 것은 잡아먹지 않으면 잡아먹히는 동물적 생활에서 체득한 공포와 강박관념에서 기인한다. 목초지를 따라 가축을 키우면서 살던 유목민들은 가뭄이 들어 가축의 먹이가 떨어지면 인근에 있는 다른 부족들의 영토를 상습적으로 침범하여 약탈하였다. 그런 생활은 그들의 환경에서 주어진 본능적 생존방식이었으며, 오늘날의 도덕이나 종교적 잣대로 해석할 수 있는 문제가 아니었다. 한곳에 정착하여 농경생활을 하게 된 민족들도 도시와 국가를 건설한 후 대규모로 군대를 징발하여 이웃나라를 침략하였다. 이것은 영토와 식량을 확대하거나 자신들을 약탈할 수 있는 세력을 미리 제거하기 위함이었다.

정복전쟁을 통한 약탈은 고대는 물론 현대에 이르기까지 계속 이어져 왔다. 15세기 말 이후 포르투갈과 스페인의 해양 개척으로 유럽인들의 식민지 개척이 광풍을 일으키고, 산업혁명 이후로는 영국과 프랑스 등을 중심으로 절정에 이르렀다. 이 과정은 유럽인들의 시각으로는 낯선 땅을 개척한 모험이지만, 침략을 당한 사람들에게는 잔인한 학살과 수탈의 역사였다.

1519년 멕시코에 상륙하여 아즈텍(Aztec)문명과 마야(Maya)문명을 파괴한 코르테스(Hernando Cortes), 1532년 페루의 잉카(Inca)문명을 침입하여 파괴한 피사로(Francisco Pizzaro)의 예는 너무나 유명한 약탈전쟁의 사례이다. 오직 금과 은, 재물을 찾아 일확천금하겠다는 꿈을 가진 무리들이 위대한 고대문명들을 파괴하고 엄청난 살육을 자행한 것이다. 피사로는 잉카인들을 잔인하게 학살하는 행위에 대해 유럽인 가톨릭 신부가 그들을 학살하기 전에 기독교인으로 개종시키려 노력해야 했다고 항의하자 "나는 그러기 위해 온 것이 아니라, 그들의 황금을 빼앗기 위해 온 것이다"라고 말했다고 한다(안토니 파그덴, 2003: 90).

그 후 식민지 개척 대열에 동참한 영국과 프랑스의 경우도 약탈을 기본목적으로 한 것은 마찬가지이다. 아프리카의 상아와 노예, 인도와 이집트의 면화, 카리브 해의 담배, 중동의 석유에 이르기까지 전 세계의 모든 재물과 인력이 약탈의 대상이었다. 심지어 중국에서는 마약류인 아편을 팔기 위해 전쟁을 일으키기도 하였다. 이러한 식민지 정복 열풍이 강대국들끼리의 갈등을 불러 결국 20세기에 두 차례의 세계대전이 터지는 원인이 되었다. 당시 세계의 모든 강대국이 참여하여 벌인 두 차례의 세계대전은 제1차 대전의 사망자가 1,500만 명 이상, 제2차 대전의 사망자가 1억 명이 넘는 엄청난 참화를 가져왔다.[7] 두 차례의 세계대전은 인류 역사에서 지속되어 온 약탈전쟁의 정점이었다.

이 엄청난 전쟁들의 체험은 인류에게 소중한 교훈을 안겨주었다. 결국 약탈전쟁은 누구에게도 평화를 가져다주지 않으며, 함께 평화롭게 살지 않으면 모두 같이 죽는 끔찍한 재앙이 닥친다는 사실을 인식하게 된 것이다. 이러한 교훈 위에서 인류는 국가 간의 분쟁을 사전에 예방할 수 있는 국제협력체제의 구축에 나섰다. 제1차 세계대전 후 국제연맹(League of Nations)이 만들어졌으나 실패하였고, 이 실패의 경험 위에서 제2차 세계대전 후에는 국제연합(United Nations)이 다시 만들어졌다. 1945년 창설된 국제연합은 세계의 평화와 공동번영을 목적으로 오늘까지 활발한 활동을 하고 있다. 그 실제적인 힘과 기능에 대해 많은 비판이 있기는 하나, 세계의 분쟁을 예방하고 조정하면서 평화를 유지하는 데 있어 UN은 간단하게 무시할 수 없는 역할을 하고 있다. 제2차 세계대전 후에는 UN과 함께 많은 국제기구들이 만들어져 국가 간의 협력을 통해 인류의 공동 현안을 해결하는 데 기여하고 있다.

두 차례의 세계대전 이후 인류사회에서 이제 약탈은 최소한 더 이상 공공연한 생존방식이 아니게 되었다. 제2차 세계대전 후 세계의 모든 지역에서 강대국들의 식민 지배를 받던 거의 모든 민족은 독립국가를 건설하였다. 2015년 현재 UN에는 193개의 독립국가가 회원으로 가입해 있으며, 이 모든 나라는 스스로 주인이 되는 권

---

7) 제1, 2차 세계대전의 사망자 숫자는 위키피디아의 아래 페이지들에 매우 상세하게 잘 나와 있다. 각 숫자에 구체적인 출처가 적혀 있어 일단 참고할 만하다고 판단된다.
http://en.wikipedia.org/wiki/World_War_I_casualties
http://en.wikipedia.org/wiki/World_War_II_casualties

한, 즉 주권(Sovereignty)을 행사하고 있다.

1945년 창설 당시 UN 회원국은 51개국이었으며, 아프리카의 회원국은 4개국뿐이었다. 나머지 나라들은 아직 이름도 없는 식민지들이었다. 지금은 아프리카에서만 54개국이 참여하고 있다. 이 나라들은 UN총회의 의결에서 공식적으로 모두 똑같은 1표씩을 행사한다. 물론 실제적인 힘에서는 차이가 있으나, 오늘날 지구상의 모든 민족과 국가들은 어느 나라의 왕을 섬겨야 하는 주종관계에 있지 않고, 공식적으로는 대등한 관계를 형성하고 있다.

이 점은 전후 세계가 그 이전의 세계와 분명히 다른 점이다. 오늘날에는 약소민족도 최소한 국가라는 공식적 외피를 두르고 국제법에 의해 주권을 존중받는다. 국가 간의 무력분쟁이 수시로 발생하기는 하지만, 과거와 같이 단순한 힘의 논리가 통하기는 어렵다. 국가 간의 분쟁에 대해 국제사회가 개입하기도 하고 최소한의 명분도 없는 무력 도발은 제재를 받기도 한다.

국가와 국가 간의 경제관계 역시 식민지에 대한 일방적 수탈이 아니라 서로가 생산한 것을 가격 시스템에 의해 교환하는 관계로 바뀌었다. 국가들의 내부적으로 보아도 귀족계급이 평민이나 노예들을 지배하고 착취하도록 허용되고 있는 나라는 공식적으로 존재하지 않는다. 1994년 남아공화국의 흑백정권교체를 끝으로 노예와 인종차별을 공식화하는 나라는 없어졌다.

물론 이 말이 지금의 심각한 세계적 불평등을 무시하려는 것은 아니다. 지금의 국가관계가 대등하다고 말할 수 있는지, 부패한 사람들이 시장을 왜곡하고 부를 독점해가는 현상이 과거의 착취와 다르다고 할 수 있는지 비판적인 시각으로 분석할 수 있다. 미국이나 러시아 같은 강대국이 자신들의 이해를 관철하기 위해 때로 무력을 동원하는 현상이 과거의 제국들과 다른 것인지도 비판적으로 볼 수 있다. 한편으로는 많은 나라가 주권국가로 존재하는 오늘날의 현상이 국제사회의 무정부적인 상태를 초래하고 있으며, UN을 비롯한 국제기구들이 충분한 역할을 수행하고 있지 못하다는 비판도 있다. 이 책의 뒷부분에서는 이런 문제들을 좀 더 자세히 살펴보고 있다. 그러나 지금의 미국이나 러시아가 과거의 로마나 몽고제국들처럼 노골적으로 피정복민을 학살하고 노예로 삼으면서 민족을 말살시키는 행위는 하지 않는다. 여러 가지 수단으로 자신들의 이해를 관철시키려는 행위들을 하고 무력으로 개입을 하기도 하지만, 과거의 제국들과는 양상이 다르다.

이것은 오늘날 당연한 국제질서로 받아들여지고 있으나, 실상 인류의 300만 년 역사, 그리고 6,000년의 문명역사에서 아주 최근의 일이고 간단하지 않은 변화이다. 불완전하기는 하지만, 힘센 자가 힘없는 자의 것을 일방적으로 뺏는 약탈의 사회에서 모든 인간이 평등하게 공존하면서 서로가 각자 생산하고 교환하는 사회로 시스템이 바뀐 것이다. 핵무기로 하루아침에 인류가 멸망할 수도 있는 시대에 인류는 갈등을 최소화하고 함께 공존해야 한다는 지혜를 익혀오고 있는 것이다.

3. 궁핍에서 풍요로

오늘날의 시대를 대량생산과 대량소비의 시대라고 한다. 지구촌의 많은 곳에서 아직도 많은 사람들이 빈곤에 시달리고 있고, 아프리카 일부 국가에서는 기아로 굶어 죽는 사람들도 있지만, 오늘날 인류의 대부분은 적어도 최소한의 먹는 것은 보장이 되는 사회에 살고 있다. 미국과 유럽, 일본, 그리고 아시아의 일부 국가 등 선진국 대열에 올라선 나라들에서는 많이 먹고 많이 쓰고 많이 버리는 것이 경제활동을 촉진하는 소비의 미덕이라고 간주되는 사회가 도래했다. 인류의 역사에서 이렇게 많은 사람이 이렇게 많은 물자를 풍요롭게 먹고 입고 쓰고 버리는 시대가 일찍이 있었을까? 필자가 아는 한은 없었다.

지금의 이 대중적 풍요는 대략 250여 년 전 영국에서 시작된 산업혁명, 그리고 산업혁명과 함께 본격적으로 틀이 짜인 자본주의 시장경제의 덕분이다. 상당수 학자들은 산업혁명과 자본주의체제가 인간사회를 황폐하게 만들었다고 비판하기도 한다. 물질과 돈이 만능인 사회를 가져와서 인간관계가 단절되고, 자원이 낭비되며, 환경오염을 가속화시키고 있다고 한다. 공정하지 않은 경쟁 속에서 가진 자들이 늘 더 많이 가지는 빈익빈 부익부 현상을 초래하고 있다고도 한다. 이 모든 비판은 맞는 말이다. 필자도 이 점에 대해 심각한 문제인식을 가지고 있고, 이 책의 뒷부분에서 상당 부분 이러한 문제들을 다루고 있다.

그러나 이것은 역사가 발전해온 과정의 부작용이다. 다른 시각에서 긴 안목으로 보면 산업혁명은 대량생산을 통해 인류 탄생 이후 300만 년간, 최소한으로 잡아도 역사시대 이래 6천 년간 인류를 괴롭혀온 궁핍의 문제를 해결해주었다. 미국이나 유럽, 일본, 그리고 우리 한국을 보더라도 왕족이나 귀족이 아닌 보통사람들의 의식주 생활이 지금처럼 풍요로웠던 시절이 일찍이 있었는지 한번 생각해보라. 인구의 극소수에 불과한 왕족이나 귀족들의 생활은 풍요로웠으나, 압도적 다수인 평민들은 그냥 자급자족으로 먹고 살 수 있으면 만족했다.

노예의 생활은 거의 가축과 다름없었다. 노예들은 물건이나 가축처럼 사고 팔리는 존재였으며, 노동을 부리는 데 필요한 최소한의 양식만 주어졌다. 법적으로 노예는 사람이 아니었고, 그저 주인이 소유하는 재산이고 도구로서 일종의 물건이었다. 늙어서 쓸모가 없게 된 노예는 양식을 줄 필요도 없고, 폐기 처분해야 할 대상이었다. 전 세계 모든 문명을 통해 노예제도가 존재했으며, 실제 노예를 대하는 문화는 환경에 따라 달랐으나 노예가 주인의 소유물이라는 기본 개념은 별 차이가 없었다(Meltzer, 1993). 필자가 어린 시절 읽었던 "톰 아저씨의 오두막"(Uncle Tom's Cabin)에 나오는 비참한 노예들의 이야기는 아이들의 동화로 널리 알려져 왔다. 소설이지만, 그 내용이 시대상황과 노예들의 생활상을 반영한다는 사실은 틀림없다.[8]

노예의 숫자와 인구 비율에 대해서는 정확한 통계를 찾기가 힘들고, 학자별로 여러 가지 자료를 참조해 다양하게 유추를 한다. 그러나 모든 강대했던 문명에서 노예의 비율이 상당했던 것은 틀림없다. 로마제국 쇠망사를 쓴 에드워드 기번(Edward Gibbon)은 클라우디우스 황제(41-54) 시절에 노예 인구가 자유민의 인구와 거의 같았다고 추정한다(Meltzer, 1993: 128). 아우구스투스 황제(B.C. 63-A.D. 14) 시절에 이탈리아 인구의 35-40% 정도가 노예였을 것으로 추정하는 자료도 있다.[9] 중국, 인도, 이집트, 페르시아, 몽골 등 전성기를 구가하던 고대의 제국들은 물론 현대의 대영제국과

---

8) 미국의 노예 폐지론자인 해리엇 스토(Harriet Beecher Stowe)가 1852년 발표한 소설이다.

9) http://en.wikipedia.org/wiki/Slavery_in_ancient_Rome#Demography

미국에서도 인구의 상당 비율은 노예들이었다.[10] 우리나라의 조선 시대에도 전체 인구의 30-40%는 노비였던 것으로 추정된다.[11] 그 러니 인류의 전 역사를 통해 인구의 상당 부분은 아예 인간으로서 대접조차 받지 못하고 살아온 것이다.

노예는 고사하고 평민들조차도 자기 땅을 가지고 농사짓고 먹고 살 수 있으면 행복한 편이었고, 대부분은 귀족이나 대부호들의 땅 에서 소작을 하고 살았다. 그들의 의식주가 풍요로웠던 적은 없었 고, 가뭄이 들어 흉작이 발생하면 굶어 죽는 사람들도 수시로 나왔 다. 흔히 "암흑시대"라고 불리는 중세 유럽에서 남자들의 평균키는 160센티미터가 못 되었고, 여자들의 평균수명은 25-27세였다(강유 원, 2012: 210). 그들은 생계유지뿐만 아니라 사회생활의 모든 부 분에서 토지를 소유한 귀족들에 예속되어 거의 노예처럼 살았기 때문에 현대의 역사학이나 사회과학에서는 농토에 예속된 노예, 즉 농노(農奴, serf)라고 칭한다.

농경사회에서 한 해 농사의 풍년과 흉년은 국가들의 안녕과 관 련될 만치 심각한 문제였기 때문에 역대 왕조의 왕들은 해마다 신 에게 풍년과 함께 왕조의 안녕을 기원하는 제사를 올렸다. 중국에 서도 신들에게 제사를 지내는 행사가 얼마나 중요한 국가적 과제 였는지, 한나라 역사가 사마천(B.C. 145-86?)의 일대기에서 봉선(封

---

10) 1860년 미국의 인구는 3,118만 명이었는데, 노예는 395만 명으로 전체 인구의 13%였다. 전체 가구 수 515만 호 가운데 노예를 보유하고 있는 가구는 39만 호 로 8%였다. 미국 통계국(USCB)은 1790년부터 10년마다 시행해온 인구센서스 결 과를 상세히 보여주고 있다. 영국은 정확한 노예 통계를 찾기 힘드나 18세기 말 영국에 거주하는 흑인이 1만 5,000명 정도로 추정된다고 한다.
   https://www.census.gov/history/www/through_the_decades/overview/1860.html

11) 김재호, "조선시대 노비의 수요와 공급", 2014년 6월 9일: 조선시대의 노비는 전 쟁포로들보다 채무관계나 경제적 어려움으로 남의 집에 종살이를 들어간 사람들 이어서 서구 역사의 노예 개념과는 다르다는 주장도 있다.

禪) 행사에 대한 일화를 보면 알 수 있다. 태사령이었던 사마천의 아버지 사마담은 한 무제의 봉선행사에 같이 참여할 수 없었던 것을 분하게 여겨 자살을 기도하며, 아들에게 뜻을 이어달라고 했다. 한국의 역대 왕들도 해마다 기우제에 정성을 드렸던 기록들이 많이 남아 있다.

인류 역사의 거의 모든 단계에서 모든 나라의 평민들은 그저 먹는 것만 든든하면 행복한 생활을 하는 처지였다. 내 어릴 때 듣고 자란 한국의 전래동화들은 거의 굶주림과 연관된 소재를 다루었다. 봉사 아버지를 위해 공양미 300석에 자신의 몸을 바다의 제물로 바친 심청이, 배가 고파 형님 집에 밥 얻으러 갔다가 주걱으로 뺨을 얻어맞은 흥부, 이런 이야기들이 한국인에게 가장 사랑받는 전래동화의 소재였다. 평민들은 먹는 것뿐만 아니라 입고 쓰는 것도 대부분 스스로 만들어서 조달해야 했기 때문에 넉넉했던 적이 없었다. 조선시대의 평민들은 일 년에 겨우 몇 벌의 옷으로 생활을 했다.

인구의 절대다수인 평민들의 생활이 늘 궁핍에 시달렸던 것은 비단 조선같이 약한 나라의 문제만이 아니고, 아득한 옛날의 이야기인 것도 아니다. 산업혁명 이후 세계를 지배하며 절정의 영화를 누리던 빅토리아 여왕(Queen Victoria, 1819-1901) 시절의 대영제국에서도 서민들의 삶은 절박했다.

영국의 지폐에도 얼굴이 나오는 찰스 디킨스(Charles Dickens, 1812-1871)의 소설들은 빅토리아 여왕 시절 영국 노동자들과 빈민들의 비참한 생활을 소재로 해서 많은 공감을 일으켰다. 그는 영국 국민들이 가장 사랑하는 국민 작가가 되었다. 영국의 번영을 뒷받침하던 제조업과 광산, 철도에 종사하는 노동자들은 하루 12시간

이상 장시간 노동에 시달리며 생계도 유지하기 힘든 수준의 소득을 벌었다. 급속한 산업화가 진행되고 대영제국의 영화가 절정을 향해가던 시기에 빈민들의 생활은 처참하기 이를 데 없었다. 20세기가 막 시작된 1901년에 시봄 론트리(Seebohm Rowntree)라는 사람은 요크 시 주민들의 빈곤 실태를 조사하여 발표하였다. 그는 네 가정 중 한 가정이 근근이 생존을 유지하기 위해 돈을 쓰는 방법을 다음과 같이 묘사하였다(Morgan, 1996: 341).[12]

"그들은 철도나 통근버스에 일 페니도 절대 쓰지 않는다. 반 페니짜리 신문도 절대로 사는 일이 없고, 인기 있는 음악회의 일 페니짜리 티켓도 사지 않는다. 그들은 자신들에게 비용을 초래하는 이웃에게는 절대로 아무것도 주지 않는다. 어린이들은 용돈이나 인형이나 과자나 공깃돌 같은 것도 절대 가질 수 없다. 마지막으로 임금 노동자들은 단 하루라도 직장에 결근을 해서는 안 된다."

당시 젊은 국회의원이던 윈스턴 처칠(Winston Churchill)은 이 보고서를 읽고 대영제국의 수치스러운 모습에 분개했다. 동시대에 몬트 애보트(Mont Abott)라는 농민은 "하루 종일 끼니를 얻기 위해 걸었지만, 우리의 발길은 위장과 너무나 멀다"는 글을 남겼다(Morgan, 1996: 341-342).

맨체스터의 방직공장에서 일하던 어린 소년 소녀들의 비참한 생활은 방직공장 주인의 아들이었던 엥겔스(Friedrich Engels, 1820-1895)에게 정신적 충격을 주어서 그가 공산주의자가 되도록 만들었다. 독일 태생이었던 엥겔스는 영국에 산 동안 최소한 20-30명의

---

12) 그의 조사방법은 오늘날 빈곤선(poverty line) 또는 최저생계비 등으로 측정하는 빈곤 실태조사의 기초가 된 것으로 간주되고 있다(World Bank, 2001: 17).

사람들이 그냥 굶어서 죽는 것을 목격했다고 한다.13) 1845년에는 아일랜드에서 주곡인 감자의 질병으로 기근이 발생하여 7년 동안이나 지속되었는데, 이때 무려 100만 명의 사람이 굶어 죽고, 100만 명이 이민을 떠났다. 이 사건은 1846년 영국이 곡물의 수입을 금지하던 법을 폐지하는 데 영향을 주었고, 아일랜드가 대영제국으로부터 분리해 나가는 독립운동을 격화시켰다.14)

프랑스가 자랑하는 국민작가 빅토르 위고(Victor-Marie Hugo, 1802-1885)의 유명한 소설 "레미제라블"은 엥겔스와 거의 비슷한 시기였던 혁명기 프랑스의 비참한 서민 생활을 묘사하고 있다. 빵 한 조각을 훔치려다 일생을 불우하게 살아야만 했던 비극적 주인공 장발장의 이야기는 그 당시 프랑스의 보통사람들에게 그냥 상상 속의 이야기가 아니라 절실한 공감을 일으키는 이야기였다.

엥겔스와 빅토르 위고의 시대로부터 약 150여 년이 지난 지금 영국이나 프랑스 같은 선진국에서 병든 독거노인이나 방치된 유아들처럼 극단적인 예외들이 있기는 하지만, 그냥 단순히 먹을 것이 없어 굶어 죽는 사람들은 더 이상 나오지 않는다. 선진국이 아닌 저개발국가들에서도 웬만한 사람들이 더 이상 굶어서 죽지는 않는다. 인류는 지금 유사 이래 물질적으로는 최고의 풍요를 누리는 단

---

13) Friedrich Engels(1845), "1844년 영국 노동자계급의 상황"(Condition of the Working Class in England), 아래 웹사이트에 전문이 올라와 있다.
https://www.marxists.org/archive/marx/works/1845/condition-working-class/ch04.htm

14) 아일랜드는 12세기부터 차츰 영국에 정복되었고, 1801년에는 대영제국에 합병되었다. 구교를 믿는 아일랜드인들은 영국이 국교를 강요하자 저항하였으나, 영국은 이를 강력히 탄압하였다. 특히 북부에서는 아일랜드인들의 토지를 몰수하고 영국인들의 이주와 정착을 촉진하였다. 19세기 이후 독립운동이 격화되자 영국은 결국 1921년 영국인 이주자가 많은 북부지방을 제외하고 아일랜드자유국(Irish Free State)의 성립을 승인하였다. 그러나 아일랜드인들은 항쟁을 계속하여 1937년 '에이레'(Eire)라는 이름으로 완전한 독립을 달성하였다.

계에 와 있다. 물론 빈곤은 지금도 절박한 지구촌의 문제이고, 이로 인해 UN이 2000년에 빈곤 퇴치를 지구촌의 당면한 현안문제라고 파악하여 새천년개발목표(MDGs)를 내세우게 되었다. 하루 1달러 이하의 소득으로 사는 극빈 인구가 지구촌의 다섯 명 중 한 명으로 10억 명이 넘는 상황을 반영한 것이다. 그러나 이 역시 장기적인 관점으로 보면 과거에 비해 크게 개선된 상황임을 인식할 필요가 있다.

옥스퍼드 대학의 폴 콜리어(Paul Collier) 교수가 2007년에 펴낸 "최하위 10억 명"이라는 책은 빈곤퇴치를 과제로 하는 "개발"(development)의 상황이 어떻게 변했는지를 집약적으로 파악해서 설명하고 있다. 그에 따르면 제2차 세계대전 후 40여 년이 지나면서 "개발"은 50억 명의 가난한 나라 사람들을 대상으로 한 10억명의 부유한 나라 사람들이 짊어져야 했던 과제에서 이제 10억 명의 최하위 인구를 상대로 한 나머지 50억 명 사람들의 과제가 되었다는 것이다.

UN이 2012년에 발표한 통계를 보면 하루 1.25달러의 빈곤선 아래에서 사는 사람의 숫자가 1981년 19억 4천만 명에서 2008년에는 12억 9천만 명으로 줄어들었다. 1981년에는 개발도상국 전체 인구의 52%가 빈곤층이었으나 2008년에는 이 비율이 22%로 줄어들었다. 좀 더 긴 시각에서 칠로시(Chilosi, 2008), 매디슨(Maddison, 2006), 밀라노빅(Milanovic, 2009) 등의 학자들이 연구한 결과에 따르면 지구촌의 빈곤 인구는 계속 줄어들었고, 사망률이 감소하면서 평균수명이 계속 높아졌다. 1820년에는 세계인구의 94%가 빈곤선 아래에서 살았으나 2001년에는 이 비율이 44%로 낮아졌다. 또, 1820년에 미국인의 평균수명은 불과 39세였으나, 1960년에는 68

세로 늘어났고, 2007년에는 78세로 늘어났다. 세계 전체로는 1820
년 불과 26세에서 2007년에는 65.8세로 늘어났다(Alberto Chilosi,
2008).

인류 역사는 빈곤과 기아, 질병 등으로 인한 조기 사망이 일반적
이던 시대에서 풍요롭고 장수하는 시대로 바뀌어온 것이다. 이것을
결정적으로 가능하게 해준 것이 산업혁명에 따른 대량생산과 필요
한 곳에 물자가 가게 만드는 시장경제의 힘이다. 지금은 그 부작용
을 논의하고 개선해야 하는 단계에 와 있지만, 인류가 늘 궁핍에
시달리던 사회에서 반대로 끊임없이 먹고 쓰고 버려야 유지되는
사회로 바뀐 것은 그 자체가 획기적인 진보라고 할 수 있다.

4. 계급사회에서 평등사회로

오늘날 국제사회에서 왕이 있고 왕족과 귀족들이 있는 나라는
몇 나라나 될까? 영국, 스페인, 네덜란드, 모나코, 스웨덴 등 유럽의
일부 국가들과 아시아의 일본, 태국, 말레이시아, 중동의 사우디아
라비아, 쿠웨이트, 아랍에미리트연합, 요르단, 아프리카의 모로코 등
얼핏 떠올려보니 그렇게 많지는 않을 것 같다. 그런데 인터넷에서
찾아보니 27나라나 되어서 생각보다는 많다는 점에 다소 놀랐다.15)

왕은 모든 인간이 태어나면서부터 신분이 결정되던 계급사회의
유산이다. 세계는 아직도 신분사회의 유산이 남아 있다. 그러나 생
각해보라. 시간을 거꾸로 되돌려 100년 전, 200년 전, 1000년 전,
이렇게 되돌아가 보면 지구에 얼마나 많은 왕들이 있었을까? 세기

---

15) http://www.infoplease.com/ipa/A0775675.html

도 힘들만큼 많은 왕들이 있었고, 왕에 준하는 추장, 족장들이 있었다. 왕을 정점으로 모든 인간은 왕족, 귀족, 평민, 노예 등으로 신분이 구분되어 평생 그렇게 살아야 했다. 아주 드문 예외들이 있기는 했지만, 왕의 자식으로 태어나면 평생 호화롭게 살았고, 노예의 자식으로 태어나면 죽을 때까지 평생 짐승처럼 부림을 당하고 살다 인생을 마쳐야 했다.

오늘날에도 아직 왕과 귀족이 남아 있는 나라들이 있기는 하지만, 옛날처럼 엄격한 신분사회가 유지되고 있는 나라가 있는가? 우리가 아는 한 이제는 더 이상 없다. 우선 세계 어느 나라에도 공식적으로는 노예가 더 이상 존재하지 않는다. 소득과 재산의 불평등, 사회적 지위 등이 어느 정도는 과거의 신분과 비슷한 역할을 하는 측면도 있지만, 과거처럼 엄격하게 고착된 신분질서를 만들지는 않는다. 이제는 누구든 자신의 노력에 따라 사회적 지위가 바뀔 수 있다. 실제 그런 지위변동이 얼마나 이루어지고 있느냐를 검증해볼 수 있기는 하지만, 일단 태어나서부터 죽을 때까지 너는 평생 상놈이나 노예로 살아야 한다고 제도로 강제하는 나라는 더 이상 없다. 과거에는 엄격한 신분 질서가 사회적으로 강제되었고, 그것을 바꾸고자 하는 행위는 혁명이나 반란이었다.

(1) 신분사회에서의 삶

중국에서 진나라 시황제가 죽고 2대 황제가 된 그 아들 호해가 실정을 하여 나라가 어지러워지자 기원전 209년 농민 출신인 진승과 오광이 "왕후장상(王侯將相)이 어떻게 씨가 있겠는가?"라고 외치며 농민봉기를 일으켰다.16) 그들의 봉기는 실패했으나, 엄격한 신분 질서에 대한 그들의 항의는 그로부터 1400년쯤 후 한국의 역사에서 똑같은 소리로 되살아났다. 고려가 거듭된 무신들의 난으로 혼란을 겪고 있던 1198년 당시 최고 권력자 최충헌의 노비였던 만적은 개경의 뒷산에서 노비들을 모아놓고 이런 연설을 하였다.[17]

> "정중부(鄭仲夫)의 난 이래 나라의 공경대부(公卿大夫)는 노예계급에서도 많이 나왔다. 왕후장상이 어찌 원래부터 씨가 있겠는가, 때가 오면 누구든지 다 할 수 있는 것이다. 우리들은 주인의 매질 밑에서 근골(筋骨)의 고통만을 당할 수는 없다. 최충헌을 비롯하여 각기 자기 상전을 죽이고 노예의 문적(文籍)을 불 질러, 우리나라로 하여금 노예가 없는 곳으로 만들면 우리도 공경대부 같은 높은 벼슬자리를 차지할 수 있다."

사회를 바꾸고자 하던 만적의 계획은 동료 노비 한 명의 밀고로 실패하였고, 가담했던 노비들 100여 명은 모두 산 채로 포대자루에 담겨 강물에 던져지는 비참한 최후를 맞이하였다. 왕후장상의 씨가 따로 있는 것이 아니라는 만적의 말은 정중부 이후 거듭된 무신들의 정변으로 하루아침에 권력자가 바뀌던 당시의 시대상을 반영한 말이었다. 이 말 자체는 시대를 앞서가는 평등인식의 표현인 듯하지만, 정작 만적 자신이 꿈꾼 사회는 그다음 말에 잘 드러나고 있다. 지금 있는 권력자들을 처단하고 우리가 그 권력을 빼앗아 누리자는 것이다. 왕후장상과 평민, 노예가 구분되는 신분사회를 없애자는 것이 아니었다.

어느 나라든 신분사회의 질서는 철저했고 엄격했다. 왕후장상의 씨는 따로 있어야 하는 것이었다. 왕은 무소불위의 절대 권력자였

---

16) 왕후장상영유종호(王侯將相寧有種乎).
17) 네이버 지식백과 [두산백과], 만적의 난에서 인용.

고 신적인 존재였다. 이집트의 파라오는 태양신의 아들이라 했고, 로마의 황제들은 신으로 숭상되었다. 프랑스의 루이 14세(1638-1715)도 자신을 태양신으로 묘사하였다. 이러한 지위는 한국같이 조그만 나라의 역사에서도 거의 다르지 않았다. 왕은 신적인 존재이기 때문에 그 이외의 사람들은 아무리 높은 권력자라도 왕 앞에서는 그냥 하나의 피조물에 불과했다. 왕의 말을 어기거나 심기를 거슬리는 일은 자칫 목숨을 잃을 수도 있는 일이었다. 왕의 자리를 노리는 사람이 있으면 그 자신의 직계가족은 물론 처가, 외가까지 3족을 멸하는 벌을 받았다. 중국 경우는 이 3족의 3족을 곱해 9족을 멸하기도 했다. 우리가 역사에서 배우고 TV나 영화에서도 본 왕들의 이야기는 무수히 많다.

왕과 그 가족들은 절대 권력을 향유하며 호화로운 생활을 누렸다. 포악한 왕들일 경우는 그 사치와 방탕이 상상을 초월했다. 중국 은나라의 마지막 왕인 주(紂)는 술로 연못을 만들고 고기로 숲을 만든 다음 그 안에서 젊은 남녀들이 벌거벗고 뛰어놀게 했다. 주지육림(酒池肉林)이라는 말이 생기게 된 연유이다. 로마 황제 칼리굴라(Caligula)가 벌인 방탕한 파티들은 이미 수차례 영화로도 만들어져 널리 알려져 있다. 진나라 시황제가 건설한 아방궁은 오늘날 그 단어 자체가 호사의 극을 달리는 사치 향락의 장소라는 말로 받아들여지고 있다. 프랑스혁명 중 처단된 루이 16세의 왕비 마리 앙투아네트(Marie Antoinette)는 배고픈 백성들이 거리로 쏟아져 나오자 "빵이 없으면 고기를 먹으면 되지 왜 그러냐?"라는 말을 했다는 일화로 유명하다. 앙투아네트가 했다는 이 말은 혁명세력이 군중을 선동하기 위해 지어낸 말이라는 설도 있기는 하다.

왕족의 아래에는 각종 지위의 귀족들이 있었다. 이들도 지위의 높고 낮음에 따라 일정한 권력과 재산을 향유했다. 지위가 높은 귀족들은 대개 많은 재산을 축적했고, 그들 가운데 악독한 인사들은 수단 방법을 가리지 않고 재물을 모으는 데 열중인 사람들도 있었다. 그렇게 모은 재산으로 호화로운 삶을 누렸던 귀족들의 일화도 동서양의 역사에 모두 많이 남아 있다.[18]

동양인들에게 나관중의 『삼국지연의』를 통해 매우 유명한 "사마의"의 손자 사마염은 조조의 후손 조방으로부터 왕위를 빼앗아 진(晉: 265-316)나라를 건국했다. 진은 한 나라 이후 오랜 혼란을 겪던 중국대륙을 재통일했지만, 왕족들의 거듭된 반란과 귀족들의 사치 방탕으로 인해 40년 만에 몰락했다.[19] 진나라를 세운 무제 사마염은 1만 명에 가까운 후궁을 두었다고 한다. 이 진나라에서 귀족들의 사치와 방탕을 보여주는 유명한 사례들이 많은데, 특히 왕개와 석승이라는 두 귀족이 벌인 돈 자랑 시합은 대표적인 일화로 알려지고 있다(이나미 리츠코, 1997: 62-63).

"왕개가 쌀을 쪄서 말린 것으로 밥을 짓자 석승은 양초로 밥을 짓고, 왕개

---

18) 이나미 리츠코(1997: 68-69)가 지은 『사치향락의 중국사』에 나오는 사도 왕윤의 일화도 소개해본다. 서진의 사도 왕융은 집과 대지, 머슴, 소 치는 사람, 기름진 논, 수력제분기 같은 재산이 아주 많아 낙양에서 견줄 만한 자가 없었다. 증명서와 장부 정리에 쫓겨 언제나 부인과 함께 등불 밑에서 주판을 놓았다. 하지만 그는 매사에 인색하였다. 부리던 아랫사람이 결혼할 때 홑옷 한 장을 선물했는데 후에 새삼스럽게 그 대금을 청구할 정도였다. 왕융은 집 뜰에 심어져 있는 오얏나무의 열매를 비싼 값에 팔곤 했는데, 다른 사람이 씨앗을 입수하면 장사는 끝이라고 생각하고 항상 오얏 열매의 중심 부분에 송곳으로 구멍을 뚫어 팔았고, 딸이 시집갈 때 사돈댁에 수만 전을 빌려주었는데 돈을 갚기 전까지는 친정 나들이 온 딸을 외면하였다. 아래 주소에 이 책의 내용을 간추린 글이 올라와 있다.
http://bemil.chosun.com/nbrd/bbs/view.html?b_bbs_id=10044&num=81975

19) 사마염이 건국한 진나라는 316년 남흉노족의 침입으로 멸망하고, 그 일족인 사마예가 남쪽으로 이주하여 건업(지금의 남경)에서 317년 진나라를 재건국하였다. 전자를 서진, 후자를 동진이라고 한다.

가 푸른 능견으로 안감을 댄 보라색 비단으로 길이 40리(약 16km)가 되는
장막을 만들자, 석숭은 50리(약 21km)나 되는 비단 장막으로 대응하였다.
석숭이 산초나무를 벽에 칠하자, 왕개는 적석지를 벽에 칠하였다."

말린 쌀과 양초를 연료로 사용하여 밥을 지은 정신 나간 귀족들
의 이야기다. 왕족과 귀족들이 이처럼 호화로운 생활을 했던 데 반
해 일반 평민들은 겨우 자급자족할 수 있으면 행복할 정도로 궁핍
한 생활을 했다. 앞에서 언급한 칠로시의 논문에 나오는 통계를 다
시 한 번 인용하면 대영제국이 전성기를 구가하던 1820년에 지구
인구의 94%는 빈곤선 아래에서 살고 있었던 것으로 추정된다. 이
들은 늘 생활이 궁핍하였고, 자신들의 노력으로 그런 생활을 개선
할 수 있는 여지도 거의 없었다.

한국인이 가장 존경하는 역사적 인물 중의 한 사람으로 수위권에
이름이 오르는 백범 김구는 상놈 집안에서 태어났다. 상놈이란 노
예가 아니고 가문에서 벼슬한 사람이 나오지 못한 평민을 얕잡아
일컫는 말이다. 김구의 자서전인 『백범일지』는 상놈 집안에서 생
기던 여러 가지 일화를 전해주고 있다. 김구의 집안에서 혼인이 있
어 할아버지 한 분이 양반들만 매던 갓을 쓰고 사돈을 만났다가 양
반들에게 봉변을 당하였다. 김구는 어른들한테 그 이야기를 듣고
몹시 울었다. 그러고는 자신도 과거시험에 붙어 양반 집안을 만들
겠다고 글을 배우기 시작했다. 평민들은 대부분 평생 글을 배울 기
회조차 없이 문맹으로 살던 시절이다. 김구가 어렵게 공부를 해서
드디어 과거 시험을 보러 갔는데, 합격자는 이미 권세 있는 집안의
자제들로 정해져 있고, 과거는 요식행위에 불과한 현실을 깨닫고
절망하였다. 낙심한 김구는 상놈의 자식으로 글을 배웠으니 먹고

살 수 있는 길이 풍수나 관상쟁이가 되는 것이라는 조언을 듣고 고민하였다.

(2) 노예제도와 신분제도 폐지

사람이 살면서 가장 억울한 일은 자기 자신의 노력으로 바꿀 수 없는 것을 가지고 남에게 부당한 대접을 받는 일이다. 평민으로 태어나 아무리 노력해도 그냥 평민으로 한평생 살 수밖에 없는데, 상놈이라고 무시당하니 이렇게 억울한 일이 있을 수 없다. 그런데 인구의 대부분인 평민들은 평생 이렇게 살아야했다. 평민들은 그래도 나은 편이었다. 노예로 태어난 사람들은 어떠했을까?

노예는 우선 사람으로 대접을 받지 못했다. 짐승이나 물건처럼 취급을 받고 주인들이 사고팔 수 있었다. 인도의 경우 최하층민인 수드라(sudra) 계급은 사람들이 손도 닿지 말아야 할 "불가촉(untouchable) 천민"으로 불렸다. 이들은 대부분 평생 매질을 당하면서 쓰레기 같은 음식을 먹고 소나 말처럼 죽도록 일만 하다 인생을 마쳐야 했다. 노예의 자식으로 태어나면 그냥 그 부모와 같은 삶을 또 살아야 했다. 벼락 맞을 확률 같은 극단적인 행운이 생기지 않는 한 노예의 신분을 벗어나는 일은 불가능했다.

이처럼 소수의 사람들에게는 과도한 행운을, 그리고 다수의 사람들에게는 한없는 억울함을 안겨주던 신분제도는 동서양을 막론하고 전 세계 모든 나라에서 일반적인 사회질서였다. 오늘날 우리가 살고 있는 사회와는 근본적으로 달랐던 것이다. 인류 역사에서 왕족과 귀족, 평민과 노예가 있는 이런 신분사회는 언제까지 이어졌을까? 놀랍게도 인류 역사의 거의 전 과정이 이러했다.

인간은 누구나 평등하게 태어났고, 노예가 있을 수 없다는 지금의 상식이 상식으로 받아들여지게 된 것은 불과 100여 년 전후의 일이다. 토인비(노명식 역, 1979: 357)는 인류가 유사 이래 없애지 못해 온 두 가지 죄악이 전쟁과 노예제도라고 했는데, 그중의 하나인 노예제도를 현대의 인류가 없앤 것이다. 이 점에 대해 토인비는 다음과 같이 말하고 있다.

> "전쟁과 노예제도는 사회라는 종이 출현한 이래 내내 문명을 괴롭혀온 한 쌍의 암이다. 그 둘 중의 하나를 정복했다는 것은 다른 또 하나의 정복작전에 희망을 안겨주는 길조이다."

고대시대로부터 선량한 사람들은 노예들의 처지에 대해 동정심을 느끼기도 했고, 노예를 폐지하고자 하는 시도가 많은 나라에서 있어 왔다. 기원전 3세기 인도를 처음 통일한 마우리아왕국의 아소카(Ashoka)왕은 통일과정에서 치른 전쟁의 참상에 깊은 자책감을 느끼고 불교를 보급하면서 노예 매매를 금지시켰다. 그러나 노예제도 자체를 폐지하지는 못하였다.

귀족들의 세력기반을 약화시키기 위해 노예제도를 폐지하고자 시도한 왕들도 여러 나라의 역사에서 보인다. 중국의 한나라 재상이었다가 왕권을 찬탈해 신(新)나라를 건국한 왕망(王莽, B.C. 45-A.D. 23)은 귀족들의 토지를 몰수하고 노비를 폐지하였다. 그러나 어느 사회에서나 노예는 힘 있는 사람들의 재산이었고, 물리적 힘의 기반이었다. 그런 만치 노예를 폐지하고자 하는 시도는 늘 성공하지 못했다. 왕망의 경우 급진적이고 엉성한 개혁으로 전국적인 내란을 초래해 살해당하고 그의 왕국은 한 대 만에 끝나고 말았다.

근대 유럽에서는 15세기 포르투갈 상인들이 아프리카 해안에서 흑인을 잡아다 유럽과 신대륙에 노예로 팔았다. 신대륙에서 사탕수수와 커피, 담배 등을 재배하는 노동력이 필요해지면서 노예무역은 이윤이 많이 남는 장사가 되어 유럽 여러 나라의 상인들이 뛰어들었다. 노예를 다루는 그들의 잔인함에 대해 양심적인 서구의 지식인들이 비판여론을 일으키면서 여러 나라에서 차례로 노예무역이 금지되고 궁극적으로는 노예제도가 폐지되게 되었다.

1792년 덴마크와 노르웨이가 노예무역을 금지시켰고, 1807년에는 영국도 노예무역법(Slave Trade Act)으로 노예 매매를 금지하였다. 영국은 1833년 노예폐지법(Slavery Abolition Act, 1833)을 제정하고 대영제국의 극히 일부 영토를 제외한 모든 영토 내에서 노예 폐지를 선언하였다. 프랑스는 1848년 혁명으로 탄생한 제2공화정에서 노예제도를 폐지하였다. 미국에서는 1863년 링컨(Abraham Lincoln) 대통령의 노예해방선언이 있었으나, 이 문제를 중심으로 그 전후 4년간의 치열한 남북전쟁이 있었다. 한국에서는 1894년 갑오경장을 통해서야 비로소 노비제도가 폐지되었다.

더 나가서 왕족과 귀족이 있는 신분제도가 완전히 폐지된 것은 언제였을까? 대부분의 나라가 역시 지금으로부터 100여 년 전후의 기간에 왕정(monarch)을 폐지하고 공화정(republic)으로 전환하였다. 한국에서 왕이라는 지위가 없어진 것은 1910년 한일합방을 통해서였다. 중국에서는 1911년 신해혁명으로 공화국이 들어섰으나, 그 후에도 우여곡절이 있었다. 러시아는 1917년의 혁명으로 로마노프왕조가 폐위됐고, 독일은 1918년 혁명으로 바이마르공화국이 들어서면서 왕정이 폐지됐다. 터키는 1923년 케말 파샤의 혁명으로 공화국이 수립되었고, 1924년 이슬람세력의 최고 지도자인 칼리프

제도(Caliphate)를 폐지하였다. 이집트는 1952년 나세르의 혁명으로 왕정이 폐지되고 공화정이 수립되었다. 제2차 세계대전이 끝나기 전까지는 많은 나라들이 아직도 식민지 상태에 있다가 전후 독립하면서 대부분 공화정으로 건국하였다. 왕정의 폐지와 함께 신분제도도 자연 폐지되었다.

노예제도와 신분제도가 완전히 폐지된 이 과정은 간단한 것이었을까? 천만의 말씀이다. 그 모든 나라에서 혁명과 전쟁 등의 엄청난 격변과 희생을 치러야 했다. 영국에서는 노예를 폐지할 때 재산을 상실하게 된 주인들의 반발로 2,000만 파운드라는 엄청난 예산을 동원하여 보상을 해주었다. 그래도 이 과정은 돈으로 해결하여 평화롭게 진행된 것이다. 미국은 4년간의 전쟁을 치르고서야 노예가 완전히 폐지되었다. 신분제도가 완전히 폐지되는 과정은 그야말로 피비린내 나는 혁명과 전쟁의 연속이었다. 자신들이 누려온 특권을 상실하게 된 사람들은 필사적으로 저항하였다. 18세기 말에 벌어진 미국혁명과 프랑스혁명의 두 가지 사건은 현대 세계에 모든 인간이 평등하다는 이념과 공화정이라는 정치형태를 확산시키는 결정적 계기가 되었다.

1776년 독립선언문을 발표한 미국은 영국과 수년간의 전쟁 끝에 1783년 파리조약을 체결하고 독립을 쟁취하였다. 미국에서 "건국의 아버지"들이 1776년 필라델피아의 대륙회의에서 발표한 독립선언문은 다음과 같은 유명한 문장을 담고 있다.

"우리는 다음과 같은 진리들을 자명한 것이라고 생각한다. 즉, 모든 사람은 평등하게 태어났고, 조물주는 몇 가지 양도할 수 없는 권리를 부여하였으며, 그 권리 중에는 생명과 자유와 행복의 추구가 있다. 이 권리를 확보하기 위하여 인류는 정부를 조직하였으며, 이 정부의 정당한 권력은 인민의 동의로부터 유래하는 것이다. 어떠한 형태의 정부든 이러한 목적을 파괴할 때에는 언제든지 정부를 변혁 내지 폐지하여 새로운 정부를 수립하는 것이 인민의 권리이며, 그 정부는 인민의 안전과 행복을 가장 효과적으로 가져올 수 있는 원칙과 권한의 조직에 근거하여 구성되어야 한다."

모든 사람이 평등하고 인간은 생명과 자유와 행복을 추구할 권리가 있으며, 그 권리를 보장하기 위해 정부를 조직하였고, 정부가 그 목적을 파괴할 때에는 언제든 바꿀 수 있다는 것이 바로 현대 정치에 도입된 공화정의 이념이다. 이러한 이념은 토마스 홉스(1588-679), 존 로크(1632-1704), 몽테스키외(1689-1755), 볼테르(1694-1778), 루소(1712-1778), 디드로(1713-1784), 달랑베르(1717- 1783) 등의 계몽주의 학자들을 통해 정리되었고, 미국에서 정착되었다. 디드로와 달랑베르가 편집하여 1751년에 제1집이 출판된 프랑스판 백과사전(Encyclopedie)은 "권위"라는 항목에 대해 다음과 같이 설명하였다 (베르너 풀트, 송소민 역, 2013: 221-236).

"어떤 사람도 다른 사람을 지배할 권리를 천성으로 타고나는 사람은 없다. 자유는 하늘이 준 선물이다. 그리고 모든 이성을 타고난 개인은 자유에 대한 권리가 있다. 지배자는 그가 권력을 행사하는 신복에 의해서만 권력을 얻는다. 그리고 지배자의 지배권은 자연과 국가의 법칙에 의해 지배된다."

디드로(Denis Diderot)가 직접 작성한 이 내용은 앞에서 인용한 미국독립선언문의 원전이라고 할 수 있을 만큼 거의 동일한 내용과 정신을 담고 있다. 왕과 교회가 지배하던 세계에서 자유와 평등, 권력의 제한성을 강조한 이러한 출판물은 매우 위험한 불온서적으로 간주되었으며, 디드로는 투옥당하기도 했다. 그러나 용기와 신념을 가진 학자의 노력과 그에 동조하는 귀족들의 후원으로 디드로의 백과사전은 1772년 본문 17권, 도판 11권의 방대한 책으로 완성되었다. 디드로는 말년에 다음과 같은 예언적인 글을 남겼다.

"시간이 흐르면 이 <백과전서>가 틀림없이 사람들의 머릿속에 혁명을 불러일으킬 거요. 나는 전제군주, 폭군, 광신자, 타종교 배척자들이 이기지 않기를 바라오. 우리는 인류에 봉사한 게 될 것이라오."

<Box 2-1> 계몽주의(Enlightment)

인쇄술의 발전에 힘입어 로마 교황과 왕정, 귀족정 등 전통적 사회질서와 가치관을 비판하고 인간의 이성과 자유, 평등, 과학에 대한 신뢰를 이념으로 내세운 진보적 학자들이 활발한 저술 활동을 하며 대중을 계몽하던 16-18세기의 유럽 역사를 보통 "계몽주의 시대(The Age of Enlightment)"라고 한다. 계몽주의 시대의 시작과 끝이 언제이며, 어떤 사람들을 계몽주의 학자로 포함하는지는 정확하지 않다. 산업혁명을 전후한 시기에 영국, 프랑스, 이탈리아, 독일 등 유럽 전역과 미국에서 이성과 과학의 힘을 신뢰하던 지식인들의 활발한 활동이 있었고, 이에 영향을 받은 사회적 분위기가 조성되었다.

이런 시대의 흐름은 과거의 어두웠던 역사에 새로운 빛을 가져다주었다고 해서 영어로는 "빛을 가져다준 시대"라고 표현되며, 동양의 학자들이 이를 계몽주의라는 용어로 번역하였다. 이 가운데 특히 정치적 자유와 평등이념을 강조하여 그 후 미국독립과 프랑스혁명에 큰 영향을 준 사람들은 18세기 프랑스의 계몽주의 학자들이었다.

디드로의 예언은 얼마 후 터진 미국혁명과 프랑스혁명으로 현실화되었다. 그리고 인류의 역사에는 참으로 다행스럽게도 그 혼란의 세월은 결국 디드로의 바람대로 전제군주, 폭군, 광신자, 타종교 배

척자들이 패배한 결과로 나타났다. 볼테르의 말이라고 알려진 다음의 말은 자유와 평등, 박애를 추구한 혁명의 정신을 상징하는 말로 유명하다.[20]

> "나는 당신이 하는 말에 찬성하지는 않지만, 당신이 그렇게 말할 권리를 지켜주기 위해서라면 내 목숨이라도 기꺼이 내놓겠다."

그러나 모든 사람이 평등하다고 선언했던 미국의 건국 아버지들이 노예제도 폐지에는 찬성하지 않았다는 사실은 역설적이다. 아직까지도 노예들은 "모든 사람"에 포함되지 않았던 것이다. 지금은 모든 사람이 다 똑같은 인간으로 태어났다는 생각이 당연한 상식으로 받아들여지고 있지만, 인류 역사의 오랜 기간을 통해 이런 생각은 누구든지 감히 할 수 있는 것이 아니었다. 노비나 평민이 이런 말을 함부로 했다가는 목숨을 부지할 수 없었다. 이 평범한 생각을 현실의 사회에서 제도로 만드는 데 어마어마한 희생이 따라야 했던 것이다. 현대의 인류는 선대들의 이런 희생에 대해 감사해야 할 이유가 충분히 있다.

프랑스는 1789년 혁명 이후 1792년 왕정을 폐지하고 공화국을 선포하였으며, 그다음 해 전왕이었던 루이 16세를 처형하였다. 그러나 그 후 100년 가까운 세월 동안 피비린내 나는 전쟁과 혁명의 세월이 계속 이어졌다. 중간에 나폴레옹 1세, 3세의 제정이 있었고, 공화국체제가 완전히 정착하게 된 것은 1871년에 들어선 제3공화정 이후이다(노명식, 1980).

---

20) 실제 이 말은 볼테르 자신의 말이 아니고, 볼테르가 추구한 관용(톨레랑스)의 정신을 표현하기 위해 후대의 작가가 지어낸 말이라고 한다.

특수하게 국민들의 동의하에 왕정을 아직도 인정하고 있는 나라들이 있기는 하다. 영국 경우 프랑스보다 일찍 시민혁명으로 1649년 찰스 왕을 처형하고 공화정을 세웠으나 크롬웰(1599-1658)의 독재정치에 실망한 사람들이 1660년 찰스 2세를 데려와 왕정을 복원한 후 지금까지 왕정이 이어지고 있다. 일본은 전 세계에서 유일하게 일천 년 이상 한 집안에서만 왕통이 끊어지지 않고 지금까지 왕정이 이어지고 있다.

그러나 이런 나라의 왕들도 지금은 옛날처럼 무소불위의 절대 권력을 휘두르지 못한다. 앞에서 언급한 27개의 왕정국가 중에 사우디아라비아 등 중동의 일부 국가들을 제외한 대부분의 왕정국가들은 헌법으로 왕의 권한을 극히 제한해두고 있다. 헌법의 지배를 받는 입헌군주국(constitutional monarchy)인 것이다. 왕의 권한을 법으로 제한한 것은 13세기 영국의 시민혁명 이후 제정된 마그나 카르타(Magna Carta)가 대표적인 선례로서 역할을 했다.

(3) 여성해방

인류 역사에서 공식적인 신분제도의 폐지와 함께 또 하나 큰 의미를 지니는 흐름은 여성해방이다. 여성은 사회적으로 강요된 공식적인 신분은 아니지만, 생물학적인 특성에 의해 강요된, 그 자체가 하나의 특수한 신분이었다. 인류 역사의 거의 전 기간을 통해 거의 모든 나라에서 여성은 남성에 의해 지배받는 종속적인 존재였다. 여성의 역할은 남자의 성적 욕구와 의식주 해결을 보조하고, 아이를 낳아 노동력과 병사를 공급하는 일이었다. 시기적으로 지역에 따라 여성의 권한에 변동이 있기도 했지만, 심한 경우는 정조대를 채워서 여성이 자신의 몸을 스스로 통제할 수 없게 만들던 시대도 있었다. 권세 있는 자들은 평민의 딸이나 심지어 아내까지 약탈하여 자신의 성적 욕구를 충족하고자 하였다. 성경에는 우리야의 아내를 탐한 다윗왕의 이야기가 나오고, 한국의 삼국사기에는 백제의 도미 이야기가 있다.21)

여성의 신체 구조가 남자와 다르기는 하지만, 기본적으로 남자와 똑같은 인간이라는 생각이 받아들여지고 제도를 통해 여성의 지위가 보장된 과정도 결코 간단하지 않다. 현대의 여성해방운동은 19세기 말부터 유럽 각국과 미국 등에서 본격적으로 전개되었고, 영국에서 시작된 참정권운동(suffragette movement)으로 관심을 모았다. 1897년 밀리센트 포셋(Millicent Fawcett)이 이끄는 전국여성참정권단체연합(National Union of Women's Suffrage Societies: NUWSS)이 설립되어 합법적인 청원 운동을 벌였으나 별다른 성과를 거두지 못했다.

초기의 평화적인 운동이 관심을 끌지 못하자 영국의 운동가들은 시위, 방화 등의 극단적인 방법을 동원했고, 많은 관련자들이 투옥되었다. 1903년 에멀린 팽크허스트(Emmeline Pankhurst)가 설립한 여성사회정치연맹(Women's Social and Political Union: WSPU)이 이 과정에 주도적 역할을 하였다. 1913년 에밀리 데이비슨(Emily

---

21) 김부식이 지은 삼국사기(1145)의 "도미열전"에 나온 이야기를 간추리면 이렇다. 백제 사람인 도미는 평범한 백성이었지만 의리를 아는 사람이었다. 그의 아내는 아름답고 고왔을 뿐만 아니라 절조 있는 행실을 하여 당시 사람들의 칭찬을 받았다. 개루왕이 이 소문을 듣고 도미의 아내를 탐하였으나, 그녀는 재치를 발휘하여 번번이 위기를 모면하였다. 화가 난 개루왕이 도미를 잡아 두 눈알을 뽑고 배에 실어 강에 띄워 보내버린 다음 다시 도미의 아내를 범하려 했다. 그녀는 월경을 핑계로 시간을 번 후 강가로 도망쳐서 남편을 만났다. 그 후 부부는 고구려로 도망쳐 풀뿌리를 캐어 먹으며 떠돌다가 인생을 마쳤다.

Davison)이라는 여자는 국왕 조지 5세의 마차에 뛰어들어 치명적인 상처를 입고 얼마 후 사망하였다. 그녀의 장례는 수많은 사람들이 모이면서 여성참정권에 대한 관심을 높여주었다.

1904년 독일의 베를린에서 미국과 유럽의 여성운동 지도자들이 모여 국제여성동맹(International Alliance of Women: IAW)을 결성하고, 세계적으로 여성의 참정권 운동을 확대해나갔다. 성인 여성에게 제한적인 투표권이 부여된 것은 1893년 당시 영국의 자치식민지였던 뉴질랜드가 처음이었다. 이어서 핀란드, 아일랜드, 스웨덴, 노르웨이 등의 북유럽 국가들과 미국의 여러 주가 투표권을 부여하였다. 영국 경우는 1918년 2월 30세 이상이면서 연간 5파운드 이상의 소득과 재산이 있는 여자들에게 투표권을 주는 법을 만들었으며, 이 법으로 그해 총선에서는 850만 명의 여성이 투표권을 얻게 되었다. 21세 이상의 모든 여성에게 투표권이 부여된 것은 1928년 7월 새로운 법이 통과되면서부터이다.22) 1948년 UN은 세계인권선언(Universal Declaration of Human Rights)을 통해 모든 여성에게 참정권을 부여하도록 촉구하였다. 1979년에는 여성에 대한 모든 형태의 차별철폐 조약(Convention on the Elimination of All Forms of Discrimination Against Women)이 체결되었고, 189개 국가가 이를 비준하였다.

5. 인류는 계속 나아갈 것이다

필자는 인류가 300만 년 전 이 별에 탄생한 이래 다른 생명체들

---

22) http://www.tchevalier.com/fallingangels/bckgrnd/suffrage/

과의 경쟁에서 이기고 지금은 지구를 거의 지배하다시피 하는 위치로 올라섰다고 판단하며, 인간사회 내부의 역사는 약탈에서 교환으로, 궁핍에서 풍요로, 그리고 신분사회에서 평등사회로 이전했다는 점을 가장 큰 특징으로 파악한다. 인류 역사가 이상과 같은 네 가지 큰 방향으로 진전해왔다는 필자의 판단은 주관적이다.

역사가 문명의 흥망성쇠 과정인지, 국가의 흥망성쇠 과정인지, 또는 계급투쟁의 과정인지 공존공생의 과정인지는 해석하는 사람의 주관적 판단에 따른다. 마르크스는 물질이 정신을 지배하여 이념과 체제를 낳는다고 보았지만, 독일의 대학자인 막스 베버(Max Weber)[23]는 기독교정신이 자본주의라는 사회체제를 만들었다고 해석했다. 역사를 해석하는 것은 글 쓰는 사람의 주관적 판단이고 그에 대해 공감하는가 하는 문제는 독자의 몫이다.

오늘날의 인류는 선대들의 긴 희생의 역사 위에서 다행스럽게도 지금까지 서술한 발전을 이루었다. 지금은 모든 사람이 평등하게 태어나 자기 노력에 따라 사회적 성취와 개인적 성취를 이룰 수 있는 사회에 살게 되었다. 그러나 아직도 많은 곳에서 많은 사람들이 이러한 제도의 혜택을 충분히 받지 못하고 빈곤의 악순환 속에 살고 있거나, 여성의 권리를 억압하는 관습의 굴레에서 벗어나지 못하고 있다. 권력과 재력을 획득한 소수의 사람들이 자신의 당대

---

23) 막스 베버(Max Weber, 1864-1920)는 독일의 하이델베르크 대학과 베를린 대학에서 법학과 역사학을 공부한 후 현대사회의 정치, 경제, 사회현상을 역사적으로 분석하고 각 분야에 방대한 저작을 남겼다. 그는 사회학(Sociology)의 창시자로 흔히 불리고 있다. 베버는 현대 서구의 자본주의가 인간의 역사 이래 모든 곳에 존재해온 이윤 추구 활동과 근본적으로 다른 점은 자유롭게 계약하는 노동을 합리적으로 조직하여 관리하며 끊임없이 투자하는 기업의 활동에 있다고 파악하였다. 개인적 만족의 추구를 넘어 끊임없이 투자하는 현대 자본가의 정신은 개신교의 소명의식에서 비롯된다고 보는 것이 그의 관점이다.

에 누리는 특권을 자식들에게도 그대로 물려주면서 사회적인 계층 이동에는 장벽을 도입하여 새로운 신분사회를 만들고자 하는 경향도 있다.

인류의 역사는 엄청난 희생 위에 신분제도를 거부하고 모든 인간이 똑같이 평등하며 자신의 행복을 추구할 권리가 있다는 사실을 확인해온 과정이라는 점을 분명하게 인식할 필요가 있다. 여기서 말하는 평등은 동일한 기회를 의미하며, 개인의 노력에 따른 성취의 평등을 의미하는 것은 아니라는 점을 부언해둘 필요가 있겠다.

제 3 장

산업혁명, 지구를 정복한 인류

토인비는 인류의 역사가 "도전과 응전(Challenge and Response)"의 과정이라고 축약해서 말했다. 매 시기 주어진 환경에서 새로운 도전에 성공적으로 응전한 사람들이 문명을 건설하고 번영을 누린 반면, 적절하게 응전하지 못한 사람들은 도태되어 나갔다는 것이다. 인류는 지난 시간 동안 주어진 도전에 성공적으로 응전하여 오늘날에는 지구를 지배하다시피 하는 유일한 종으로 번성하게 되었다. 그러나 한편으로 지금 인류는 사상 유례없이 심각한 도전을 받고 있기도 하다. 이러한 도전들을 어떻게 성공적으로 극복하고 나갈 것인가에 인류의 미래가 달려 있다.

현대의 인류가 당면하고 있는 문제들은 기본적으로 지난 시기 인류가 이룩해온 성공적인 성취의 부작용 또는 반작용이라는 성격을 지니고 있다. 즉, 문제의 본질을 인간이 만들고 키워왔으며, 그 범위와 규모가 전 지구적이고 대규모적이라는 점에서 과거의 도전들과는 다른 특징이 있다. 그리고 그 중심에는 산업혁명(Industrial Revolution)을 거치며 인류가 이룩한 물질적 생산능력의 확대와 대량소비사회의 실현이 놓여 있다.

　현재 우리가 살고 있는 인류사회의 기본적인 틀은 18세기 중반 영국에서 시작된 산업혁명 이후 대략 250여 년의 세월이 흐르는 동안 짜인 것이다. 산업혁명은 인류사회의 모습을 그 이전의 세계로부터 확연하게 변화시킨 결정적인 사건이며 현재까지도 지속되고 있는 강력한 변혁의 과정이다. 인류는 이 과정을 통해 그 능력과 활동 영역을 비약적으로 확대하여 지구 위에서 다른 생명체에 대해 지니게 된 우위를 강력하게 증폭하였다.

　이 과정은 앞장에서 요약한 인류의 위대한 성취가 집약적으로 이뤄져 온 과정이기도 하고, 한편으로는 그 부작용으로서 현대에 인류가 직면하고 있는 위기가 본격적으로 잉태되어 온 과정이기도 하다. 이 책에서 다루는 성장의 한계, 환경 파괴, 자본주의의 문제, 민족국가의 갈등과 같은 현대사회의 모든 중요한 위기 요인이 산업혁명으로부터 잉태되어 왔다. 이 점에서 이번 장은 인류 역사의 분기점으로서 산업혁명이 지니는 중요성을 염두에 두면서, 그것을 통해 인간의 물질적, 사회적 삶의 조건이 어떻게 변화했는지 살펴보도록 하자.

1. 산업혁명의 확산

　오늘날의 우리는 공장과 기업을 통해 대량으로 물건을 생산하고 시장을 통해 이것들을 팔고 사는 자본주의 체제 속에 살고 있다. 이 체제 속에서 생산과 교환의 과정에 참여하고 임금을 받아 생활하는 것이 현대인의 기본적인 생활방식이다. 산업혁명 이전 세계는 인류사회의 대부분이 농업을 기본적인 생계수단으로 하고 있었고, 일부는 아직도 유목생활을 하고 있었다. 지금과 같은 기업이나 임금노동자, 시장경제 같은 개념은 없거나 아주 미약하게 존재했다. 인간이나 동물의 힘에 의존하면서 간단한 도구를 사용하던 시대에 생산능력은 미약했고, 인간들의 경제생활은 자급자족하기에도 넉넉하지 않았다. 산업혁명은 이런 세계의 모습을 결정적으로 바꾸어놓았다.

산업혁명은 우선 증기, 전기 등 새로운 동력을 이용하는 기계의 개발과 이를 집약적으로 이용하는 공장의 출현으로 인간의 물적 생산기반을 획기적으로 변화시켰다. 이 과정은 산업화(industrialization) 라는 용어로 표현되고 있다. 또한 산업혁명은 교통과 통신기술의 비약적 발전으로 인류사회를 하나의 지구촌으로 묶어놓았다. 이 과정은 국제화(internationalization) 또는 세계화(globalization) 등의 용어로 표현된다. 그리고 산업혁명은 이러한 물적 기반의 변화에 대응하는 사회제도의 변화를 가져온 과정이기도 하다. 인간의 생활공간이 농촌에서 도시로 바뀌고 자급자족하던 농민이 공장의 임금노동자로 바뀌면서 이에 따른 새로운 사회질서와 제도가 필요하게 되었다. 공장법과 노동법 등이 만들어지고, 새로운 사회질서에 맞추기 위한 노동자의 교육 필요성에서 대중교육이 보급되었다. 새로운 기술, 새로운 기계가 속속 발명되고, 새로운 산업이 생겨나면서 새로운 사회가 출현하고, 이를 뒷받침하기 위해 새로운 제도가 만들어지면서 세계 전체로 확산되어 온 과정이 산업혁명인 것이다.

산업혁명이라는 용어를 처음으로 사용한 사람은 영국의 경제사학자로서 앞에 언급한 역사학자와 같은 이름이지만 다른 사람인 아놀드 토인비(Arnold Toynbee, 1852-1883)이다.[1] 그는 1880년대에 대학에서 강의하면서 산업혁명이라는 용어를 사용하였는데, 요절한

탓에 그의 가족과 지인들이 유고를 모아 1884년에 『산업혁명』을 출판하였다. 이 책에서는 1760년경부터 1840년대까지 영국에서 진행된 산업혁명 과정을 상세하게 정리하였다.

『혁명의 시대』, 『자본의 시대』 등의 대작을 쓴 영국의 사학자 에릭 홉스봄(Eric Hobsbawm, 1962: 27-52)은 "산업혁명이 농업과 도시의 발명 이래 인류 역사에서 가장 중요한 사건"이라고 말한다. 그는 산업혁명의 시작 시기를 대략 1780년대로 보고 있지만, 그것의 시작과 끝이 정확히 언제인가를 따지는 것은 의미가 없다고 언급하고 있다. 산업혁명은 대략 18세기 중반 영국에서 시작되어 지금까지도 계속되고 있는 거대한 사회변혁의 과정이기 때문이다.

학자들은 영국에서 발생한 18세기 중반 이후 19세기 초반까지의 산업혁명을 제1차, 19세기 초반에서 20세기 초반까지 유럽대륙과 미국, 일본 등으로 확산된 산업혁명을 제2차로 구분한다(Hart-Davis, 2012: 295).[2] 여기에다 20세기 후반부터 개인용 컴퓨터와 인터넷, 휴대폰 등의 발명으로 가속화되고 있는 현대의 정보화(informatization) 는 제3차 산업혁명으로 간주되며, 최근에는 "제4차 산업혁명"이 거론되고 있다(클라우스 슈밥, 송경진역, 2016).

이에 반해 미국 조지 메이슨 대학의 사학교수인 피터 스턴스 (Peter N. Sterns, 2013)는 영국에서 산업혁명이 시작되어 유럽대륙과 미국으로 확산된 1760-1880년까지의 시기를 제1기, 러시아, 일본 등의 산업화가 이루어지고 서구에서는 산업구조 변화가 이루어

---

1) 그는 『역사의 연구』를 쓴 아놀드 요셉 토인비(Arnold Joseph Toynbee, 1889-1975) 의 삼촌이다.

2) 제2차 산업혁명에 대해서는 1820-1870년대까지 벨기에, 독일, 미국, 스위스 등을 중심으로 하는 시기와 1890년대 이후 프랑스, 러시아, 스웨덴, 이탈리아, 일본 등이 뒤따른 시기를 구분하기도 한다.

진 1880-1950년까지의 시기를 제2기, 그리고 이스라엘, 한국, 브라질, 멕시코, 터키 등 제3세계 국가로 산업화가 확산된 1950-2000년까지의 시기를 제3기로 구분하고 있다.

산업혁명의 시대 구분을 어떻게 하느냐는 지리적 확산과 기술발전의 큰 경계선이 어디인가에 따라 학자마다 다르게 볼 수 있다. 분명한 흐름은 18세기 중반 영국에서 시작된 산업혁명이 오늘에 이르기까지 전 세계적으로 계속 확산되면서 인간의 생활은 물론 지구의 생태계 변화에도 엄청난 영향을 주고 있다는 것이다.

(1) 영국의 산업혁명

산업혁명을 연구한 학자들은 산업혁명이 왜 18세기 중반 영국에서 시작되었는가를 논의한다. 시민혁명이 일찍 발생하여 민주주의 제도가 일찍 정착하였다는 정치적인 관점부터 인구와 농업구조의 변화, 계몽주의 사상, 식민지 개척의 영향 등 복합적인 요인들이 지적된다. 스턴스(Sterns, 2013: 52)는 역사가들이 아직까지도 산업혁명의 원인에 대해 논란을 빚고 있는 것은 놀랍기까지 하다고 말한다. 분명한 것은 인류의 생존과정에서 축적된 경험과 지식들이 18세기 중반 영국이라는 나라에서 집약적으로 꽃을 피워 산업혁명을 가져왔고, 그 후 세계적으로 확산되었다는 사실 그 자체이다. 산업에 대한 영국의 독점적 우위는 거의 반세기 동안 이어지면서 조그만 섬나라인 영국이 세계를 지배할 수 있게 했다.

산업혁명을 상징하는 기계와 공장의 출현은 제철 기술의 혁신, 석탄을 이용한 증기기관(steam engine) 개발, 그리고 새로운 방직기계의 발달이 비슷한 시기에 연쇄적으로 이루어지면서 본격화되었다. 1712년 영국의 뉴코멘이 석탄으로 물을 끓여 나오는 증기를 이용한 동력기관을 개발했는데, 1765년 제임스 와트(James Watt, 1736-1819)는 이것을 개량하여 열효율을 높이고 상업적으로 본격 이용할 수 있는 기관을 만들었다. 제임스 와트는 자신의 증기기관이 얼마나 강력한 힘을 발휘할 수 있는가를 설명하기 위해 말의 힘에 비교한 '마력(horsepower)'이라는 용어를 만들어냈다. 500마력 엔진은 500마리의 말이 끄는 힘을 발휘하는 것으로 설명되었다. 인간과 동물의 힘을 대체하면서 엄청난 힘을 발휘하는 동력엔진이 탄생하였는데, 이것의 다른 장점은 이동과 설치가 상대적으로 자유로워 공간적 제약도 극복하게 해주는 것이었다. 이에 따라 대규모 공장들의 설립이 가능하게 되었다.

제임스 와트가 증기기관을 발명한 해에 하그리브스가 제니방적기를 개발하였고, 1769년에는 아크라이트의 수력 방적기가 출현하였다. 아크라이트는 1770년 노팅엄에 최초로 방적공장(mill)을 설립하였는데, 불과 50명의 직원으로 종래 2,500명이 하던 일을 할 수 있었다. 1780년대에는 크럼프턴의 뮬방적기가 나타나 한결 성능을 개선하였다. 이 같은 기계의 발전에 힘입어 수백 명의 노동자가 배치되는 근대적 공장들이 설립되었다. 종래의 방적, 방직산업은 수차를 동력으로 이용하고 양털을 가공하는 모직물이 중심이었기 때문에 물과 목축지가 있는 페나인산맥과 피크 디스트릭트 지방에서 가내수공업으로 발달하고 있었는데, 제임스 와트의 증기기관이 보급되면서 도시 주변에 공장을 설립할 수 있게 되었다(Markham, 1994: 14-15; 石坂昭雄, 1997: 180).

기계의 제조는 철강 생산 기술의 발전으로 도움을 받았다. 종래의 제철업은 용광로의 연료로 목탄을 사용하여 삼림지대에 설치되었으며, 연료 고갈로 심각한 어려움에 빠져 있었다. 1709년 아브라함 다비가 석탄에서 나오는 코크스를 연료로 이용하여 철강을 생산하는 기술을 개발하였는데, 1780년대에는 헨리 코트가 퍼들법을 개발하여 양질의 봉철을 대량생산 할 수 있게 되었다. 1720년 2만 5천 톤에 불과했던 영국의 선철 생산량은 1806년에는 24만 4천 톤, 1862년에는 270만 1천 톤으로 늘어났다. 이와 같은 발전으로 영국은 19세기 초부터 철강수출국으로 바뀌었으며, 1840년에는 세계 선철 생산량의 52%를 생산했다(石坂昭雄, 1997: 187). 1750년대 말 남부 웨일즈의 머서 티드빌(Merthyr tydfil)에 설립된 리처드 크로쉐이의 제철소는 1815년까지 세계 최대 제철소로 발전하였다. 영국의 철강산업은 대포, 총, 탄약을 공급하여 1789년 프랑스혁명 이후 나폴레옹 전쟁(1803-1815)에서 승리하는 데 크게 기여하였다.

증기기관과 철강산업 발달, 각종 기계의 수요에 의해 석탄 생산도 크게 증가했다. 철강산업은 연료가 있는 석탄광산 인근에서 발전하였다. 철강, 석탄, 섬유는 산업혁명의 삼두마차였다(Morgan, 1996: 286-287). 철강과 석탄은 증기기관을 낳고, 이것이 새로운 방적, 방직기계와 결합하여 공장이 설립되면서 섬유산업이 획기적으로 발전하였다.

영국의 방직산업은 종래 가내수공업에 의존하던 농촌의 모직물 산업에서 대규모 공장생산이 이루어지는 도시의 면방직 산업으로 중심이 옮겨가면서 크게 발달하였다. 인도, 미국 등의 식민지에서 들여온 면화를 가공하는 면방직산업은 맨체스터, 리버풀 등 잉글랜드 북부의 랭커셔(Lancashire) 지방에서[3] 크게 발전하여 산업혁명

---

3) 1974년 영국의 행정구역 개편에 의해 리버풀과 맨체스터는 별도의 대도시로 편성돼 랭커셔 주에서 분리되었다. http://en.wikipedia.org/wiki/Lancashire

을 이끈 핵심 산업이 되었다.[4] 면방직산업의 수요에 의해 기계와 건물, 수송, 조선, 조명 등 연관 분야의 수요가 이어졌으며, 철강과 석탄 생산도 계속 증가하였다. 홉스봄(Hobsbawm, 1962: 37-38)에 따르면 1830년대까지 영국에서 현대적 의미의 '산업' 또는 '공장'이라는 단어는 전적으로 면방직산업에 관련된 것이었으며, 1832년 제정된 공장법(Factory Act)은 거의 전적으로 면방직 공장의 문제들을 다루고 있었다. 1830년대에는 세계 면제품의 거의 85%가 랭커셔에서 생산되었다.

1804년에는 트레비식이 증기기관차를 개발하였고, 이것이 점차 발전하면서 세계의 교통운수에 혁명을 가져왔다. 1825년에는 스티펜슨이 대중을 수송할 수 있는 증기기관차를 개발하였고, 1830년에는 리버풀과 맨체스터 간에 최초의 정기적인 철도 수송이 시작되었다. 철마(iron horse)라고 불린 증기기관차는 막대한 인력과 화물을 빠른 속도로 수송하여 산업과 도시 발달에 기여하였다. 1830년대부터는 영국 전역과 세계 도처에서 철도건설 바람이 불기 시작했다. 영국 경우 1840년에 철도 총연장은 2,390km였으나 1890년에는 2만 1,558km로 늘어났다. 의회의 결의로 모든 노선의 운영은 구간 수송을 위탁받았던 주식회사가 맡았다. 철도는 막대한 자금을 조달하는 과정에서 주식회사의 발달을 가져왔고, 섬유산업으로부터 산업의 중심축을 옮겨놓았다. 또한 세계 각지의 철도건설 바람을 타고 해외투자 붐을 일으켜 세계적인 자본과 노동의 이동을 촉진

---

4) 1770년 영국 전체의 면산업 생산은 70만 파운드 규모였으나, 25년 후인 1805년에는 1,050만 파운드로 늘어났고, 1870년에는 3,880만 파운드에 달하였다. 맨체스터의 방직공장은 1790년에는 2개에서 1821년에는 66개로 늘어났다. C. N. Trueman, "The Cotton Industry and the Industrial Revolution."
http://www.historylearningsite.co.uk/cotton_industrial_revolution.htm

하면서 자본주의의 성격을 근본적으로 바꾸어놓았다. 철도 운행시간을 맞추기 위해 1840년대에 철도회사들이 종전까지 지역별로 달랐던 시간을 통일하여 그리니치표준시(Greenwich Mean Time)를 도입하였으며, 1880년에는 영국 정부가 이를 브리튼 섬 전체에 적용하였다.

한편 강과 바다에는 증기기관을 이용한 기선이 다니기 시작하였다. 1801년 스코틀랜드의 둔다스경에 의해 최초의 증기선인 샬로트 둔다스가 운항하였으며, 이후 미국인 로버트 풀턴이 상업적인 운항에 성공하였다. 1819년에는 미국의 SS 사반나호가 조지아 주에서 출발하여 한 달 만에 리버풀에 도착하였다.

산업혁명의 성공으로 19세기 중반 영국은 세계 모든 나라를 압도하는 경제강국이 되었다. 면섬유와 철강은 대략 세계 총생산고의 1/2, 석탄은 2/3, 금속 제품은 2/5를 영국 한 나라가 생산했다. 수출시장과 원료를 찾아 세계로 확대된 영국의 산업과 철도 건설 바람을 타고 해외로 투자된 영국 자본은 자본주의 세계시장의 본격적인 형성을 가져왔다(石坂昭雄, 1997: 191).

(2) 유럽대륙, 미국, 세계의 산업화

1830년대를 지나 산업혁명이 유럽대륙과 북미대륙으로 확산되면서 철도, 조선, 화학 등 중공업이 크게 발전하였다. 이 시기는 홉스봄이 혁명의 시대(1789-1848)라고 부른 시기를 지나가면서 자본의 시대(1848-1875)라고 부르던 시대가 도래하던 시기였다. 증기기관과 철도가 유럽대륙에 들어와 빠르게 보급되기 시작하고, 새로운 사업기회에 눈뜬 사람들이 활발하게 움직이면서 자본주의가 본격적으로 발달하였다. 정치적으로는 비스마르크(Otto von Bismarck) 재상의 프러시아가 부국강병을 내세우며 산업화를 적극 추진, 1870년 프랑스와 전쟁에서 승리한 후 독일 민족들의 영방을 통일하여 독일제국을 건설하였다. 1871년에는 이탈리아도 통일왕국을 건설하였다. 강력한 민족국가들이 출현하면서 각국이 경쟁적으로 중공업과 무기개발, 철도개발 경쟁에 나서고, 대외적으로는 식민지 개척에 뛰어들면서 마찰을 빚기 시작했다.

유럽대륙에는 1830년대부터 철도 건설바람이 불기 시작했고, 차츰 전 세계적으로 확산되었다. 초창기의 건설자금은 대부분 영국에서 조달하였다. 독일에서는 1835년 뉴렘부르크와 피르트 간 철도가 처음으로 부설되었고, 1839년에는 라이프치히-드레스덴 간 장거리 철도가 개통되었다. 프랑스는 1820년대에 철도건설계획을 준비했으나, 본격적인 건설은 1840년대에서야 시작되었다. 미국은 1860년대 남북전쟁이 끝난 후 대륙횡단철도 건설에 착수하여 1869년에 완공하였다. 이해는 프랑스인 레세프스가 이집트의 수에즈운하를 완공한 해이기도 했다. 한국에서는 일본에 의해 1899년 서울 노량진과 인천을 잇는 경인철도가 최초로 개통되었다. 19세기 후반에는 전기와 전신기술이 개발되면서 철도건설을 따라 전기와 전신선로가 같이 구축되었다.

전 세계적으로 철도 건설과 대규모 토목공사들이 추진되면서 자본과 인력의 세계적인 이동이 촉진되고, 막대한 투자금을 조달하는 과정에서 금융산업이 크게 성장하였다. 1817년 일부 주식중개인들에 의해 설립된 뉴욕증권시장(NYSE)은 1865년 지금의 월스트리트로 확장 이전하여 자리를 잡았는데, 당시의 증권시장은 거의 철도회사들을 위한 공간이었다. 미국에서는 1860년 3만 1천 마일이었던 철도 총연장이 1910년에는 24만 마일로 늘어났다.

철도건설 붐은 광적인 주식투기 붐을 일으키고 1860년대 중반 다니엘 드류와 밴더빌트 간에 이리철도회사 소유권을 둘러싼 소송이 벌어지기도 했다. 1873년에는 5월에 독일의 철도 붐이 식으면서 비엔나 증권시장이 폭락하는 사건이 있었고, 9월에는 미국에서 제이 쿡의 북태평양철도회사가 발행한 채권을 팔지 못해 은행들이 부도난 사건이 발생했다. 이를 계기로 미국과 유럽의 많은 기업과 은행들이 연쇄 부도나면서 세계는 당시까지 경험하지 못했던 대공황을 겪었다. 19세기의 마지막 25년 동안 미국 철도회사의 절반인 700개의 회사가 부도를 냈다. 19세기 중반부터 세계경제는 과잉투자에 의한 불황을 거의 주기적으로 경험하게 되었다.

〈표 3-1〉 주요국의 철도 연장 변화

단위: km

	1840	1850	1860	1870
오스트리아	144	1,579	4,543	9,589
벨기에	334	903	1,730	2,897
프랑스	497	2,915	9,167	15,544
독일	469	5,856	11,089	18,876
영국	2,390	9,797	14,603	21,558
이탈리아	20	620	2,404	6,429
러시아	27	501	1,625	10,731
스페인	-	28	1,917	5,442

자료: 石坂昭雄 외(1997). p.214.

철도와 중공업의 발달에는 제철 기술의 도약이 큰 기여를 하였다. 1855년 헨리 베서머의 새로운 공정 개발과 함께 철강 생산이 비약적으로 증가하면서 미국과 유럽대륙의 철강 생산이 영국을 앞지르기 시작했다. 1892년 설립된 카네기철강회사는 1901년 US 스틸로 발전하면서 세계 최대 철강생산업체가 되었다. 영국 자본이 높은 수익처를 찾아 해외로 투자하면서 영국의 제조업은 정체하는 반면 유럽대륙과 미국의 제조업은 크게 성장하였다. 1913년에 들어서면 미국이 세계 산업 생산량의 36%를 차지하고, 독일이 16%를 차지한 데 반해 영국은 14%에 머물렀다(존 미클스웨이트, 2004: 90).

한편 전기와 석유의 이용도 본격화되면서 인류 역사에 계속해서 새로운 시대가 열리기 시작하였다. 전기는 16세기부터 유럽의 과학자들이 연구하기 시작하여 단계적으로 많은 학자들에 의해 그 성격이 규명되면서 차츰 실용화되었다. 1752년 벤저민 프랭클린이 연을 이용하여 번개의 전기적 성격을 알아낸 이야기는 유명하다. 1800년 이탈리아의 볼타가 전지이론을 발표했고, 1821년 영국의 패러데이가 전자기장의 법칙을 발견했으며, 1827년에는 독일의 옴이 전기회로를 개발했다. 이러한 과학적 발견에 따라 19세기 후반에 들어서는 전기를 실용화한 제품들이 본격적으로 출현하기 시작했다. 1876년 알렉산더 벨의 전화기 특허, 1879년 에디슨의 백열전구 개발, 1893년 웨스팅하우스의 발전기 개발 등이 이어지면서 인간은 종래 신의 영역이던 전기를 이용해 새로운 동력을 만들어내고 소리와 빛을 다루어 이용할 수 있게 되었다. 에디슨(Thomas Edison)은 1892년 금융업자인 J. P. 모건과 합작으로 제너럴 일렉트릭사를 설립하여, 미국 전역에 전기가 보급되는 데 결정적인 기여를 하였다.

석유는 1745년 제정러시아가 최초로 정유공장을 설립하였으나, 1847년 영국인 제임스 영이 석유에서 케로젠을 추출하는 공정을 개발함으로써 상업적인 이용이 시작되었다. 1850-1860년대에는 캐나다와 미국에서 활발한 석유 생산이 시작되었고, 영국은 1908년 중동의 페르시아에서 유전을 확보하고 영국-페르시아 석유회사(APOC)를 설립하였다.[5] 석유왕이라고 불리게 된 록펠러는 1866년 오하이오의 클리블랜드에서 정유사업을 시작하여 크게 성공하고 1870년 오하이오 스탠더드 오일 회사를 설립하였다. 그는 경쟁업체에 대한 무자비한 공격과 인수합병을 통해 1882년에는 40개의 기업을 합병하여 스탠더드 오일을 재설립했는데, 이 회사는 당시 미국 내 석유 생산의 95%를 차지하였다.[6]

　전기와 석유는 석탄을 이용하던 증기기관을 퇴장시키고 제2의 산업혁명을 가져왔다. 훨씬 작고 간편한 동력엔진이 출현함으로써 각종 전기제품 등 새로운 제조업이 본격적으로 발달하고 자동차, 비행기 등 새롭고 강력한 교통수단의 출현에도 기여했다. 자동차는 1776년 프랑스의 퀴노가 최초로 증기자동차를 개발한 이후 독일의 오토(1876), 벤츠(1886), 마이바흐(1893), 영국의 롤스와 로이스(1906) 등에 의해 석유를 동력원으로 하는 내연기관이 개발되면서 단계적으로 발달하였다. 1903년 미국의 헨리 포드(Henry Ford)가 설립한 포드 자동차는 1908년 종래의 자동차보다 튼튼하면서 가격을 획기적으로 낮춘 모델-T를 생산하여 크게 성공하였다. 1913년 포드는 미시건 주의 하이랜드 파크에 새로운 공장을 짓고 컨베이어 벨트에 의한 조립 시스템을 도입하여 생산량을 비약적으로 늘리고 가격을 더욱 획기적으로 떨어뜨렸다. 포디즘(Fordism)으로 불

---

5) APOC는 몇 차례 변화를 거치면서 지금의 BP로 바뀌었다.

6) 스탠더드오일은 1911년 미국연방 최고재판소에서 독점법 위반 판정을 받아 30개의 기업으로 분리되었다. 록펠러는 은퇴 후 시카고 대학과 록펠러 재단을 설립하고 자선사업과 교육사업에 막대한 투자를 하였다.

린 이 회사의 획기적 생산방식은 종래 부유층의 상징으로 여겨졌던 자동차가 대중화되는 시대를 여는 데 결정적인 기여를 했다. 모델-T는 1927년 1,500만 대가 생산된 후 경쟁업체인 GM 등의 신차에 밀려 생산이 중단되었다.

이에 앞서 1911년에 미국의 엔지니어인 프레드릭 테일러는 "과학적 관리법"(Scientific Management)을 주장했다. 테일러리즘(Taylorism)으로 불리는 "과학적 관리법"은 기업의 경영과 노동자 관리를 과학적인 분석에 기초해서 수행해야 한다고 주장한 경영기법으로 노동자들의 동작을 분석하고 불필요한 시간의 낭비를 최소화해야 한다고 주장했다. 이는 포디즘과 함께 현대적인 기업경영과 생산방식의 확산을 가져와 산업혁명으로 시작된 대량생산 대량소비 사회의 도래를 가속화시킨 것으로 평가된다(존 미클스웨이트, 2004: 87-112).

찰리 채플린이 주연한 1936년 영화 "모던 타임즈"(Modern Times)는 컨베이어 벨트에서 나사를 조이는 주인공의 우스꽝스러운 모습을 통해 기계의 속도에 맞춰 일해야 하는 현대 노동자의 비극을 표현하고 있다. 포디즘과 과학적 관리법이 결합된 대량생산 시대에 일반 노동자들의 삶이 과연 행복해졌는가에 대한 의문을 던지는 명장면이다.

한편 1903년 미국의 라이트형제는 노스캐롤라이나의 키티호크 해변에서 비행실험을 하고 59초 동안 852피트를 난 기록을 남겼다. 그의 성공으로 비행기의 군사적 이용가치를 깨달은 각국이 집중 투자, 개발하여 불과 10여 년 후 제1차 세계대전에서는 치열한 공중전이 벌어지게 되었다. 제1차 세계대전에서는 탱크가 등장했고 바다 밑에서는 잠수함이 싸움을 벌이는 시대도 열렸다. 1919년에는 영국인 올손과 브라운이 대서양 횡단 비행에 성공했고, 1927년에는 미국인 린드버그가 뉴욕에서 파리까지 한 번도 중간에 착륙하지 않고 비행하였다.

산업혁명은 대략 1880년경부터 러시아와 일본으로 확산되어 비서구세계가 최초로 산업화의 대열에 합류하게 되었다. 러시아는 특히 1917년 사회주의혁명 이후 스탈린의 집권 아래 1930년대 비약적인 공업화를 이루어 제2차 세계대전 이후에는 미국과 함께 세계정치경제를 지배한 양대 강국이 되었다. 일본은 1867년 메이지(明治) 유신 이후 급속히 서구화를 추진하였고, 제2차 세계대전으로 패망했으나 이후 빠르게 재기하여 경제강국으로 부상하였다. 1970년대 이후로는 한국, 타이완, 홍콩, 싱가포르 등의 이른바 아시아 호랑이(Asian Tigers)들이 급속한 산업화를 이룩하였으며, 1990년대 이후로는 중국이 그 뒤를 따르고 있다. 영국에서 시작된 산업혁명 이후 산업화는 전 세계 모든 나라가 추구하는 경제개발의 목표이자 패턴이 되었다.

2. 생산과 소비의 비약

산업혁명은 이러한 일련의 발명과 발견이 연쇄적으로 이루어지고 확대되면서 획기적인 사회 변화를 가져온 과정이다. 20세기에는 원자력, 우주선, 컴퓨터와 인터넷이 등장했고, 21세기 초반에는 휴대폰과 3D 프린터 등 신기술과 신제품의 출현이 계속 이어지고 있다. 인간이 먹고 입고 생활하는 모든 분야에서 과거에는 상상할 수도 없었던 제품들이 대량으로 만들어지고 시장을 통해 판매, 소비되고 있다. 교통수단과 통신기술의 발달에 따라 인간의 활동 범위는 하늘, 땅, 바다, 해저, 우주로까지 확대되고, 이 과정에서 인구증가와 더불어 막대한 오염 물질도 쏟아지고 있다. 지구촌 곳곳에 인간의 발자국이 닿지 않는 곳이 없게 되었고, 다른 모든 생명체는 생존의 위협을 받는 지경으로 내몰리게 되었다.

(1) 대량생산

인류의 생산능력이 얼마나 늘었는지를 보여주는 몇 가지 통계를 한번 살펴보자. 지금은 세계 모든 나라가 UN이 정한 기준에 따라 국민소득 통계를 집계하고 세계은행이나 IMF 등 국제기구들도 다양한 통계를 만들어내고 있어 쉽게 비교할 수 있지만, 제2차 세계대전 이전으로만 돌아가도 이런 통계가 없었기 때문에 세계 전체의 생산 변화를 통계적으로 확인한다는 것은 어렵다. 그럼에도 여러 학자가 다양한 추정기법을 사용하여 아쉬운 대로 참조할 수 있는 통계를 만들어내고 있다.

<표 3-2>는 맥닐(McNeil, 2000: 6-7)의 책에 나와 있는 두 개의 표를 필자가 결합하여 가공해본 것이다. 원 통계는 매디슨(Angus Maddison)의 자료를 이용했다고 나와 있다. 이 표에서 보면 세계 전체의 국내총생산(GDP)은 1500년을 100으로 보았을 때 1820년에는 290, 1870년에는 470, 1900년에는 823, 그리고 1992년에는 11,664로 늘어났다. 이는 1500년에서 1992년 사이에 세계 전체의 생산액이 116배가 늘어났다는 사실을 의미한다.

이 숫자는 간단한 것 같지만, 사실 놀라운 변화를 보여주는 것이다. 한 대의 자동차를 만들던 마을에서 116대를 만들어내고, 전 세계의 모든 마을에서 똑같은 변화가 일어났다고 생각해보라. 같은

기간에 1인당 GDP는 9.4배 늘어났다고 나와 있으므로, 여기서 역산해보면 세계인구는 12배 정도 늘어난 것으로 계산된다. 한 사람이 살던 집에 자동차가 한 대 있었는데, 식구가 12명으로 늘어나면서 사람마다 차를 9.4대씩 가지게 되었다고 생각해보라. 이 숫자가 의미하는 놀라운 변화가 실감될 것이다. 대략 500년의 세월이 흐르는 동안에 지구 위에 인간의 자취가 이렇게 확대된 것이다.

〈표 3-2〉 세계 전체의 GDP와 인구 변화

(1500=100으로 한 지수값)

연도	세계 GDP	1인당 GDP	인구
1500	100	100	100
1820	290	117	248
1900	823	224	367
1950	2,238	378	592
1992	11,664	942	1,238

자료: J. R. McNeil(2000: 6-7)의 표를 필자가 재구성함.
주: 원 통계는 Angus Maddison(1995), *Monitoring the World Economy, 1820-1992*.

　<그림 3-1>에 보이는 세계 조강(粗鋼, crude steel) 생산량 추이는 최근 100여 년간의 실제 통계를 보여주고 있다. 가장 오래된 제조업의 하나인 철강산업은 세계철강협회(World Steel Association)에서 해마다 발행하는 연감자료가 1900년 이후 지금까지의 주요 통계들을 잘 기록하고 있다. 철제품의 기본 소재가 되는 조강 생산량은 1900년 2,830만 톤에서 2013년에는 16억 600만 톤으로 무려 57배나 증가하였다. 같은 기간 동안 세계인구는 16억 명에서 71.6억 명으로 대략 4.5배 정도 늘어난 것으로 추정된다. 인구가 늘어나는 속도보다 무려 10배 이상 빠른 속도로 조강생산이 늘어났으

며, 이는 한 사람당 철강생산이 그만큼 빠른 속도로 늘어났다는 것을 의미한다.

철강은 현대사회를 상징하는 기계와 자동차, 기차를 비롯해서 건물, 교량 등에 핵심 소재로 사용되고 있으므로, 인류의 철강 소비도 역시 그만큼 빨리 늘어났다는 사실을 알 수 있다. 이에 따라 지구 사회가 얼마나 빡빡한 공간으로 변해왔으며, 땅속에 매장된 한정된 자원들이 얼마나 많이 파헤쳐졌으며, 얼마나 많은 오염물질이 쏟아지고 있을지는 미루어 짐작해보기 바란다.

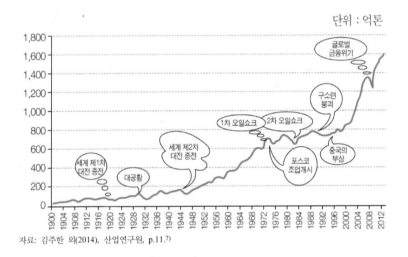

자료: 김주한 외(2014), 산업연구원, p.11.[7]

〈그림 3-1〉 세계 조강 생산 1900-2013

현대 인류의 필수적인 교통수단인 자동차 생산 관련 통계도 한번 살펴보자. 1900년에 미국이 생산한 자동차는 4,000대였으나 1913

---

7) 원 통계는 http://www.worldsteel.org/statistics/statistics-archive/yearbook-archive. html

년 헨리 포드가 미시간의 하이랜드 파크 공장에 조립생산 시스템을 도입하여 '모델-T'를 대량생산하고 가격을 획기적으로 낮춘 이후 자동차의 대중화 시대가 본격적으로 열렸다. 1929년에는 미국에서만 490만 대가 생산되었고 2,310만 대의 자동차가 등록을 했다. 인류 역사상 가장 중요한 운송수단이었던 말이 퇴출되기 시작한 것이 이 무렵이다(John Gorden, 2004: 298-299)

그런데 지금은 한 해에 만들어지는 자동차만 해도 그때 당시 세계 전체에서 사용되던 자동차 수의 거의 3배에 육박한다. 국제자동차생산자기구(OICA)의 통계에 따르면 2014년 한 해 동안 세계 전체로 40개 이상의 나라에서 일반 승용차와 상용차를 포함, 8,973만 대의 자동차를 생산하였다. 이 가운데 중국이 전체의 26%에 달하는 2,373만 대를 생산하였고, 미국은 2위로 1,166만 대를 생산하여 13%를 차지하였다. 한국은 일본, 독일에 이어 세계 5위로 452만 대를 생산하였다.[8] UN 통계에 따르면 세계인구는 2014년 한 해 동안 8,407만명이 늘어났으므로 자동차는 해마다 새로 늘어나는 인구가 1인당 1대씩 새 차를 사더라도 다 팔 수 없는 만큼 생산되고 있다. 지구의 소화 능력에 한계가 온 것이다.

이 밖에도 여러 산업의 구체적인 통계들을 더 찾아볼 수 있겠으나, 굳이 다른 통계를 인용하지 않더라도 모든 분야의 생산액이 지나온 세월 동안에 지속적으로 늘어났음은 불문가지이다. 철도의 길이가 비약적으로 늘어난 통계는 앞에서 언급하였다. 농업 경우도 산업혁명 이전에 인류가 생산하던 곡물의 통계를 알 수 없으나 지금은 비교할 수 없을 정도로 늘어났으리라 짐작된다.

---

8) OICA 홈페이지 연간 통계 http://www.oica.net/category/production-statistics/2013-statistics/

(2) 대량소비

생산능력의 비약은 소비의 비약적 확대를 가져왔다. 현대사회를 대량소비사회라고 하는데, 산업혁명 이래 인류는 과연 전례 없는 풍요를 누리게 되었다. 대량생산으로 제품 가격이 하락한 데다 농경시대에 비해 사람들의 소득이 전반적으로 향상되었기 때문이다. 아직도 가난에 시달리면서 굶어 죽는 개발도상국의 사람들이 많이 있지만, 선진국에서는 일반 대중들이 먹고 입고 쓰는 모든 분야에서 과거 귀족들의 수준을 넘어서는 소비를 하고 있다.

이 부분은 역시 정밀한 통계를 인용하지 않더라도 몇 가지 비근한 사례로 충분히 설명이 되리라 생각한다. 저명한 경제학자인 슘페터(Schumpeter, 1976: 67)는 자본주의의 엔진은 무엇보다 대량생산이며, 대량생산은 바로 대중을 위한 생산을 의미한다고 말했다. 그는 루이 16세도 가지지 못한 현대적 치과기술을 지금의 시대에는 일반 노동자도 누리고 있으며, 엘리자베스 여왕이 가졌던 비단 스타킹을 이제는 공장의 여공도 가질 수 있는 시대가 되었다고 말한다.

간단히 한국의 예만 생각해봐도 놀라운 변화를 했다. 1970년대 초반까지도 한국에서는 시골 마을에 자동차가 한 대 들어오면 온 마을 아이들이 못 보던 구경거리가 신기해 차 주위에 모여들고는 했다. 지금은 한국도 온 나라에 집집마다 자동차가 있고, 식구 수대로 차를 늘려가는 집도 많다. 수도 서울에서도 1970년대 중반까지 흑백텔레비전을 가진 집이 많지 않아, 인기 있는 드라마를 할 시간이면 동네 사람들이 TV가 있는 집으로 몰려들고는 했다. 마루에 TV를 내어놓고 동네 사람들에게 시청료를 받던 집도 있었다는 사실을 지금 세대가 알 수 있으려나 모르겠다. 지금은 집집마다 방마다 TV가 있다. 우리 세대는 연필 한 자루를 아껴 쓰려 애쓰던 시대를 살았는데, 요즘 아이들에게 연필 한 자루는 그냥 한 번 쓰고 버리는 소모품에 불과하다.

우리 어린 시절에 농촌에서는 집안에 소 한 마리를 가지고 있는 것이 큰 재산이었다. 다들 가난했던 시절에 아들을 대학에 보내려면 그 소를 팔아서 학비를 대어야 했으므로 대학은 상아탑이 아닌 "우골탑"(牛骨塔)이라고 불리기도 했다. 지금은 어떠한가? 한국에서는 식용으로 사육하는 소, 돼지, 닭, 오리의 구제역, 조류독감 등 가축 질병이 해마다 발생하여 수백만 마리의 살아 있는 짐승들을 생매장하는 사태가 반복적으로 일어나고 있다. 과거에는 상상할 수 없던 일이다.

물론 한국의 사례는 지난 반세기 동안의 빠른 경제성장에 힘입은 것이다. 여전히 가난한 나라들에서는 이런 변화가 한국만큼 크지 않았을 것이다. 그러나 지구 전체로 1인당 생산액이 열 배 가까이 늘어난 지난 세월 동안 전 세계의 소비가 비약적으로 늘어났다는 사실은 충분히 추론할 수 있다.

이미 인구증가를 넘어서는 속도로 생산이 계속 늘어나고 있으니, 기업들은 물건을 팔기 위해 날마다 기발한 광고를 하고 할부, 리스, 판촉 등 새로운 판매기법을 개발하고 있다. 광고가 없는 현대 자본주의사회는 생각할 수도 없는 사회가 되었다. 필자가 미국에 있을 때 어느 날 라디오에서 들은 광고가 생각난다. 한 남자가 "내 인생에 가장 중요한 사건이 생겼다"고 자랑하자 친구가 그게 무슨 일인지 물어본다. 친구는 아마도 결혼, 취직 등을 생각했을 것이다. 하지만 그 남자의 대답은 "어느 회사의 휴대폰을 개통했다"는 것이었다. 기업들은 이런 광고를 반복적으로 들려주면서 인간들에게 소비가 인생에서 다른 어떤 일이나 인간관계보다 더 중요한 일이라는 생각을 하게 유도한다.

(3) 인류의 발자취 확대

필자는 어린 시절에 『소년동아』나 『학생중앙』 같은 잡지에서 아문센과 스콧의 남극 탐험 이야기를 감동적으로 읽은 기억이 있다. 노르웨이의 아문센과 영국의 스콧이 인류 최초로 남극에 도달하는 경쟁을 벌이다가 스콧의 탐험대가 한 달 늦었고, 그나마 돌아오지도 못하고 죽었다는 이야기를 읽으면서 슬퍼했었다. 두 사람이 남극 탐사 경쟁을 벌인 해는 1911년이었다. 그 이전에도 어떤 인간들이 남극에 도달했는지는 알 수 없으나 공식적인 기록으로 알려져 있는 것은 이때가 처음이다. 북극점은 그보다 앞선 1909년에 미국의 피어리가 도달했다. 세계에서 가장 높은 히말라야산맥의 에베레스트 산에 뉴질랜드의 에드먼드 힐러리가 올라간 것은 1953년이다. 세계에서 가장 깊은 바다인 마리아나해구의 비티아즈해연에 미국의 잠수함 트리에스테가 들어가 1만 916미터까지 탐사한 해는 1960년이다. 미국의 라이트형제가 비행기를 타고 하늘을 난 것은 1908년이다. 소련의 유리 가가린이 스푸트닉호를 타고 지구를 벗어나 우주를 돌다 귀환한 해는 1959년이었다. 그리고 1969년에는 미국의 닐 암스트롱이 아폴로11호를 타고 달나라에 도착했다. 그는 달에 내려서 이런 말을 했다. "이것은 한 인간에게는 작은 한 걸음이지만, 인류 전체에 있어서는 위대한 도약이다." 정말 그 위대한 순간에 꼭 맞는 너무나 멋진 표현이다.

위의 사례들이 말해주는 것은 지난 100년 남짓한 시간에 인간의 발길이 지구의 어디든 닿지 않은 곳이 없고, 심지어 지구를 벗어나 우주로 나가기도 했다는 것이다. 지구 위에 태어나 인간과 함께 살아온 생명체 중에 이처럼 위대한 성취를 이룬 종이 또 있을까? 앞의 제2장에서 말한 것처럼 인간은 이제 다른 모든 생명체와의 경쟁에서 이기고 지구를 정복한 단계에 이른 것이다. 이 역사는 긴 세월에 걸쳐서 이룩된 것이지만, 산업혁명으로 새로운 동력과 기계를 사용하게 됨으로써 더욱 급속히 진행되었다.

인간은 새로운 영역에 발을 디딘 것만 아니라 기존 영역 안에서도 엄청난 힘을 발휘하게 되었다. 생각해보라. 오늘날 미국에서 트랙터를 사용해서 농사를 짓는 농부 한 사람이 할 수 있는 일은 과거 이집트의 파라오가 수천 명의 노예들을 동원해서 하던 일의 양과 맞먹는다. 한 대의 기차가 몇 시간 동안 실어 나를 수 있는 사람과 화물의 양, 그리고 이동거리는 파라오의 전차 부대가 며칠 동안 나를 수 있는 양보다 많고 거리도 멀다. 인간이 하늘을 날아 대서양을 건너 뉴욕에서 파리까지 간다는 것은 상상조차 할 수 없는 일이었는데, 지금의 인간들은 비행기로 몇 시간이면 날아서 도착한다. 서울 부산을 걸어서 다니던 시절에는 보름씩 걸렸는데, 지금은 KTX로 3시간 이내에 도착한다.

통신기술은 어떠한가? 1837년 모르스가 원거리 전기 통신 기술을 개발한 후 1858년 영국과 미국 간 대서양을 연결하는 해저전선이 우여곡절 끝에 연결되었다. 이때 빅토리아 여왕이 보낸 509개의 알파벳, 99개의 단어로 된 메시지가 미국에 전달되는 데 18시간이 걸렸다고 한다.[9] 지금은 한국에서 보낸 문자가 태평양을 건너 미국에 사는 사람에게 실시간으로 도착한다. 정말이지 과거 신의 영역에 속하던 일을 지금의 인간들은 해내고 있다. 이것을 가능하게 해준 것이 산업혁명인 것이다.

3. 사회와 제도 변화

산업혁명은 물질적 기반의 변화에 대응하는 사회적 변화도 가져왔다. 가장 중요한 사건은 자본주의라는 경제사회 체제의 성립을 가져온 점이다. 과거에 인간이 부자가 될 수 있는 방법은 전쟁에서 공을 세우거나 학문을 배워 관직에 나가 귀족이 되는 길밖에 없었다. 다른 방법을 통해 부자가 되는 경우는 아주 예외적이었는데, 영향력 있는 성직자들은 이런 예외에 속했다. 귀족들이나 고위 성직자들은 영지를 부여받아 지주로서 부를 누렸지만, 그 나머지 평민들은 평생 자급자족할 수 있으면 만족해야 했다. 그러나 산업혁명은 보통 사람들도 기술을 익히고 신제품을 만들어 팔면 부자가 되는 길을 열어주었다. 돈이 있으면 이러한 제품을 만들 수 있는 기업을 설립할 수 있었다. 즉, 자본(capital)이 핵심이 되는 자본주의사회의 출현을 가져온 것이다.

(1) 자본주의 출현

1776년 스코틀랜드의 철학자였던 아담 스미스(Adam Smith, 1723-1790)는 『국부론(Wealth of Nations)』을 출판하고 개인들이 자유롭게 경쟁하는 시장경제가 이른바 "보이지 않는 손"(invisible hand)

---

9) http://www.businesshistory.com/ind._telecommunications.php

이라는 시장의 자율 조정 기능을 통해 사회의 부와 효용을 극대화 시킬 것이라고 주장하였다. 산업혁명의 역사를 쓴 아놀드 토인비 (Toynbee, 1919: 64)는 "산업혁명의 정수는 부의 생산과 분배를 통제하던 중세의 규제가 경쟁으로 대체된 것"이라고 말하면서, "『국부론』과 증기 엔진이 구세계를 무너뜨리고 새로운 세계를 세웠다"고 평가했다. 현대 경제학의 시조로 불리고 있는 아담 스미스의 사상적 영향력이 얼마나 지대한지를 보여주는 평가라 할 수 있다.

산업혁명이 확산되면서 토지를 소유한 종래의 귀족들과 성직자들 대신 대규모 기업을 소유한 산업자본가가 사회적 강자로 출현했다. 이와 함께 농업에 의존해 살아오던 일반 시민들도 기업의 임금노동자로 전환하게 되었다. 산업자본가와 임금노동자의 출현은 산업혁명이 가져와 지금까지도 영속화되고 있는 자본주의 시대의 가장 큰 사회적 특징이다. 대규모 공장을 중심으로 대도시들이 형성되고 새로운 사회에 적응하기 위한 필요에서 회사법과 노동법 등이 새로이 제정되었으며, 대중교육이 보급되었다.

산업혁명은 앞서 홉스봄의 말을 인용한 대로 초기에 면방직산업에 의해 주도되었으나 점차 다른 산업의 발전을 가져왔고, 대규모 인구 이동을 초래하면서 대도시의 형성을 낳았다. 산업혁명 초기 면방직산업은 부자를 낳는 황금알이었다. 공상적 사회주의자로 유명한 로버트 오웬은 1789년 맨체스터에서 100파운드를 빌려 방직산업에 뛰어들었는데, 20년 후에는 스코틀랜드의 뉴 래너크에서 8만 4,000파운드를 들여 공장을 설립하였다(Hobsbawm, 1962: 36).[10]

---

10) 로버트 오웬(Robert Owen, 1771-1858)은 웨일스 태생으로 방직산업에 뛰어들어 20년 만에 대부호가 되었다. 그는 뉴 래너크(New Lanark)에 새로운 공장을 짓고 노동자들의 임금과 근로조건을 획기적으로 개선하여 큰 사회적 관심을 받았다. 그는 노동자들의 비참한 생활을 개선하는 일에 사명감을 느끼고 협동조합 운동을

이후 철도건설 바람과 중공업 발전으로 자본의 수요가 커지면서 이를 보조하는 금융업도 크게 발전하였다. 런던에는 1801년 증권거래소(London Stock Exchange)가 설립되었고, 세계의 금융 중심지가 되었다. 자본가들은 증권을 발행하거나 은행으로부터 자금을 빌려 사업을 확대했다. 대규모 사업에 소요되는 위험을 분산하고 자금을 조달하기 위해 주식을 발행하던 기법은 17세기 식민지 개척 시절 동인도회사 등이 이용하였으나, 현대적인 주식회사(Corporate)가 본격적으로 탄생한 것은 산업혁명 이후였다.[11] 1862년 영국에서 회사법(Companies Act)이 제정되면서 이후 세계적으로 주식회사들이 확산되었다(존 미클스웨이트, 2004: 16).[12]

종전 기업들은 소수의 가족이나 친지가 소유하는 합명회사(Partnership)

전개하였으며, 1827년 전 재산을 정리하여 미국으로 건너가 인디애나 주의 뉴 하모니에서 자신이 꿈꾼 이상적인 공동체를 건설하려 시도하였다. 그러나 이 실험은 참담하게 실패하였다. 마르크스는 오웬이 꿈꾼 이상을 "공상적인 사회주의"(utopian socialism)라고 비판하였다.

11) 영국의 동인도회사는 1600년 설립되어 엘리자베스 여왕으로부터 인도 무역에 대한 독점권을 부여받았다. 초기에는 네덜란드, 포르투갈 등 강력한 경쟁자들에 고전하였으나 1750년대까지는 이들을 모두 물리치고 영국 정부를 대신해 인도를 지배하기까지 하였다. 영국 정부는 1857년 세포이 반란(Sepoy Mutiny) 이후 다음 해에 동인도회사의 인도 지배권을 몰수하였고, 1874년에는 회사를 해산하였다.

12) 15세기 말 포르투갈, 스페인 등에 의한 대항해 시대 이후 유럽 각국에서 식민지 개척과 무역을 위해 왕실의 후원 아래 특정 지역에 대한 무역을 전담하는 특허회사(Chartered Companies)들이 생겨났다. 1600년 설립된 영국 동인도회사(British East India Company), 1602년 설립된 네덜란드 동인도회사(Dutch East India Company) 등이 대표적인 예이다. 이런 회사들은 고대로부터 내려오는 상인의 개념을 확장하여 오늘날의 기업과 유사한 형태로 발전하였으나, 법인(法人)이라는 인격적 속성과 주식에 기반을 둔 유한책임을 특징으로 하는 현대의 기업들과는 많이 다르다. 이 시기의 회사들은 정부로부터 특정 지역에 대한 독점적인 무역권을 획득하고, 금, 은, 향료, 비단, 가죽 등 진귀한 물품을 유럽시장에 반입하는 역할을 하였다. 이런 시기에 타국과의 경쟁을 위해 각국 정부가 소수의 특정 무역회사들을 집중적으로 보호하던 정책을 '중상주의'(重商主義, mercantilism)라고 한다. 현대적인 개념의 주식회사들이 본격적으로 설립되기 시작한 것은 1862년 영국에서 회사법(Companies Act)이 제정된 이후이다.

가 대다수였으나, 1830년대부터 시작된 철도건설 바람을 타고 수많은 주식회사들이 우후죽순으로 생겨났다. 영국 경우 1835년 5개였던 철도회사가 1845년에는 120개로 늘었고, 1년 후에는 다시 272개로 늘어났다(石坂昭雄, 1997: 190; 존 마클스웨이트, 2004: 78). 1856-1862년 기간에만 2,500개의 주식회사가 설립되었다. 영국 정부는 1720년 남해주식회사(South Sea Company) 사기 파동의 와중에 거품법(Bubble Act)을 제정하여 주식회사 설립을 원천적으로 금지하고 왕실의 특허(Royal Charter)를 받은 기업만 설립할 수 있게 하였다.

그러나 철도건설과 중화학공업의 발달에 따라 대규모 자금수요가 발생하면서 주식회사 설립의 자유화가 촉구되었고, 1844년에는 주식회사법(Joint Stock Companies Act)이 제정되어 왕실의 허가 절차 없이 등록만 하면 설립할 수 있게 되었다. 이때까지 주식회사의 유한책임은 규정되지 않았으나, 1855년 유한책임법, 1856년 주식회사법, 1862년 회사법을 통해 기존 규정이 계속 개정되면서 비로소 유한책임제도가 정착되었다. 이 과정에 획기적 기여를 한 영국의 존 로우(John Lowe)는 "현대 기업법의 아버지"로 불리고 있다.

<Box 3-1> 남해주식회사(The South Sea Company)

남해주식회사는 1711년 영국 정부로부터 스페인이 지배하는 라틴아메리카 식민지들과의 독점무역권을 허가받은 "특별허가기업"(Chartered Company)으로 설립되었다. 스페인 식민지들과 노예와 특산품을 교역하고자 했으나 1718년 영국이 스페인 왕위계승전쟁에 끼어들면서 사업성과가 좋지 않게 되었다. 회사 관계자들은 자금 조달을 위해 영업실적을 과대 포장하여 선전하였고, 1720년에는 막대한 수익금으로 영국 정부의 부채를 전액 인수하겠다

고 공표하였다. 이로 인해 이 회사의 주식에 대한 투기 광풍이 불어 그해 1월 128파운드였던 주가가 7월에는 950파운드까지 치솟았다. 이 회사는 심지어 다른 주식회사들의 설립을 막기 위해 정치인들을 로비하여 6월에 "거품법"(Bubble Act)을 제정하게 만들기도 하였다.

결국에는 이 회사의 실체가 드러나면서 10월에는 주가가 대폭락했고, 영국 역사상 최초로 대규모 주식투기 파동이 발생했다. 이때의 주식투기 광풍을 빗대어 "양 떼 행위"(herd behaviour)라는 신조어가 생겨나기도 했다. 1721년 이 회사의 간부들은 재산을 몰수당했고, 회사 주식은 영란은행과 동인도회사로 넘어갔다.

이 회사로 인해 주식회사는 사기라는 이미지가 확산되었고, 거품법은 그 후 100여 년간 영국의 자본주의가 발달하는 데 중대한 장애를 초래하였다. 1760년 아담 스미스가 국부론을 통해 비판한 현실은 왕실과 결탁한 특권세력들이 상업을 독점하면서 개인들의 자유로운 경제활동을 저해하는 세계였다.

산업이 계속 확장하면서 대규모 투자를 할 수 있는 자본가들이 돈으로 돈을 버는 이른바 "끝없는 자본 축적"의 시대가 도래하였고, 로스차일드(Rothschild) 가문과 같은 거대 금융자본가들도 출현했다.[13) 이들은 특히 철도 건설 바람을 타고 전 지구적으로 대출과 투자를 행하면서 식민지 개척에도 열을 올렸다. 대략 1870년대 이후의 자본주의는 마르크스 이론을 신봉하는 좌파 학자들로부터 "독점 자본주의"(Monopoly Capitalism), 또는 제국주의(Imperialism)의 시대라고 불린다. 레닌(Vladimir Lenin, 1870-1924)은 제국주의가 자본주의의 마지막 발전단계라고 표현하였다.

---

13) 로스차일드 가문은 프랑크푸르트 출생의 독일계 유태인인 메이어 암셸 로스차일드(Mayer Amschel Rothschild, 1744-1812)로부터 내려오는 가문. 그의 다섯 아들이 영국, 프랑스, 독일, 이탈리아, 오스트리아로 나가 금융업에서 큰 성공을 거두면서 로스차일드 가문은 국제금융시장의 최고 강자로 알려지게 되었다.

한편으로 산업혁명은 피해자도 대규모로 양산하였다. 영국에서는 17세기 모직물 산업의 발달과 함께 엔클로저(Enclosure) 운동이 확산되면서 농촌에서 쫓겨난 농민들이 도시로 몰려들기 시작하였다.[14] 1846년에는 곡물법(Corn Law)이 폐지되어 외국으로부터 값싼 곡물이 들어오기 시작했다. 대규모 공장들이 새로운 부를 창출하는 사회에서는 낮은 곡가가 공장 노동자들의 생계를 유지하는 데 유리하기 때문에 농업은 더 이상 보호의 대상이 되지 못했다. 급격한 사회변화의 와중에 토지에서 쫓겨난 농민들은 공장과 일자리가 있는 도시로 몰려들었다. 대도시들이 속속 출현하고 가난한 사람들이 몰려 사는 빈민가가 형성되었다.

영국은 전통적으로 농업중심지인 잉글랜드 중부와 남부지역이 인구 밀집 지역이었으나 1790년경에는 북부와 스코틀랜드, 남부 웨일즈에 산업도시들이 발전하였고, 대서양 해안에 항구도시가 발전하였다. 1790년 인구 5만 명 이상의 도시는 런던, 브리스톨, 에든버러, 글래스고우 등 4개였다(Morgan, 1996: 293). 1771년 인구 2만여 명이었던 맨체스터는 1851년에는 인구 30만 명을 넘어서면서 '세계의 공장' 또는 '세계의 굴뚝'이라고 불리는 도시가 되었다. 13세기에 인구 4만 명이었던 런던은 대영제국의 위세가 확대되면서 세계의 수도로서 비약적으로 발달하였다. 1800년까지는 유럽에서 유일하게 인구 100만 명을 넘는 도시가 되었으며, 1900년에는 600만 명을 넘어섰다.[15] 영국은 1756-1763년간의 7년 전쟁으로 북아

---

14) 담장을 쌓는다는 의미의 엔클로저(또는 인클로저) 운동은 1604년에서 1914년까지 5,200개의 개별 인클로저법(Inclosure Acts)에 의해 농촌의 공한지나 공동 경작지가 사유지로 바뀐 과정이다. 양털을 이용하는 모직물산업이 발달하자 귀족들이 종래 소유자가 불분명하거나 농민들이 공동으로 이용하던 땅을 사유지로 지정하여 양을 기르기 위해 담장을 쌓고 농민들을 쫓아내었다.

메리카와 인도에서 프랑스 세력을 떨쳐낸 후 1776년 미국을 잃기는 하였으나 세계 도처에 식민지를 확보하여 빅토리아 여왕(재위 1837-1901) 시대에는 "해가 지지 않는 제국"으로 절정의 영화를 누렸다.

그러나 산업화가 정점을 향해 가면서 거대한 독점자본이 형성된 시기에 저임금에 시달리는 노동자들과 일자리를 구하지 못한 소위 "산업예비군" 등 빈민들의 생활은 처참했다. 제2장에서 언급한 엥겔스의 저술과 찰스 디킨스의 소설들은 이 시기 대영제국의 심장이었던 맨체스터와 런던에서 노동자들과 서민들이 얼마나 비참한 생활환경에 놓여 있었는지를 생생하게 묘사한다. 공장의 기계화가 점점 더 진행되면서 일자리를 잃은 노동자들이 기계를 때려 부수자는 '러다이트(Luddite)' 운동을 벌이기도 하였다. 1813년 랭커셔 지방에서 발생한 대규모 폭동은 군대가 진압하였으며, 50여 명이 사형이나 해외추방 선고를 받았다(Hart-Davis, 2012: 294). 1819년 8월 맨체스터에서는 굶주림에 시달린 노동자들이 급진적 사회개혁을 요구하는 시위를 벌이자 기마대가 출동하여 대규모 살상을 자행하였다. 이 사건은 나폴레옹전쟁을 끝낸 워털루전투에 빗대어 "피털루학살"(Peterloo Massacre)로 불렸다.

(2) 민족국가 성립

산업혁명은 이 밖에도 실로 광범위한 변화를 가져왔다. 정치적으

---

15) Hohenberg와 Lees(1985), Chandler(1987) 등의 연구를 인용한 유럽 주요 도시들의 시기별 인구변화가 아래 주소에 올라와 있다. 1800년 런던 인구는 100만, 파리는 60만 수준이었으며, 1900년에는 런던이 648만, 파리가 333만으로 나와 있다. https://en.wikipedia.org/wiki/List_of_largest_European_cities_in_history

로는 1776년 미국독립전쟁, 1789년 프랑스혁명 등 거대한 사건들과 맞물리면서 중세 이래의 봉건체제를 완전히 허물고 근대적인 민족국가(nation-state)의 성립을 촉진했다. 1789년 프랑스에서 혁명이 발생한 후 유럽에서는 나폴레옹전쟁(1803-1815)의 소용돌이를 거쳐 각국에서 봉건체제 타파와 민주화를 외치는 혁명의 바람이 불었다. 이런 바람은 1815년 나폴레옹이 워털루전투에서 패배하여 세인트헬레나로 유배되면서 가라앉았다. 그해에 오스트리아 재상 메테르니히(Metternich)가 주도한 비인회의(Congress of Vienna)에서는 유럽 각국이 프랑스혁명 이전의 정치 질서로 복원하는 것이 결정되었다. 1848년 유럽 각국에서 동시다발적인 혁명이 일어났으나 모두 실패하고, 이후 혁명의 열기는 거의 꺼지게 되었다.

앞서 언급했지만, 홉스봄(Hobsbawm, 1975)은 1789-1848년까지의 기간을 혁명의 시대, 1848-1875년간의 기간을 자본의 시대라고 이름 붙였다. 그는 1848년 이후 정치적인 변혁을 추구하던 세력은 새롭게 출현한 자본의 시대에 자연스레 힘을 잃게 되었다고 말한다. 반세기 이상 정치적 혁명에 휘말려왔던 유럽 사람들은 새로운 경제적 기회에 눈을 뜨면서 정치적인 관심과 열기를 잃게 되었다. 그러나 이 시기에 확산된 산업혁명은 앞선 시기의 정치혁명들이 달성하지 못한 봉건체제의 타파를 완성시킨 강력한 사회변화의 힘으로 작용했다.

현대 국제정치체제를 특징짓는 민족국가는 산업혁명이 초래한 사회변화를 기반으로 성립되었다. 봉건체제(feudalism)란 중앙에 황제나 왕이 있고, 각 지방에는 이들로부터 영지를 하사받은 귀족들이 독자적인 지배권을 행사하면서 황제나 왕에게 충성하는 체제이다. 우리말의 봉건체제라는 용어는 중국 역사에서 도입한 용어로서 중앙정부가 강력한 권한을 행사하면서 지방관리를 임명하는 군현(郡縣)제도에 대응하는 말로 사용된다.[16] 왕이 하사한 봉토(封土, feudum, fief)를 중심으로 성립된 체제라는 의미에서 봉건체제라고 불린다.

유럽에서는 5세기에 서로마제국이 붕괴한 후 게르만족의 프랑크 왕국(481-843)이 성립되면서 봉건제도가 시행되었고, 9세기 중반 노르만족의 침입 이후로는 지배적인 정치체제가 되었다. 귀족들의 영지는 사실상 "나라 안의 나라"로서 그 안에서 공작, 후작, 백작, 자작, 남작 등의 신분을 부여받은 귀족들이 주민들에 대해 절대적 권한을 행사했다.[17] 이러한 귀족들은 군사적 복무를 전담하는 기사들을 거느렸다. 기사들에게 주어진 성을 장원(莊園, manor)이라고 불렀는데, 귀족들의 봉토는 장원들의 집합체이며, 장원은 하나 혹은 그 이상의 마을로 구성되어 있었다(차하순, 1981: 168-181).

봉건제도는 중앙정부의 권력이 강력하지 못했던 시대에 지방호족들이 일정 영역에서 독자적인 정치 기능을 수행하던 체제이다. 이러한 체제는 사실 중국, 인도, 터키 등 광대한 제국들이 지배하던 동양사회에서도 비슷하게 시행되었다. 교통과 통신이 불편했던 시대에 중앙정부가 방대한 제국을 실질적으로 통치하기 어려웠으므로 왕족이나 충성스러운 공신들에게 영토의 일정 부분을 떼어주면서 다스리게 한 것이다.

봉건제도의 구체적인 시행형태는 지역마다 달라서 엄밀히 말하

---

16) 사마천(정범진역, 1994; 161)의 『사기』에는 중국을 통일한 진시황이 앞선 주나라의 경우 제후왕들이 있어 싸움이 멈추지 않았다고 말하면서, 천하를 36개군으로 나누어 수, 위, 감을 두었다고 나와 있다.

17) 위의 5개 작위는 중국 고대 주(周) 나라가 귀족들에게 부여한 작위인데, 서양에서도 대체로 비슷한 작위 체제가 시행되었다.

면 정확한 묘사는 어렵다(리오 휴버먼, 장상환역, 2012: 21). 수많은 영주국들로 나누어진 유럽세계는 황제가 다스리는 세속적인 제국보다 로마의 교황을 수장으로 하는 기독교회가 정신적인 일체성을 부여하면서 더욱 강력한 힘을 행사하던 시기가 많았다.[18]

이런 시대에 대부분의 사람들은 일생 동안 자신들이 태어난 마을에서 거의 벗어나지 않는 삶을 살았고, 다른 영주들이 통치하는 마을에 대해서는 잘 알지 못했다. 사람들 간에 특별한 접촉이나 갈등이 없던 시대에는 부족의 개념만 있을 뿐 이를 확대한 민족이나 국가 등의 개념은 생소했다. 대부분의 사람들은 교육을 받지 못했고, 문자를 해독하지 못했다. 이런 사회를 오늘날처럼 변화시키고 전 세계적으로 확산시킨 결정적인 사건이 바로 산업혁명이다.

19세기 초반 유럽에는 영국, 프랑스, 스페인, 러시아 등이 민족국가로서 자리를 잡고 있었지만, 지금의 독일, 이탈리아, 폴란드 등과 같은 나라들은 없었다.[19] 중부에는 신성로마제국(Holy Roman Empire, 926-1806)과 그 뒤를 이은 오스트리아제국(1804-1867), 오스트리아-헝가리제국(1867-1918)이 있었고, 동부 지역에는 오토만

---

18) 1077년 신성로마제국의 황제 하인리히 4세가 로마 교황 그레고리우스 7세가 묵고 있던 북이탈리아의 카노사 성을 찾아가 한겨울에 맨발로 용서를 구한 "카노사의 굴욕" 사건은 특히 유명하다.

19) 영국과 프랑스의 경우는 그보다 훨씬 일찍 백년 전쟁(1337-1453)을 겪으면서 민족의식이 정립된 것으로 간주된다. 봉건영주들 간의 왕위 다툼으로 시작된 전쟁 과정에서 언어와 문화가 다른 사람들이 장기간 부딪히니 자연스레 민족과 국가라는 개념이 생겨난 것이다. 1517년 마르틴 루터의 종교개혁 이후 유럽세계는 신구교 간의 30년 전쟁(1618-1648)을 치르면서 로마 교황의 권위가 약화되고, 언어와 문화가 같은 민족들끼리 국가를 건설해야 한다는 의식이 확대되었다. 그 후 프랑스혁명과 나폴레옹전쟁을 거치면서 유럽 전역에 민족주의 사상이 본격적으로 확산되었다. 전쟁을 통해 민족들 간의 교류가 생겨나면서 자연스레 민족들 간의 차이성을 인식하고 같은 민족끼리 단합해야 한다는 의식이 확대되어 온 과정을 이해할 수 있다.

터키제국(1299-1923)이 있었다.[20] 이 제국들의 광대한 영토에는 많은 민족들이 함께 살았다. 그런데 산업혁명으로 성립된 대량생산체제는 시장과 원료 확보, 노동력과 물자의 자유로운 이동에 장애가 되는 봉건시대의 낡은 통치체제 타파를 요구했다. 이는 미국혁명과 프랑스혁명 이후 신분사회의 착취에 저항하는 정치적 혁명의 열기와 맞물려 결국 봉건체제의 장벽을 무너뜨린 힘으로 작용했다.

1848년 이후로는 정치혁명의 열기가 가라앉았다고 하나, 산업화를 실현한 나라들에서는 시민계층이 성장하면서 자유민주주의 가치와 제도가 실현되어 나갔고, 이는 봉건체제의 해체를 완성시켰다. 산업화가 늦었던 중동부 유럽에서도 서구 자유주의 사상의 영향으로 정치적인 노동운동과 피압박민족들의 해방운동이 일어났다(김성희, 1978: 215-217). 결국 황제들이 지배하던 광대한 제국이 무너지고 신분사회의 질서가 깨지면서 수백 개의 영지에 나누어져 있던 사람들은 언어와 문화를 같이하는 민족들끼리 새로 뭉쳐 주권국가를 건설한 것이 시대의 흐름이 되었다. 1870년 이탈리아 통일, 1871년 독일영방의 통합에 의한 제국 성립은 이런 시대적 흐름으로 나아가는 과정이라고 이해할 수 있다.[21]

---

20) 신성로마제국은 1806년 나폴레옹과의 아우스터리츠전투에서 패배한 후 마지막 황제인 프란시스 2세가 퇴위하면서 해체되었다. 나폴레옹은 그 영토의 대부분을 구성하는 영방들을 모아 라인영방(Confederation of Rhine)을 결성하였다. 신성로마제국의 황제를 배출하던 오스트리아의 합스부르크왕가는 라인영방에 참여하지 않고 오스트리아제국을 선언하였다. 1867년 오스트리아제국은 헝가리왕국과 통합하여 오스트리아-헝가리제국을 결성했으나 1918년 제일차 세계대전에 패전하면서 해체되었다.

21) 이탈리아반도는 로마제국의 몰락 이후 중세에는 도시국가들이 번영했으나 로마교황령과 여러 개의 영주국으로 나뉘어 오랫동안 스페인, 오스트리아, 프랑스 등의 지배와 간섭을 받았다. 이 가운데 사르디니아왕국이 재상 카부르의 활약으로 1859년 오스트리아와 전쟁을 거쳐 중북부를 통합한 후, 1861년 가리발디가 나폴리와 시칠리아를 점령하여 사르디니아국왕에게 바침으로써 남부를 통일하고 이탈리아

크게 본다면 산업혁명과 현대의 민족국가는 16세기 종교개혁 이후 신이 세계를 지배한다는 세계관에 도전하면서 이성과 과학, 인간의 평등과 인권을 강조해온 계몽주의의 산물이라고 할 수 있다. 자연에 대한 과학적 탐구가 신기술 개발을 가져와 산업혁명으로 이어졌고, 인간의 평등과 천부적 인권을 강조한 사상이 왕과 귀족들의 지배를 거부하는 정치혁명으로 이어진 것이다. 현대의 민족국가는 산업혁명과 정치혁명의 두 가지 사회적 격변이 궤를 같이하면서 만들어진 산물이다.

그러나 일단 성립된 민족국가들은 배타적인 민족주의와 애국주의의 선동 아래 타민족을 적대시하는 이데올로기를 고취시키고, 세력 확대를 추구했다. 이로부터 만들어진 사건들이 식민지 쟁탈전과 그 연장선상에서 벌어진 두 차례의 세계대전이다.

산업혁명이 지속적으로 확산되는 가운데 유럽의 강국들은 시장과 원료, 노동력 확보를 위한 식민지 개척에 열을 올려 전 세계가 유럽의 영향력 아래 놓이게 되었다. 비유럽 지역을 지배하고 있던 지중해 지역의 오토만 터키제국(1299-1923), 중국의 청제국(1644-1912), 인도의 무굴제국(1526-1857)은 산업혁명 이후 개발된 신무기로 무장한 데다 새로운 사회질서 속에서 교육받고 잘 훈련된 유럽 국가들의 강력한 군대에 대항할 수 없었다.

한때 전 세계에서 가장 강력한 국가들이었던 이 세 개의 대제국

왕국으로 개명하였다. 이후 1870년 베네치아와 교황령을 병합하여 통일을 완수하였다. 한편 지금의 독일 지방에는 1806년 신성로마제국이 나폴레옹 군대에 패배하여 해체된 후 수십 개의 영주국들이 라인영방(Confederation of Rhine)을 결성하였다가 1815년 독일영방(German Confederation)으로 개편하였다. 이 가운데 프러시아가 비스마르크의 지휘 아래 세력을 확대하여 1870년 프랑스와의 전쟁에서 승리한 후 영주국들을 통합하여 1871년 독일제국을 결성하였다. 독일제국은 1918년 제1차 세계대전의 패배로 해체되었다.

은 산업혁명 이후 지속적으로 유럽 국가들의 압박을 받고, 부패하고 무능한 통치에 대한 내부 반발과 민족주의 열풍에 기인한 제국 분열로 결국 20세기 초반까지 모두 몰락하였다. 아시아와 아프리카 대륙의 거의 전 지역도 모두 유럽 국가들의 식민지가 되었다. 그러나 15세기 말 이후 장기간 스페인과 포르투갈의 식민지로 남아 있던 중남미에서는 미국독립전쟁의 영향으로 1800년대에 독립전쟁이 연쇄적으로 확산되면서 대부분 국가가 독립하였다.

이 과정에서 특히 뒤늦게 통일국가를 실현한 독일과 이탈리아가 세계적인 팽창을 도모하면서 이미 전 세계에 걸쳐 이권을 장악하고 있던 영국, 프랑스와 부딪혀 발생한 사건들이 두 차례의 세계대전이다. 오스트리아, 오토만 터키 등 기울어가던 제국들과 이 안에서 독립을 도모하던 약소민족들의 이해관계가 이 과정에 복잡하게 얽히면서 강대국들과 합종연횡으로 충돌하였다.

(3) 공산주의 출현

산업혁명으로 태어난 자본주의는 인류에게 풍요를 가져다주었지만, 한편으로는 극심한 빈부 격차와 사회 갈등을 초래했다. 이로 인해 공산주의(Communism) 사상이 생겨났다. 아담 스미스가 『국부론』을 출판한 때로부터 90여 년이 지난 1867년 독일 출신의 칼 마르크스(Karl Marx, 1818-1883)는 『자본론(Capital)』을 출판하고 끝없는 자본 축적을 추구하는 탐욕적인 자본가들이 임금노동자들을 착취하는 비정한 세계를 분석하고 고발하였다. 그는 자본이 확대될수록 이윤율이 감소하여 자본주의가 궁극에는 붕괴할 것이라고 예견하였다. 마르크스와 그의 동료였던 엥겔스는 이미 1848년에

"공산당 선언"(Communist Manifesto)을 작성하고 계급투쟁(class struggle)을 통한 혁명의 당위성을 주장하였다. 부르주아(bourgeoisie)라고 불리는 산업자본가들과 프롤레타리아(proletariat)라고 불리는 임금노동자는 그 자체가 과거 신분사회의 계급에 준하는 새로운 사회 계급(social class)으로 간주되었다. 노동자들의 혁명으로 사유재산에 기초한 자본주의사회를 무너뜨리고 모두가 같이 생산해서 같이 나눠 가지는 공산주의사회를 건설하자는 그들의 사상은 세계 각처에서 극렬한 반체제운동의 이념이 되었다.[22]

마르크스와 엥겔스의 공산당선언을 따르는 세력은 1917년 레닌이 주도한 러시아의 혁명으로 로마노프왕조와 뒤이은 임시정부를 무너뜨린 후 권력을 잡고 세계 최초로 공산주의 원칙을 내세운 국가 <소비에트사회주의연합(USSR, 이하 소련)>을 성립시켰다. 현대 공산주의 사상은 자본주의의 모순이 낳은 사실이 분명한데, 공산주의 혁명은 정작 자본주의가 가장 발달한 영국이 아니라 산업화가 뒤졌고 자본주의가 아직 제대로 피어나지도 않았던 러시아와 중국에서 발생하였다. 이것은 "계급투쟁"이라는 마르크스의 역사관이 이 두 나라에서 지속되던 봉건 신분사회의 모순에 적용되면서 폭발력을 발휘한 것으로 해석할 수 있다. 계급은 현대 자본주의사회보다 봉건체제에서 더욱 심각한 문제였던 것이다.

---

22) 마르크스는 공산주의(Communism)라는 용어를 사용하였으나, 그의 이론을 신봉하는 세력에 의해 성립된 공산주의국가들은 모두 사회주의(Socialism)라는 용어를 공식적으로 사용하였다. 이것은 공산주의자들 내부의 논의에 따라 "함께 생산하고 함께 나눠 가진다"는 이념이 완전히 실현된 이상적 사회를 공산주의사회로 설정하고, 지금 당장은 그 단계를 향해 나아가는 혁명 과정에 있는 사회라는 의미로 사용된 것이다.

<표 3-3> 산업혁명의 파급영향

경제	○ 대량생산, 대량소비 사회 도래 - 새로운 동력과 기계를 이용하여 인간의 생산능력 획기적으로 증대 ○ 시장경제에 기반을 둔 자본주의체제 성립 - 누구든 자본과 기술이 있으면 회사를 설립하고 부를 축적할 수 있음 - 중세 장원 중심의 농업경제, 길드 중심의 수공업체제 붕괴
정치	○ 민족국가 성립 - 시장 및 원료 확보, 물자와 노동력 이동의 필요성 확대, 봉건체제는 이러한 요구에 대한 장애요인이 됨 - 신성로마제국(1806), 오스트리아(1867), 오토만터키(1923) 등 다민족제국 붕괴, 언어와 문화의 동질성에 기반을 둔 민족국가들 성립 - 1870년 이탈리아, 1871년 독일 통일 ○ 유럽 세력의 세계 지배 - 신무기와 잘 조직된 군대 바탕으로 세계 정복 - 인도 무굴제국(1857), 중국 청제국(1912) 멸망
사회	○ 장원에 예속된 농노해방, 도시 성립과 시민계급 탄생 ○ 농민 및 수공업자의 임금노동자화, 산업 및 금융자본가 탄생 ○ 노동자의 교육을 위한 근대적 교육제도 확립 ○ 노동자 보호 및 노동분쟁 해결을 위한 법규 제정
국제	○ 세계의 단일화 - 통신, 교통수단의 획기적 발달로 물적, 인적 교류 확대 ○ 식민지 쟁탈전 - 시장과 원료, 노동력 확보를 목적으로 식민지 쟁탈 가속 - 7년 전쟁(1756-1763), 제1차(1914-1918), 제2차(1940-1945) 세계대전으로 연결 ○ 공산주의 출현과 냉전시대 개막 - 1917 소련 성립, 1949 중국의 공산화

자료: 각종 자료를 참고하여 필자가 정리.

소련은 1930년대 스탈린(Joseph Stalin, 1878-1953)의 주도하에 급속한 산업화를 실현하면서 강대국으로 부상하여 제2차 세계대전 후에는 미국이 주도하는 자본주의체제와 세계의 패권을 놓고 극렬한 경쟁을 하였다. 양대 진영 간의 격렬한, 그러나 직접적인 군사 충돌을 가져오지는 않은 냉전(Cold War)의 시대는 반세기 동안 이어졌다. 공산주의체제의 성립과 자본주의체제와의 대결은 20세기 후반기에 인류 역사를 특징지은 가장 중요한 정치적 사건이었다. 이 경쟁은 결국 사유재산을 부정하는 공산주의체제의 한계로 1991

년 소련이 해체되면서 막을 내렸다. 공산주의는 자본주의가 초래한 극심한 빈부 격차와 사회 갈등을 배경으로 출현했으며, 그 점에서 산업혁명이 만든 자본주의가 원하지 않게 낳은 사생아라고 표현할 수 있다.

한편 영국, 프랑스, 독일 등의 유럽 강국들은 두 차례의 세계대전으로 막대한 피해를 입고 제2차 세계대전 후에는 식민지들이 대부분 독립하면서 과거와 같은 강대국으로서의 위세를 잃게 되었다. 반면, 세계대전에 참전했으나 전쟁의 참화에서 비켜나 오히려 특수(特需)를 누린 미국은 제2차 세계대전 후 초강대국으로 지구 위에 군림했다. 20세기 후반에는 미국과 소련이 체제 수호를 위해 극렬하게 대립했으나 소련의 몰락 이후로는 미국이 사실상 유일한 패권국가로 지구촌을 주도하고 있다. 1949년 공산주의 정권이 들어선 중국이 1970년대 말 이후 시장경제를 도입하면서 급속한 산업화를 이룬 점도 특기할 점이다.

4. 산업혁명, 그 후

산업혁명은 인류사회의 모습을 그 이전 세계와 확연히 다른 세상으로 바꾸어놓았다. 인류는 산업혁명 이전과 이후에 완전히 다른 세계 속에 살고 있다. <표 3-3>은 지금까지 살펴본 내용을 요약해서 정리해본 것이다. 지금 70억여 명의 인류는 분명히 산업혁명이 가져다준 기계 시대의 혜택을 누리면서 살고 있다. 인간이 필요로 하는 물자를 대량으로 생산하고 소비하면서 세계 어디든 실시간으로 소통하고 자유롭게 여행하는 시대에 살게 되었다.

이에 따라 인간의 삶은 매우 편리하고 풍요로워졌으나, 어찌 된 일인지 그래서 인간들이 더 행복해졌는지는 의문이 따른다. 기계가 인간의 힘을 덜어주면 인간들은 빠르게 작업을 마치고 남는 시간을 개인의 가치 있는 일에 투자할 수 있어야 할 텐데, 현실은 반대로 움직인다. 인간들은 더욱 빨라지는 업무 속도에 적응해야 하고 나날이 더욱 심해지는 경쟁 속에서 살아야 한다. 이윤을 위해 만들어진 조직인 주식회사가 현대인들의 기본적인 생계수단을 제공하는 주체가 되면서 인간들의 정서적 영역이 존중될 수 없는 사회가 만들어졌다.

대량생산 시대의 경제적 힘은 시장과 원료 노동력의 확보를 위해 인위적 장벽이 없이 이동이 자유로운 세계를 원한다. 봉건영주 체제를 타파하고 민족국가를 확산시킨 힘이 지금은 민족국가라는 벽조차 불편하게 느끼는 시대에 왔다. 기업들의 요구로 각 나라가 추진하고 있는 인근 국가들과의 지역무역협정(Regional Trade Agreement: RTA)이나 자유무역협정(Free Trade Agreement: FTA) 등은 이러한 시대적 요구에 대한 민족국가들의 불완전한 대응을 의미한다. 200개에 가까운 주권국가들을 통제하고 조율할 수 있는 국제협력 체제는 매우 약하고 불안하다. 민족국가 성립은 인류사에 충분한 의의를 지닌 사건임이 분명하나, 오늘날에는 하나의 지구촌을 요구하는 세계화의 힘과 부딪히면서 인류를 불안하게 하는 새로운 갈등 요인이 되고 있다. 세계는 바야흐로 대량생산의 물리적 한계와 함께 제도적 한계에도 부딪히고 있는 상황이다.

한편으로 생산력을 비약적으로 늘린 인류는 그 힘으로 지구촌 모든 곳에 발자취를 확산하며, 사실상 이 지구라는 별에서 함께 생존하는 모든 생명체를 지배하는 위치에 올라섰다. 인류의 발길이 닿는 곳에 자연은 파괴되고, 생명체의 수난이 이어지는 시대가 도래했다. 그리하여 이 지구 위에 함께 사는 다른 생명체들은 점점 더 서식 공간을 잃고 멸종의 위기에 몰려가고 있다. 이 문제는 뒤의 제6장에서 좀 더 상세히 살펴본다.

제 4 장

성장의 한계에 부딪히다

지금까지 우리는 산업혁명 이후 인류 역사의 큰 변화를 압축적으로 살펴보았다. 새로운 동력과 기계를 이용해 인간이 필요로 하는 물자를 대량으로 생산하고 소비하는 시대가 도래했으며, 인간이 하늘을 날고 바닷속을 누비면서 과거 신의 영역에 속하던 활동을 할 수 있게 되었음을 간단히 회고해보았다. 대략 250여 년간에 걸친 이 역사는 그 과정의 격동과 혼란, 많은 희생에도 불구하고 큰 흐름에서 "인류의 진보"를 성취해온 과정이다. 인간은 더 풍요롭고 자유로운 세계를 추구하며 그러한 목표를 향해 한 발짝씩 나아온 것이다.

그런데 그 결과 인류는 지금 전례 없는 위기를 맞게 되었다. 지금껏 비약적인 성취를 이룩한 인류가 그 성취의 반작용 또는 부작용으로 더 이상 물질적인 성장을 할 수 없는 단계에 왔다는 것이다. 이것은 무슨 아이러니인가? 지금부터는 본격적으로 이 문제를 다루어보고자 한다.

이 장에서는 먼저 성장의 개념을 소개하고, 그것이 왜 이렇게 인간사회에 중요한 문제인가 하는 논의를 제기한다. 그다음 1798년에 나온 맬서스의 인구론과 1972년에 나온 로마클럽 보고서를 중심으로 성장의 한계에 대한 논의를 중점적으로 소개한다. 전자는 인구증가의 한계를 과학적으로 증명하고자 한 최초의 시도이고, 후자는 "성장의 한계"라는 용어를 세계적으로 유행시킨 책이다. 인류의 위기라는 주제와 관련하여 논의를 이끌어내기에 적절한 책이라는 관점에서 이 장에서 두 책의 논의를 먼저 다루기로 한다.

1. 왜 성장이 문제인가?

성장이란 무엇인가? 한 사람의 인생에서 키가 크고 정신적으로 성숙해지는 과정을 성장한다고 말하지만, 사회 역시 개인과 마찬가지로 성장하고 쇠퇴한다. 사회의 규모가 커지고 인간 활동이 증가하는 것을 성장이라고 표현할 수 있을 것이다. 산업혁명으로 인류의 물적 생산기반이 비약적으로 확대되고 대량소비 사회가 온 과정을 이야기했는데, 이 과정을 경제학적으로 표현한다면 세계경제가 폭발적인 성장을 한 것이다. 성장은 여러 가지 현상에 다 붙일 수 있는 말이지만, 인류의 물적 생산과 관련된 활동은 경제성장이라는 용어에 그 의미가 대부분 함축된다.

(1) 성장의 중요성

20세기 후반기에 "경제성장"(economic growth)은 전 세계를 통틀어 모든 나라의 지도자들에게 가장 중요한 화두가 되었다. 신문과 방송들은 수시로 올해 우리나라의 경제성장률은 몇 프로고 미국과 중국은 어떻고 내년에는 어떻게 될 것이라고 이야기한다. 각 국의 대통령 선거에 출마하는 후보들은 자기가 당선되면 어떻게 경제성장을 이룩할 것인지를 공약으로 내세운다.

한국은 2007년 대통령 선거에 나선 이명박 후보가 "747"이라는 공약을 내세웠다. "경제성장률 7%, 1인당 국민소득 4만 달러, 세계 7대 경제대국"을 실현하겠다는 공약이었다. 5년 후 그가 대통령에서 물러날 때 실제 기록은 경제성장률 2.9%, 국민소득 2만 2천 달러, 세계경제 순위 15위였다. 이 기록이 다소 실망스럽기는 하지만, 한국은 지나온 50여 년간 놀라운 경제성장을 이룩하면서 국민의 절대다수가 굶주림에 시달리던 상황에서 벗어나 잘사는 나라 축에 들어가는 나라의 하나가 되었다. 경제가 성장하면서 사회도 크게 변화하여 한국은 이제 대량생산 하고 대량소비 하는 사회로 전환하였다.

경제학에서 말하는 성장은 개인이나 기업, 나라 등 각 경제주체가 일 년 동안 생산 활동으로 벌어들인 소득이 늘어나는 것을 의미한다. 가구를 만드는 어느 회사가 작년에는 1억 원을 벌었는데, 올해에는 1억 1,000만 원을 벌었다면 올해 이 회사는 10% 성장한 것이다. 그런데 성장은 그 해의 물가상승률을 감안하느냐 안 하느냐에 따라 명목성장(nominal growth)과 실질성장(real growth)으로 구분된다. 이 회사가 실제로 만들어 판 가구는 작년이나 올해나 똑같이 100개인데 물가가 10% 올라 매출이 10% 성장한 것이라면, 이것은 명목성장률이고 올해 이 회사의 실질성장률은 제로가 된다.

한 나라의 국민 전체가 일 년 동안 생산 활동에 종사하여 벌어들인 소득에서 중복 계산되는 부분들을 빼고 부가가치를 합산한 총액이 그 나라의 국민총생산(GNP)이며, 이 GNP가 변동한 부분을 경제성장률이라고 한다. GNP는 1934년 미국 상무부의 경제분석국(BEA)이 펜실베이니아 대학 교수인 시몬 쿠즈네츠(Simon Kuznets)에게 의뢰하여 만든 통계이다. 대공황 시기 국가 전체적으로 생산활동을 점검하고 실업자를 줄이기 위해 참고할 수 있는 통계가 필요했던 것인데, 그 후 GNP는 인류사회의 생산 활동을 보여주는 가장 중요한 통계가 되었다(Graff & Batker, 2011: 15). 최근에는 GNP 대신 국내총생산(GDP)이나 국민총소득(GNI)라는 용어가 많이 사용되고 있다. 한 나라 안에서 일 년간 이루어진 생산 활동을 전체적으로 집계해서 보여주는 지표라는 개념은 비슷하지만, 통계 산출과정에서 기술적인 차이를 반영하는 용어라고 생각하면 되겠다.[1]

경제성장이 왜 중요한가? 인간이 먹고 입고 생활하는 모든 활동을 하는 데는 소득이 필요한데 바로 이 소득을 늘리는 과정이 경제성장이기 때문이다. 돈이 없다면 인간이 자유롭게 할 수 있는 일이 뭐가 있을까? 나이가 들고 커갈수록 어린 시절에 비해 들어가는 비용이 많아지니 소득이 꾸준히 늘어나지 않고 정체되거나 감소하면 그 사람의 인생은 행복해지기 어려울 것이다. 개인의 행복도 기본적으로는 소득의 계속적인 증가, 즉 경제성장이 뒷받침돼야 현실적으로 가능한 것이다.

이것은 개인의 문제를 떠나 기업이나 국가 전체로 보아도 마찬

---

1) GNP는 어느 나라 국민이 생산했는가 하는 국적 중심의 통계인 데 반해 GDP는 어느 나라에서 생산이 이루어졌는가를 보여주는 공간 중심의 통계이다. 기업 활동의 세계화가 이루어져 생산 주체의 국적보다 실제 생산 활동이 일어난 지역이 어디인가 중요하게 되면서 GDP가 많이 사용되게 되었다. 예를 들어, 한국 사람이 미국에서 소득을 벌었다면 이 소득은 한국의 GNP에 들어가고 미국의 GDP에 들어가는 것이다. GNI는 생산이라는 용어를 소득이라는 용어로 대체하면서 통계 작성과정의 세부 기술적 변화를 반영한 것이다.

가지다. 자유롭게 경쟁하는 사회에서 성장하지 못하는 기업은 결국 도태되기 쉽고, 성장하지 못하는 나라는 궁극적으로 소득이 떨어지면서 후진국으로 낙후된다. 모든 기업이 계속 신제품을 만들고 해마다 판매를 늘려 성장하고 있는데, 한 기업은 그냥 작년만큼의 매출만 유지한다는 방침을 고수하고 있다고 가정해보자. 세월이 흐르면서 경쟁하던 기업들은 대기업으로 커지고, 이 기업은 중소기업으로 머물러 있어 더 경쟁하기 어려운 상황을 맞을 것이다.

인구가 계속 늘어나는 나라에서 성장이 멈춘다면 새롭게 자라나는 세대들은 일자리를 구하기가 어려워지며, GNP를 인구 숫자로 나눈 1인당 국민소득이 계속 떨어지게 된다. 세월이 흐르면 기계와 사람도 모두 노후화되기 때문에 감가상각(depreciation), 즉 자연적으로 손실되는 부분이 발생하고, 성장이 멈춘 사회는 궁극적으로 작동을 멈추게 되는 상황이 발생한다.

인간사회가 오랫동안 성장을 가장 중요시하고 지금도 모든 나라가 성장을 추구하고 있는 데에는 좀 더 복합적인 이유도 있다. 성장이 단순히 소득 증가만을 결정하는 것이 아니고, 그것이 사회 전반에 긍정적 변화를 가져오는 데에도 결정적 기여를 한다는 경험적 관찰이 뒷받침되고 있기 때문이다. 필자는 지금까지 대략 50개 가까운 나라를 방문하면서 다양한 국제협력사업과 연구를 수행했는데, 이런 경험을 통해 직접 보고 느낀 필자의 관점은 결국 소득이 높고 잘사는 나라들이 대체로 국민의 교육 수준도 높고, 더 건강하고, 자연환경도 더 깨끗하고, 사회도 더 개방적이며 민주적이더라는 것이다.

UN개발계획(UNDP)에서 발표하는 인간개발지수(Human Development Index: HDI)는 GNP만이 아닌 교육과 삶의 만족도를 같이 반영한다는 취지로 만든 것이다. 필자는 대학에서 강의하면서 학생들에게 이 지표에 입각한 국가 순위와 세계은행이 발표하는 소득 수준에 입각한 국가순위를 비교해보라고 한다. 예외적인 나라들이 있지만, 소득 수준이 높은 나라들이 대체로 인간개발지수도 높은 것으로 나타난다. 한국이 1인당 국민소득 6,000달러이던 1990년에 인간개발 지수는 0.731로 전 세계에서 31등이었는데, 3만 달러에 육박한 2013년에는 0.891로 15등으로 올라섰다. 2013년 기준으로 인간개발지수 15등 안에 들어 있는 나라들은 아시아의 고소득 국가인 싱가포르, 홍콩, 한국 세 나라를 제외하고 모두 북미, 유럽, 대양주의 선진국들이다. 소득이 높은데 인간개발지수가 낮거나 소득은 낮은데 인간개발지수가 높은 경우는 예외적이다.

하버드 대학의 정치경제학 교수인 벤저민 프리드먼(Benjamin Friedman, 2005: 14-18)은 『경제성장의 도덕적 결과』라는 책에서 다음과 같이 표현하고 있는데, 이는 필자가 관찰해온 현상과 부합한다.

> "그렇다. 경제성장은 때로 전통적 가치의 훼손이라든가 환경에 대한 피해 등 바람직하지 않은 결과들을 가져오며, 이런 점들 중에 여러 가지는 우리가 정당하게 고려해야 하는 도덕적 관심사임이 분명하다. 그러나 경제성장은 도덕적으로 유익한 사회적, 정치적 결과를 가져오기도 한다. …… 생활수준의 향상은 우리 사회를 보다 개방적이고, 관용적이며, 민주적으로 만든다."

프린스턴 대학 경제학자인 앵거스 디턴(Angus Deaton, 2013: 16-22)이 갤럽(Gallup)의 여론조사를 인용해 제시하는 결론도 비슷하다. 갤럽은 "인생 사다리"(ladder of life)라는 개념으로 개인의 인생에서 "가장 좋을 수 있는 상태"와 "가장 나쁠 수 있는 상태"를

11개 계단으로 나눈 다음 세계 여러 나라의 국민들에게 자신이 지금 어떤 상태에 있는지를 묻는다. 결과는 소득이 높은 나라의 사람들이 전반적으로 자신의 인생이 좋은 상태에 있는 것으로 대답하고 소득이 낮은 나라의 국민들은 반대로 대답한다는 것이다. 특히 가장 가난한 나라의 국민일수록 소득이 더 중요한 것으로 나타난다. 그러나 부자 나라에서도 다른 사람들과 비교에 따른 상대적 소득 격차와 지속적인 소득 증가가 매우 중요한 관심사가 된다.

'경제성장론'에 대한 교과서를 처음으로 발간한 아서 루이스 (Arthur Lewis, 1955)는 다음과 같은 표현을 썼는데, 이로 보면 그 역시 성장 그 자체가 단순히 목표라고 생각한 것은 아니고 성장을 통해 인간이 다양한 선택의 기회를 가진다는 점을 중요하게 생각했다는 점을 알 수 있다(Meier, 2005: 6에서 재인용).

> "경제성장의 유익한 점은 부(wealth)가 행복을 증가시키는 데 있는 것이 아니라 인간의 선택영역을 넓히는 데 있다는 것이다. 경제성장의 당위성은 그것이 인간들에게 자신의 환경에 대한 통제력을 높이고 그럼으로써 인간의 자유를 확대하는 데 있다."

확실히 경제성장은 소득 증가를 통해 여유로운 삶과 보다 융통성 있는 대인관계를 가져다주기도 한다. 우리말에는 '곳간에서 인심 난다'는 오래된 속담이 있고, 맹자(孟子)는 "무항산이면 무항심"(無恒産無恒心)이라, 재산이 없으면 마음의 안정도 얻기 어렵다고 간파했다. 먹을 것이 없어 굶어 죽는 나라에서 민주주의를 생각하기는 쉽지 않다. 제3세계의 모든 나라가 지금도 필사적으로 경제성장을 성취하고자 하는 이유는 그렇게 해야 미국, 유럽과 같은 선진국이 되고 강대국이 될 수 있다는 사실을 뼈아픈 식민지 경험과 지금의 현실을 통해 절실히 깨닫고 있기 때문이다.

(2) 지속될 수 없는 성장

성장이 이처럼 중요한 문제임에도 불구하고 사실 오늘의 세계에서 더 이상 성장을 추구하기는 쉽지 않다. 경제성장은 인류 역사의 긍정적 발전에 기여해온 과정에도 불구하고, 이제는 한계상황에 왔다는 인식이 확산되고 있다. 필자 역시 산업혁명 이래의 대량생산 체제가 인류의 빈곤탈피에 기여했지만 위기적 상황을 초래했다는 관점에서 이 글을 쓰고 있다. 오늘날에는 특히 선진국을 중심으로 이제는 경제성장이라는 목표를 버려야 한다고 주장하는 사람들이 많이 있다. 주로 학계에서 강의하는 주류 학자들보다는 재야의 시민단체, 환경단체, 언론인들 중에서 이러한 주장을 하는 사람들이 많다.

1972년에 로마클럽(Club of Rome)이 발간한 『성장의 한계(Limits to Growth)』라는 보고서는 바로 이러한 주장을 하는 책인데, 유명 대학의 명망 있는 교수들을 중심으로 성장의 한계를 주장하면서 상당한 충격을 가져다주었다. 로마클럽은 1968년 아우렐리오 페체이(Aureilio Peccei)라는 이탈리아의 사업가가 세계의 저명인사 30명을 초대하여 결성한 비공식 모임이다. 이 모임이 참가자를 늘려가면서 몇 차례 회합을 통해 인류사회의 위기에 대한 토론을 하고 그 결과를 반영해 네 사람의 학자들에게 의뢰해서 출판한 책이 이 보고서이다. MIT 대학의 데니스 메도우스(Dennis Meadows) 교수가 집필 책임을 맡고 폭스바겐 재단(Volkswagen Foundation)에서 재정 후원을 한 것으로 나와 있다.

이 책은 MIT 대학의 제이 포레스터(Jay Forrester) 교수팀이 개발한 세계모델을 이용하여 인류가 지금과 같은 방식의 성장을 계속한다면 재앙적 결과를 맞을 것이라고 예측하였다. 그러므로 인류는 의도적으로 성장을 억제하고 성장 없는 균형을 추구해야 한다고 제시하였다. 이 책이 분석하는 내용들에 대해서는 뒤에서 좀 더 자세히 살펴보기로 한다.

로마클럽이 말하는 성장의 개념은 당초 보고서에서는 명확하게 정의되지 않았지만, 나중에 필자들은 이 용어가 "경제성장"(economic growth)을 한정해 말하는 것이 아니며 "인류의 생태적 발자취"(human ecological footprint)를 의미한다고 표현하였다(Randers, 2010). 그러나 1972년 보고서가 묘사하는 성장의 내용은 인간의 생산과 소비활동의 확대이며 이는 경제성장이라는 용어가 함축하는 의미와 크게 다르지 않다. 경제성장이라는 용어는 시장가격으로 환산되는 인간의 모든 생산과 소비활동을 포함하는 것이다. 시장가격으로 환산할 수 없는 인간 활동까지 포함하지는 않지만, 로마클럽이 말하는 성장을 경제성장으로 이해한다고 해도 크게 무리는 없다고 생각된다.

로마클럽 보고서는 지구라는 별이 인간을 부양할 수 있는 능력에 한계가 있다는 사실에 초점을 맞추고 있다. 이 문제는 뒤에 이어지는 부분에서 검토하기로 한다. 이와 관점을 조금씩 달리하면서 성장을 중단해야 한다는 주장들이 많이 있는데, 이러한 주장의 관점은 끝없는 성장을 추구하는 사회가 끝없는 경쟁을 유발하면서 인간을 행복하지 못하게 만든다는 것이다. 이들은 더 이상 인간이 GNP 또는 GDP의 노예가 되어서는 안 되며 이를 대체하는 통계로 국민행복지수(Gross National Happiness: GNH)를 도입해야 한다고 주장한다.

GNP가 돈으로 환산되는 경제활동만을 집계하는 데 반해, GNH는 돈으로 환산하기 어렵지만 인간의 행복에 기여한다고 생각되는 여러 가지 변수를 측정하여 경제지표와 함께 통계화한 것이다. 예를 들면 가족과 보낸 시간, 이혼율, 공해, 민주주의, 질병발생률 등 기존의 GNP가 집계하지 않는 통계들이 포함된다. GNH는 1972년 아시아의 조그만 왕국 부탄(Bhutan)에서 왕축(Jigme Dorji Wangchuck) 왕의 주도로 개발된 지표이다.[2] 부탄은 GNP 대신 GNH를 국가의 공식 통계로 채택하고 있는 유일한 나라이다.

2008년 2월 프랑스의 사르코지(Nicholas Sarkozy) 대통령은 노벨상을 수상한 두 명의 저명한 경제학자, 요셉 스티글리츠(Joseph Stiglitz)와 아마르티야 센(Amartya Sen)이 각각 위원장과 자문위원을 맡고 20여 명의 저명한 학자들로 구성된 특별 위원회를 구성하였다. 이 위원회에 주어진 임무는 GDP가 경제성과와 사회진보를 보여주는 지표로서 지닌 한계와 대체지표의 개발 가능성을 검토하는 것이었다. 2009년 이 위원회가 제출한 보고서는 "생산에서 복지로"(From Production to Wellbeing) 중심을 옮긴 새로운 지표가 필요하다고 강조하였다. 그러나 정작 새로운 지표를 개발한 것은 아니고 방법론에 대한 여러 가지 건의만을 담고 있어 아쉬움을 남긴다.[3]

---

[2] 카르마 우라(Karma Ura)가 지휘한 부탄 연구센터(Center for Bhutan Studies)에서 두 명의 캐나다 학자 마이클(Michael)과 마르타 페녹(Martha Pennock)이 연구한 설문조사 기법을 도입하여 개발한 것으로 알려져 있다.

[3] 사르코지가 만든 위원회의 명칭은 "경제성과 및 사회진보 측정을 위한 위원회" (Commission on the Measurement of Economic Performance and Social Progress)이다. 이 위원회의 보고서는 전문이 아래 사이트에 공개되어 있다.
http://citeseerx.ist.psu.edu/viewdoc/download?doi=10.1.1.215.58&rep=rep1&type=pdf

GNP가 사회의 건강성과 인간의 행복을 측정하는 지표로서 적당하지 않다는 지적은 사실 오래전부터 있어 왔다. 1970년대 초반에는 GNP에 대한 비판이 크게 일어 앞의 GNH가 나온 해와 같은 1972년에 노드하우스(William Nordhouse)와 토빈(James Tobin)은 경제복지지표(Measured Economic Welfare: MEW)를 발표하였다. 그로부터 20년쯤 후에는 달리(Herman Daly)와 콥(Cobb)이 지속가능 경제복지지수(Index of Sustainable Economic Welfare: ISEW)를 발표하였다. 이러한 지표들은 환경과 여가 등 물질적 생산에 반영되지 않는 비경제적 요소들을 포함하여 측정한 것이다(Daly & Farley, 2004: 233-234). 이 밖에도 UNDP는 1990년부터 평균수명과 교육을 경제지표와 함께 반영한 인간개발지수(HDI)를 만들어 발표해오고 있다. 이 지수를 만드는 데 기여한 사람은 바로 사르코지의 위원회에서 자문위원을 맡은 인도 출신의 경제학자 아마르티야 센이다.[4] 그는 빈곤과 기아에 대한 연구 공로를 인정받아 1998년 노벨 경제학상을 받았다.

성장을 중단해야 한다는 주장은 이처럼 인간이 더 이상 경제적 성과에만 몰입해서는 안 되며 인간들 간의 건전한 사회관계는 물론 인간과 자연의 공존을 통한 행복을 추구해야 한다는 관점을 중시한다. 2011년 미국의 존 그라프와 데이빗 바트커(John Graaf & David Batker)가 공동 발간한 "경제, 도대체 무얼 위한 건데?"라는 책은 "이제는 성장 추구를 중단하고 행복 추구를 시작해야 할 시간"이라는 부제를 달고 있는데, 필자는 이 책을 흥미롭게 읽으면서 많은 영감과 시사점을 얻었다.

---

4) 파키스탄 출신의 경제학자 지아 울하크(Zia Ul-Haq)가 같이 기여한 것으로 알려져 있다.

보다 급진적인 성장중단론자들의 글을 보면 성장을 추구한다는 것은 그 자체가 물질적 가치만을 추구하는 비도적적인 행위라는 듯한 표현들까지 있다. 미국의 반세계화(anti-globalization) 운동가인 제리 맨더(Jerry Mander, 2012)는 옳고 그름을 따지지 않는 비도덕적이고 성장 의존적인 속성이 자본주의 체제의 가장 심각한 문제라고 지적하면서, 성장 추구는 인류사회가 당장 중단해야 할 정책이라고 주장하고 있다.

그러나 이러한 주장들의 아쉬운 점은 성장을 중단하는 경우에 70억이 넘은 지구촌의 인구에게 어떻게 일자리와 소득을 제공할 것인가에 대해 충분히 공감 가는 대안을 제시하지 못하고 있는 점이다. 성장 추구를 비판하는 많은 글들이 비슷한 한계를 보이고 있다. 인간이 행복해지는 세상, 좋은 말이다. 누군들 행복해지고 싶지 않은 사람이 있겠는가? 그런데 충분한 일자리와 소득이 없이, 그리고 이것을 만들어내는 과정인 경제성장이 없이, 인간이 행복해질 수 있는가? 이 문제는 결국 인구가 늘어나고, 자원이 고갈되고, 환경이 오염되는 세계에서 어떤 방식의 성장을 추구해야 할 것인가 하는 문제로 답을 찾아야 한다고 생각된다.

2. 지구의 부양능력 한계

성장의 한계라는 말이 나오게 된 것은 무엇보다 지구라는 별이 인간을 수용해서 "부양할 수 있는 능력"(carrying capacity)에 한계가 왔다는 판단 때문이다. 집에 식구가 늘어나면 방도 더 필요하고 식량도 더 필요해지게 되는데, 이것을 충분히 공급해줄 수 있는 땅이 없으면 식구를 줄이거나 불편을 감수하면서 살아야 하는 수밖에 없다. 인류의 탄생으로부터 300만 년이 지나 지구 위에 인간의 숫자가 70억을 넘어서면서 이제는 이 지구라는 별이 인간을 먹이고 입히고 재우는 데 한계가 왔다는 사실을 점점 더 인식하게 되어간다. 이 문제는 사실 지금으로부터 217년 전에 영국의 맬서스가 식량의 한계에 주목해 일찌감치 지적했었다. 그리고 그로부터 174년이 지나 로마클럽이 다른 요인들을 추가하면서 성장의 한계라는 용어를 유행시켰다.

(1) 맬서스: 인구와 식량문제

1798년 토마스 맬서스(Thomas Malthus, 1766-1834)는 유명한 『인구론(An Essay on the Principle of Population)』을 출판하고 인구와 식량의 비대칭적 증가로 인해 인류가 재앙적 결과를 맞는 것은 필연이라고 주장하였다. 맬서스가 이러한 주장을 한 이유는 유럽대륙에서 프랑스혁명이 일어나던 격동의 시기에 이러한 변화는 완전한 인간사회로 나아가는 과정이라고 주장하던 진보주의자들을 반박하기 위해서였다. 그가 특히 염두에 둔 진보주의자들은 고드윈(William Godwin)과 콩도르세(Marquis de Condorcet)였다. 한편으로는 경제성장을 위해 인구를 늘려야 한다고 주장하는 패일리(W. Paley) 부주교와 영국 정부가 지급하고자 하는 빈민구제수당을 반박하고자 했다. 당시 영국 수상은 1783년 약관 24세의 나이에 수상이 된 윌리엄 피트(William Pitt the Younger)였고, 그는 1796년 빈민구제법을 의회에 상정했다.[5] 맬서스는 진보주의자들의 의견에 동조하는 아버지와 논쟁을 벌인 후 인구론을 썼다. 그때 나이가 33

세였다. 그는 인구와 식량에 관한 자연의 법칙으로 인해 진보주의
자들이 기대하는 세상은 오지 않는다고 주장하면서 다음과 같이
말하였다.

> "인구와 지구의 생산이라는 이 두 가지 힘의 자연적인 불균형으로 인해,
> 그리고 자연의 위대한 법칙은 계속 그 효과를 유지할 것이기 때문에, 인류
> 에게 심대한 어려움이 드리워지고 있다는 사실은 완전한 사회의 도래가 필
> 연적이라고 하는 것만큼 나에게는 필연적으로 보인다."

맬서스에 따르면 인구는 "기하급수적으로"(exponentially), 즉 1,
2, 4, 8, 16, 32, 64, 128, 256, 512와 같이 증가하는 반면, 식량은
"산술급수적으로"(arithmetically)로, 즉 1, 2, 3, 4, 5, 6, 7, 8, 9,
10과 같이 증가한다. 그리고 인구가 두 배로 늘어나는 시간이 25
년이기 때문에 225년 후에 인구와 식량의 비율은 512대 10이 되
고, 3세기 안에는 4,096대 13이 되어 인류가 생존하기 어려운 상
황이 발생한다는 것이다(Malthus, 1960: 13). 그는 벤저민 프랭클
린이 만든 미국의 인구 데이터를 활용해 인구가 두 배가 되는 기
간은 25년이 걸린다고 주장했다. 이것은 초기 인구가 얼마든 상관
없이 인구증가율이 일정한 기하급수로 적용된다는 의미이다.[6]

맬서스는 인구가 억제되지 않고 계속 늘어난다면 어느 순간 재
앙에 직면할 수밖에 없으리라고 예견했다. 재앙을 피하기 위해서는
우선 결혼과 출산을 억제하는 예방적 억제(preventive check)가 필
요하지만, 인간의 본성으로 인해 이것이 어렵기 때문에 전쟁, 기근,

---

5) 같은 이름으로 역시 영국 내각을 이끌었던 아버지(William Pitt the Elder)와 구분
하기 위해 "the Younger"라는 표현을 쓴다.
6) 25년 만에 인구가 두 배로 늘어난다는 것은 인구증가율이 연평균 2.8% 수준에서
일정하게 유지된다는 것이다.

질병 같은 적극적인 억제(positive check)가 필연적으로 따르게 된다고 주장했다. 다음 문장은 맬서스의 시각을 압축해서 보여준다(Malthus, 1798: Chapter VII, p.61).

> "기아는 마지막으로 찾아오는 가장 끔찍한 자연의 재앙이 될 것이다. 인구의 힘은 인간을 위한 곡식을 생산하는 지구의 힘을 압도하기 때문에 때 이른 죽음이 이런저런 모양으로 인류를 찾아올 수밖에 없다. 인간의 악덕[전쟁, 살인 등-필자 주]은 활발하게 활동하며 인구감소를 가져오는 유능한 집사이다. 그것들은 파괴를 가져오는 대군단의 전초병이며, 스스로 끔찍한 작업을 종료한다. 그러나 만약 이러한 악덕들이 종말의 전쟁에 실패한다면, 질병의 계절, 각종 유행병, 페스트, 전염병이 무서운 대오를 형성하여 수천, 수만을 쓸어갈 것이다. 그래도 아직 성공하지 못한다면, 거대하고 필연적인 기근이 뒤에서 다가와, 강력한 한 방의 충격으로 인구를 세계의 식량 수준에 맞추어놓을 것이다."

맬서스는 잉글랜드 남부의 써리 근교에서 부유한 목사의 아들로 태어나 케임브리지 대학(지저스 칼리지)에서 공부하고 목사서임을 받았으나, 나중에 동인도회사의 핼리베리 대학에서 역사와 정치경제학을 가르치는 교수가 되었다. 그는 영국에서 최초로 정치경제학과 교수라는 공식 타이틀을 받은 사람이며, 따라서 최초의 직업 경제학자라고 간주된다(부크홀츠, 2004: 87).

그는 인간에게 "생육하고 번성하라"(창세기, 1: 27)고 한 성경 말씀에 따라 인간들이 모두 함께 종말을 맞지는 않을 것이며, 건강하고 덕 있고 행복한 사람들이 번성하고 건강하지 못하고 악하며 불행한 인간들은 소멸되는 것이 창조주의 뜻이라고 믿었다. 그는 특히 빈곤계층에 대해 식량 공급을 늘리는 것은 인구문제를 악화시키는 길이라고 주장하고 빈민구제법에 반대했다. 피트 수상은 1800

년에 결국 빈민구제법안을 철회했다. 한국의 경제학자인 정윤형(1981: 70)은 맬서스의 시각과 집필 동기에 대해 다음과 같이 설명하고 있다.

> "맬서스가 인구문제를 제기한 것은 그 해결을 위한 것이 아니라 그 해결이 불가능한 것이므로 이를 방임(放任)하고 거기에서 발생하는 모든 빈곤과 악덕은 숙명적인 것으로 받아들여야 한다는 것을 특히 하층민들에게 설득하기 위한 것임을 말해준다. 즉, 맬서스에 의하면 사회적 불평등과 하층민의 빈곤은 인구법칙이라는 자연법칙의 필연적 결과로 된다. 따라서 하층민의 고통은 그들 스스로의 책임이며 이를 개선하려는 어떠한 노력도 자연의 질서를 거역하는 것이며 무위(無爲)로 끝날 수밖에 없다는 것이다."

부유한 집안에서 훌륭한 아버지로부터 교육받고 최고 대학을 졸업한 맬서스는 빈민들의 현실을 보며 냉소적인 생각을 가졌다. 부자들은 절제와 미덕으로 부를 쌓은 반면, 빈민들은 무절제하고 악업에 빠져 살기 때문에 그렇게 사는 것이라고 생각하였다(유시민, 1992: 54). 노력을 해도 아무것도 바꿀 수 없는 빈민들이 처한 사회구조와 환경을 이해하기보다는 그들이 그렇게 살다가 죽는 것이 신의 뜻이라고 생각하였다. 가난한 사람들에게도 희망을 주어야 한다는 21세기 UN의 대대적인 빈곤퇴치 캠페인은 맬서스의 생각과 거리가 멀다.

이에 대해 하버드 대학의 토드 부크홀츠(2004: 84) 교수는 맬서스가 그 냉혹한 이론 때문에 부당하게 많은 공격을 받았다고 말하고, 사실 맬서스의 인구론은 빈민들을 염려하는 온정 어린 생각들로 가득 차 있다고 말한다. 맬서스의 글은 현실에 기반을 둔 냉정한 진단이며, 케인스의 표현을 인용해 진리애와 통찰력의 결실이라고 한다. 맬서스처럼 부유한 집안에서 자라 케임브리지 대학을 졸업하고 상류사회의 풍류도락을 즐겼던 케인스는 맬서스를 최고의 경제학자로 칭찬한 바 있다.

맬서스는 자신의 인구론이 부족한 점을 깨닫고 유럽대륙을 광범위하게 여행하며 더 많은 데이터를 수집한 후 1803년에 수정판을 발행했다. 수정판에서는 세계 각국의 실제 사례를 더 보충하고 초판의 불길했던 전망을 다소 완화된 표현으로 제시하였다. 1820년에는 『정치경제학원리』를 출판하였다. 그가 성실한 학자였음은 분명하고, 남들이 보지 못하던 사회현상을 관찰하고 진단하는 통찰력을 지닌 수재였음도 분명하다. 그의 인구론은 비현실적으로 낭만적인 미래를 꿈꾸던 당대의 지식인들에게 충격을 주었으며, 영국 정부의 빈민구제정책을 철회시키기도 했다. 그러나 그의 글이 빈민에 대한 온정 어린 생각으로 가득 찼다는 부크홀츠의 의견에 대해 필자는 동의하기 어렵다.

인류사에 많은 종말론이 있었지만 맬서스는 막연한 계시나 영감에 의한 예언이 아니라 당시까지 수집할 수 있었던 과학적 자료들을 이용해 객관적인 예측을 하고자 했다. 현대의 용어로 표현하면 맬서스는 성장의 한계를 최초로 제시한 사람이고, 그러한 관점과 분석방법에서 시사점을 찾을 수 있기 때문에 오늘날에도 여러 사회과학 분야에서 지속적으로 이 사람의 주장을 인용하고 있다. 그러나 그가 예측했던 미래는 이미 많은 부분에서 사실과 다르게 전개되었다.

□ **맬서스의 예측과 현실**

지금 시점에서 맬서스의 주장을 검증해보면 어떤 결과가 나올까? 맬서스가 인구론을 썼던 시기에 영국 인구는 대략 700만 명이었고,

세계인구는 10억 명 수준이었던 것으로 추정된다. 그해로부터 인구와 식량의 비율이 512대 10이 된다고 하는 225년 후의 시기는 2023년이니 지금 이 글을 쓰고 있는 2015년이 거의 그 시기가 되었다. 만약 맬서스의 전제대로 지구 인구가 25년마다 두 배씩 계속 늘어났다면 영국의 인구는 지금 35억 명 정도 되고, 지구 인구는 5,000억 명 정도가 되어야 한다. 인구가 이 정도 수준이라면 지구는 아마도 이미 종말을 맞았을 것이다. 그러나 앞서 설명한 대로 맬서스는 인구를 억제하는 자연의 힘과 인간의 악덕으로 인해 어느 시점에서 더 이상 늘어나기 어렵다고 보았다.

2015년 기준으로 현재 영국 인구는 6,500만 명이고 지구 전체 인구는 73억 명 수준이다. 인류는 다행스럽게도 맬서스가 예측한 자연의 힘과 악덕의 힘을 이겨내고 아직까지는 생육하고 번성하였다. 맬서스가 인구 700만 명에 불과했던 영국에서 식량문제를 걱정해야 했던 이유는 당시 인구는 계속 늘어나고 있던 데 반해 식량 사정이 넉넉하지 않았기 때문이다. 1840년대에 아일랜드의 기근으로 100만 명이나 죽었다는 사실에서 알 수 있듯이 자연조건에 농사를 의존하던 시대에는 흉년이 들면 대규모 기근이 발생하는 것이 세계 전체를 통해 다반사였다. 집집마다 굶어 죽는 사람이 넘치는 시대에 살았던 사람들은 맬서스의 예언이 현실로 되었다고 느꼈을 것이다.

맬서스보다 조금 후인 1817년에 영국의 리카도(David Ricardo)는 유명한 국제무역의 비교우위론(Comparative Advantage Theory)이 담긴 『정치경제학과 조세의 원리』를 저술했는데, 그 역시 늘어나는 인구로 인해 토지가 부족해지고 지대(rent)가 오르는 문제를 고민하였다. 인구증가에 비해 토지와 식량이 제한적이라는 사실은 당시 사람들에게 심각한 문제였고, 실제 프랑스혁명을 필두로 유럽 각국에 확산된 정치 사회 불안의 주요인이기도 하였다.

그러나 그 후 인류는 밀과 쌀, 감자, 고구마, 옥수수 등 주요 곡물의 종자 개량과 비료 및 살충제 보급 등을 통한 농업혁명으로 생산을 획기적으로 증대시켰고, 육류 생산과 가공 기술도 크게 발전하였다. 맬서스로부터는 이미 먼 후대의 일이지만 1960년대 집중적으로 이루어진 종자개량과 농지개량, 영농기술 개선 등의 이른바 '녹색혁명'(Green revolution)은 개발도상국의 식량문제를 현저히 개선시켰다. 세계식량농업기구(FAO, 1996)에 따르면 1969-1971년부터 1990-1992년 기간의 20년 동안 세계의 식량공급(Dietary Energy Supply: DES)은 전반 10년에 연간 2.4% 증가하고 후반 10년에는 2.2% 증가하였다. 같은 기간에 세계인구는 각각 1.9%, 1.7%씩 증가하여 결과적으로 1인당 식량공급이 해마다 0.5%씩 증가하였다.[7] 한국의 경우만 해도 1970년대 쌀의 종자개량으로 통일벼가 나온 이후 생산량이 50% 이상 증가하였다. 영국 경우는 식민지 개척을 통한 이민과 식량 수입이 중요한 탈출구 역할을 한 점도 있다.

한편으로 산업화와 도시화가 진전됨에 따라 소득이 올라가고 여성들의 사회진출도 활발해지면서 출산율은 빠르게 줄어들었다. 이 책의 서론에서 언급했듯이 선진국들은 인구가 감소하는 인구절벽 현상을 걱정하는 단계로까지 왔다. 이러한 현실은 맬서스가 미처

---

[7] 1961년 미국인 노먼 볼록(Norman Borlaug)이 멕시코에서 개발한 밀의 개량종자를 인도에 들여와 획기적으로 수확을 늘리는 데 큰 기여를 하였다. 볼록은 그 공로로 "녹색혁명의 아버지", "10억을 구한 사람" 등의 별명을 얻고 1970년 노벨 평화상을 수상하였다. 스탠리 존슨(Stanley Johnson, 1972)은 이 시기 세계 각처에서 전개된 녹색혁명의 과정을 흥미롭게 소개하고 있다.

예견하지 못했던 것이다.

　결과적으로 오늘날 지구 전체로는 일부 저개발국들을 제외하고 대부분 식량문제를 해결하고 있다. 선진국에서는 즉석 요리점들이 번성하고, 음식 쓰레기가 넘쳐나며, 비만이 사회적 이슈가 되고 있다. 미국의 주요 TV 방송에서는 비만을 치료한 사람들의 성공담이 인기 프로그램으로 방영되고 있다. 먹는 것이 부족했던 시절에는 상상할 수 없었던 일이 벌어지고 있고, 이런 상황이 맬서스의 예측과 다르게 전개되어 온 것이다.

(2) 로마클럽의 세계 모델

　1972년에 로마클럽은 지구라는 별이 부양능력 한계로 인류가 파국적 상황을 맞을 수밖에 없다는 사실을 시스템동학(System Dynamics)의 과학적인 분석기법을 사용하여 제시하였다. 맬서스가 제기한 문제의식을 더욱 발전시킨 것으로 볼 수 있다. "성장의 한계"라고 제목 붙인 로마클럽 보고서는 마침 1970년대에 세계경제를 강타한 두 차례의 오일쇼크와 맞물리면서 자원부족으로 인한 인류의 위기에 대한 관심을 고조시켰고, 전 세계적으로 수천만 부가 팔린 베스트셀러가 되었다.8)

---

8) 1973년 10월 중동 지역에서 아랍 국가들과 이스라엘 간에 제4차 중동전쟁이 발생한 후 사우디, 이집트 등이 중심이 된 아랍석유수출국기구(OAPEC)에서 이스라엘에 우호적인 나라들에게는 더 이상 석유를 팔지 않겠다는 선언을 발표하였다. 이 선언의 영향으로 국제유가가 1년 사이 3달러에서 12달러로 네 배나 폭등하면서 세계경제에 극심한 인플레와 저성장이 함께하는 '스태그플레이션' 현상이 발생하게 되었다. 그 후 1979년에는 주요 석유수출국가인 이란에서 혁명이 발생해 수출이 일부 중단되었는데, 이로 인해 국제유가가 1년 사이 배럴당 40달러 선으로 치솟았다. 1970년대에 발생한 이 두 가지 사건을 보통 제1, 2차 오일쇼크(oil shock)라고 한다.

맬서스는 식량과 인구라는 두 가지 변수로 지구의 한계를 검토했지만, 로마클럽은 인구, 식량, 산업생산, 자원, 공해 등의 다섯 가지 변수를 고려한 "세계모델"(world model)로 2100년까지의 추세를 예측하였다. 이 모델은 흔히 성장의 한계(Limits to Growth)라는 영어 제목의 약어를 따서 LTG 모델이라고 부른다. 로마클럽이 분석한 다섯 가지 변수의 주요 전제들을 간략히 검토해보면 다음과 같은 점을 들 수 있다.

○ 인구: 서기 1650년에 지구 인구는 5억 명이었고, 당시 연간 인구증가율은 0.3%였다. 이러한 증가속도가 유지되었다면 지구 인구가 두 배가 되는 기간은 약 250년이다. 그런데 1970년 지구 인구는 36억 명이고, 연평균 인구증가율은 2.1%이다. 이 속도로 인구가 늘어나면 두 배가 되는 기간은 33년이다. 인구 자체도 기하급수적으로 증가했지만, 인구증가율도 증가했다. 출산율, 사망률, 평균수명 증가 등의 요인을 같이 검토했을 때 1970년 시점에서 대략 30년 후 지구 인구는 70억 명에 달하고, 60년 후에는 그 네 배(약 140억 명)가 될 것이다(Meadows, 1972: 34-38).

○ 경제성장(산업생산): 1963년에서 1967년까지 세계경제성장률은 연간 7%였고, 1인당 성장률은 5%였다. 대부분의 성장은 인구증가율이 상대적으로 낮은 선진국에서 이루어졌다. 이 추세가 유지된다고 전제할 경우 2000년에는 부자 국가는 더 부자가 되고, 가난한 나라는 더 가난해지는 현상이 발생한다. 세계인구의 64%를 차지하는 인구 다수 국가 10개국의 1968년 GNP를 기준으로 2000년의 GNP를 예측한 값은 <표 4-1>에서 볼 수 있다(Meadows, 1972: 38-44).

o 식량: 지구 상에 경작 가능한 토지는 32억 헥타르(78.6억 에이커)인데, 이 가운데 절반 정도가 경작되고 있다. 나머지 절반을 이용하자면 감당하기 힘든 정도의 자본이 요구될 것이다. 인구증가와 경제성장으로 주택, 도로, 공장 등의 수요가 늘어나면서 경작 가능한 토지는 점점 줄어들 것이고, 향후 30년 이내에 급격한 부족 현상이 발생할 수 있다(Meadows, 1972: 46-54).

o 자원: 한 번 쓰고 나면 재생산이 불가능한 자원 가운데 대표적으로 석유는 매장량이 4,550억 배럴이다. 매장량과 생산량이 그대로 유지된다고 전제하는 정적지표(static index)를 이용해 추정할 경우 이용 가능한 연수는 31년이고, 경제성장률만큼 해마다 생산량이 늘어난다고 가정할 경우는 20년이다. 매장량이 5배로 늘어나고 생산량도 경제성장률만큼 늘어난다고 가정할 경우에는 50년이 된다. 철은 정적지표로 추정할 경우 240년간 쓸 수 있지만, 매장량이 그대로이고 평균적인 경제성장이 지속될 경우에는 93년만 쓸 수 있다. 여러 가지 중요한 자원에 대해 같은 방법으로 이용 가능 연수를 추정할 수 있다(Meadows, 1972: 54-68).

o 공해: 인구증가와 산업화의 영향으로 공해가 계속 늘어나며, 알려진 모든 오염물질의 배출량이 기하급수적으로 빠르게 늘어나고 있다. 1인당 에너지 이용은 연간 1.3%씩 늘어나는데, 전 세계 산업에너지의 97%가 석탄, 석유, 천연가스 등 화석연료에 의존하고 있다. 화석연료 사용에 따라 이산화탄소(CO_2)가 연간 200억 톤씩 배출되면서 지구의 대기에 치명적 영향을 주고 있다.

에너지 이용의 또 다른 부작용은 열역학법칙에 따른 지구온난화와 기후변화 현상이다. 원자력 에너지는 화석연료를 대체할 수 있지만, 방사선 오염을 초래한다. 공해문제가 위험한 것은 지구에 배출된 오염물질이 부작용을 나타내는 데 시간이 걸리고, 지구의 흡수한계가 얼마만큼인지 알 수 없다는 점이다. 살충제로 쓰이는 DDT의 예에서 오염물질이 생태계에서 처리되는 자연지체(natural delays) 현상을 알 수 있다. 대기 중에 스프레이로 뿌려진 DDT는 일부가 바다로 흡수되어 플랑크톤과 물고기를 거쳐 사람의 몸속으로 흡입된다. 이 과정은 오랜 시간이 걸리고 인간이 부정적 효과를 인식하여 DDT 사용을 줄이기 시작할 때는 이미 많은 물고기들이 DDT에 노출되어 있는 상황이다.

현재 공해는 선진국에서만 심각한 상황이지만, 불행하게도 전 세계로 확산되고 있다. 2000년에 70억 명의 지구 인구가 평균적으로 1970년 미국인들만큼의 소득을 누리게 된다고 가정하면 공해는 10배로 늘어난다(Meadows, 1972: 69-84).

이상으로 성장의 한계가 전제하는 다섯 가지 변수의 변화를 간략히 검토해보았다. 이러한 가정들을 전제로 세계모델은 2100년까지 다섯 가지 변수가 어떻게 움직이는지를 여러 가지 상황을 고려해 예측한다. 모든 변수가 기본 가정대로 변화한다고 전제했을 때 세계 모델의 표준적인 예측(Standard Run) 결과는 <그림 4-1>과 같은 그래프로 나타난다.

우선 이용 가능한 자원이 계속 줄어들다가 2000경부터는 급속하게 줄어든다. 1970년 수준의 자원 이용을 전제한다면 모든 자원이 고갈되는 기간은 250년이지만, 이건 낙관적인 전망이다. 인구와 식량, 산업생산, 공해 등 다른 변수는 대략 2000년대 초반까지 쭉 늘어나다가 자원 부족 현상이 급속히 심해짐에 따라 결국 모두 함께 줄어든다. 자원이 고갈되면서 산업생산이 중단되고, 인구, 식량도 감소하며 공해도 사라진다. 이 상태는 결국 인류의 파멸을 의미하는 것이다. 이 시점이 정확히 언제라고 꼭 집어서 말할 수는 없지만, 서기 2100년보다 훨씬 이전이 될 것이라는 사실은 의미심장하다(Meadows, 1972: 126).

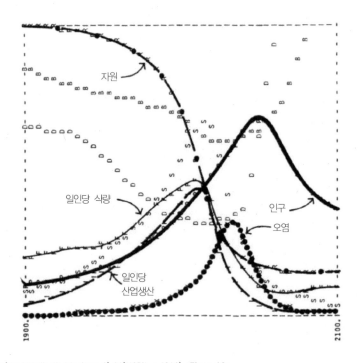

자료: Donella H. Meadows 외 3인(1972), p.124의 <Figure 35>.

〈그림 4-1〉 로마클럽의 표준예측 그래프

로마클럽 보고서가 나온 지 40년이 넘어서는 동안 이 보고서에 대한 다양한 평가와 비판이 뒤따랐다. 로마클럽은 2002년에 원저자 4인 중 3인 공동으로 『로마클럽 보고서 30년 업데이트』를 발간하였으며, 홈페이지를 통해 지속적으로 관련 자료들을 공개하고 있다.9) 2012년에는 4인의 저자 중 한 사람인 스웨덴 학자 죄르겐 랜더스(Jörgen Landers, 2012)가 "성장의 한계 40주년을 기념하며 로마클럽에 보낸 보고서"라는 설명 문구를 달고 『2052년: 향후 40년간의 글로벌 예측』이라는 책을 출간하였다. 40년 전에 만들었던 예측을 평가하면서 다시 40년 앞의 세계를 예측해본 것이다. 40여 년 세월이 흐른 후 과거에 예측했던 일들이 실제로는 어떻게 전개되었는지 살펴본다면 로마클럽 보고서가 보여준 통찰력을 평가할 수 있을 것이다. 여러 관점의 비판들이 있는데, 우선 저자들이 스스로 평가하는 부분을 살펴보자.

랜더스는 2010년 4월 로마클럽을 통해 발표한 다른 자료에서 1970년 이후 2010년까지 40년 동안 세계가 움직여온 과정이 1972년 보고서에서 제시한 표준 예측대로 흘러왔다고 말한다. 이것은 기존 정책에 변화가 없이 "통상 하던 대로"(business as usual) 해왔다는 것이며, 지구가 "한계를 넘어선"(overshot) 성장을 지속했다는 것이다. 그 결과 표준 예측 모델에서 급격한 위축 현상이 나타나는 시점은 대략 2020년인데, 실제 그러한 현상이 나타날 것인지 좀 더 지켜보아야 한다고 말한다.

---

9) 로마클럽 홈페이지는 http://www.clubofrome.org/이며 스위스의 취리히에 사무국을 두고 있다.

그러나 『2052년』에서는 인구가 출산율의 저하로 81억 명에서 최고에 이른 후 더 이상 늘어나지 않고, 이로 인해 경제성장률과 소비 증가율이 둔화되는 한편, 사회적인 투자가 확대되어 2052년까지 자원고갈과 기후변화로 인한 파국적인 결과는 오지 않을 것이라는 좀 더 낙관적인 전망을 제시하였다. 다만 21세기 전반기에 인류가 의도적인 성장 중단을 추구하지 않는다면, 후반기에는 지구온난화가 더 심해질 것이며, 소비 위축으로 사회적 긴장과 갈등이 커질 것이라고 예측하고 있다. 종전의 비관적 전망이 상당히 후퇴하면서 다소 낙관적인 결론으로 바뀐 것을 보여준다.

『성장의 한계』에 대한 비판들은 경제성장이 반드시 필요하며, 특히 빈곤 해소가 절실한 개발도상국들에 있어서는 더욱 그러하다는 당위적 입장에서부터 기술 진보가 자원과 식량 부족, 공해문제를 해결해줄 것이라는 낙관적 신념에 이르기까지 여러 시각에 기초해 있다. 부크홀츠(2004: 91-96) 교수는 지금 필자가 쓰고 있는 이 책과 마찬가지로 로마클럽의 예측을 맬서스가 제기한 문제의식의 연장선상에서 본다. 그러나 맬서스에 대해서는 다분히 우호적인 반면 로마클럽에 대해서는 매우 비판적이다. 부크홀츠에 따르면 대다수 경제학자들은 이러한 종말론에 대해 회의적이다. 이용된 가정들 자체가 비관적이어서 그 결론 역시 비관적일 수밖에 없다는 것이다. "비관주의를 넣으면 비관주의가 나온다"(Pessimism In Pessimism Out)는 뜻으로 피포(PIPO)라고 빈정대기도 한다고 말한다. 더욱 비관적인 맬서스의 인구론에 대해 진리애와 통찰력의 결실이라는 표현까지 인용해서 쓴 사실을 감안하면, 로마클럽에 대한 그의 냉소적인 시각은 모순적이기까지 하다. 아래에 인용하는 부크홀츠(2004: 93)의 글은 로마클럽에 대한 그의 견해를 압축해서 보여준다.

"종말 모형들은 또한 과학기술의 전망이 흐린 것으로 가정한다. 이 모형들은 자동차와 석유를 공해문제의 주범으로 매도한다. 하지만 뉴욕의 센트럴 파크에 가서 마차 구경을 해보시라. 가까이 가면 악취가 코를 찌르고 파리들이 날아다닌다. 그러니 마차와 장작이 널리 쓰이고 있었던 1세기 전을 한번 상상해보자. 마차는 갖은 악취와 질병의 온상이었을 것이다. 장작 역시 석유보다 얻기가 쉬울지 몰라도 훨씬 더 비효율적이다. 마차와 장작으로부터 자동차와 석유로의 대체는 예언적 모형들이 이뤄낸 것이 아니라 과학기술이 이뤄내었다."

위의 말은 그 자체로만 보면 옳은 말이다. 그러나 로마클럽이 마차와 장작을 쓰는 시대가 좋았다고 하거나 그 시대로 되돌아가자는 주장을 하고 있는 것은 아니라는 점에서 이 비유는 부적절하다. 로마클럽이 성장을 중단하자는 말은 구체적으로 어떤 의미를 담고 있는 것인지 명확하지 않지만, 그것이 마차와 장작의 시대로 되돌아가자는 말이 아님은 분명하다. 로마클럽은 인류의 문명이 발전해왔고, 과학기술의 발전이 앞으로도 어떤 좋은 일들을 가져다줄지 알 수 없으나, 이러한 발전이 무한정 가능할까에 대한 의문을 제기하는 것이다. 지구라는 유한한 별에서 인류가 무한정 발전을 계속할 수 있을까를 궁금해하는 것은 합리적이며, 지금 필자가 쓰고 있는 이 책의 기본적인 문제의식이기도 하다.

한편 이 모델의 유용성을 지지하는 글도 다양하게 나와 있다. 40여 년의 세월이 지났으니 당초 예측한 결과가 실제 어떻게 나타났는지를 원저자들의 시각이 아닌 다른 이들의 관점에서 분석해본 자료로는 오스트레일리아의 학자인 그라함 터너(Graham Turner, 2008)가 2008년에 발표한 글이 있다. 터너는 이 글에서 1970-2000년간의 실제 데이터를 관측해본 결과 LTG 모델의 표준 예측과 실제 결과가 거의 부합하며, 이는 2000년대 중반에 지구적인 붕괴를 의미한다고 말하고 있다. 앞에 언급한 랜더스의 2010년 주장과 일치하는 결론이다.

필자는 인터넷에서 입수한 터너의 자료에 구체적인 통계들이 나와 있지 않아 아쉬웠다. 로마클럽의 예측이 현재 상황에 비교하면 구체적으로 어떻게 실현되었나 궁금했는데, 이런 통계를 보여주는 자료는 구하기가 힘들었다. 그래서 필자가 아주 초보적인 방법으로 현재 시점의 몇 가지 실제 통계를 로마클럽의 표준예측값과 비교해보고, 흥미롭다고 생각하는 통계 몇 가지를 소개해본다.

우선 로마클럽이 2000년에 70억 명이 될 것이라고 예측했던 인구는 실제 60억 명에 머물렀다. 인구가 늘어나는 속도가 줄어든 것이다. 로마클럽이 예측한 시점에서 60년 후에 네 배가 된다면 2030년에는 대략 140억 명 수준에 달할 것이나, 현재 그렇게 될 가능성은 없다고 판단된다. 원저자인 랜더스(Landers, 2012: 63)도 2012년 저작에서는 지구 인구가 2040년대 초반에 81억 명으로 최고에 이른 후 차츰 줄어들 것이라고 예측하고 있다.

다음 일상생활에서 가장 중요한 자원인 석유 관련 통계를 찾아보았다. 1970년 시점에서 로마클럽이 4,550억 배럴이라고 알고 있던 매장량은 BP의 2012년 통계에 따르면 1조 6,879억 배럴로 네 배나 늘어났다. 40년 이상 석유를 캐서 썼는데, 매장량이 줄어들기는커녕 오히려 획기적으로 늘어난 것이다. 이는 탐사 기법의 발전과 신규 유전 발견에 힘입은 것이다. 이에 따라 2012년 현재의 생산량으로 계산한 생산가능연수(가채연수, Reserve to Production Ratio, R/P)는 53.3년으로 로마클럽이 추정한 값 31년과 맞지 않게 되었다. 그러나 매장량이 5배 늘어나고 경제성장률에 따라 생산량도 늘어날 경우를 가정한 확장 예측 지수로는 가채연수가 50년이라고 나와 있는데, 어느 경우든 현재 상황에는 맞지 않는다. 최근에 미국에서 셰일가스(shale gas) 개발이 본격화되어 국제유가가 하락하고 있는 점을 감안하면, 또 다른 값이 나올 것으로 생각된다.

경제성장 예측을 실제값과 비교해보면 역시 흥미롭다. <표 4-1>의 좌측 부분은 로마클럽에서 1968년 기준 인구가 많은 나라 10개국의 1인당 소득을 파악하고 2000년 소득을 예측한 값이다. 우측은 2000년과 2013년에 실제 현실화된 1인당 소득이다. 로마클럽의 2000년 예측치는 1968년 불변가격으로 표시한 것이기 때문에 2000년의 경상가격으로 표시한 우측 값과 절대금액을 비교하는 것은 의미가 없다.[10] 필자는 그 차이를 비교해보기 위해 각 연도에 미국의 소득을 100으로 놓았을 때 다른 나라들의 소득이 어느 정도 되는지를 표시해보았다. 이 비율을 비교해보면 2000년에 미국 대비 소득이 더 감소할 것으로 예상된 중국과 브라질만 증가했고, 나머지 나라들은 모두 예측한 대로 방향성을 보여주고 있다. 나라가 바뀐 소련과 서독은 러시아와 독일의 값을 참고로 넣어두었으나 직접 비교하기는 어렵다.

가장 큰 차이를 보여주고 있는 나라는 중국이다. 1968년에 중국의 1인당 소득은 미국의 2.3%에 불과했고, 2000년이 되면 0.9%로 더 줄어들 것이라고 예측되었으나, 2000년의 실제값은 2.6%로 1968년보다 오히려 조금 더 늘어났다. 그런데 13년 후에는 12.3%로 무려 다섯 배 가까이 늘어났다. 공산주의국가인 중국이 1978년 문호를 개방하고 자본주의 세계와 교역하면서 빠른 속도로 경제성

---

10) 불변가격(constant price)란 특정 연도의 물가에 가격을 고정시켜 환산한 값을 말하고 경상가격(current price)이란 작업 시점의 물가로 계산한 가격을 말한다. 예를 들어, 똑같은 자동차 한 대의 가격이 1970년에는 1만 달러였는데, 2000년에는 3만 달러가 되었다면, 2000년 시점에서 이 자동차의 1970년 기준 불변가격은 1만 달러이고 경상가격은 3만 달러이다.

장을 해온 사실을 반영한다.

일본은 1968년 대비 크게 늘어나기는 했지만, 예측치보다는 차이가 크고, 최근에는 줄어들고 있다. 1968년 일본의 1인당 소득은 미국의 30% 수준이었는데, 2000년에는 미국의 211%로 성장할 것이라고 예측되었다. 1960년대 일본의 높은 경제성장률을 반영한 것이다. 그러나 2000년에 실제값은 미국의 98%였고, 2013년에는 87%로 떨어졌다. 1990년대 이후 부동산과 증권가격의 거품 붕괴로 인해 장기간 불황을 겪고 있는 일본의 경제사정을 반영한다.

이 두 나라가 예측값과 큰 차이를 보이기는 하지만, 대체로 2000년에 "부자는 더 부자가 되고 가난한 나라는 더 가난해질 것"이라는 로마클럽의 예측은 크게 벗어나지 않았다. 일본과 독일의 비율

〈표 4-1〉 로마클럽의 1인당 국민소득 예측치와 실제값 비교

	로마클럽(1968년 불변가격)				실제값(경상가격)			
	1968 (달러)	각국/미국 (%)	2000 (달러)	각국/미국 (%)	2000 (달러)	각국/미국 (%)	2013 (달러)	각국/미국 (%)
중국	90	2.3	100	0.9	930	2.6	6,560	12.3
인도	100	2.5	140	1.3	460	1.3	1,570	2.9
소련	1,100	27.6	6,330	57.5	1,710	4.8	13,850	25.9
미국	**3,980**	**100.0**	**11,000**	**100.0**	**35,740**	**100.0**	**53,470**	**100.0**
파키스탄	100	2.5	250	2.3	470	1.3	1,360	2.5
인도네시아	100	2.5	130	1.2	570	1.6	3,580	6.7
일본	1,190	29.9	23,200	210.9	34,970	97.8	46,330	86.6
브라질	250	6.3	400	3.6	3,860	10.8	11,690	21.9
나이지리아	70	1.8	60	0.5	270	0.8	2,710	5.1
서독	1,970	49.5	5,850	53.2	26,170	73.2	47,270	88.4

자료: 로마클럽 1972년 보고서와 세계은행 데이터베이스
(http://data.worldbank.org/indicator/NY.GNP.PCAP.CD) 이용 필자가 작성.
주: 1) 각국/미국으로 표시된 값은 미국의 값을 100으로 보았을 때 각 나라 값의 비율.
2) 실제값에서 소련은 러시아로, 서독은 독일로 대체.

은 1968년에 비하면 크게 늘었고, 인도, 파키스탄, 인도네시아, 나이지리아 등의 값은 모두 예측한 대로 더 떨어졌다. 브라질만 떨어질 것이라는 예측과 반대로 올라갔다. 그런데 2013년에는 모든 개발도상국들의 소득이 똑같이 크게 늘어났다. 이것은 2000년대 들어 국제자원가격의 상승에 힘입어 개발도상국 경제가 모두 호황을 누린 사실을 반영한다.

필자의 작업은 개인적으로 궁금한 몇 가지 통계를 찾아본 아주 단순한 것이다. 방대한 통계를 이용한 로마클럽의 정밀한 수학적 모델을 검증하는 일은 멀리 미국 시애틀에 나와 고립된 공간에서 혼자 글을 쓰고 있는 필자의 지금 역량으로 할 수 있는 일이 아니다. 설사 그런 역량을 가졌다고 해도 "과거의 자료에 근거해서 미래에 대한 결론을 내리지 말라"는 부크홀츠 교수의 충고는 충분히 경청할 만하다. 그러나 부크홀츠의 말대로 한다면 과거의 데이터들을 수학적으로 가공해서 시사점을 찾고 현재와 미래에 대한 이야기를 하는 전 세계의 많은 경제학자들은 전부 밥줄을 끊어야 할 것이다. 죽은 경제학자들로부터 현재에 도움이 되는 살아 있는 아이디어를 얻는다는 뜻의 지금 필자가 인용하고 있는 그 자신의 책 제목도 고쳐야 할 듯싶다.

결국 유한한 지구라는 별의 부양능력에 한계가 있다는 기본명제가 바뀌기는 힘들지 않은가 하는 것이 현재 필자의 생각이다. 다만 인구증가 속도가 느려지고 새로운 기술로 자원 이용 가능성이 더 커져서 성장의 한계 도래가 늦추어질 수는 있을 것이다. 인구와 기술, 이 두 가지 변수가 앞으로 어떻게 움직이느냐에 따라 인류의 미래가 달라질 가능성은 충분히 있다. 콜럼버스가 목선을 타고 대서양을 건너던 때 당시 사람들이 생각하던 상황은 지금의 인류가 로켓을 타고 달나라를 탐사하는 상황과 비슷하다고 생각할 수 있다. 앞으로 몇백 년 후 지금 우리가 모르는 어느 별에서 우리의 후손들이 번성하고 있을지는 알 수 없는 일이다.

3. 성장의 한계론에 대한 현실 수용

이상 맬서스와 로마클럽 보고서를 중심으로 지구가 인간을 부양하는 능력에 한계가 왔다는 주장을 검토해보았다. 두 권의 책은 그 시대에 모두 상당한 충격을 가져다주었고, 지금까지도 지구의 한계 또는 성장의 한계에 관한 논의에서 계속 거론되고 있다. 인구와 식량을 변수로 한 맬서스의 단순한 예측은 현실화되지는 않았으나, 지구라는 별에서 인간의 삶은 인구와 식량에 의해 제한을 받는다는 사실을 강하게 인식시켜 주었다.

로마클럽은 인류사회가 성장정책을 당장 중단하고 제로 성장으로 가야 한다고 주장한다. 성장이란 결국 공장과 도로와 철도와 빌딩을 더 만들고 이를 위해 더 많은 자연을 파괴하고 자원을 파헤쳐 써야 하는 것이다. 인간이 성장을 중단하지 않으면 결국 지구가 한계에 부딪혀 강제로 성장을 중단하게 만드는 사태가 발생할 수 있다는 것이다. 마침 그 책이 나온 해에 UN은 스톡홀름에서 최초로 지구환경회의(UNCHE)를 개최했고, 그다음 해에는 중동전쟁의 여파로 전 세계에 석유충격이 닥치면서 자원의 한계가 가져오는 문제를 절감하게 했다.

그런데 로마클럽 보고서가 나온 지 47년이 된 지금 세계는 그 보고서의 주장을 어떻게 수용하고 있을까? 앞에서 성장의 중요성과 지속될 수 없는 성장에 관한 여러 주장을 간략하게 살펴본 바 있다. 로마클럽이 제기한 문제의식에 공감하면서 지금까지 성장의 한계, 성장을 넘어, 성장에서 행복 추구로 등을 내세운 많은 책과 글이 쏟아져 나왔다. 그렇지만 성장은 지금까지 전 세계 모든 국가에서 가장 중요한 국가적 과제로 다루어지고 있다. 경제성장률 몇 퍼센트가 모든 나라에서 정부를 책임지는 지도자들의 성적표와 같이 여겨지고, 모든 언론은 올해 또는 지난 분기 경제성장률이 얼마라는 보도를 쏟아낸다.

성장의 한계가 일으킨 공감에도 불구하고 현실세계에서 성장을 중단하자는 주장은 이단에 가깝게 여겨진다. 생태경제학(Ecological Economics)을 가르치는 메릴랜드 대학의 헤르만 달리(Herman Daly, 2004) 교수는 맥닐(J. R. McNeil, 2000)의 글을 인용해 대공황 이후 경제성장이 전 세계 모든 국가의 이데올로기가 되었으며, 주류 경제학이 자연을 경제학에서 몰아냈다는 견해를 제시한다. 달리는 유한한 자연을 경제시스템 내에 포함시켜 새로운 프레임웍을 만들어야 한다고 주장하며, 성장을 상징하는 GNP의 대안으로 앞에서 언급한 지속 가능 경제복지지수(ISEW)를 제시하고 있다.

그러나 주류 경제학은 여전히 성장을 어떻게 높일 수 있는가를 가르치며, 언론은 성장률이 낮은 정부를 질타한다. 생각해보자. 어느 나라의 지도자가 나의 목표는 제로 성장이고 그 대신 행복을 추구하겠다고 하면 이 말이 유권자들에게 얼마만큼 공감을 일으킬 수 있을까? 성장의 한계는 당위적인 이론이지만, 현실은 더 높은 성장으로 더 많은 소득과 일자리를 만들어야 한다는 압박을 주고 있는 것이다. 특히 빈곤에 시달리는 개발도상국들은 더욱 그러하다. 아시아 국가들의 사례에서 이 문제를 좀 더 검토해보기로 한다.

□ 아시아의 문제

제로 성장을 주장하는 성장의 한계 보고서와 관련하여 중요한 비판적 논점 한 가지가 있다. 모든 나라가 앞으로 성장을 멈추고 현상을 유지하는 선에서 가자고 하면 이것은 선진국과 후진국 간에 현재의 극심한 빈부 격차를 그대로 고착시키자는 주장이 된다. 인도인의 소득이 미국인의 3%도 채 안 되는 상황에서 미국인은 그대로 잘살고 인도인은 그대로 못사는 세계를 유지하자는 말이 되는 것이다. 더구나 지나온 인류의 역사에서 자원을 고갈시키고 공해를 배출해온 책임은 사실상 압도적으로 선진국에 있는데, 지금에 와서 그 대가는 후진국들이 치러야 한다는 말이 된다. 아직도 10억 이상의 인구가 절대빈곤 상황에서 고통받고 있는데, 이들의 절박한 경제성장 욕구를 일방적으로 억제하라고 말할 수 없는 현실적 문제가 있다.

이와 관련하여 랜더스(Randers, 2012: 23-27)의 책에서 찬드란 네이어(Chandran Nair)라는 홍콩의 환경사업가가 제기하고 있는 아시아 국가들의 소비주의 문제를 잠깐 검토해보자. 중국, 인도, 인도네시아 등의 아시아 국가들은 최근 모두 빠른 경제성장을 이루어오고 있으며, 자동차, TV, 휴대폰, 좋은 주택, 좋은 음식 등 소비를 부추기는 꿈을 국민들에게 계속 심어주고 있다. 그러나 인구 과밀지역인 아시아 국가들에서 계속 늘어나는 소비는 결국 재앙으로 연결될 수밖에 없다는 것이 이 사람의 주장이다. 아시아의 도시에 20억 대의 자동차가 달리는 상황이 되면 도시의 기능이 마비되고, 공해와 건강문제가 심각해질 것이다. 이 문제는 사실 베이징, 상하이, 델리, 봄베이, 자카르타, 마닐라 등 아시아의 대도시들에서 이미 심각한 수준에 와 있다. 네이어는 아시아 국가들이 더 이상 물질적인 소비를 부추기지 말고 인간 개발에 힘쓰면서 안전한 식수, 건강, 교육 등의 문제에 투자해야 한다고 주장한다.

성장의 한계가 아시아에서 두드러지게 나타나고 있는 현상을 지적하는 글이다. 아시아 도시들의 심각한 공해, 교통사정 등을 감안하면 공감할 수 있는 주장이기도 하다. 베이징과 자카르타에 지금보다 더 많은 자동차가 다닐 때 도시가 기능을 발휘할 수 있을까? 누구나 이런 의문을 가질 수 있고, 국가를 운영하는 사람들이라면 심각하게 고민해야 하는 문제이다. 그러나 성장의 한계를 아시아에 특정해 지적하는 이런 접근법은 국제사회에서 매우 심각한 갈등을 유발할 수 있다. 미국, 유럽 등 선진국의 대도시들도 산업화 초기에는 극심한 공해와 오물로 시달리다가 경제가 번영궤도에 들어선 이후 환경 개선에 막대한 투자를 함으로써 오늘날과 같은 쾌적한 도시환경을 만들 수 있었다.

찰스 디킨스의 소설 여러 군데에서 묘사되고 있는 19세기 중반 "매연 수도"(Foggy Capital) 런던의 모습은 오늘날의 베이징과 별로 다르지 않다. 매연의 색깔이 완두콩으로 만든 수프와 비슷하다고 해서 "완두콩 수프"(pea soup)라고 사람들이 말하던 스모그(smog)는 그 자체가 런던을 상징할 만큼 대단했다. 매연의 도시 런던에서 1952년에 발생한 "대 스모그"는 일주일 동안 4,500명의 죽음을 초래하고 그 후유증으로 1만 2,000여 명이 몇 달 사이에 사망한 것으로 알려져 있다. 이 무렵 런던의 템스 강은 더 이상 생물이 살 수 없는 강으로 선포되었다.[11] 디킨스가 묘사하고 있는 런던 빈민

---

11) http://www.theglobalist.com/london-beijing-polluted-tale-two-cities/

가의 모습은 말할 수 없이 비참하다.

미국은 달랐을까? 『위대한 개츠비(The Great Gatsby)』라는 소설에서 미국 작가 피츠제럴드(F. Scott Fitzgerald)가 묘사하고 있는 "재의 계곡"(valley of ashes)은 20세기 초반 새롭게 세계의 경제수도로 떠오른 뉴욕의 외곽 풍경을 묘사하고 있다. 공해로 찌든 마을에 자동차들이 다니면서 재와 먼지가 여러 가지 유령 같은 모습을 만들어내는 1920년대 이 마을의 풍경은 찰스 디킨스가 묘사한 1850년대 영국의 가상 도시 "코크 타운"(Coke Town)과 분위기가 놀랍게 유사하다.12) 오대호로 흘러 들어가는 오하이오 주의 쿠야호가(Cuyahoga) 강에서는 1969년 이 강을 덮고 있던 쓰레기 더미에 불이 붙어 화재가 발생했다.

자, 20세기 초반까지 영국, 미국의 대도시들 상황이 이러했으니 두 나라는 경제성장을 중단하고 환경, 교육, 여성, 보건 이런 분야에만 열심히 투자하라고 했으면 어찌 됐을까? 자동차, 항공기, 좋은 주택, 맛있는 음식, 이런 소비주의적인 물질적 욕망은 포기하고, 맑은 물, 맑은 공기, 좋은 교육만 있는 세상으로 가자고 했으면 미국, 영국이 오늘날보다 더 쾌적하고 더 부유한 나라가 되었을까? 아마도 공장들은 문을 닫고 실업자가 쏟아져 나와 대도시에 노숙자와 범죄가 넘치고 폭동이 발생해서 황폐화되지 않았을지 알 수 없는 일이다.

미국은 1969년 쿠야호가 강의 화재를 계기로 해서 환경보호청(EPA)을 만들었고, 환경 개선에 막대한 투자를 했다. 그 결과 생물

---

12) 디킨스의 소설 *Hard Times*(1854) 제5장 첫 부분에 묘사되어 있는 모습, 빅토리아 여왕 시대 영국 건물들의 특징인 빨간 벽돌(red brick)들이 굴뚝에서 나온 연기로 덧씌워져 거무스름하게 변해 있다.
http://www.schooltales.net/hardtimes/coketown_xrpt.html

이 살 수 없는 강이었던 쿠야호가 강에서는 2009년 신문기사에 따르면 60종 이상의 어류가 살고 있다고 한다.[13) 역시 생물이 살 수 없던 강이었던 런던의 템스 강은 2013년 현재 125종의 어류와 400여 종의 무척추동물이 살고 있다고 한다.[14) 산업화의 단계를 지나 먹고 사는 문제가 해결되니 환경에 막대한 투자를 할 수 있는 선진국들의 경제력이 문제를 해결할 수 있는 능력도 가져다준 것이다.

필자가 어린 시절부터 직접 보고 자란 한국의 수도 서울의 변화도 비슷하다. 1970년대까지 서울을 가로지르는 한강은 오물투성이었고, 그 지류인 동부의 중랑천, 북서부의 모래내천은 연탄재와 쓰레기로 덮여 악취가 진동하며 시커먼 물이 흐르던 강이었다. 2015년 현재 한강은 40여 년 전과는 비교할 수 없을 정도로 깨끗하고, 쾌적하게 정비되어 있다. 봄이면 강둑에 벚꽃이 아름답게 피는 중랑천에서는 낚시꾼들이 고기를 낚고 있다. "한강의 기적"이라고 불리는 한국의 빠른 경제성장이 없었다면 이러한 변화는 아마도 불가능했을 것이다.

필자는 원조 사업이나 필자의 연구와 관련하여 인도의 델리, 필리핀의 마닐라, 베트남의 하노이, 인도네시아의 자카르타 등 아시아의 여러 대도시를 다니면서 엄청난 공해와 교통 장애 속에 많은 사람들이 비참하게 살고 있는 상황을 목격했다. 이런 도시들은 모두 필자가 한 세대 안에 직접 목격한 한강의 기적을 꿈꾼다. 이것을 터무니없는 꿈이니 포기하라고 말할 권리는 누구에게도 없다.

필자가 이 글을 쓰고 난 후 해리 덴트(Harry Dent, 권성희 역, 2014: 305)의 책에서 중국의 환경문제를 언급하는 다음과 같은 구

---

13) http://www.nytimes.com/2009/06/21/us/21river.html?_r=0

14) http://www.theglobalist.com/london-beijing-polluted-tale-two-cities/

절을 보았다. 옳은 지적이라고 판단되고, 필자의 생각을 보완해서 앞부분을 수정할까 고민해보았으나, 그의 지적을 인용하는 것으로 이 부분을 마치기로 한다.

> "중국의 전략은 과거 서구의 전략과 같다. 먼저 성장한 뒤 부유해지면 나중에 정화하겠다는 것이다. 이 전략의 문제는 서구가 발전할 때보다 지금의 환경 상태가 훨씬 더 많이 오염돼 있다는 점과 중국의 인구가 이미 14억 명에 달한다는 점이다. 이는 북미와 유럽 인구를 모두 합한 것보다 두 배가량 더 많은 숫자다! 이를 종합하면 중국은 최악의 환경적 재난을 조성하고 있는 것으로 보인다."

성장의 한계는 지구촌 전체로 정말 긴박한 문제이지만, 현실적 대안을 놓고 보면 이처럼 복잡한 문제들이 얽혀 있어 간단히 생각해야 하는 문제가 아니다. 경제는 지속적으로 성장해서 일자리와 소득을 만들어주어야 하고, 그러면서 환경은 쾌적하게 유지되고 자원은 소모되지 않는 세계를 만들어야 하는 것이다. 선진국과 후진국들이 서로 네 탓하면서 다투고 있어서는 해결이 되지 않는다. 함께 살기 위해 어떻게 노력하고 협력해야 하는지를 논의해야 하는 것이다.

4. 인류에게 드리운 고민

이번 장에서는 산업혁명으로 물질적인 풍요를 이룩한 인류가 그 부작용 또는 반작용으로서 겪고 있는 성장의 한계를 개관하였다. 인류가 이룩한 대량생산 대량소비 체제가 점점 더 지구의 부양능력 한계에 부딪히고 있다는 사실은 분명하다. 그러나 그에 대응해서 모든 나라가 제로 성장을 추구해야 한다는 주장은 쉽지 않은 문제인 것도 분명하다. 일자리가 소득의 원천인 자본주의 체제에서 성장이 중단되면 새로이 자라나는 세대에게 일자리를 만들어줄 수 없는 문제가 생긴다. 특히 아직도 절대빈곤에 시달리는 개발도상국들은 우선 궁핍에서 벗어나기 위해서라도 산업화가 필요하고 경제개발이 필요하다.

이 문제를 어떻게 조화시켜 나갈 수 있을 것인지에 대해 인류사회는 많은 고민을 해오고 있다. 성장의 한계는 명백한데, 지속적인 성장이 필요하다는 사실도 분명하다. 결국 성장의 방식을 바꾸어 지구에 부담을 주지 않는 방향으로 나갈 필요가 있다. 자원과 에너지 절약적이면서 환경을 오염시키지 않는 "녹색성장"(Green Growth)을 통해 미래에도 "지속적으로 가능한 성장"(Sustainable Growth) 방식을 추구해야 한다. 필자가 이 책을 집필하던 시점에 UN에서는 "지속 가능한 개발목표"(SDGs)를 논의하여 2015년 9월 지구촌의 새로운 개발목표로서 제시하였다. 지속 가능한 성장 또는 개발 등의 용어가 지구촌의 주요한 의제로 논의되는 현실은 바로 성장의 한계가 분명해지고 있으며, 이에 대한 대응에 깊은 고민을 하고 있다는 반증이다.

고령화와 함께 인구절벽 현상이 나타나고 있는 선진국들은 경제 성장률이 둔화되면서 일자리 창출에 많은 고민을 하고 있다. 인구 절벽 현상은 그 자체가 삶의 조건이 더욱 퍽퍽해지는 세계에서 젊은 세대가 결혼을 미루기 때문에 발생하는 현상이다. 이 현상 자체도 큰 범주에서 해석한다면 인구와 자원, 환경의 압박이 가져다주는 성장의 한계가 가져오는 현상이라고 볼 수 있다. 여기에 아직도 빈곤에 시달리면서 빠른 속도로 인구가 계속 늘어나고 있는 개발도상국들의 문제가 더해져 지구촌 전체로는 성장의 한계가 더욱 심각해지고 있다.

선진국들의 경제상황도 좋지 않은데, 빈곤으로부터 탈출을 꿈꾸며 선진국으로 불법 이민하고자 하는 수많은 개도국 사람들로 인해 국제사회의 갈등이 증폭된다. 지중해에서는 유럽으로 건너가기 위해 밀항하는 아프리카 사람들의 문제가 이슈가 되고 있다. 미국에서는 중남미에서 건너온 불법입국자들이, 한국, 일본 등 동아시아 국가들은 아시아에서 온 불법체류자들이 문제가 되고 있다. 먹고 살 길을 찾아 가족을 떠나 위험을 무릅쓰고 낯선 먼 나라를 향해 가는 가난한 나라의 사람들이 자신들의 고향에서 희망을 찾을 수 있도록 해주어야 할 것이다. 에볼라, AIDS와 같은 질병들이 아프리카의 빈곤한 환경에서 확산되어 지구촌 전체를 위협하고 있기도 하며, 테러문제도 빈곤과 관련이 있다. 지구촌 전체가 최소한의 물질적 풍요를 함께 공유할 때 세계 어디를 가든 평안한 사람들을 볼 수 있을 것이다.

제 5 장

자본주의라는
운영체제의 오작동

지금까지 인류사회가 직면하고 있는 성장의 한계를 살펴보았다. 그런데 지금까지의 이야기는 식량, 자원, 공해 등 지구라는 별의 자연적 조건, 즉 지구가 인간을 부양할 수 있는 능력의 한계에 주로 집중하였다. 이를테면 인간의 생활 조건을 제약하는 하드웨어적 측면을 강조한 이야기다. 이번에는 이런 하드웨어적 조건을 제어하는 소프트웨어적인 조건에 대해 살펴보고자 한다.

여기서 대상이 되는 가장 중요한 조건은 자본주의(Capitalism)라는 시장경제체제이다. 자본주의는 현재 동서양을 막론하고 지구경제가 이를 바탕으로 돌아가는 기본 운영체제(Operating System)라고 할 수 있다. 모든 개인은 자신의 재산과 소득을 늘리는 노력을 하고, 국가는 이러한 노력이 결실을 거둘 수 있도록 지원하고 보호하는 것을 기본 사명으로 하는 체제가 자본주의체제이다.

앞서 언급한 대로 이 체제는 산업화 시대의 대량생산 시스템을 기반으로 정착되었고, 인간에게 물질적 풍요를 가져다주는 데 기여했다. 정치적으로는 봉건체제의 신분사회를 무너뜨리고 민족국가가 성립하는 데에도 기여했다. 큰 장점에도 불구하고 자본주의는 여러 가지 약점으로 인해 많은 공격을 받아왔다.

여기서는 필자가 생각하는 자본주의의 주요한 문제들을 짚어본다. 먼저 자본주의의 기본원칙을 사회주의와 대비해 살펴보면서 자유경쟁이 지니는 가치와 한계를 검토한다. 이어 성장의 한계와 연관되는 지구촌의 과잉생산 문제, 많은 사람들을 일시에 파국으로 몰아가는 투기경제 문제 등을 통해 현대 자본주의가 보여주는 구조적인 불안을 살펴본다. 마지막으로는 사회 갈등의 핵심이 되고 있는 불평등과 빈곤문제를 점검해본다.

1. 자본주의, 인류가 탄 배

자본주의는 개인의 사유재산을 보장하고 시장을 통한 자유경쟁과 교환을 핵심원리로 하는 경제체제이다. 그러나 경제체제라고 한정하기에는 훨씬 더 넓고 복합적인 개념을 지닌 종합적인 정치, 사회체제이다. 사유재산과 시장경제를 전제로 이것을 지키기 위한 국가의 권력과 제도, 개인들의 신념과 가치관 등이 종합적으로 얽혀서 작동하는 체제이기 때문이다. 이 점에서 필자는 자본주의가 현대사회를 움직이게 하는 기본적인 운영체제라고 표현하였다. 현대인들의 삶은 이 자본주의라는 체제 속에서 짜인 제도와 가치에 따라 영위된다. 자본주의와 경쟁하던 사회주의 역시 종합적인 정치, 경제, 사회체제였다.

자본주의를 컴퓨터의 운영체제로 비유한 것은 필자가 임의로 생각한 표현인데, 비유를 하는 김에 더 나가 인류 전체가 올라탄 배라고도 표현하고 싶다. 인류는 자본주의라는 배를 타고 인생이라는 험한 바다를 헤쳐나가고 있다. 배에 탄 사람들이 안전하고 행복하게 항해를 마친 다음, 각자 자신들이 이상으로 하는 목적지에 무사히 도착할 수 있도록 해준다면 이 배가 정상적으로 작동하는 것이다. 배가 오작동한다는 것은 배에 탄 승객들이 항해에 불안을 느끼고 목적지에 무사히 닿을지를 걱정해야 하는 상황에 계속 부딪힌다는 말이다.

이 바다에는 한때 사회주의라는 큰 배도 함께 떠서 자본주의와 경쟁을 했다. 그러나 사회주의는 침몰했고, 그 배에 탔던 사람들은 대부분 자본주의로 옮겨 탔다. 일부 사람들은 사회주의에서 나온 구명보트를 타고 아직 바다를 표류하고 있으나 자본주의로 옮겨 타는 과정에 있다.

양 체제가 경쟁하던 시기에는 서로를 비판하며 자신들의 승리를 예언하거나 또는 체제 내부에서 자신들의 체제를 비판하는 지식인들의 목소리도 많았다. 1867년에 나온 마르크스의 『자본론』은 자본주의체제가 작동과정의 모순으로 인해 필연적으로 무너질 수밖에 없다는 사실을 과학적으로 증명하려고 시도하였다. 1943년에 오스트리아 출신의 슘페터(Joseph Schumpeter)는 마르크스와 관점을 달리하지만, 역시 자본주의는 내부 모순으로 작동을 중단하고 결국 사회주의로 넘어갈 것이라고 예언하였다(<Box 5-1> 참조).

반면, 같은 오스트리아 출신의 하이에크(Frederick Hayek)는 1944년에 출판된 저작에서 히틀러의 우파 사회주의든 스탈린의 좌파 사회주의든 사회주의는 개인의 자유를 억압하는 전체주의로 귀결되며, 『노예로 가는 길(The Road to Serfdom)』이라고 주장하였다. 그는 1988년 저작을 통해서는 사회주의가 인류문명의 역사와 현실에 대해 잘못된 이해에서 출발했다고 주장했다(Hayek, 1988).

제2차 세계대전이 막바지에 이르던 시기에 나온 두 명의 오스트리아 경제학자들의 글에는 당시 지식인들이 자본주의에 대해 생각하던 일반적 경향에 대한 묘사가 있다. 히틀러가 오스트리아를 점령하기 시작하던 무렵 서방세계로 이주한 슘페터와 하이에크는 서구 지식인들이 다분히 낭만적으로 사회주의를 동경하며 자본주의를 비판하는 현실을 목도하고, 이를 냉정하게 비판하였다. 슘페터(Schumpeter, 1976: 63)의 다음 문장은 당시의 분위기를 생생하게 전해준다.

> "지금 우리가 설명해야 하는 자본주의에 대한 적대적 분위기는 이 체제의 경제적, 문화적 성과에 대한 합리적 의견 형성을 매우 어렵게 만든다. 대중의 생각은 이제 농담 차원에서 벗어나 자본주의와 그 모든 결과물에 대한 저주가 당연한 결론이 된-거의 토론의 예의로서 요구되는- 상황에 이르렀다. 정치적 선호가 어떠하든 모든 작가와 연사들은 이 규칙에 동의하며, 자신은 자본주의가 가져다준다는 '자기만족감'을 알지 못하고, 자본주의의 성과가 불충분하다는 믿음을 가지고 있고, 자본주의자들을 혐오하며 반자본주의자들의 관심 사안에 공감한다는 사실을 확인시켜 주기에 바쁘다. 이와 다른 태도는 바보스러운 짓일 뿐만 아니라 반사회적으로 치부되고, 그 사람이 비도덕적인 정신적 예속 상태에 있다는 사실을 보여주는 것으로 간주된다."

명망 있는 대학자가 구체적인 사례를 언급하지도 않으면서 이런 문장을 쓴 것은 그 당시 지식인 사회의 분위기에서 이런 내용이 특별한 사례를 요구하지 않을 만큼 일반적으로 이해되었기 때문이다. 자신의 세대에 제1차 세계대전과 대공황을 겪고 나서 다시 히틀러와 무솔리니 같은 독재자들이 등장해 두 번째 파멸적인 세계대전을 몰고 온 시대에 살던 사람들은 자본주의가 종말에 온 듯한 느낌을 받았던 것이다. 1920년대에 나온 슈펭글러(Oswald Spengler)의 『서구의 몰락』은 이런 시대의 분위기에 맞아떨어지면서 세계적인 화제를 모았다. 하이에크는 이런 시대에 서구 지식인들이 자본주의를 비판하면서 사회주의를 막연히 동경하는 현상에 경종을 울리기 위해 정치적인 책이라고 표방하고 『노예의 길』을 썼다. 하이에크의 다음 말은 위의 슘페터가 쓴 글과 거의 전적으로 같은 내용이다(하이에크, 2012: 19).

> "왜 모든 곳의 지식인 계층이-개인주의 구호들을 찬양하는 와중에서도 자본주의를 모욕하면서- 거의 자동적으로 자신들을 집단주의의 편에 두는가? 어떻게 해서 대중매체들은 거의 모든 곳에서 반자본주의적 견해에 의해 지배되는가?"

자본주의는 이처럼 내부와 외부에서 오랜 세월 동안 많은 공격을 받았다. 그렇지만 무너지지 않고 버티어온 강한 생명력을 보여주어 지금의 인류는 전체적으로 자본주의라는 배를 타고 인생을 헤쳐나가야 하는 시대에 살게 되었다.

(1) 자본주의와 사회주의

사회주의국가들이 무너진 지금의 현실에서 두 체제 간의 경쟁논리를 새삼 깊이 다루고 있을 필요는 없다. 그러나 자본주의의 기본원리와 원칙을 이해하기 위해서는 사회주의와 잠시 대비해보는 것이 유익하다고 생각된다.

홉스봄(Hobsbawm, 1972: 1)에 따르면 자본주의라는 용어가 사용되기 시작한 것은 1860년대이다. 산업혁명과 함께 대규모 기업들이 생겨나고 과거의 귀족 대신 자본가들이 신흥귀족으로 등장하면서 자본주의라는 용어가 정치, 경제학의 새로운 용어로 등장했다. 마르크스의 『자본론』이 나온 것이 바로 이 시기인 1867년이다. 마르크스 자신은 16세기 근대무역과 세계시장의 형성으로부터 현대 자본의 역사가 시작되었다고 쓰고 있다(마르크스, 1987, 1-1: 175).

<Box 5-1> 슘페터의 『자본주의, 사회주의, 민주주의』

조셉 슘페터(Joseph Schumpeter, 1883-1951)는 비인 대학을 졸업하고 오스트리아 재무장관, 독일 본 대학 교수 등을 역임하였다. 히틀러의 나치가 세력을 확장하던 1932년에 미국으로 건너와 말년까지 하버드 대학에서 강의했다. 그는 마르크스와 사회주의에 대해 비판적이었지만, 1944년 『자본주의, 사회주의, 민주주의(Capitalism, Socialism, and Democracy)』를 통해 자본주의가 살아남기 힘들다는 의견을 개진하였다. 슘페터는 자본주의가 확장하면서 그 성공을 가져온 요인들을 스스로 해체하는 경향으로 인해 무너질 것이라고 예견하였다. 사회주의의 선동가들이 아니라 밴더빌트, 카네기, 록펠러 같은 성공한 기업인들이 자본주의를 해체의 길로 끌어간다는 역설적인 표현을 썼다(Schumpeter, 1976: 134).

자본주의는 무엇보다도 기업가정신을 지닌 사람들이 새로운 상품이나 기술을 개발하고 생산수단과 과정을 혁신함으로써 낡은 것을 몰아내는 "창조적 파괴"(Creative Destruction)에 의해 발전한다. 그런데 성공한 기업들이 대규모화하고 조직 내부의 관료화가 이루어짐으로써 일상적인 업무만 추구하고 리스크가 따르는 모험을 회피하여 혁신정신이 사라진다. 또한, 자본주의는 봉건시대의 왕족과 귀족계급을 해체하면서 발전하였으나, 소상인과 기술자, 농민 등의 기반까지 해체하여 정치적으로 자본주의를 보호해줄 계층을 형성하지 못한다는 점, 소유와 경영이 분리되면서 "소유권"(proprietorship)과 "자유계약"이라는 사유재산제도의 근간 자체를 해치는 경향이 있다는 점 등으로 스스로 존립기반을 파괴한다고 전망하였다.[1] 결국 자본주의는 지식인 계층에도 광범위하게 적대적인 분위기를 만들어 해체되고 사회주의 체제가 들어설 것이라고 예견한다.

슘페터가 말하는 사회주의는 헌법적 절차에 의해 생산수단이 국유화되는 기술적 개념이며, 정치적 의미를 담고 있지는 않다. 이는 선거에 의해 지도자를 뽑는 민주주의와 배치되지 않는다고 본다. 그러나 자본주의의 발전단계가 성숙한 선진국과 그렇지 못한 후발국들 사이에는 사회주의화 과정에 차이가 있다고 언급한다. 제2차 세계대전 중에 쓴 슘페터의 이 책은 전후 소련과 미국의 냉전이 급속히 확대되면서 한때 공산주의 서적으로 의혹을 받기도 했으나, 자본주의의 문제점을 합리적으로 검토한 명저로서 지금도 널리 인용되고 있다.

1945년 제2차 세계대전이 끝난 후 20세기가 거의 저물 때까지 세계는 대략 반세기 동안 크게 두 개의 경제체제가 대립하는 시대를 목격했다. 미국과 서유럽, 일본을 중심으로 한 자본주의체제와 소련 및 동유럽, 그리고 중국을 중심으로 한 사회주의체제의 대립이었다. 이것은 경제체제의 이념적인 대결만이 아니고 한국전쟁을 시발로 베트남, 쿠바, 앙골라 등 지구촌 곳곳에서 치열한 군사 분쟁을 낳기도 한 정치체제의 대결이기도 했다. 그러나 사회주의는 1980년대 말부터 동유럽에서 연쇄적인 시민혁명으로 무너지기 시작해 1991년 그 종주국인 소련이 해체되면서 붕괴되었다. 지금은 중국, 베트남, 북한, 쿠바 등이 사회주의를 표방하고 있지만, 중국과 베트남은 정치적으로는 공산당 일당체제를 유지하되 경제는 자본주의적인 시장경제를 도입하는 쪽으로 바뀌었다. 쿠바 역시 2015

---

1) 세 번째 문제는 현대의 "주주 자본주의"의 문제로서 투기경제를 논하는 이 책의 6장 3절에서 간단히 다시 언급된다. 그러나 그 맥락은 슘페터가 말하는 소유권이나 자유계약의 문제는 아니다.

년 미국과 수교하고 자본주의를 받아들이는 길로 들어섰다.

자본주의라는 용어가 무엇을 의미하는지는 그 체제의 특징적인 작동원리로부터 설명된다. 모든 개인의 사유재산을 인정하고, 시장을 통해 개인들의 자유로운 경제활동, 즉 생산과 교환활동이 이루어지는 사회경제체제가 자본주의이다. 시장이란 특정한 공간을 의미하는 것이 아니고 교환활동이 이루어지는 모든 공간을 의미한다. 내가 가진 것을 팔거나 남의 물건을 사오면 그곳에 시장이 성립된 것이다. 정부는 개인들의 재산을 보호하고 시장을 통한 경제활동, 즉 시장경제가 잘 돌아가도록 감독하는 것이 기본 사명이다. 이에 반해 사유재산을 부정하고 모든 재산은 공동체, 즉 국가가 소유하며, 국가의 계획 아래 경제활동이 추진되고, 개인에게는 필요에 따라 국가가 배급을 해주는 체제가 사회주의체제이다.

자본주의와 사회주의 모두 산업혁명을 계기로 생겨난 산업화 시대의 산물이다. 대량생산체제의 성립으로 개인이 자유롭게 기업을 설립하고 상품을 만들어 팔면 부자가 될 수 있는 시대가 열렸으며, 이를 보장하는 것이 자본주의체제이다. 이 체제에서 자본을 가진 사람들이 임금노동자들을 착취하는 현실에 반발하여 사유재산을 폐지하고자 한 것이 사회주의체제이다. 그러나 2015년 현재 사회주의는 실패한 실험으로 결론이 난 상태이다.

동유럽과 소련에서 사회주의 정권들이 연쇄적으로 붕괴하며 두 체제 간의 냉전이 끝나는 현상을 목도하고, 일본계 미국인 정치학자인 후쿠야마(Francis Fukuyama, 1992) 교수는 '역사의 마지막 단계'가 왔다고 주장했다. 그의 말은 대립하는 체제와 이념의 대결은 이제 완전히 끝났고, 자본주의와 미국식 민주주의 정치체제가 인류의 최종적인 체제로 정착된 시대가 왔다는 것이다.

후쿠야마의 말대로 20세기가 끝나가면서 세계는 정치·경제적으로 미국 주도의 단일 패권하에서 자본주의체제가 완전한 승리를 구가하는 듯이 보였다. '시장경제와 자유경쟁'을 강조하면서 정부의 경제활동 개입을 최소화해야 한다고 주장하는 신자유주의(neoliberalism)가 새로운 시대의 지배적 이데올로기로 확고하게 득세하였다. 때마침 개인용 컴퓨터와 인터넷, 그리고 휴대폰 등의 등장에 따른 '정보화'의 확산으로 세계경제는 상당히 장기간 호황을 누리며, 자본주의의 막강한 힘을 과시하는 듯했다. 그러나 2008년 말 미국에서 대형 금융기관들의 연쇄 부도 사태가 발생하면서 전 세계적으로 급속히 확산된 금융위기로 인해 세계경제는 1929년 대공황 사태 이후 최악의 침체에 빠져들었다.

자본주의의 승리를 구가하며 예찬하던 시기는 잠깐이었고, 그 모순이 너무 깊어져서 근본적인 체제 개혁이 필요하다는 이야기가 다시 확산되었다. 2008년 미국발 금융위기 당시 수많은 미국인들이 뉴욕에서 "월스트리트를 점령하자"(Occupy Wall Street)고 외치던 사태는 금융투기자본의 도덕적 해이(moral hazard)를 비판하는 대중의 항의로 연일 세계 매스컴을 장식했다. 2014년에 출판된 프랑스 파리 대학 피케티(Thomas Piketty) 교수의 자본론은 이 시대에 심화된 소득과 재산의 불평등을 지적하여 세계적인 베스트셀러가 되었다. 지금은 앞에서 인용한 슘페터와 하이에크의 표현들이 연상시키는 지식인 사회의 강한 반자본주의적 분위기가 다시 느껴지기도 한다.

자본주의가 많은 문제에도 불구하고 무너지지 않으면서 강력한 힘을 발휘해온 것은 인간의 본능을 인정하고 그것을 사회적으로 건강하게 실현할 수 있도록 해주는 체제이기 때문이다. 세상의 모든 사람에게 나 자신만큼 중요한 사람은 없다. 나의 것을 소유하고 노력해서 더 많이 가지고 부자가 될 수 있다면 그것만큼 좋은 것이 없다. 사회 전체가 부유해도 내가 가난하면 만족스러울 수가 없다. 자본주의는 개인이 자기 것을 가지고 노력해서 부자가 되라고 권장하는 체제이다. 수많은 개인들이 스스로 동기부여를 하고 사회가 요구하는 것을 찾아 상품을 만들어 팔거나 서비스를 제공하기 때문에 아담 스미스가 말한 시장의 "보이지 않는 손"(invisible hand)에 의해 필요한 곳에 적당한 물자와 서비스가 공급되고 개인들은 돈을 벌 수 있다. 이런 메커니즘에 의해 사회 전체가 부자로 된다. 사실 자본주의는 누가 인위적으로 계획해서 만든 체제라기보다 인간들의 삶이 발전하면서 자연발생적으로 형성된 체제라고 할 수 있다.

이에 반해 사회주의가 실패한 것은 본능을 부정하고 인위적으로 만들어진 체제이기 때문이다. 개인의 소유를 부정하고 사회가 모든 것을 소유하면서 개인에게 필요에 따라 나눠준다는 생각은 얼핏 자본주의사회의 불평등을 시정하는 도덕적인 방향인 듯하지만 실제는 거리가 멀다. 공동체의 권력을 쥐고 분배 책임을 맡은 자들이 부까지 독점하고 자본주의체제의 악독한 기업인들보다 더 착취를 하는 경우가 많다.

정치적으로는 자본가계급이 없으므로 노동자계급이 일당 지배한다는 비현실적인 명분으로 일당 독재체제를 합리화하기 때문에 사회 내에 정부의 오류에 대해 견제하거나 저항할 수 있는 장치도 없다. 3대째 권력을 세습하면서 극단적인 독재를 하고 있는 북한의 예가 단적으로 사실을 보여준다. 경제적으로는 국가가 구성원들에게 필요한 물자를 계획해서 생산하고 배급한다는 체제로 인해 수

많은 사람들의 다양한 수요를 제대로 예측하고 충족시키기 어려워 곳곳에서 만성적인 물자 부족 현상이 발생한다. 개인들은 모든 것이 나의 소유가 아닌 국가의 것이고 배급에 의존해야 하기 때문에 열심히 일해야 할 동기를 느끼지 못한다. 노동자들의 국가임을 내세운 사회주의국가들이 결국 노동자들인 대중의 봉기로 모두 무너진 것은 이러한 현실을 반영한다.

그러나 사회주의가 무너지면서 이와 대결하던 자본주의는 일종의 긴장감 해소에 따른 도덕적 해이가 발생한 것이 아닌가 생각된다. 규제완화와 자유화라는 이름 아래 투기가 확산되어 세계 각국에서 반복적으로 금융위기가 발생하고, 자유경쟁은 무한경쟁으로 바뀌면서 고용구조가 악화되고 경제적, 사회적 불평등이 급속히 심화되어 우려를 자아낸다.

(2) 자유경쟁의 원칙과 한계

자본주의는 앞서 말했듯이 개인들의 자유로운 경제활동과 시장을 통한 교환을 기본적인 운영원리로 한다. 개인들은 자신의 노동과 상품을 자유롭게 사고팔면서 타인들과의 경쟁을 통해 부를 추구한다. 그런데 이러한 경쟁이 승자와 패자를 낳으면서 사회적으로 복합적인 결과를 가져오기 때문에 이 문제를 두고 자본주의에 대한 옹호와 비판의 시각이 확연히 달라진다.

과거의 신분사회와 달리 현대의 자본주의사회에서는 누구나 자유로운 경쟁을 통해 돈을 벌 수 있고, 그래서 부자가 되거나 사회적인 성취를 이룰 수 있다. 시장이라는 작동기제는 유능한 개인들에게 성공을 가져다주고 무능한 개인들을 도태시켜 사회 전체적으로 이익을 준다. 사회 전체가 풍요로워지면 실패한 개인들도 그 혜택을 받으면서 다시 도전할 수 있는 기회를 얻게 된다. 시장은 이렇게 보이지 않는 손을 통해 사회에 이익과 조화를 가져다주니 정부는 시장에 개입하지 말고 국방과 치안 등 최소한의 행정만 잘하면 된다. 이렇게 생각하는 사람들에게 자본주의는 인류사회의 풍요를 가져다주는 축복이고, 시장은 만물상자이다.

그러나 과연 그러한가? 강자와 약자가 엄연히 존재하는 현실에서 자유롭고 공정한 경쟁이 가능한가? 출발선이 다른 개인들은 결과도 다를 것이 예약되어 있다. 공정한 경쟁이 보장되지 않으면 자본주의는 강자가 약자를 끝없이 착취하는 체제가 된다. 이런 의문을 가진 사람들에게 시장은 끝없는 이윤 추구 경쟁으로 인간사회를 황폐하게 만드는 정글이고 악마의 놀이터일 뿐이다.

자본주의가 이러한 두 가지 속성을 같이 품고 있기 때문에 자본주의를 바라보는 학자들의 시각도 복합적이다. 시장을 선한 신으로 생각하는 한쪽에는 "신자유주의"(neoliberalism)라고 불리는 사상의 흐름이 있고, 시장을 악마로 생각하는 한쪽에는 "사회주의"(socialism) 또는 "공산주의"(communism)라고 불리는 사상의 흐름이 있다.

이 가운데쯤에서 시장의 긍정적 역할을 믿되 정부가 적절히 개입하여 조정하지 않으면 문제가 생긴다고 믿는 사상의 흐름은 영국의 경제학자 케인스(John Maynard Keynes, 1883-1946)의 이름을 따서 '케인스주의'(Keynesianism)라고 불린다.[2] 케인스주의는

---

2) 존 메이너드 케인스는 현대 경제학에 혁명을 가져온 영국의 대표적인 경제학자이다. 1883년 영국 케임브리지에서 출생하였으며, 이튼스쿨을 졸업하고 케임브리지 대학의 킹스 칼리지에서 경제학을 공부하였다. 대학 졸업 후 관료 생활을 하다가 대학으로 돌아와 강의하였다. 그는 고전경제학이 노동가격, 즉 임금의 가격 메커니즘에 의한 시장의 자율조정으로 완전 고용이 실현된다고 전제하는 데 반해 실제

자본주의나 사회주의체제처럼 이념적 경향성을 지닌다기보다는 시장이 비정상적으로 작동할 때 정부 개입의 필요성을 강조하는 기능적 관점의 경제철학이라고 할 수 있다. 2008년 노벨경제학상 수상자인 폴 크루그먼(Paul Krugman, 2009: 101-102)은 세계 지식인들이 자본주의는 실패한 체제라고 생각하던 대공황 시절에 케인스는 사유재산과 개인의 의사결정을 침해하지 않으면서 국가의 제한된 개입으로 자본주의를 살릴 수 있다고 말한 것으로 설명한다.[3]

마르크스와 엥겔스가 본 세계는 탐욕스러운 자본가들이 노동자들을 착취하면서 끝없이 이윤을 추구하고, 국가는 언제나 자본가들의 편이이어서 정부란 "자본가들의 이해를 관리하는 위원회"에 불과한 세계였다(Marx & Engels, 1991: 37).[4] 레닌은 국가가 계급갈등을 조정하기 위해 생겼으나 현실은 피억압세력을 착취하는 도구가 되었기 때문에 프롤레타리아가 폭력혁명으로 국가를 강제 해산하고 모든 생산수단을 국유화해야 한다고 주장했다(레닌, 김영철

고용은 임금보다는 총수요(aggregate demand)에 의해 결정되는 것이 일반적이라고 전제하고, 불황기에는 정부가 적극적인 재정정책으로 유효수요를 창출하여 고용을 늘려야 한다고 주장하였다. 1936년 출판된 "고용, 화폐 및 이자에 관한 일반 이론"(The General Theory of Employment, Interest and Money)은 그의 대표 저작으로 꼽힌다.

3) 프린스턴 대학의 폴 크루그먼(Paul Krugman) 교수는 "불황경제학"(Depression Economics)에 대해 인기 있는 저술들을 발간하고 있다. 그는 1994년 발표한 논문을 통해 당시 세계경제의 성공 사례로 알려진 동아시아 국가들의 경제성장이 단순히 요소 투입 확대에 따른 기계적인 성장일 뿐이라고 주장하였다. 그의 주장은 얼마 후 1997년 아시아 금융위기로 인해 매우 많은 관심을 받았다. 그는 정부의 적극적인 시장개입을 주장하는 케인스주의적인 관점을 보이고 있으며, 2008년 노벨경제학상을 받았다.

4) 마르크스와 엥겔스가 1850년에 발표한 공산당선언(Communist Manifesto)에 나오는 문구, 이 부분의 영문은 다음과 같다: The executive of the modern state is nothing but a committee for managing the common affairs of the whole bourgeoisie.

역, 1988). 폭력혁명으로 세계를 바꾸고자 한 이들의 세계관이 옳지 못했던 것은 그 혁명의 결과가 결국 가진 자들의 것을 빼앗아 사회가 공유하는 것이 아니라 내가 누리자는 현실로 도출되기 때문이다. 공산주의 세계의 실제 모습이 하나같이 그러했고, 결국은 대중들의 봉기로 무너진 사실이 이를 반증한다. 그러나 그들이 본 현실 자체가 실재하지 않는 가상의 세계인 것은 아니었다.

사유재산과 자유경쟁을 기본원칙으로 하는 자본주의체제에서는 힘 있는 자들이 계속 시장을 선점하면서 후발 주자들의 진입을 방해하는 현상이 발생한다. 이른바 독점(monopoly)이나 과점(oligopoly)이라고 불리는 현상이 이런 경우이다. 힘 있는 자들이 국가의 권력과도 결탁해서 시장을 통제하는 경우는 최악이 된다. 이런 상태에서는 시장경제란 말뿐이고 힘이 약한 개인들은 경쟁할 수 있는 기회 자체를 보장받지 못한다. 가진 것조차 없는 개인들은 결국 맨몸으로 노동을 제공해서 먹고 살아야 하지만, 시장을 통제하는 사람들이 더 힘없는 사람들에게 충분한 임금을 줄 리는 없다. 결국 사회가 불평등하고 불합리하다는 인식이 확대되면서 대중들의 불만이 늘어난다.

<Box 5-2> 신자유주의(Neoliberalism)

신자유주의는 1970년대 후반 세계가 석유파동으로 인해 극심한 인플레와 저성장을 겪고 있던 시대에 부상하여 아직도 지배적인 사상으로 군림하고 있다. 그러나 2008년 글로벌 금융위기 이후로는 심각한 비판에 직면하고 있다. 신자유주의 사상의 뿌리는 아담 스미스의 "보이지 않는 손"에 대한 믿음에 있으며, 고전적인 자유주의 사상을 복원했다고 하여 신자유주의라고 불린다. 세계경제의 침체가 시장에 대한 과도한 국가개입과 국영기업

들의 폐해에 원인이 있다고 진단하면서, 공기업의 민영화, 노동시장 자유화, 각종 규제 철폐 등을 강조하였다. 이는 1929년 대공황 시대 이후 오랫동안 자본주의 세계를 지배해온 케인스주의에 대한 반발이었다.

　신자유주의의 대표적인 이론가로는 오스트리아 출신의 하이에크(Friedrich Hayek, 1899-1992), 시카고 대학의 프리드먼(Milton Friedman, 1912-2006) 등이 있다. 하이에크는 1974년, 프리드먼은 1976년에 각각 노벨 경제학상을 받았다. 하이에크는 사회주의와 대결적 입장을 취하면서 자유주의 이념을 강조해왔다. 1970년대 오일쇼크 이후 스태그플레이션 시기에는 프리드먼의 활약이 두드러져 훗날 크루그먼(Paul Krugman, 2007)은 그를 "경제학자들의 경제학자"(The economist's economist)라고 불렀다.

　정치적으로는 1979년 영국의 대처(Margaret Thatcher) 수상, 1980년 미국의 레이건(Ronald Reagan) 대통령 등 보수주의자들이 집권하면서 신자유주의를 적극 수용하였다. 이들의 영향력 아래 세계은행(World Bank)과 IMF 등 국제기구들도 소위 "워싱턴 합의"(Washington Consensus)를 내세우면서 경제위기에 처한 제3세계 국가들에 긴급대출을 조건으로 민영화, 자유화 등의 신자유주의적인 구조조정정책을 적극 추진하였다. 워싱턴 합의라는 용어는 미국 정부와 이 두 국제기구의 본부가 미국의 수도 워싱턴 D.C.에 위치하고 있기 때문에 만들어진 표현이다.

　힘 있는 자들과 국가의 결탁이 시장을 왜곡한다는 진단은 사실 마르크스, 엥겔스가 아닌 바로 아담 스미스로부터 시작한다. 이 부분은 뒤에서 좀 더 언급하기로 하자. 우선 가깝게는 현대 미국의 "신정치경제학"(New Political Economy)이라고 불리는 "공공선택이론"(Public Choice Theory)에서는 정부의 정책 결정이 강력한 이익집단(interest group)의 로비에 의해 좌우되기 때문에 대중의 이익을 반영하기 어렵다고 분석한다. 이런 이론을 주장한 제임스 부캐넌(James M. Buchanan)은 1986년 노벨 경제학상을 받았다.

공공선택이론에 대해 부크홀츠(Buchholz, 2004)는 이런 예를 들어 설명한다. 낙농축산협회라는 단체가 우유값을 비정상적으로 높게 유지하기 위해 5억 원을 들여 로비를 한 결과 100억 원의 이득을 보았다면 이 단체 회원들의 순이득은 95억 원이 된다. 큰 이익이 눈앞에 있으니 필사적으로 로비를 한다. 반면, 국민 전체로는 100억 원을 손해 보았지만, 국민이 5천만 명이라면 한 사람당 200원씩 손해 본 셈이다. 국민들은 이런 사소한 손해를 예방하고 항의하기 위해 로비하지 않는다. 학자들은 이를 합리적 무시(rational ignorance)라고 표현한다. 결국 이익은 소수집단이 사유화하고 손해는 전체 국민에게 공유시키는 행위가 이익집단과 정치가들에 의해 되풀이된다.

이런 식으로 시장이 왜곡되어 사회의 부가 힘 있는 자들에게 집중되고 소득이나 재산의 격차가 심화되면 부가 세습되면서 개인들이 아무리 노력해도 자신의 위상을 바꿀 수 없는 중세의 신분사회와 비슷한 사회가 고착된다. 피케티(Piketty, 2014: 571-572)는 최근 선진국의 소득과 재산 격차가 심화되어 "과거가 미래를 잡아먹는"(The past devours the future), 즉 세습된 부가 개인들의 미래를 결정하는 위험한 수준에 이르렀다고 우려한다. 이러한 현상을 시정하기 위해 부자들에 대한 과세를 해야 한다고 주장하여 논란을 일으키고 있다.

자유경쟁은 자본주의를 발전시켜 온 힘이지만, 공정한 출발선을 보장하지 않는 자유경쟁은 자본주의의 독이다. 자본주의에 대한 모든 비판이 여기서부터 시작하고 공산주의가 출현한 데에서 결국 정점에 이르렀다. 강자와 약자가 있는 현실세계에서 어떻게 공정한 출발선을 그려주고 자유경쟁을 하도록 만들 수 있을까? 국가가 선한 심판이 아니고 편파적인 심판이라면 누가 공정한 경쟁을 하도록 보장할 수 있을까?

□ **아담 스미스의 자유경쟁, 그 사회적 맥락**

유시민(1992: 31)이 쓴 『부자의 경제학, 빈민의 경제학』이라는 책에는 계급갈등을 묘사한 아담 스미스의 국부론 구절을 인용하며 "정부란 자본가들의 이해를 관리하는 위원회"에 불과하다고 표현한 공산당선언의 한 구절이 연상된다고 쓴 내용이 있다. 그는 당대의 권력과 기득권층의 결탁을 비판한 진보적 학자였던 아담 스미스가 오늘날 보수주의자들의 수호신으로 떠받들어지는 현상을 비판한다. 필자도 『국부론』을 읽으면서 이것이 아담 스미스의 글인지 마르크스의 글인지 구분하기 어렵겠다고 느낀 표현들이 많이 있었다. 거대 매뉴팩처(manufacture)[5]와 무역업자들이 정부와 결탁하여 상업을 독점하고 수입억제, 수출 금지 등 온갖 규제를 만들어서 경쟁자들의 시장 진입을 방해하던 현실에 대한 비판이 아담 스미스의 문제의식이었다. 거대상인들이 자신들의 이윤을 극대화하기 위해 정부의 보호조치를 최대한 이용하면서 불쌍한 노동자들의 임금을 착취하는 현실을 비판하는 내용을 한 구절 옮겨본다(Adam Smith, 1976: 644). 세밀한 원문을 필자가 간추려서 번역한 것이다.

"한 사람의 방직공(weaver, 천을 만드는 사람)이 상시적으로 일하기 위해서

---

5) 매뉴팩처는 기능을 가진 수공업자들을 한군데 모아 임금을 주면서 부린 공장 형태의 수공업자 단체이다. 기계가 도입된 현대적 공장이 나타나기 전에 유럽에서 지배적이었던 과도기적 형태의 공장이라 할 수 있다. 현대의 제조업(manufacturing industry)이라는 말이 여기서 생겨났다.

는 최소한 서너 명의 방적공(spinner, 실 만드는 사람)이 일해야 한다. ……
그런데 우리의 방적공들은 아무런 지원이나 보호를 받지 못하는 가난한 사
람들이며, 보통은 나라 안의 각기 다른 곳에 흩어져 있는 여자들이다. 우리
의 거대 매뉴팩처들이 돈을 버는 것은 방적공들의 작업물을 팔아서가 아니
라 방직공들의 작업물을 팔아서이다. 그들의 이해는 최종 작업물을 비싸게
파는 것이며, 중간 소재를 가능한 싸게 사는 데 있다. …… 그들은 방직공
들의 임금을 낮추는 데 몰두하며, 그것은 불쌍한 방적공들의 수입이 된다.
그들이 최종 제품의 가격을 올리고, 중간 소재의 가격을 낮추려고 열중인
것은 종업원들의 이익을 위해서가 아니다. 그것은 부자와 힘 있는 자들의
이익을 위한 산업이며, 그것이 바로 우리의 중상주의체제가 기본적으로 격
려하는 것이다. 가난하고 배고픈 사람들을 위한 산업은 너무나 흔히 무시
되거나 억압된다."

산업혁명이 막 시작되던 시기에 살았던 아담 스미스는 자본주의
라는 용어를 사용하지 않았지만, 그가 비판하는 중상주의(重商主
義)체제(mercantile system)의 경제 현실은 그 후 마르크스가 비판
하는 자본주의 세계의 경제현실과도 실상 크게 다르지 않다. 아래
표현들을 더 인용해보자(Adam Smith, 1976: 660-661).

"이 모든 감탄할 만한 규제들의 동기는 우리의 매뉴팩처들이 스스로의 개
선에 의해서가 아니라 우리의 모든 이웃을 억압하고 그 지긋지긋하고 같이
하고 싶지 않은 라이벌들과의 경쟁을 가능한 한 끝장내서 자신들의 이익을
확대하는 데 있다. …… 이런 중상주의체제를 고안한 사람들이 누구인지를
알아내는 것은 그다지 힘든 일이 아니다. 그들의 이해가 철저하게 무시당
하고 있는 소비자들은 물론 아니라고 우리는 믿을 수 있다. 바로 그들의
이해가 그토록 세심하게 보호되어 온 생산자들, 그중에서도 상인들과 매뉴
팩처 계급이 바로 이러한 구조를 만든 주범들인 것이다."

스미스는 중상주의체제에서 사용하는 무역 규제의 주요한 수단
들, 즉 보호관세, 수입금지, 관세환급, 수출장려금, 특혜조약, 식민

지 독점 등에 대해 하나하나 비판하며, 현실적으로 그것이 일부 독점상인들의 이익에만 기여할 뿐 사회적으로는 아무런 효용을 가져다주지 못한다고 분석한다. 모직물 업자들이 원가를 낮추기 위해 후견인들과 결탁하여 양모 수출을 금지하고 위반한 사람들에게 심한 처벌을 가하지만, 이는 실질적인 수출금지를 가져오지 못하면서 밀수업자들의 배만 불려준다. 외국에서는 양모값이 비싸기 때문에 어떻게든 밀수출을 하는 사람들이 계속 생겨나기 때문이다. 결국 불필요한 규제는 사회 전체적으로 누구에게도 도움이 되지 않고, 특히 가난한 농민들을 착취하는 결과로만 나타난다.

현실이 이러하기 때문에 대상인들의 독점을 보호하기 위한 장치인 규제들을 해제하여 소상인들과 농민들이 자유롭게 상업에 종사하고 경쟁할 수 있도록 만들어야 사회가 부강해진다는 것이 아담 스미스의 주장이다. 이 주장의 결론은 물론 국가가 시장에서 후퇴하여 규제를 풀고 자유경쟁을 하게 만들어야 한다는 것이다. 이른바 "보이지 않는 손"이 사회의 효용을 극대화하고 조화시킨다는 결론으로 이어진다. 그러나 여기에는 사회적 맥락이 있다. 그 규제가 한결같이 다수의 희생 위에 소수 강자들의 이익을 보호하기 위한 장치라는 것이다.

오늘날 신자유주의들과 보수주의자들이 수호신으로 떠받들며 들려주는 아담 스미스의 이야기에는 이런 사회적 맥락이 사라지고 규제를 해제하여 시장에 맡기라는 주장만 남아 있다. 필자가 오래전에 읽은 하버드 대학 부크홀츠(2004: 21) 교수의 책은 스미스가 유럽 왕실들과 상인들 사이의 정경유착을 매도했을 때 근대 경제학이 태동했다고 언급한다. 그런데 필자가 지금까지 수없이 듣고 읽었던 아담 스미스에 대한 언급은 거의 대부분 "자유방임, 보이지 않는 손, 분업"에 대해서만 말하고, 정경유착에 대한 비판은 언급하지 않는 것이었다. 유시민(1992: 26)은 스미스가 자신이 보수적인 지배층의 대변인으로 취급받는다는 사실을 알면 아마도 저세상에서 크게 화를 낼 것이라고 썼는데, 사람 좋은 스미스가 그렇게 크게 화를 낼지는 모르겠지만 최소한 어이없다고 개탄할 가능성은 크다.

1980년대 이후 대세가 된 신자유주의는 분명히 그 시대의 문제에 대한 진단과 처방을 제시하고 있다. 1930년대 대공황 이후 정부 개입을 강조해온 케인스주의가 오랫동안 자본주의 세계에서 득세하면서 정부 부문과 공공기관의 역할이 과도하게 커지고 많은 규제가 생겼다는 인식이 신자유주의의 맥락이다. 실제 많은 공기업들이 무책임한 경영으로 국가의 자원과 부를 낭비하는 현실은 신자유주의의 진단과 처방이 필요하게 만들기도 한다. 문제는 이들이 사회적인 맥락을 무시하고 기계적인 자유화에 몰입하여 약자를 위한 보호장치인 규제들도 무차별로 해제하라는 데 있다.

소위 워싱턴 합의(Washington Consensus)라고 불리는 신자유주의 노선 위에서 IMF와 세계은행이 개발도상국들에게 자유무역을 강조한 결과는 못사는 나라들의 영세한 산업이 국제경쟁에서 몰락한 것이라는 비판이 넘친다. IMF가 개입하여 개발도상국들에게 정부 후퇴와 시장 자유화를 요구하며 보조금을 철폐하고 환율과 금리를 시장에 맡기고 공기업을 민영화한 결과 서민들의 생활이 극단적으로 궁핍해지고 폭동이 난 사례는 1987년 이집트를 비롯하여 많은 개도국들에서 빈번하게 발생했다. 이러한 현실에 대한 비판으로 UNICEF는 1987년에 "인간의 얼굴을 가진 구조조정"(Structural Adjustment with a Human Face)을 하자는 보고서를 냈다.

아담 스미스의 관심은 자유경쟁 그 자체가 아니라 어떻게 부유한 사회를 만드는가였다. 자유경쟁은 그 목적을 위해 나가는 과정이고 수단일 뿐이지 그 자체가 목적은 아닌 것이다. 아담 스미스(Smith, 1976: 428) 자신이 정치경제학(Political Economy)의 목적을 간단 명료하게 서술한 구절에서 그의 진정한 관심이 무엇인지를 알 수 있다. 『국부론』에서 중상주의의 폐해를 본격적으로 분석하는 제4권 은 다음과 같은 서론으로 시작한다. 그가 말한 정치경제학은 오늘 날 일반적으로 경제학(Economics)이라고 불린다.

> "정치인(statesman)이나 입법자들을 위한 과학의 한 분야로 여겨지는 정치 경제학은 두 가지 분명한 목적을 제시한다. 첫 번째는 국민들에게 풍부한 수입과 생계수단을 제공하는 것이며, 보다 적절하게 표현하면 국민들이 스 스로 그러한 수입과 생계수단을 가질 수 있도록 만들어주는 것이다. 두 번 째는 국가와 공동체가 공공서비스를 제공하는 데 충분한 수입을 가질 수 있도록 만드는 것이다. 정치경제학은 국민과 국가를 다 같이 부유하게 만 드는 길을 제시한다."

필자는 아담 스미스가 대공황 시절에 살았더라면 아마도 자유방 임을 포기하고 케인스와 같은 정부 개입을 주장했을 것이라고 생 각해본다. 그리고 케인스가 중상주의 시절에 살았더라면 아마도 아 담 스미스와 같이 자유방임을 주장했을 것이라고 생각한다. 그들의 관심은 배고픈 대중을 어떻게 구해내는 것인가 하는 문제이며, 자 유방임이냐 국가 개입이냐는 그 시점에서 필요한 수단일 뿐이지 그 자체가 중요한 목적이 아니었기 때문이다.

강자들은 자신들의 이익을 위해 규제가 필요하면 규제를 요구하 고 규제완화기 필요하면 규제완화를 요구한다. 시장의 자유를 소리 높여 찬양하는 상공회의소 연설자들도 막상 시장독점권이나 정부 와의 전매특약 등의 특혜가 주어졌다면 얼씨구나 하고 춤을 출 것이라는 부크홀츠(2004: 21)의 말은 아마도 현실세계에서 그대로 맞는 말일 것이다.

아담 스미스가 말하는 자유경쟁은 출발선을 같이 놓고 같은 게임의 룰이 적용되는 공정한 경쟁을 의미한다. 정부가 가진 자들의 편을 들어 편파적인 심판을 하지 말라는 것이 그의 주장의 요체이다. 이런 맥락에서 보면 강자와 약자를 무대에 올려놓고 결과가 뻔히 보이는 경쟁을 하라고 부추기는 자유화는 아담 스미스의 정신에도 부합하지 않는다. 서민을 보호하기 위한 규제를 해제하라고 재벌들이 요구한다면 아담 스미스는 아마도 분노하면서 반대했을 것이다.

강자와 약자가 있는 현실, 이러한 현실에서 정부가 강자의 이해에 좌우되지 않고 얼마나 적절하게 공정한 경쟁을 보장하느냐에 자본주의의 성패가 달려 있다. 물론 이것은 기회의 평등이지 결과의 평등을 말하는 것은 아니다. 같은 노력을 해도 능력 차이에 의해 결과가 다른 것은 어쩔 수 없는 현실이다. 노력이나 능력의 차이를 부정하고 모든 결과가 항상 똑같아야 한다고 주장하면 열심히 노력하거나 능력 있는 사람의 성과를 인정하지 않는 매우 비도덕적인 요구가 된다. 시장의 자유롭고 공정한 경쟁에 의해 승자와 패자가 나뉘는 것은 수용해야 한다. 다만 그 경쟁이 자유롭고 공정했느냐가 문제이다.

그러나 한편으로 과정이 공정했으면 결과의 차이는 무조건 수용할 것인가? 이 문제는 도의적으로 옳지만, 현실적으로 간단한 문제가 아니다. 한번 실패한 사람이 재기하기는 너무나 어렵다. 실패한 사람들에게 그건 네 탓이니 사회를 원망하지 말라는 자세로 일관하면 결국은 그 사회에 대해 적대적인 사람들이 늘어나게 된다. 슘페터(Schumpeter, 1976: 145)의 표현을 따르면 가진 것이 없는 사람들이나 실업자들은 자신의 운명을 포기하고, 먼 후손들에게나 기대를 하면서 스스로 위로해야 할 것이다. 그러나 가난한 할아버지의 손자로 태어난 후손들이 자신들의 힘으로 나은 미래를 개척할 가능성은 희박하다. 결국 이런 사람들에게 자본주의는 가진 자들의 이익을 지키는 체제로 인식될 수밖에 없다는 것이다.

경쟁과정의 공정성과 함께 실패한 사람들에게도 좌절하지 않고 다시 일어설 수 있는 기회를 만들어주는 것이 자본주의의 생명력을 유지하는 관건이다. 이 문제를 생각해보기 위해 2015년 현재 한국사회에서 화두가 되고 있는 "금수저 흙수저 논란"을 소개한다.

<Box 5-3> 2015년 한국 사회의 금수저 흙수저 논란

2015년 말 한국에서는 재벌기업들의 임원 승진 뉴스에 오너 3-4세들이 본격적으로 등장했다는 소식이 모든 언론에 집중 보도되었다. 이 무렵 한 서울대생이 한국에서는 출생신분이 미래를 좌우한다는 금수저 흙수저에 관한 유서를 쓰고 자살한 소식도 나왔다. 재벌 3-4세들의 승진 뉴스에 달린 인터넷 댓글들이 자본주의사회의 공정경쟁과 불평등문제에 대한 논란의 단면을 흥미롭게 보여준다고 생각해서 몇 개를 캡처해보았다.

자료: 네이버 뉴스의 여러 기사에서 취합

yuno****
주식회사의 주인은 주주다 자꾸 그룹이 재벌일까꺼
라며 주인님처럼 모시는 넘들은 언제까지 봉건사회
에서 사는거냐
12시간 전   신고

bg41****
금수저들이군~~ 기업이 개인꺼냐?? 자식에게 물려
주게~~ 3대 부자없고 3대 거지없다는 말은 이제 적
용되지 않는구만~~~
6일 전   신고

답글(1)   17   1

shle****
국내유수대학을 졸업하고 휴일도 없이 20년을 밤낮
으로 일해도 임원될 확률이 0.5% 인데 대학졸업하고
바로 상무라니. ㅎㅎ 뭘 안다고 상무 부사장...
13시간 전   신고

ikai****
기업은 법적으로는 주주들 소유가 맞어.
6일 전   신고

답글   12   0

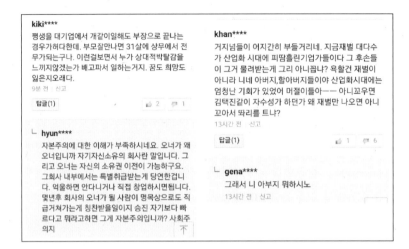

2. 과잉공급, 그리고 불황

"현세대의 경제학자들은 이례적으로 격렬하고 오래가는 세계적 불황을 목격했을 뿐만 아니라 지지부진하고 만족스럽지 못한 회복이 뒤따르는 시간을 겪고 있다." 이 문장은 앞에서 인용한 조셉 슘페터(Schumpeter, 1976: 111)의 1944년 책에 나오는 글이다. 71년 전에 쓴 글이 딱 2015년 우리 시대의 상황을 묘사하고 있는 듯하다. 1930년대 대공황을 겪고 지지부진한 회복이 이어지던 시기와 2008년 금융위기를 겪고 역시 지지부진한 회복이 이어지는 시기의 세계경제 상황이 당시대를 사는 사람들에게 거의 비슷한 느낌을 주는 것이다.

자본주의 세계에 사는 우리에게 가장 반갑지 않은 단어의 하나가 "불황"(recession)이다. 장사하는 사람들은 수시로 불황이 와서 어렵다고 한다. 월급쟁이들도 불황이라 회사가 어렵고 직장이 어찌 될지 모르겠다고 걱정을 한다. 젊은이들은 불황이라 취업이 어렵다고 고민을 한다. 불황은 모든 사람을 불행하게 만드는 경제 현상이다. 불황이 극히 심해지면 사회에 공포를 가져다주는 "공황"(depression) 으로 발전한다. 많은 기업들이 일시에 무너지고 수많은 실업자가 생겨난다. 우리는 1929년에 세계적인 대공황이 발생했다는 사실을 역사책에서 배웠고, 2008년 미국의 대형 금융회사들이 망했을 때 그와 비슷한 현상이 다시 한 번 있었던 것을 기억한다. 특별히 한국인들에게는 1997년 외환위기가 끔찍한 공포를 가져다주었던 기억이 있다.

불황은 자본주의 이전의 인류 역사에는 없었던 현상이기도 하다. 그것은 산업혁명이 가져온 대량생산체제와 자본주의라는 시장경제 체제가 결합하여 만드는 현상인 것이다. 엄청난 자본과 기술을 투입해 만든 공장들이 멀쩡히 있고, 건강한 정신과 육체를 지닌 수많은 사람들이 멀쩡히 있는데도, 공장은 돌아가지 않고 사람들은 일자리가 없어 놀고 있는 현상이 불황이다. 농민들은 힘들게 농사지어 풍작을 했는데도 제 가격에 팔 수가 없어 고민을 한다. 신문과 방송은 날마다 경제위기를 떠들고 많은 학자들이 나와서 불황의 원인을 진단하면서 어떻게 극복할 것인가를 논의한다.

자본주의 세계의 기업들은 미리 주문을 받아 상품을 생산하는 것이 아니라, 대량으로 물건을 만들어놓고 시장에서 판매하는 방식으로 영업을 한다. 모든 기업이 이 같은 방식으로 생산해서 판매경쟁을 하니 시장의 수요를 초과하는 공급과잉현상이 발생하기도 한다. 소비가 계속 늘어 판매가 잘 되면 그 업종은 호황이고 판매가 안 돼 공장에 재고가 쌓이면 불황이 된다. 자본주의는 호황과 불황이 반복되는 현상을 경험해왔다. 역사에서 나타난 공황은 호황의 끝자락에 투기가 결합하여 거품이 발생하고 결국 터짐으로써 파국으로 반전된 현상이다. 투기문제는 뒤에서 좀 더 자세히 살펴본다.

2008년 미국발 금융위기로 전 세계가 대불황을 겪으면서 수많은 사람들이 엄청난 고통을 받았다. 세계 각국은 막대한 돈을 찍어 내면서 인위적으로 경기를 띄우려 했지만, 세계경제는 아직도 살얼음판같이 불안한 형국에 있다. 불황의 원인과 대응책에 대해 많은 논의가 나오지만, 이 시대의 불황은 주력 산업들의 기본적인 공급 과잉에 깊숙이 뿌리를 두고 있어서 쉽게 해결할 수 없는 문제가 되었다. 날마다 신문 방송에서 경제위기를 떠들고 이를 분석하는 많은 글들이 쏟아져 나오지만, 웬일인지 한결같이 증권, 금리, 재정, 환율 등 돈에 관한 이야기만 하고, 산업의 공급과잉을 논하는 글은 찾기가 힘들다.

미국과 유럽의 경제가 제조업에서 서비스업, 특히 금융업 중심으로 이전하면서 이를 반영하여 주류 경제학에서 산업을 가르치는 학자들이 거의 없어진 현상이 이와 관련이 있지 않을까 생각된다. 돈이 문제기는 하지만, 단순히 돈을 더 찍어 내서 해결할 수 없는 문제가 지금의 불황이 아닌가 생각한다.

(1) 넘쳐서 문제가 되는 사회

자본주의체제에서 수요 부족 문제는 시장 포화(market saturation), 제품 성숙, 사업주기, 경기 순환, 경기변동 등의 용어로 표현되는 경제 현상과 관련이 있다. 어느 제품이 충분히 보급되어 더 이상 새로운 수요가 생기지 않는다면 이 제품은 시장이 성숙한 상태 또는 포화 상태에 이른 것이다. 이런 현상이 여러 제품과 산업 분야에 동시에 나타나면 실업자가 늘어나고 경제 전체가 침체에 빠져 드는 불황이 닥친다. 일정 기간 후에 경쟁력 없는 업체들이 문을 닫고 살아남은 업체들이 다시 정상적인 활동을 할 수 있게 되면 경제가 서서히 활력을 회복한다. 획기적인 신제품이 나오면 전에 없던 새로운 수요가 생기면서 호황이 이어지기도 한다. 그러나 호황 업종에 다른 업체들이 뛰어들기 시작하면 다시 공급과잉 현상이 발생하면서 불황이 찾아온다. 이때 불황이 다른 업종으로도 크게 확대되고 장기화되면 사람들에게 공포 심리를 일으키는 공황(恐慌)으로 발전한다.

이렇게 해서 반복되는 경기순환(business cycle) 또는 경기변동 (economic fluctuation)은 자본주의사회에 특유한 경제현상으로 이미 많은 학자들이 연구를 해왔다. 국가가 수요를 미리 예측하여 생산을 지시하는 사회주의국가들 경우 초기에는 이런 현상이 발생하지 않았다. 실제로 자본주의 세계가 대공황으로 극단적인 고통을 겪고 있을 때 스탈린 치하의 소련은 제1차 5개년계획(1928-1932)을 성공적으로 수행하며 세계의 슈퍼강국으로 떠올랐다. 앞에서 인용한 슘페터와 하이에크의 말은 이런 시기 지식인사회에 팽배했던 자본주의에 대한 비판적 분위기를 보여준다. 그러나 초기에 성공한 계획경제모델은 훗날 많은 문제를 빚으면서 사회주의 몰락의 원인이 되었다.

필자의 젊은 시절 인기 있는 교과서였던 폴 사무엘슨(Paul Samuelson, 1985)의 "경제학"(Economics)에서는 총수요곡선과 총공급곡선의 이동으로 경기변동을 설명하고 있다. 대공황 시기에 케인스는 유효한 총수요의 부족이 문제의 원인이라고 진단하고 정부가 돈을 풀어서 인위적으로 경기를 부양해야 한다고 주장했다. 그의 주장은 정부의 경제개입을 금기로 여기던 당시 주류 경제학자들의 견해를 반박하면서 충격을 주었고, 결국 대공황을 극복하는 데 가장 적절한 처방을 제시한 것으로 평가되고 있다.

과거에는 경기변동이 일정한 규칙성을 가지고 순환된다고 생각했다. 슘페터는 경기변동이 생산성, 소비자 신뢰, 총수요, 물가 등의 요인과 관련이 있으며 확장-위기-침체-회복의 네 단계로 진행된다고 설명했다. 쿠즈네츠는 인프라 투자가 경기변동과 관련이 있으며, 대략 15-25년의 순환주기가 나타난다고 파악했다. 러시아의 경제학자인 콘트라티에프(Nikolai Kondratiev, 1892-1938)는 자본재(capital goods)와 인프라에 대한 투자로 인해 대략 50년의 장기파동을 갖는 경기순환이 반복적으로 일어난다고 설명했다. 그러나 최근의 경제학자들은 경기변동이 예측성이나 주기성을 갖지 않는 돌발적인 현상이라고 간주해서 순환(cycle)이라는 단어를 사용하지 않고, 변동(fluctuation)으로 표현한다(Mankiw, 2009: 740).

어느 특정한 제품의 시장이 포화 상태에 달해 추가 수요가 발생하지 않는 현상은 충분히 이해할 수 있다. 그런데 전쟁이나 천재지변이 발생하지 않았는데, 일시에 전 산업의 수요가 위축되는 경기침체 또는 공황이 발생하는 현상은 어떻게 원인을 설명할 수 있을까?

□ 시스몽디와 맬서스의 공급 과잉 이론

자본주의체제가 발달하면서 생겨난 불황 현상을 공급과잉의 문제로 처음 분석한 사람은 스위스의 경제학자인 시스몽디(Jean Charles Léonard Simonde, 1773-1842)와 앞에서 언급한 영국인 토마스 맬서스였다. 시스몽디는 1819년에 발간한 『신정치경제학원리(Nouveaux principes d'économie politique)』에서 공급과 수요의 균형은 항상 자동적으로 이루어진다고 하는 고전학자들의 견해를 비판하고 장기적으로는 그러한 균형이 이루어질 수 있으나 어느 순간에는 공급 과잉으로 심각한 경제위기 상황이 온다고 주장하였다. 그는 생산자들의 경쟁이 과잉생산을 유발하며, 이들은 원가를 낮추고 수익률을 높이기 위해 노동자들의 임금을 깎으려 하기 때문에 과잉생산이 과소 소비를 유발하여 경제위기를 더 심화시킨다고 분석하였다. 그는 노동자들의 임금을 인상하여 소비를 촉진시켜야 이러한 위기가 극복될 수 있다고 주장하였다. 그는 경제학이 부(wealth)를 늘리는 데만 집중하여 행복을 높이는 문제를 소홀히 하고 있다고 주장하고, 국가가 부의 추구를 규제하여 행복을 높이는 방향으로 개입해야 한다고 주장하였다. 거의 200년 전에 나온 그의 분석은 경기침체 속에서 높은 실업에 허덕이는 2015년 지금의 세계경제 현실을 보는 데도 많은 시사점을 준다. 2006년에『고전경제학(On Classical Economics)』을 쓴 토마스 소웰(Thomas Sowell)은 시스몽디가 "충분히 인정받지 못한 개척자"(a neglected pioneer)라고 표현하였다.

맬서스는 1820년에 발간한『정치경제학 원리(Principle of Political Economy)』에서 시스몽디와 거의 비슷한 견해를 제시하였다. 당시 경제학자들은 1803년 프랑스의 경제학자인 세이(Jean-Baptiste Say, 1767-1832)가 주장한 이론에 근거하여 특정상품의 공급과잉은 있을 수 있으나 경제 전반의 공급과잉(general glut)은 있을 수 없다고 생각하였다. 특정 상품의 생산자는 다른 상품의 소비자이기도 하기 때문에 기업이 생산을 통해 번 돈은 투자나 소비를 통해 다른 상품의 수요를 만들어내고, 그래서 경제 전체적으로는 공급과 수요가 항상 자동적으로 균형을 이루게 된다고 생각하였다. 이에 대해 맬서스는 생산자가 번 돈이 다 투자되거나 소비되는 것이 아니고 저축으로 잠기기도 하기 때문에 충분한 수요가 발생하지 않아 공급과잉이 생긴다고 주장하였다.

그의 이러한 주장은 당대의 영향력 있는 경제학자였던 리카도(David Ricardo)로부터 비판을 받았다. 리카도는 은행에 저축된 돈은 다른 사업을 위해 융자되기 때문에 다시 소비를 창출하여 궁극적으로는 저축과 투자가 같아지고 경제 전체의 균형이 이루어진다고 주장하였다. 맬서스는 리카도의 비판에 대해 그래도 저축과 투자의 사이에는 틈이 생긴다고 주장하면서, 이 간격을 메꾸어 공급과잉을 해소하기 위해서는 "정부가 빈민들을 고용하여 도로나 항만과 같은 사회간접자본을 확충하고, 지주나 부유층이 더 많은 사업을 벌여 더 많은 일꾼들과 하인들을 고용하는 것이…… 우리가 할 수 있는 최상의 방법"이라고 제시했다. 맬서스의 주장은 훗날 대공황에서 자본주의 세계를 구했다고 칭송받는 케인스의 이론과 정책을 그대로 연상시킨다. 실제로 케인스는 맬서스를 예찬하면서 "19세기 경제학이 리카도가 아니라 맬서스로부터 뿌리를 내렸더라면 지금 세계는 몇 배 살기 좋은 곳이 되어 있을 것"이라고 말했다(부크홀츠, 2004: 126-127).

시스몽디와 맬서스가 이와 같은 주장을 했던 시기는 1815년 워털루전투와 비인회의를 통해 12년간에 걸쳤던 나폴레옹전쟁이 끝나고 유럽 각국이 극심한 후유증으로 고통을 겪던 시기였다. 오랜 전쟁에 시달렸던 각국에서는 가난과 궁핍이 이어졌고, 전쟁이 끝나 돌아온 사람들은 일자리가 없어 방황했다. 반면, 전쟁 중 총과 대포, 탄약, 군복, 군 식량 등 각종 군수물자를 생산하던 업체들은 수요가 단절되면서 과잉생산 능력을 안게 되었다. 영국에서는 1818-

1819년 흉작으로 농작물 가격이 급등하여 군중들의 소요가 도처에서 이어졌다. 1819년 8월 맨체스터에서는 급진적인 정치개혁을 주장하는 대중의 시위를 경찰기마대가 무력으로 진압하여 다수의 사상자가 발생하는 피털루학살 사건이 일어났다. 이처럼 어수선한 시기에 불황은 당대 지식인들의 화두였다.

시스몽디와 맬서스가 처음 제기한 공급과잉 이론은 그 후 주로 마르크스 이론을 신봉하는 좌파 학자들이 발전시켜 자본주의를 공격하는 주요한 논거로 이용했다. 이 때문에 상대적으로 자본주의 진영에서는 인기 없는 주제가 되었다. 좌파이론에서는 자본주의가 과잉공급과 과소소비 현상을 빚는 것은 필연적 경향이며, 이는 점점 더 심화되어 궁극적으로는 자본가들이 더 이상의 투자처를 찾지 못하고, 이익률도 저하되어 자본주의가 붕괴된다고 주장했다. 그러나 자본주의는 앞에서 언급했듯이 많은 우여곡절을 겪으면서도 강한 생명력을 보이며 발전해서 지금까지 더 많은 생산을 실현해왔다.

(2) 공황의 도래, 원인과 성격

1873년 미국의 철도회사 파산과 비엔나 증권시장 폭락의 영향으로 세계 각국이 불황에 빠지면서 10여 년간 깊은 침체를 경험하였으며, 그 시대 사람들은 당시 상황을 대공황이라고 표현했다. 그러나 1929년 10월 월스트리트의 주가 대폭락을 계기로 확산된 불황은 여태껏 세계가 경험한 적 없는 대공황으로 번지면서 거의 10여 년 가까이 세계의 많은 사람들에게 극도의 고통을 안겨주었다. 그것은 그 강도와 충격이 앞서의 모든 불황을 넘어서는 진짜 대공황이었다. 자본주의는 과연 이제 종말을 맞고 있는 듯이 보였다.

□ 케인스와 프리드먼의 대공황 설명

대공황에 대해서는 여러 분야에서 많은 학자들이 다양한 원인을 지적했으며, 특정한 한두 가지 요인으로 설명할 수 없는 복합적 원인이 작용했다고 생각되고 있다(Kenwood & Lougheed, 1990: 288). 경제학에서는 보통 케인스주의적 관점과 통화주의(monetarism)적 관점에서 설명하는 두 가지 이론이 대세를 이루는 것으로 간주된다.

케인스주의적인 설명은 시장에 대한 신뢰 상실이 기업의 투자 부진과 일반 가계의 소비 부진을 낳아 총수요의 부족을 초래하고, 이는 다시 투자 부진과 소비부진을 낳는 악순환으로 이어져 공황으로 발전했다고 보는 것이다. 시장에 대한 불안이 팽배해진 상황에서 기업도 투자를 꺼리고 대중은 불안한 미래에 대비해 현금을 모아두려고만 하니 수요가 발생하지 않는다는 것이다. 이는 다시 내일도 그럴 것이라는 소위 "자기실현적 예언"(self-fulfilling prophecy)이 되어 점점 더 수요를 위축시키고, 결국은 공황으로 이어졌다고 본다. 1936년에 출판된 『고용, 이자, 화폐에 관한 일반이론(The General Theory of Employment, Interest and Money)』은 이러한 주장을 집약한 케인스의 대표작이다. 일반이론이라는 제목은 시장이 보이지 않는 손에 의해 스스로 균형을 찾는 경우는 오히려 예외적이며, 정부가 개입하여 균형을 찾는 경우가 더 일반적이라는 의미를 반영한다.

통화주의적 관점은 프리드먼의 견해에 입각한 것이다. 프리드먼은 미국의 통화량에 대한 역사적 데이터를 수집하여 분석한 결과 대공황에 대한 케인스의 설명이 사실과 부합하지 않는다고 비판하고, 과도한 통화공급 억제가 가벼운 불황으로 끝났을 상황을 대공황으로 이어지게 만들었다고 주장했다. 그는 1963년 안나 스와르츠(Anna Schwartz)와 공동으로 저술한『미국 금융의 역사(A Monetary History of the United States, 1867-1960)』를 통해 이러한 주장을 체계적으로 제시하였다(Pongracic, Jr., 2007).

결국 필요한 시기에 돈이 돌지 않아 수요가 생기지 않았다는 문제인식은 같은데, 그 과정에 시장이 문제인지 정부가 문제인지에 대한 인식이 다른 것이다. 프리드먼은 대공황이 1929년 10월 증시 대폭락의 충격보다 미국의 중앙은행인 연방준비시스템(Federal Reserve)의 부적절한 정책개입과 통화공급 억제가 더 중요한 역할을 했다고 주장했다. 케인스는 정부가 시장의 자율조정 능력에 기대를 걸면서 상황을 방치하는 문제를 지적했고, 적자재정을 편성해서 적극적으로 수요를 창출해야 한다고 주장했다. 양쪽의 견해를 따르는 학자들은 오랜 기간에 걸쳐 지금까지도 팽팽한 논쟁을 하고 있다.

케인스주의자라고 알려진 폴 크루그먼(Krugman, 2007)은 프리드먼의 이론을 소개하면서 다른 학자의 말을 인용해 "돈은 문제가 되지 않는다. 돈도 문제가 된다. 돈이 문제의 전부다"는 표현으로 그 이론에 일관성이 없음을 비판했다.6) 반면 프리드먼의 견해를 따르는 경제학자는 대공황의 원인은 시장의 문제가 아니라 정부의 부적절한 개입과 정책 실패에서 찾아야 하며, 이처럼 올바른 시각을 갖게 해준 공로는 프리드먼과 스와르츠에게 돌려야 한다고 말

---

6) Money does not matter. It does too matter. Money is all that matters: 제임스 토빈(James Tobin)의 말이라고 설명되어 있다.
http://www.nybooks.com/articles/2007/02/15/who-was-milton-friedman/

하고 있다(Pongracic, Jr., 2007). "자본주의의 구세주"라고 불리는 케인스와 "경제학자들의 경제학자"라고 불리는 프리드먼의 견해가 팽팽하게 맞서면서 양립하고 있으니, 쉽게 어느 쪽이 정설이라고 단정하지 못하고 결국 실물적 요인과 통화적 요인이 함께 작용했다는 절충적 시각으로 설명을 하게 된다.

두 거장의 이론에 감히 도전한다는 것은 매우 어려운 일이겠으나, 때로는 안데르센의 동화 "벌거벗은 임금님"에 나오는 어린아이와 같이 한순간에 그들의 대단한 권위를 벌거벗기는 통렬한 비판을 하는 사람들도 있다. 필자가 흥미롭게 읽은 쑹훙빙(2008: 192)의 책에는 케인스의 일반이론에 대해 "미국 중서부의 변두리 대학교수가 썼다면 발표하기도 어려웠을 테고 역사적으로 길이 남는 것은 생각도 할 수 없었을 것"이라는 비판이 있다. 오스트레일리아 퀸슬랜드대학의 경제사학자인 켄우드와 로크히드(Kenwood & Lougheed, 1990: 289)는 프리드먼의 통화주의 이론에 대해 대공황에 대한 많은 연구업적을 망쳐버리는 논쟁적이고 비과학적인 시도라고 비판하였다. 참고로 동서냉전 시기에 세계를 두 개 진영으로 나누게 만든 마르크스의 저작에 대해서도 프랑스의 대학자인 레이몽 아롱(Raymond Aaron, 1979: 121)은 "만일 수백만의 마르크스주의자들만 없다면 마르크스의 주요 사상이 무엇이며 또한 그의 사상의 중심이 무엇인가에 관해서 아무도 관심을 가지지 않을 것이다"고 말한 적이 있다.

□ **자본주의의 특유 현상**

대공황의 원인이 무엇인가를 떠나 대공황이라는 현상 그 자체가 자본주의의 특이한 현상이라는 점은 E. K. 헌트(Hunt, 1979: 178)의 다음과 같은 글에 압축적으로 잘 표현되어 있다. 그는 유타 대학에서 경제학을 가르쳤다.

"어떤 일이 생겼기에 상품과 용역의 산출이 그렇게까지 급격하게 줄어들었는가? 자연자원은 전과 다름없이 풍부했다. 미국은 여전히 많은 공장과 기구, 그리고 기계를 갖고 있었다. 국민들은 전과 같이 생산기술을 가지고 있었고 또 채용되기를 고대하고 있었다. 그런데도 불구하고 수백만의 노동자들과 그 가족들이 구걸하고, 빌리고, 도둑질하고, 자선사업소 앞에서 장사진을 이루고 있었다. 수만 개의 공장들은 아예 문을 닫거나 생산용량의 일부만을 가동시키고 있었다. 공장 문이 열리고 사람들이 일할 수도 있었지만 실제로는 그렇게 해도 기업인들에게 이윤이 없었기 때문이었다. 그리고 자본주의 경제에서는 국민들의 필요가 생산을 결정하는 것이 아니라 이윤을 기준으로해서 생산결정이 주로 이루어지기 때문이었다."

헌트(1979: 184-192)는 케인스가 자본주의를 구했다고 하는 신화에 대해 비판적인 관점에서 검토를 한다. 1936년 일반이론이 출판되고 나서 1940년까지 경제전문가 사이에서는 정부 지출을 통해 수요를 창출하라는 케인스의 정책처방에 대해 열띤 논쟁이 있었다. 그러나 실제로 미국 경제가 불황을 본격 탈피한 것은 제2차 세계대전이 발생하면서 전시동원이 이루어지고 군수산업이 활기를 띠게 되었기 때문이다. 미국 정부는 1,400만 명을 동원해 무장시키고 재우고 먹였다. 1939-1944년 사이에 공업, 광업, 건설업의 생산량이 배가 되었으며, 생산능력도 50%가 늘었다. 미국경제는 29만 6천 기의 비행기, 5,400척의 화물선, 6,500척의 함정, 6만 4,500정의 상륙정, 8만 6천 대의 탱크, 그리고 250만 대의 화물차를 생산했다. 1939년 실업률은 19%였으나, 전쟁 기간에는 노동력의 부족이 가장 큰 문제가 되었다. 케인스의 처방은 이런 시기에 확고한 정책 방향으로 자리를 잡았다. 1945년에 300만 명의 제대군인이 시장으로 돌아왔다. 1946년 미국은 고용법을 제정하고 정부가 모든 수단을 동원하여 일자리를 만들어주는 것이 의무라고 선언하였다. 헌트는 미국의 호경기는 제2차 세계대전이 발발하면서 비로소 도래하였고, 그 후에 계속된 호경기도 순수하게 민간경제의 요구에 의한 것이라기보다 군수산업과의 관계 속에서 이루어졌다고 주장했다.

한국의 대표적 좌파 경제학자인 서울대 김수행(2011: 3) 교수도 대공황이 루즈벨트의 뉴딜(New Deal)정책이나 히틀러의 파시즘에 의해서가 아니라 제2차 대전에 의해 극복되었다고 주장한다. 역사학자인 전남대의 최웅, 김삼웅(1992: 271) 교수도 루즈벨트의 뉴딜정책을 과소평가할 수는 없지만, 대공황은 근본적으로 제2차 세계대전에 의해 극복되었다고 서술하고 있다. 뉴딜정책은 케인스의 일반이론이 나오기 전인 1933년에 시작되어 1934년에 1단계가 끝나고 1934-1936년간에는 2단계 사업이 완료되었다. 이 정책은 대규모 토목사업 등 정부 지출을 동원한 각종 공공사업으로 일자리를 창출하였다. 같은 시기 독일에서는 히틀러가 등장하여 대대적인 토목사업과 군수산업 확장으로 역시 불황을 탈피하였다.

헌트는 전후 미국 경제의 성장과 고용에 군수산업이 얼마나 큰 비중을 차지하게 되었는가를 제시한다. 군사비와·그 연관지출은 1940년 GDP의 3.2%였으나 전쟁이 끝나고 시작된 동서냉전의 분위기 속에서 1947년에는 3.9%, 1960년에는 8.9%로 증가하였다. 헌트는 경제정책 수단으로서 군국주의가 가지는 의미를 파악하고자 나서는 케인스주의학자는 거의 없으며, 군사비에 주도되는 케인스식 번영의 이러한 단면을 외면한다는 것은 경제학자들의 가장 소중한 권리를 포기하는 행위일지 모른다고 말한다. 오늘날 우리가 분명히 눈여겨보아야 할 대목이다.

(3) 공황의 전개 과정, 그 패턴

불황의 원인이 무엇인가에 대해 저명한 학자들의 이론을 중심으로 설명해보았다. 이제부터는 원인을 따지기보다 실제 대공황이 전개된 과정을 살펴보고자 한다. 경제사에 나오는 대규모 불황 또는 대공황은 거의 비슷한 패턴으로 상황이 전개되었다는 특징이 있다. 다만 과거에는 실물경제의 영향이 강했지만, 최근에 올수록 국제자본 및 외환거래가 활성화되면서 금융 부문의 역할이 더 강하게 나타났다는 차이가 있다.

그 특징을 보면 공황이 오기 전에는 실물경제와 부동산이 호황을 누리면서 은행의 자금공급이 늘어나고 주가가 상승한다. 1830년대와 1870년대의 세계 대불황은 철도건설 바람을 타고 생겨난 거품이 꺼지면서 발생하였다. 1830년대에는 유럽의 철도건설과 중공업 개발 붐, 1860년대 이후로는 신대륙의 철도건설 붐이 불었다. 1930년대의 대공황은 광란의 20년대라고 불리는 제1차 세계대전 이후의 대호황이 가져온 거품이 꺼지면서 발생하였다. 1990년대 멕시코와 아르헨티나, 1997년 동아시아 경제위기는 수출 붐을 타고 지속된 호황이 만든 거품이 꺼지면서 마침 자본시장 자유화 조치에 따른 외국 투기자본의 주식과 외환 투기가 상황을 악화시켰다. 1990년대 말 미국의 닷컴 위기와 2008년의 금융위기는 개인용 컴퓨터와 인터넷, 휴대폰 등장이 가져온 호황이 전주곡이 되었고, 네트워크로 연결된 전자경제의 발달과 금융산업 규제 완화로 인한 대규모 금융투기가 파국을 초래하였다.

공통적으로 수년간 신기술과 신상품 발달에 따른 호황이 이어지고, 공장과 사무실, 주택 수요가 늘어나면서 부동산의 호황이 뒤따르고, 기업들로부터 자금 공급이 늘어나면서 은행들이 여유자금을 저금리로 쉽게 대출해 부동산과 주식투자 붐을 일으켜 거품을 만든다는 것이다. 한편 호황업종에는 사업 확장과 신규투자 붐이 일면서 과잉공급이 발생한다. 이때부터 기업들의 수익성이 악화되면서 주가가 하락하고 부동산 거품이 꺼지기 시작한다. 은행으로부터 대출을 받아 주식과 부동산에 투자한 사람들이 손해를 입으면서 은행들의 자금사정에도 압박이 생긴다. 기업들은 사업을 축소하고 임금을 동결하고 직원들을 감원하기 시작하니 시장의 수요가 얼어붙는다. 은행들이 대출자금 회수에 나서면서 개인과 기업들의 파산이 잇따른다. 이렇게 해서 공황이 오는 것이다.

역사 속에 나타난 대불황은 거의 이런 패턴으로 전개되었다는 것이 필자의 관찰이다. 최근에는 금융규제 완화로 거품의 규모가 더욱 커지고 따라서 이것이 터질 때 그 파장 또한 엄청나게 확대되었다는 특징이 있다. 여기서는 1870년대의 대불황과 1930년대의 대공황을 사례로 실제 역사 속에서 공황이 전개된 과정을 간단히 살펴보겠다. 1997년 한국의 금융위기와 2008년 미국의 금융위기에 대해서는 뒤에 이어지는 내용에서 추가로 언급된다.

□ 1870년대 대불황

앞에서 언급했지만, 1930년대 대공황이 발생하기 이전까지는 1870년대의 불황이 일반적으로 대공황이라고 불렸었다. 이 사태는 철도가 주도하고 이에 수반한 철강과 토목 건설사업의 호황을 배경으로 전개되었다. 1830년대부터 시작된 철도건설 사업은 전 세계로 확산되면서 황금알을 낳는 거위로 인식되었다. 많은 사업가들이 일확천금을 꿈꾸면서 은행으로부터 목돈을 빌려 철도사업에 뛰어들었다. 영국 경우 1835년 5개였던 철도회사가 1836년에는 29개로 늘었고, 1846년에는 272개로 늘어났다. 1860년대 남북전쟁이 끝나고 난 이후부터 철도건설이 본격화된 미국에서도 비슷한 현상이 발생했다. 끝없이 소요되는 철도건설 자금을 조달하기 위해 뉴욕증권거래소가 본격적으로 운영되었다.

1873년 5월 비엔나 증권시장이 일련의 주가조작 사건을 계기로 폭락하면서 독일과 오스트리아의 은행들이 연쇄적으로 도산하는 사태가 발생했다. 이 사태가 오기까지 과정에서는 1870년 프랑스와 전쟁을 이기고 통일제국을 설립한 독일의 호황과 철도건설 붐이 작용해서 주가가 이미 거품을 형성하고 있었다. 독일인들은 국가 통일과 호황이 이어진 1870년대 초의 시기를 "개척자들의 시대"(Gründer Zeit)라고 불렀다. 그러나 위대한 개척자들의 시대는 대불황의 시대로 이어지는 변곡점이었다.

1873년 7월 비스마르크는 그 이전까지 통용되던 각 영방의 은화를 유통 금지하고 새로운 금화인 골드 마르크를 제국의 통화로 도입했는데, 이에 따른 통화량 위축이 증권시장의 폭락을 공황으로 발전시키는 촉매제가 되었다. 1873년 9월에는 제이 쿡(Jay Cooke)이라는 미국인이 설립한 북태평양 철도회사가 자금을 조달하기 위해 발행한 채권을 판매하지 못해 그의 은행이 부도가 났다. 이를 계기로 미국 각지의 은행과 기업들이 연쇄부도가 나고 뉴욕증권거래소가 열흘간 거래를 정지하는 사태가 발생했다. 유럽과 미국에서 발생한 일련의 사태가 세계 각국에 연쇄적인 영향을 주면서 그 후 10년 가까운 기간 동안에 세계는 극심한 불황을 경험하였다.

□ 격동의 1920년대, 공황의 전조

20세기에 들어오면서 서구 세계는 독일의 팽창과 그에 대응한 영국, 프랑스, 러시아 등의 군대 배치 및 군비 확장, 오스트리아-헝가리제국과 오토만 터키제국의 쇠퇴 속에서 발칸 반도내 소수민족의 독립운동 등으로 불안한 정세가 이어졌다. 이런 상황 속에서 1914년 6월 28일 오스트리아의 페르디난드(Francis Ferdinand) 황태자부처가 보스니아의 사라예보 방문 중 저격당한 사건을 계기로 주요 강대국들이 모두 참전하여 4년간 지속된 참혹한 전쟁에 빠져들게 되었다.

제1차 세계대전(World War I, 1914-1918)으로 불리는 이 전쟁은 유례가 없는 전면전쟁으로 치달아 총 6,500만명의 군대가 동원되었고, 1천만명의 사망자와 2천만명 이상의 부상자를 발생시키고, 엄청난 파괴를 초래하였다. 이 전쟁에서는 독가스, 탱크, 비행기, 잠수함 등 새로운 무기들이 출현하여 과거의 전쟁들과는 비교할 수 없을 정도로 살상규모를 확대시켰다 (차하순, 1981: 614).

미국은 전쟁 중 내내 중립을 유지했으나, 독일의 무제한 잠수함 공격으로 자국의 상선 및 인명피해가 잇따르자 여론이 전환되어 1917년 4월 독일에 선전포고를 하고 참전하였다. 미국의 참전은 1918년 11월 오스트리아-헝가리 제국의 항복과 독일의 휴전 제의를 가져온 중요한 요인이 되었다. 독일에서는 패전 소식에 분노한 시민들의 혁명으로 제정이 무너지고 공화정이 성립되면서 마침내

전쟁이 끝났다. 영국, 프랑스, 이탈리아, 러시아, 미국 등의 승전국들은 1919년 6월 28일 독일과 오스트리아-헝가리제국, 오토만 터키제국과 불가리아 등 패전국들의 영토 축소와 배상금 지급을 핵심으로 하는 베르사이유 조약(Treaty of Versallie)을 체결하였다.

이후 세계경제는 각국의 복구 사업과 연이은 신제품 발명으로 빠르게 대호황 국면으로 돌입하였다. 10여년간 이어진 이 호황은 1929년 미국의 주가 폭락으로 세계경제가 대공황에 빠져드는 전조(前兆)가 되었다. 이제 대공황의 발단이 된 주가 대폭락에 이르기까지 미국 경제의 상황을 살펴보기로 하자.

1920년대는 "격동의 20년대"(Roaring 20s), "광란의 시대"(Crazy Years) 등으로 불리며 미국과 유럽의 선진국들이 장기간 절정의 번영을 누리던 시기였다. 전기가 보급되면서 라디오, 녹음기, 냉장고, 에어컨 등 각종 신제품이 출현하고, 발전소와 전력망 건설사업이 확대되었다. 헨리 포드가 개발한 모델-T는 종래 사치품이던 자동차를 대중에게 보급시켰으며, 이에 맞춰 고속도로가 건설되고, 도시화가 가속화되었다. 철강과 정유산업을 비롯해 자동차부품산업, 수리업도 발달하였다. 1927년에는 린드버그가 단독으로 한 번도 중간에 착륙하지 않고 대서양 횡단 비행을 성공했으며, 이후 항공산업도 비약하였다. 뉴욕의 크라이슬러 빌딩과 엠파이어 스테이트빌딩이 지어지면서 세계 최고 높이를 경쟁하던 것도 이 시절이었다.[7]

산업 발달과 도시화는 은행, 증권, 보험 등 금융업과 각종 서비스업의 발전도 가져왔으며, 이는 사회와 문화의 변화도 수반했다.

---

7) 크라이슬러 빌딩은 1930년 완공되어 세계 최고 빌딩을 자랑했으나, 그다음 해 엠파이어스테이트 빌딩이 지어지면서 그 지위를 빼앗기게 되었다.

여성의 사회 진출이 늘어나면서 짧은 치마를 입은 신여성(flappers)들이 출현하고 세계 각국에서 여성의 참정권이 실현되었다. 할리우드 영화와 스포츠, 재즈음악, 설치미술이 대중의 관심을 사로잡았고, 전통과 단절한 새로운 문화가 현대성(modernity)을 상징하게 되었다. 1920년대는 전쟁 직후 감성적인 애국심이 넘치던 사회 분위기 속에서 초반의 짧은 불황 시기를 제외하고는 내내 흥청거리는 호황이 이어졌다. 1925년 출판되어 영화로도 몇 차례나 리바이벌된 피츠제럴드(Scott Fitzgerald)의 소설 『위대한 개츠비(The Great Gatsby)』는 연일 파티가 이어지던 이런 시대의 분위기를 잘 보여준다.8)

이런 호황 속에서 1929년의 주가 대폭락을 가져온 불행의 씨앗이 싹트기 시작했다. 그것은 주식과 부동산을 둘러싼 투기였다. 호황 시기에 주식과 부동산으로 큰돈을 번 사람들이 생기면서 일확천금을 꿈꾸는 사람들이 빚을 내서라도 주식과 부동산을 사는 바람이 불었다. 은행들은 회수가 잘 되는 동안 지속적으로 대출을 확대했다. 다우존스 주가지수는 1923년 100을 넘고 1928년 200을 넘어섰으나, 이후 짧은 기간에 폭등하며 1929년 9월 3일에는 381.17로 사상 최고치를 기록했다. 모든 사람이 주가의 과잉 상승을 우려하기 시작하는 상황에 들어서면서 이후로는 사소한 풍문에

---

8) 미국에서는 1919년 기독교 단체들의 압력으로 주류 제조와 판매를 금지하는 금주법(Prohibition Act)이 제정되었는데, 이는 사회의 요구와 맞지 않는 비현실적인 법으로 불법 영업을 하는 갱단의 발호를 가져왔다. 시카고의 알카포네는 이 시기에 유명한 갱이었다. "위대한 개츠비"는 가난한 집안 출신의 개츠비가 주류 밀매를 통해 큰돈을 벌고 신분을 위장하면서 부잣집 출신의 옛 애인을 되찾고자 하는 이야기이다.

도 예민한 반응이 나타났고, 10월 들어서는 폭락장세가 나타났다. 10월 28일 하루에 38.33포인트가 빠지면서 13%나 하락한 데 이어 10월 29일에는 다시 30포인트가 빠져 12% 하락했는데, 이날 거래 량은 1,600만 주로 사상 최고를 기록했다. 하루아침에 전 재산을 잃은 사람들이 생겨나면서 이로부터 대공황이 시작되었다.

주가 폭락과 함께 실물 부문에서는 농업 부문의 상황이 대공황 에 기여한 것으로 간주되고 있다. 대호황이 이어진 1920년대에 농 업 부문은 줄곧 침체를 면치 못하고 많은 농민들이 농촌을 떠나 도시의 빈민으로 흘러들었다. 농업의 침체를 가져온 것은 흉작이 아니라 역설적으로 풍작에 따른 가격 하락이었다. 전후 미국과 유 럽, 호주, 아르헨티나 등에서 농작물 생산이 급증하면서 가격 약세 가 이어졌다. 1929년에는 밀 1부셀의 가격이 7월에 1.49달러에서 10월에는 1.31달러로 떨어졌다. 이 밖에도 금환본위제에 따른 통화 공급 제한, 스무트-할리법에 의한 관세인상 등 다양한 요인이 대공 황을 초래했거나 상황의 악화에 기여한 것으로 분석되고 있다.

□ **1930년대 공포의 대공황**

이제 대공황의 전개 과정을 살펴보기로 하자. 1929년 말부터 대 략 10여 년 가까이 장기간 지속된 대공황은 자본주의 세계를 강타 하면서 수많은 사람들에게 고통을 안겨준 비극적인 사건으로 모든 역사책에 언급되고 있다. 1932년 미국 대통령에 당선된 프랭클린 루즈벨트(Franklin Roosevelt, 1882-1945)는 취임 연설에서 "우리 가 두려워해야 할 유일한 것은 공포 그 자체"라고 연설하였다.[9] "공포 그 자체"(Fear Itself)라는 이 표현은 대공황을 상징하는 말로 역사책에 인용되고 있다(Gorden, 2004: 317-331).

1929년 10월 29일 소위 "검은 화요일"(Black Tuesday)에 뉴욕 증권시장의 주가 대폭락으로 촉발된 대공황은 세계로 확산되면서 가공할 충격을 안겨주었다. 1929년 450만 대를 기록했던 미국의 자동차 생산은 1931년 190만 대로 줄었고, 1932년까지 미국 내에서만 5,096개의 은행이 문을 닫았다. 실업률은 1929년 9% 수준에서 1932년에는 23.6%로 치솟았다. 이 기간 동안 미국 증권시장의 대표적 지표인 다우존스 산업지수(Dow-Jones Industrial Average)는 90%나 하락하였다. 유럽에서는 1931년 5월 오스트리아의 최대 은행인 안살트(Credit Ansalt)가 문을 닫고 연쇄적인 은행 부도사태가 일어났다. 7월에는 독일의 최대 은행인 다나트(Danat Bank)가 문을 닫았고, 9월 21일에는 영국이 1821년 이래 지켜오던 금본위 제도(gold standard)를 포기한다고 발표하였다. 미국경제사를 쓴 존 고든(John S. Gorden, 2004: 317-331)은 금융 강대국 대영제국의 시대가 이때 끝난 것이라고 서술하고 있다.

세계무역은 1929년 360억 달러에서 1932년에는 120억 달러로 줄었으며, 미국의 수출은 52억 달러에서 12억 달러로 감소하였다. 세계에서 가장 부유한 나라인 미국에서 수천만의 국민이 절망과 궁핍 속에 살아야 하는 현실에 부딪혔다. 굶주린 사람들이 도시의 쓰레기통을 뒤지고 농촌에서는 농장에서 오렌지를 주워 먹으려던 농민이 총에 맞아 숨지는 사건도 발생했다. 일거리가 없는 농촌에서 일자리를 찾아 도시로 떠나는 사람들의 행렬이 도로를 가득 메웠다. 도처에서 농민과 실업자들의 소요가 발생했고, 시카고에서는

---

9) Only Thing We Have to Fear Is Fear Itself.

학교 교사들이 봉급 삭감에 항의하며 시청으로 돌진하기도 하였다. 존 스타인벡(John Steinbeck)의 1939년 소설 『분노의 포도(The Grapes of Wrath)』는 이 시기 미국 서민들의 생활을 생생하게 묘사하였으며, 1962년 노벨 문학상 수상작으로 선정되었다.

1932년 수도 워싱턴 D.C.에서는 약 1만 5천 명의 재향군인 실업자들이 보너스 지급을 요구하며 대대적인 항의 시위를 벌였다. 후버(Herbert Hoover) 대통령은 이들을 공산주의자들이나 반란자들이라고 비난하면서 군대를 동원하여 강제로 해산시켰다. 아이젠하워, 조지 패튼, 더글러스 맥아더 등 훗날 세계대전사에 이름을 날린 명장들이 이 당시 돌과 벽돌로 맞서는 이들 보너스원정대(Bonus Expedition)를 무력으로 해산시켰다(최웅, 김봉중, 1992: 256).

이런 상황은 1932년 공화당의 후버를 꺾고 대통령에 당선된 민주당의 루즈벨트 정부에서 뉴딜이라는 대규모 경기부양 정책을 펼치면서 차츰 해소되었다.[10] 뉴딜 정책은 정부가 적극적으로 시장에 개입해서 인위적으로 수요를 창출해야 한다고 주장한 케인스의 제안이 실천된 것으로 테네시 강 개발(TVA) 등 대규모 토목사업과 각종 개혁정책이 추진되었다.

(4) 대량생산체제의 한계

세계경제는 2008년 대금융위기를 겪고 각국 정부가 소위 양적완

---

10) 고든은 전임자인 후버 대통령 정부에서 뉴딜정책의 원형이 이미 도입되었으나 본격 실현되지 못했고, 후임자들의 영광을 빛내기 위해 전임자가 매도된 경향이 있다고 설명한다.

화(Quantitative Easing)라는 이름의 정책으로 막대한 돈을 풀어 인위적인 경기를 부양하려 애써왔지만, 아직도 침체에 빠져 있다.[11] 돈을 풀어도 기업이나 개인이나 미래가 불안하니 투자와 소비를 안 하고 그래서 케인스적인 경기부양이나 프리드먼적인 신용팽창 정책이 별 효과를 보지 못하고 있는 것이 작금의 현실이다. 필자는 이런 현상이 일시적인 과잉공급이 아니라 이제 세계경제의 주력산업들이 항시적인 공급과잉 상태로 로마클럽이 말한 성장의 한계에 직면하고 있기 때문이 아닌가 생각한다.

자본주의에 특유한 현상인 불황이 공급과잉과 관련이 있다는 생각은 좌파적인 생각으로 간주돼서 그런지는 모르겠으나, 주류경제학에서는 거의 언급하지 않는 것 같다. 2008년 노벨 경제학상 수상자인 폴 크루그먼(Krugman, 2009) 교수의 『불황경제학의 귀환(The Return of Depression Economics)』을 정독해봐도 많은 경제위기 사례에서 산업의 공급과잉이 있었다는 이야기는 나오지 않는다. 1990년대 라틴아메리카, 일본, 동아시아, 그리고 1990년대 말 미국의 주식거품과 2008년 금융위기에 대해 그가 설명하는 부분은 잘나가던 경제가 주식과 주택시장거품, 환율, 금리, 재정정책의 실패, 규제완화에 따른 투기세력 개입 등의 요인으로 위기를 맞았다는 것이다. 책 전반을 통해 실물경제를 구성하는 산업의 구체적 실태에 대한 언급은 거의 없다.

2013년 미국의 금융전문가인 다니엘 알퍼트(Daniel Alpert)가 쓴 『과잉공급의 시대(The Age of Oversupply)』라는 책은 1991년 소

---

11) 2008년 금융위기 이후 미국 연방준비이사회(FRB)는 세 차례의 대규모 양적완화와 제로 금리 정책으로 6년 동안 4조 5천억 달러 이상의 돈을 풀었다(이철환, 2016: 243)

련의 붕괴로 사회주의 세계의 수십억 인구가 자본주의 시장경제에 편입되면서 노동과 자본의 과잉공급이 시작되었다고 주장한다. 그는 1978년부터 단계적으로 확대되어 온 중국의 개방, 1991년부터 시작된 인도의 개방도 크게 사회주의의 붕괴라는 틀 안에 넣어서 해석한다. 사회주의가 붕괴하여 자본주의로 편입된 이 현상을 그는 "위대한 재결합"(The Great Rejoining)이라고 표현하고 있다. 그런데 공급과잉에 대한 산업 측면의 데이터를 기대했던 필자로서는 아쉽게도 그의 책 역시 국제금융시장과 자본시장의 변화를 설명하는 데 거의 대부분의 내용을 집중하고, 실물경제의 생산능력 과잉에 대한 내용은 빈약했다.

참고로 크루그먼 역시 책의 서두에서 1991년 소련 붕괴로 자본주의가 승리한 이야기를 하는데, 그는 사회주의 세계의 수억 인구가 시장경제로 편입된 사실은 소련 붕괴의 영향 중 가장 미약한 것이었다고 언급한다. 구매력을 갖지 못한 소위 '이행경제'(transition economy) 국가들이 시장과 자본의 투자처로서 역할을 하지 못하면서 오히려 자본주의 세계의 골칫덩어리가 되었다고 본다.

필자가 관심을 두는 문제는 산업, 특히 제조업의 근본적인 공급과잉이다. 이 책의 서론에서 언급했지만, 모든 산업이 공급과잉이라는 사실은 증명하기도 어렵다. 그러나 약간의 산업스터디로 현대인의 생활에 필수 제품을 생산하는 주력산업들이 심각한 공급과잉이라는 사실은 쉽게 확인할 수 있다. 한 해에 생산되는 자동차가 새로 늘어나는 지구 인구보다 많고, 휴대폰은 해마다 그 열 배 이상 생산되며, 지구촌의 휴대폰 등록숫자가 지구 인구 전체보다 많다는 사실은 간단한 통계이기는 하지만, 매우 의미심장한 통계이다. 이것이 도대체 무엇을 시사하는가?

한국의 산업정책을 연구하는 기관에 근무하는 필자는 날마다 조선산업, 석유화학산업, 철강산업, 자동차산업 등등 제조업 분야의 거의 대부분 주력산업들이 공급과잉이라는 말을 듣는다. 경기가 좋지 않아 수요가 안 생기니 공급과잉일 수밖에 없는데, 문제는 이것이 상시적인 현상이 될 수밖에 없는 구조적 한계에 부딪히고 있다는 것이다. 불황은 전 산업이 동시적인 공급과잉이 아니라도 당대의 주력산업들이 공급과잉 상황에 놓일 때 찾아온다. 1870년대 철도 붐, 1920년대 전기산업과 자동차 붐의 끝자락에 과잉투자와 투기가 겹치면서 대공황이 찾아왔다. 돈을 풀어서 인위적으로 수요를 늘리려 해도 늘어나지 않는 이유는 더 이상 수요가 발생하기 힘든 시장 포화 상태에 있기 때문인 것이다.

\<Box 5-4\> 한국 경제의 경기변동

1959년에 태어난 필자는 대공황의 시대를 직접 겪지 않았다. 필자의 세대에 한국은 빠른 속도로 성장하여 2013년에는 수출 규모가 세계 6위를 기록하는 산업강국으로 발전하였다. 한국의 압축적인 성장과정이 필자의 인생 전 기간에 걸쳐 있기 때문에 1960년대 이후 거시경제 지표를 보면 한국은 계속 빠른 성장을 한 것으로 나타난다.[12] 그러나 통계상으로 극심한 변동을 보인 시기가 몇 차례 있는데, 이는 필자의 직접 경험과도 일치한다. 한국이 심각한 불황을 겪은 시기는 1974-1975년간의 1차 석유파동과 1980년의 2차 석유파동 시기, 1997-1998년간의 아시아 금융위기 시기, 그리고 마지막으로 2008년의 미국 금융위기 시기이다.

앞 시기의 두 차례 불황은 세계적인 오일쇼크가 원인이었다. 그런데 특히 1980년에는 국내 상황도 매우 복잡하였다. 그 전해에 18년간 장기 집권하던 박정희 대통령이 측근에 의해 암살당하고, "서울의 봄"이라고 불리던 정치적 혼란 시기가 이어진 가운데 5월 17일 전두환에 의한 쿠데타가 발생했다. 그다음 날인 5월 18일에는 광주에서 대규모 민중 항쟁이 일어났다. 한국은 이해에 1.9% 마이너스 성장을 기록하였다.

한국 경제와 사회에 가장 큰 충격을 가져다준 사건은 한국인들이 "IMF 사태"라고 부르는 1997-1998년의 외환위기이다. 외환, 즉 달러나 엔화같이 국제사회에서 통용되는 외국 화폐가 부족하여 IMF로부터 긴급자금 지원을 받았던 이 시기에 한국 경제는 1950년대의 전쟁 이후 가장 큰 충격을 받았다. 1998년의 경제성장률은 마이너스 7.9%를 기록했으며, 1996년 1만 1,380 달러를 기록했던 1인당 국민소득이 6,823달러로 떨어졌다(기획재정부 주요 경제지표). 1인당 소득이 1996년 수준으로 되돌아온 것은 2003년이 되어서였다. 2008년에는 미국발 금융위기로 세계경제가 전체적으로 마이너스 성장한 가운데 한국은 0.7% 성장을 기록했다.

▢ 공급과잉이 생기는 이유

프랑스의 석학인 사회학자 레이몽 아롱(1981: 258)이 반세기 전에 쓴 『산업사회의 미래』라는 책에는 이런 구절이 있다.

"구매력에 비해서 과잉생산이 된다고 사람들은 말하고 있다. 그러나 이미

---

12) 필자는 대학 강의 중 경제발전이론을 설명하면서 로스토우(Walt Whitman Rostow, 1916-2003)의 경제발전 5단계 이론이 필자가 목격한 한국의 경험에 비추어보면 그대로 실현되었다고 말하고는 한다. 1960년 MIT 대학 교수였던 로스토우는 후진국이 경제성장 하는 과정이 전통사회로부터 대량소비사회로 5단계 과정을 거친다고 설명하였는데, 제2차 세계대전 이후 독립한 개발도상국들 가운데 실제로 이러한 변화를 이룬 나라가 거의 없다는 점에서 그의 이론은 비현실적인 직선적 성장이론(linear growth theory)으로 비판받고는 한다. 그의 이론이 유럽과 미국 등 선진국들의 장기적인 변화에 기반을 둔 것이지만, 한국은 단 한 세대 만에 이러한 변화를 이뤘다는 점에서 아주 특이한 경우이다: W. W. Rostow(1960, *Stages of Economic Growth: A Non-Communist Manifesto*).

1세기 전에도 오늘날과 똑같은 말로 그러한 이야기를 하고 있었다. 나는 어떤 마르크스주의자의 말을 즐겁게 다시 읽어보았는데, 의심을 사지 않기 위해서, 나는 또 맹렬한 반공(反共) 마르크스주의자인 뤼시앵 로라(Lucien Laurat)의 책도 읽어보았다. 그는 1931년에 이렇게 쓰고 있었다. 즉, 미국에서는 가처분 구매력에 비해서 과잉생산이 있었으며, 1923년에서 1928년에 걸친 이례적인 번영은 앞으로 다시는 일어나지 못할 것이라고. 지금은 1956년인데, 생산은 2배로 증가했으나 오늘날 과잉생산은 없다. 흥미 삼아, 1928년에 쓴, 지크프리트(Siegfried)의 미국에 관한 저서를 펼쳐보라. 그는 미국에 소비능력을 초과하는 과잉생산이 있다고 설명하고 있다. 그러나 오늘날 2배나 더 생산하고 있지만, 여전히 소비자가 있다."

아롱이 위의 글을 쓴 맥락은 자본주의가 자멸할 것이라는 주장들에 대해 그 논거를 검증해보는 것이다. 그는 마르크스주의자들이 말하는 생산력과 생산관계의 모순, 즉 생산능력은 갈수록 커지지만 소득분배는 갈수록 악화돼서 소비가 생산을 충족하지 못해 과잉공급이 발생한다는 주장을 반박한다. 아롱이 이 글을 쓴 1956년은 중국의 공산화와 한국전쟁을 거치면서 동서냉전이 극단으로 치닫고 있던 시점이며, 양 진영 모두 제2차 세계대전의 참화를 겪은 후 새로운 번영의 시대를 누리고 있던 시점이다. 아롱은 자본주의 몰락을 예측하는 여러 주장을 검토하면서 반박하고, 자본주의사회의 공급과잉에 대해 논하자면 실증적인 자료를 제시해야 할 것이라고 말한다. 이건 지극히 옳은 말이다. 필자가 위에서 언급했듯이 불황이나 공급과잉을 논하는 저작들이 무슨 산업에 어떻게 공급과잉인가를 실증적으로 제시하는 내용을 찾기란 정말 어려운 일이다.

그런데 이 문제를 주변의 비근한 예로부터 한번 설명해보자. 실제 우리의 일상에서는 공급과잉 현상을 수시로 목격한다. 필자가 대학 다니던 무렵 일제 오락기계가 등장하면서 학교 앞에 오락실이 생겼는데, 매우 장사가 잘 됐다. 그 때 필자 역시 매일 교문 앞에 있는 오락실을 들락거리면서 갤러그와 타잔 게임을 하고는 했다. 그로부터 얼마 후 그 오락실 옆에 다른 오락실들이 생겨나고, 서울의 골목골목마다 오락실들이 즐비하게 생겨났다. 당연히 처음 오락실의 손님은 줄어들고, 다른 오락실들의 손님도 많지 않았다. 나중에는 결국 하나둘씩 문을 닫고 모두 없어졌다. 그 후 노래방, 비디오 대여가게, PC방 등 새로운 히트 업종이 생길 때마다 같은 현상이 되풀이되었다. 요즘에는 동네 골목에 치킨집들이 얼마나 많은지 한번 보라. 왜 이런 현상이 되풀이될까?

오락실이 인기일 때는 무슨 영업을 할까 고민하는 많은 사람들이 동시에 오락실이 유망하다고 생각한다. 나만 그렇게 생각한다면 다행이겠으나 우리 동네에 다른 사람들도 이미 여러 명이 그렇게 생각하고 있다는 사실을 알지 못한다. 결국 각자 많은 돈을 투자해서 개업하고 보니 처음에는 한 군데였던 동네 오락실이 몇 군데로 늘어나게 된 것이다.

동네 오락실의 사례를 어떻게 거대한 자본주의체제의 문제와 연결시킬 수 있냐라고 생각할지 모르겠다. 그런데 사실 대규모로 경영하는 기업들의 세계에서도 동네 오락실과 비슷한 현상이 발생한다. 한국의 1997년 외환위기 과정을 보면 직접적으로는 환율관리 실패와 OECD 가입에 따른 자본시장 개방으로 투기자본이 몰려와 촉발되었으나, 그 이전에 이미 실물경제 쪽에서 많은 재벌기업들이 과잉투자를 하여 손해를 보고 부도가 나고 있었다. 1997년 1월 한보철강이 부도난 것을 시발로 삼미그룹, 진로그룹, 대농그룹, 한신공영그룹, 기아그룹, 쌍방울그룹, 해태그룹, 뉴코아 등 다수의 재벌기업이 그해에 부도가 났다. 모두 한국인들이 엄청난 회사로 생각하던 재벌기업들이었다.

한국은 1992년에 한국인들이 '중공'(中共)이라고 부르며 북한에
이어 가장 적대적인 나라로 간주하던 중국과 수교를 했다. 지리적
으로 가깝고, 역사적, 문화적으로도 친근한 중국의 개방은 한국 경
제에 큰 호재가 되었다. 마침 임금인상 요구로 시달리던 한국의 많
은 노동집약산업체들이 중국으로 공장을 옮겼으며, 이들의 설비 투
자와 부품 및 중간재 조달로 한국의 대중국 수출이 크게 늘어났다.
때마침 선진국경제도 컴퓨터와 인터넷 보급에 따른 IT 바람으로
호경기를 누리고 있어 수출여건이 좋았다. 한국의 총수출은 1990년
650억 달러에서 1996년 1,297억 달러로 짧은 기간에 두 배가 늘
었다. 한국 경제는 고도성장했고, 1인당 국민소득도 1990년 6,480
달러에서 1996년에는 1만 3,380달러로 역시 두 배 이상 늘었다
(World Bank Data). 한국인들은 자신감에 찼고, 곧 선진국이 된다
는 기대를 하고 있었다. 당시 김영삼 정부는 임기 내에 선진국이
되었다는 의미로 OECD 가입을 서둘러 1996년 12월 한국은 아시
아에서 일본에 이어 두 번째로 선진국들의 모임이라는 OECD 회
원국이 되었다.

여기서 1997년의 외환위기를 전체적으로 논하기는 무리이고, 과
잉공급과 관련된 필자의 관점을 뒷받침하는 이야기를 해보고자 한
다. 1997년 말 한국을 강타한 외환위기의 와중에 집권한 김대중
정부는 재벌그룹들의 과잉투자를 조정하는 문제를 가장 시급하고
중요한 문제의 하나로 간주했다. 철강산업의 과잉투자가 한보그룹과
삼미그룹의 부도를 가져왔고, 자동차산업의 과잉투자가 기아그룹의
부도를 가져왔으며, 석유화학도 과잉투자 논란을 빚고 있었다.

필자는 삼성그룹의 자동차산업 참여를 둘러싸고 벌어졌던 논쟁

을 잘 기억하고 있다. IT 호황에 힘입어 반도체 등 전자산업으로 크게 성공한 삼성그룹은 자동차산업에 새로 진입하겠다는 의사를 보였다. 이 문제를 둘러싸고 기존 자동차업체들이 강하게 반발함으로써 필자가 근무하는 산업연구원에서 정부의 대응방향을 고민했으나, 결국 삼성은 부산에 자동차공장을 설립하고 신규 사업자로 뛰어들었다. 이 와중에 강력한 기존 업체이던 기아자동차가 1997년 7월 부도가 났다.

과잉공급은 이처럼 경쟁업체의 대응을 알지 못하는 상태에서 기업들이 유망하다고 생각하는 사업에 무리하게 투자를 함으로써 발생한다. 현대 세계의 거대기업들은 과거 기업들이 상상하기조차 힘들었던 규모의 생산능력을 지니고 있다. 울산의 현대자동차 공장은 하루에만 6천여 대의 자동차를 만들어낸다. 자동차의 대중화 시대를 연 헨리 포드의 모델-T가 1908년 처음 세상에 나왔을 때 첫 한 달 동안 11대가 생산되었다고 한다. 1910년 하이랜드 파크의 새 공장으로 옮겨서 대량생산을 시작하던 해의 생산량은 2만 대가 못되었다. 지금 현대 자동차 울산공장에서 3일이면 만드는 생산량이다.[13] 포스코의 2014년 조강생산량은 4천만 톤을 넘어섰다.[14] 100여 년 전 세계 전체의 생산량과 맞먹는다. 1905년 세계 전체의 조강생산량이 4,490만 톤이었고, 제1차 세계대전이 일어났던 1914년에 6,040만 톤이었다. 그 정도의 생산으로 미국, 영국, 독일, 프랑스, 러시아 등 세계의 모든 강대국이 비행기, 탱크, 군함을 만들어 치열하게 싸웠다.

2014년 세계 전체의 조강생산은 17억 톤에 육박했다. 그 가운데

---

13) https://en.wikipedia.org/wiki/Ford_Model_T
14) http://www.steeldaily.co.kr/news/n_view.asp?NewsID=104391

중국이 거의 절반을 차지한다. 한국의 생산량은 중국의 10분의 1 에도 미치지 못한다. POSCO는 세계 5대 철강기업이며, 10대 기업 가운데 7개가 중국 기업이다. 이처럼 어마어마한 규모의 생산이 이루어지는 세계에서 경쟁하는 거대기업들이 공장을 하나 새로 짓는다고 하면 이건 간단한 일이 아니다. 연간 수십만 대의 자동차, 수백만 톤의 철강이 쏟아져 나와야 기본적인 규모의 경제를 실현하고 경쟁할 수 있는 것이다. 그 기업이 성공하지 못한다면 해당 기업은 물론이고 나라 경제가 휘청거리게 된다. 물론 이런 거대기업만 있는 것은 아니고 수많은 중소기업들도 각 분야에서 영업을 한다. 모두 이 분야가 유망하다고 생각하면 시설을 확장하고 생산을 늘려서 짧은 시간에 공급과잉 상태에 이르게 만든다.

〈표 5-1〉 세계 10대 철강회사(2014)

순위	기업명	국적	조강생산량(백만 톤)
1	ArcelorMittal[1]	룩셈부르크	98.09
2	NSSMC[2]	일본	49.30
3	Hebei Steel Group	중국	47.09
4	Baosteel Group	중국	43.35
5	POSCO	한국	41.43
6	Shagang Group	중국	35.33
7	Ansteel Group	중국	34.35
8	Wuhan Steel Group	중국	33.05
9	JFE	일본	31.41
10	Shougang Group	중국	30.78

자료: World Steel Association(2015), *World Steel in Figures 2015.*
주: 1) 2006년 아르셀로와 미탈 철강의 합병으로 탄생.
  2) 신일철주금, 2012년 신일본제철과 스미토모 금속의 합병으로 탄생.

산업혁명 이래 계속 기술이 발달하면서 대량생산체제가 확장을 거듭해 지금은 순식간에 엄청난 물자를 시장에 쏟아놓는다. 지구 위의 전 인구가 소비해도 남을 만큼의 물자가 해마다 쏟아져 나온다. 모든 분야의 통계를 잘 정리해서 입증하기는 힘들지만, 대표적인 통계 몇 가지를 조금 후에 검토해볼 것이다. 지구경제는 최소한 주요 제조업 분야를 본다면 이제 상시적인 공급과잉의 시대로 접어든 것이다.

□ 세계의 공장 중국, 그리고 신흥국의 등장

세계경제의 공급과잉은 지난 30여 년 동안에 특히 심화되어 왔다. 이는 사회주의의 몰락과 직접적인 관련이 있으며, 이 점에서 다니엘 알퍼트(Alpert, 2013)가 정확하게 파악했다. 사회주의가 몰락하면서 그 배에 탔던 사람들이 대거 자본주의로 옮겨 탔다. 중국의 13억 인구를 비롯해 인도의 11억 인구, 그리고 러시아, 동유럽, 베트남 등 종래 사회주의 또는 사회주의 성향 국가들의 수억 인구가 시장경제 안으로 들어오면서, 값싼 노동력이 넘치게 되었다. 사회주의가 무너진 국가들이 소위 "시장경제로의 이행"을 위한 혼동을 겪고 있을 때 기존의 자본주의 세계는 때마침 불어온 인터넷 열풍과 더불어 값싼 노동력이 제공하는 혜택을 누리며 장기간의 호황을 즐겼다.

그러나 얼마 후부터 중국과 신흥국가들의 등장은 선진국 사람들의 일자리 상실을 초래하는 위협이 되었다. 선진국의 수많은 기업들이 값싼 노동력을 찾아 중국으로 생산기지를 옮겨갔다. 2004년까지 세계 500대 기업 중 450여 개가 중국에서 공장을 설립하였다. 그 덕분에 중국은 2003년에 535억 달러의 외국인투자를 유치하여 이 분야에서 미국을 제치고 세계 1등으로 떠올랐다(주동주, 2005a: 42). 외국인기업들이 생산과 수출을 담당하면서 중국 경제는 비약

적인 성장을 거듭하였다. 1978년 덩샤오핑(鄧小平, Deng Xiaoping)
이 처음 개방정책을 채택한 이래 2000년대 초반까지 사반세기 이
상 줄곧 9% 이상의 연간 성장률을 기록하였다. 1979년 처음 100
억 달러를 넘어섰던 수출이 2004년에는 5,934억 달러를 기록하여
사반세기 만에 무려 44배 성장하였다(주동주, 2004: 31). 2009년의
수출은 1조 3,070억 달러로 늘어나 마침내 세계 1위의 자리에 올
랐으며, 2010년에는 GDP가 일본을 추월하여 미국에 이은 세계 2
위의 경제대국이 되었다. 세계의 공장 중국이 등장하면서 전 세계
에 값싼 공산품이 넘치게 되었다. 그러나 중국이 그와 동시에 세계
의 시장으로서 역할을 하기에는 부족했다.

한국에서도 중국으로 몰려가는 기업들이 늘어나 2005년 8월까지
1만 2,843건의 투자가 이루어졌고, 투자금액은 125억 달러에 달했
다(주동주, 2005a: 76). 필자가 근무하는 산업연구원에서는 이 무
렵 한국의 제조업체들이 중국으로 공장을 옮겨 한국의 제조업이
텅텅 비는 "제조업 공동화(空洞化)" 현상을 심각하게 논의하였다.
초창기에는 섬유, 신발 등 저임의 노동력을 노리는 산업들이 대거
나갔으나, 최근으로 오면서 자동차, 전자 등 중공업과 첨단산업들
도 많은 투자를 하였다. 현대자동차는 2002년 베이징에 진출하여
그동안 공장을 계속 확대, 현재는 3개 공장에서 연간 105만 대의
자동차를 생산하고 있다. 2015년 시점에서 충칭과 창저우에 제4, 5
공장을 지을 것이라는 소식이 들려오고 있다. 삼성전자도 톈진과
시안에 거대한 공장을 지니고 있고, 한국의 많은 주력업체들이 중
국에서 현지 생산을 하고 있다.

인도 경우 1991년 10월 IMF와 대기성 차관협정을 체결한 것을
계기로 본격적인 대외개방을 추진하면서 과거 사회주의 성향의 정

책 노선을 버리고 시장 지향적 개혁정책을 도입하였다. 당시 총리와 재무장관의 이름을 따 "라오-만모한 모델"(Rao-Manmohan Model)이 추진되면서 인도 역시 외국인투자가 급증하고 빠른 경제성장을 달성해왔다. 1991-1997년간 연평균 10억 달러 수준이던 외국인직접투자가 2003년에는 연간 40억 달러를 넘어섰다(주동주, 2004: 5). 이에 따라 인도 경제 역시 빠르게 성장하면서 세계경제에 중국과 인도를 함께 일컫는 "친디아"라는 용어가 생겨나게 되었다. 또한 중국, 인도, 브라질, 러시아를 함께 일컫는 BRICs라는 용어도 사용되었다. 한국의 현대자동차도 1998년 첸나이에 공장을 짓고 2010년까지 300만 대를 생산, 판매하였다. 필자는 2004년에 델리 외곽에 있는 LG전자 공장을 비롯해 다수의 한국 투자기업들을 방문하고 그 실태를 조사하여 보고서를 작성한 바 있다. 친디아 경제, BRICs 경제에 대한 보고서도 매우 힘든 작업을 거쳐 작성했던 기억이 있다.

〈표 5-2〉 선진국과 개도국의 제조업 부가가치 비중 변화(2005년 불변가격 기준)

	제조업 부가가치액(10억 달러)			세계 전체에서 비중(%)		
	1992	2002	2012	1992	2002	2012
세계 전체	4,960	6,590	8,900	100	100	100
선진국	4,050	5,070	5,800	82	77	65
개발도상국	904	1,520	3,110	16	29	35

자료: UNIDO(2013). *Industrial Development Report*, p.171.

1970년대 이후 한국, 타이완, 홍콩, 싱가포르 등 아시아NICs의 부상에 이어 1990년대 이후로는 중국과 인도 등 신흥국들의 부상으로 세계경제의 판도는 상당히 바뀌게 되었다. 특히 제조업 기지가 이들 국가로 이동하면서 종래 공산품은 선진국들만이 생산한다는 관념이 완전히 깨지게 되었다. UNIDO의 통계를 보면 세계 제조업 생산에서 개발도상국들이 차지하는 비중은 1992년 18%에서 2012년에는 35%로 거의 두 배가 늘어났다. 특히 중국의 비중은 이 기간 동안 5배가 늘어나 2012년에는 17.5%를 기록하면서 미국에 이어 2위를 기록했다. 인도의 비중도 네 배가 늘어나 2012년에는 2.3%를 기록했다(UNIDO, 2013: 171-172). 이 기간 동안 세계 전체의 제조업 부가가치는 실질가격으로 1.8배가 늘어났지만, 개발도상국에서는 3.4배가 늘었다.

아래의 <표 5-3>은 필자가 쉽게 입수할 수 있는 대표적인 제품들의 생산 추이를 한국, 미국, 중국 세 나라에 대해 비교해본 것이다. 현대 세계의 경제생활을 좌우하는 철강, 자동차, 정유 등의 생산량에서 중국의 비중이 놀랍게 빨리 늘어난 사실을 구체적으로 확인할 수 있다. 이 표에 나타난 기간 동안 미국의 비중은 모두 하락했다. 특히 철강과 자동차에서 미국과 중국의 역전 현상은 경이적이라고까지 할 수 있다.

<표 5-3> 주요 공산품의 생산량 변화 비교

		1990*		2000		2010		2014	
		생산량	점유율	생산량	점유율	생산량	점유율	생산량	점유율
조강	중국	66,349	8.6%	127,236	15.0%	638,743	44.6%	822,698	49.3%
(천 톤)	미국	89,726	11.6%	101,803	12.0%	80,495	5.6%	88,174	5.3%
	한국	23,125	3.0%	43,107	5.1%	58,914	4.1%	71,543	4.3%
	세계	770,458	100.0%	847,671	100.0%	1,433,433	100.0%	1,670,145	100.0%
자동차	중국	1,830	3.3%	2,069	3.5%	18,265	23.5%	23,723	26.4%
(천 대)	미국	13,025	23.2%	12,800	21.9%	7,743	10.0%	11,665	13.0%
	한국	2,843	5.1%	3,115	5.3%	4,272	5.5%	4,525	5.0%
	세계	56,259	100.0%	58,374	100.0%	77,583	100.0%	89,734	100.0%
정유	중국	2,548	3.9%	3,871	5.3%	9,518	11.1%	10,795	12.5%
(천 배럴/일)	미국	16,067	24.4%	17,324	23.9%	18,452	21.6%	19,426	22.4%
	한국	1,797	2.7%	2,527	3.5%	2,560	3.0%	2,765	3.2%
	세계	65,976	100.0%	72,402	100.0%	85,609	100.0%	86,668	100.0%

자료: World Steel Association, *Steel Statistical Yearbook*; OPEC, *Annual Statistical Bulletin*; OICA,
　　　World Motor Vehicle Production Statistics 등을 이용, 필자가 작성.
주: * 통계사정상 정유는 1995년, 자동차는 1999년 수치임.

1999년에 미국은 1,320만 대의 자동차를 생산해서 세계 전체의 23%를 차지한 반면 중국은 183만 대를 생산해서 3%를 차지했다. 그 후 15년이 지난 2014년에는 중국이 2,372만 대를 생산해서 26%를 차지했고, 미국은 1,166만 대를 생산하여 13%를 차지했다. 중국의 생산이 열 배 이상 늘었고, 미국의 생산은 200만 대 가까이 줄었다. 2014년의 세계 전체 자동차 생산은 15년 전에 비교하면 3,347만 대가 늘어났다. 조강의 경우는 1990년 세계 전체의 9%를 차지했던 중국이 2014년에는 거의 절반 수준인 49%를 차지했다. 반대로 미국은 12%에서 5%로 줄었다. 이 기간에 세계 전체 조강 생산은 2.2배 늘었다.

2015년 6월 1일자 월스트리트 저널(Wall Street Journal)에는 "중국의 공급과잉이 세계경제를 조인다"는 기사가 나왔다. 이 기사에 따르면 세계에는 지금 연간 5억 5,300만 톤의 철강 공급능력 과 잉이 있으며, 이것은 해마다 1만 대의 비행기를 만들고 7만 5천 개의 에펠탑을 만들 수 있는 용량이다. 이는 대부분 중국의 생산능력 확대에 기인한 것이다. 중국의 타이어 생산은 자동차 생산의 확대에 따라 2000년에서 2013년 사이 세 배가 늘어 연간 8억 개에 달하게 되었다. 2008년 금융위기 이후 수요가 급격히 감소함에 따라 타이어업체들은 덤핑으로 수출물량을 확대했으며, 이는 전 세계 타이어산업의 공급과잉으로 가격하락을 초래했다. 중국 내부적으로는 금융위기에 대응한 정부의 수요 진작정책으로 통화공급을 늘린 결과 타이어업체들이 쉽게 얻을 수 있는 자금으로 시설확장을 해 공급과잉이 더욱 확대되었다. 200여 개의 타이어공장이 있는 광라오의 주정부는 세금 수입과 고용을 유지하기 위해 부도 상태의 기업들을 계속 지원해주고 있는 것으로 이 기사는 언급하고 있다. 동남아의 고무 농장 업자들은 중국의 수요가 줄어들자 싼값으로 덤핑 판매를 하고 있다.[15]

이 기사에 따르면 2013년에 중국 정부는 시멘트, 알루미늄, 구리, 화학섬유, 제지 등 19개 산업이 공급과잉으로 어려움을 겪고 있다고 분석했다. 세계의 공장 중국의 등장으로 전 세계의 거의 모든 산업 분야에서 심각한 디플레이션 압력이 발생하게 되었다. 상품가격이 하락하는 것은 소비자에게는 좋은 일이지만, 기업 입장에서는 수익성의 악화를 초래한다. 이는 결국 생산 감축과 고용 불안을 야기하고, 경제의 불황을 심화시키는 악순환을 가져온다.

---

15) Wall Street Journal(2015.6.1), "Glut of Chinese Goods Pinches Global Economy." http://www.wsj.com/articles/glut-of-chinese-goods-pinches-global-economy-143321 2681

□ 성장의 한계를 보여주는 지표들

이 부분에서는 성장의 한계와 관련한 필자의 생각을 좀 더 자유롭게 써보고자 한다. 필자가 공급과잉에 주목하는 이유는 무슨 좌우파의 이념 논쟁에 관심이 있기 때문이 아니다. 필자는 사회주의라는 체제가 감성을 앞세운 비현실적인 체제로 이미 역사적으로도 실패한 상황에 무슨 이념논쟁이 필요하냐고 생각한다. 다만 이 문제는 우리가 탄 자본주의라는 배의 올바른 항해를 위해서 반드시 진단해야 할 문제라고 생각하는 것이다.

앞에서 제시한 철강 생산과 자동차 생산 통계는 현대 인류가 보유한 생산능력이 어느 정도인지를 단적으로 보여준다. 1900년에서 2013년까지 1인당 철강 생산이 10배 이상 늘어났다. 자동차, 항공기, 배 등 교통수단과 모든 건물, 다리 등에 철강이 들어가니 이런 필수품이 없던 시대의 사람들과 생활조건을 비교하면 안 될 것이다. 그러나 철강수요의 많은 부분은 군사 부문에서 발생한다는 점을 생각해보자. 사람을 죽이는 데 사용되는 살상무기가 한 사람당 최소한 열 배 이상씩 늘어났다고 생각하면 가공스럽다. 앞서 언급했듯이 지금 POSCO 한 회사의 생산량 정도로 제1차 세계대전 당시 전 세계의 모든 나라에서 총, 대포, 탱크, 비행기, 군함, 잠수함을 만들어 전쟁을 했다. 지금은 그때보다 생산량이 40배 이상 늘어나 있으니, 만약에 다시 그런 전쟁이 발생한다면 핵무기는 제외하고라도 재래식 무기만으로도 전 인류가 몰살당하고 말 것이다.

자동차는 앞서 말한 대로 2014년 한 해에 늘어난 세계인구가 8,400만 명이었는데, 그해에만 8,900만 대가 넘게 생산되었다. <표 5-3>의 통계를 그래프로 표현한 것이 <그림 5-1>이다. 세계 10대

자동차 회사가 보유하고 있는 생산능력만 해도 8천만 대를 넘는다. 구매력을 보유한 선진국 가정들은 이미 집집마다 차가 한두 대씩 있는데, 이런 상황에서 계속 새로운 차를 만들어 팔아야 하는 것이 자동차업계의 상황이다. 한국 경우 인구는 한 해에 60만 명씩 늘어나는데 생산되는 자동차는 450만 대에 달한다. 국내 시장으로는 도저히 소화할 수 없고, 세계시장에 수출을 해야 하는 것이다. 세계시장 역시 포화 상태이니 판매 경쟁이 극에 달한다.

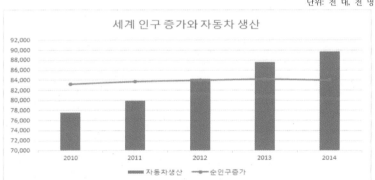

자료: UN 인구 통계 및 OICA 자동차 통계연감.

〈그림 5-1〉 세계인구증가와 자동차 생산 추이

  최근의 인구 추세와 자동차 생산 추세는 매우 의미심장한 통계를 보여준다. 필자가 찾아본 바로는 2012년에 인류 역사상 최초로 한 해에 세계 전체에서 생산된 자동차의 숫자가 그해에 늘어난 지구 인구의 숫자를 넘어섰다. <그림 5-1>이 이 현상을 보여준다. 그후로는 지속적으로 매년 새로 늘어나는 인구보다 많은 숫자의 자동차가 생산되고 있다. 2011년에 지구 위에 굴러다니는 차의 숫자가 10억 대를 넘어서 인구 7명당 1대에 해당하는 차가 다니게 되었다.16) 그 후로 해마다 8천만 대 이상의 차가 생산되었으니, 그사이 폐차된 숫자를 대략 감안한다 하더라도 2014년에는 대략 12억 대 이상의 차가 다니게 되었다. 인구 6명당 1대 꼴인 것이다. 이 추세로는 대략 2030년경이면 지구 인구 2명당 1대의 차가 다니게 된다.

〈표 5-4〉 세계인구증가와 자동차 생산 추이

단위: 천 명, 천 대

	2010	2011	2012	2013	2014
총인구	6,929,725	7,013,427	7,097,500	7,181,715	7,265,786
○ 순인구증가	83,245	83,702	84,073	84,215	84,071
자동차 생산	77,584	79,881	84,236	87,596	89,734
○ 승용차	58,239	59,897	63,081	65,745	67,531
○ 상용차	19,344	19,984	21,155	21,851	22,204

자료: UN 인구 통계 및 OICA 자동차 통계연감.

자동차를 승용차와 상용차로 나누어본다면 아직 승용차 생산이 지구 인구증가 숫자를 넘어서지는 않고 있다. 지금 같은 추세로 생산이 계속 늘어나 승용차 숫자만으로도 인구증가 숫자를 넘어서는 경우를 상상하면 어떤 일이 생길는지 상상하기 어렵다. 석유나 가스 등 연료는 기술 발달로 무언가 대체되는 것이 나온다 하더라도 도로나 주차장은 과연 감당이 되는 것인지? 한국은 말할 것도 없고 미국같이 광활한 나라에서도 도시에서 주차를 하기는 매우 힘들다. 앞으로 10년 후엔 과연 어떻게 할 것인지?

현대인들의 필수품이 된 휴대폰은 어떠한가? 인터넷 백과사전인 위키피디아에는 세계 모든 나라의 휴대폰 보급률이 매우 자세한

---

16) http://www.huffingtonpost.ca/2011/08/23/car-population_n_934291.html

통계와 함께 잘 나와 있다. 각 나라별로 최근 통계를 보여주고 참고 문헌까지 언급하고 있어 일단 신뢰할 만한 통계라고 간주하고 인용해보겠다. 우선 세계 전체의 휴대폰 보급률은 97%이다. 70억 명의 인구를 대상으로 68억 대의 휴대폰이 사용되고 있다. 선진국들은 대부분 보급률이 100%를 넘었으며, 인도, 방글라데시같이 인구가 많은 저개발국가들도 70% 이상을 기록하고 있다. 중동의 이란, 사우디아라비아, 아랍에미리트연합(UAE) 같은 산유국들은 매우 높은 수준이며, UAE는 203.7%로 세계 최고를 기록하고 있다. 가장 낮은 수준의 나라들은 에티오피아 21.8%이며, 북한이 최하위로 8.3%를 기록하고 있다(<표 5-6> 참조). 이것이 대부분 2013년 통계이니 2015년 기준으로는 휴대폰 등록 대수가 지구 전체 인구를 넘어섰을 것으로 생각된다.

필자가 휴대폰을 처음 사용했던 것은 15-16년 전쯤으로 기억된다. 영국에서 공부하던 시절 BT에서 판촉용으로 제공해준 공짜 휴대폰을 받았는데, 돈 없던 유학생 처지에서 통신요금을 감당할 수 없어 반품했던 기억이 있다. 그런데 그사이에 세계의 모든 사람이 어린아이들부터 노인들까지 휴대폰을 들고 다니는 시대가 도래했다. 애플(Apple)사의 창업자 스티브 잡스(Steve Jobs, 1955-2011)가 2007년 아이폰(iPhone)을 처음 소개하고 나서도 필자는 한동안 스마트폰이 무엇인지 알지 못했다. 몇 년 지나지 않았는데 필자는 지금 미국과 한국에서 쓰는 2개의 휴대폰을 지니고 있다. 분실하고 교환한 폰을 포함하면 4개째 쓰고 있는 중이다. 우리 아들 역시 비슷하다.

세계의 스마트폰 출하량은 2012년 7억 2,530만 대, 2013년에는 10억 42만 대를 기록했다.[17] 2015년에는 한 분기에만 거의 5억 대에 육박하는 휴대폰이 팔렸다. 이미 지구 인구 전체보다 많은 휴대폰이 팔려 있는데, 지금의 생산추세로 4년 정도면 다시 전체 인구 숫자만큼의 휴대폰이 생산된다.

〈표 5-5〉 주요 기업별 세계 휴대폰 판매량 및 시장 점유율

단위: 백만 대

기업명	2015 Q3	점유율	2015 Q2	점유율	2015 Q1	점유율
Samsung	102.06	21.4%	88.74	19.1%	97.99	21.3%
Apple	46.06	9.6%	48.09	10.4%	60.18	13.1%
Nokia/Microsoft	30.29	6.3%	27.69	6.0%	33.00	7.2%
Huawei	27.46	5.7%	26.12	5.6%	18.59	4.0%
LG	18.19	3.8%	17.62	3.8%	19.64	4.3%
기타	253.84	53.1%	255.31	55.1%	230.87	50.2%
전체	477.9	100.0%	463.57	100.0%	460.27	100.0%

자료: http://www.statista.com/statistics/263355/global-mobile-device-sales-by-vendor-since-1st-quarter-2008/

필자는 위에 제시한 몇 가지 통계만으로도 인류가 성장의 한계에 부딪히고 있는 상황을 이해하기에는 충분하지 않은가 생각한다. 지구의 땅 위 모든 곳에 자동차가 다니고 기차가 달린다. 더 많은 자동차와 기차가 달릴 때 지구 위에 사는 생물들은 온전히 견딜 수 있을까? 조선산업의 통계를 본다면 어떨까 싶다. 바다 위에서는 해마다 크고 작은 해양사고가 발생하고 유조선에서 기름이 흘러나와 온통 뉴스거리가 된다. 한국의 가곡 <가고파>에 나오는 "내 고향 남쪽 바다 그 파란 물"은 이미 옛날의 전설이 되었다. 몇 년 전 인천 앞바다를 구경하다가 이런 바닷속에서 사는 물고기를 잡아먹고 살아도 되는 것인지 심각한 의문이 들었다. 도대체 얼마나 더 많은 배가 이 한정된 바다 위에 떠다닐 수 있을까? 하늘에는 얼마

---

17) http://www.idc.com/getdoc.jsp?containerId=prUS24645514

나 더 많은 비행기가 날아다닐 수 있을까?

지금의 자본주의는 멀쩡한 물건도 그냥 버리고 새로 사야만 돌아가는 단계에 왔다. 그러니 지구 위에 쏟아져 나오는 쓰레기는 얼마나 많겠으며, 생산에 들어가야 하는 자원을 캐기 위해 파헤쳐지는 땅은 또 얼마나 많겠는가? 그래도 이렇게 자꾸 쓰고 버리고 새로 사야만 기업이 돌아가고 일자리가 생기고 소득이 생기는 것이 현실이다. 그리고 이처럼 풍요가 넘치는 세계에서 아직도 굶어 죽는 지경에 있는 인구가 수억 명에 달한다는 사실도 정말이지 큰 비극이다.

지금 상황은 자본주의 세계의 거대기업을 운영하는 사람들과 나라를 이끌고 있는 사람들에게 그야말로 심각한 발상의 전환을 요구하는 상황이다. 전 세계의 모든 사람이 자동차를 가지고 있고, 휴대폰을 두 개씩 가지고 있는 상황에서 죽기 살기로 물건을 계속 더 만들어내 경쟁기업을 쓰러뜨려야 하는 극단의 서바이벌 치킨게임을 할 것인가? 아니면 신사협정으로 서로의 영역을 정하고 일정한 지분을 보장할 것인가? 아니면 다른 어떤 방식으로 생산을 조절해서 성장의 한계에 대응해나갈 것인가?

<표 5-6> 나라별 휴대폰 보급 대수

순위	나라	인구 (백만 명)	보급률 (%)
	세계	7,012	97.0
1	중국	1,369	93.2
2	인도	1,267	77.5
3	미국	317	103.1
4	브라질	201	137.1
5	러시아	142	155.5
6	인도네시아	237	99.6
7	나이지리아	177	94.5
8	파키스탄	180	77.0
9	일본	127	95.1
10	방글라데시	157	75.2
23	한국	50	111.5
39	사우디아라비아	27	169.5
42	에티오피아	85	21.8
50	아랍에미리트연합	17	203.7
65	북한	24	8.3

자료: http://en.wikipedia.org/wiki/List_of_countries_by_number_of_mobile_phones_in_use
주: 원 자료에서 국가 순위가 바뀐 것으로 생각되는 일부 국가 순위는 필자가 임의로 변경.

인류는 증기기관, 자동차, 전기, 전화, 텔레비전, 비행기, 컴퓨터, 인터넷, 휴대폰 등 전에 없던 새로운 상품을 계속 만들어내면서 번영해왔다. 슘페터가 글을 쓰던 1940년대에도 전기와 자동차가 나와 인류의 기술 발전은 이제 한계에 다다랐다는 주장이 있었고, 슘페터 자신은 이런 견해를 반박했다(Schumpeter, 1976: 117). 오늘날에도 비슷한 주장을 하는 사람들이 있다. 인간의 힘을 절약하고 작업 속도를 빠르게 해주는 것이 모든 기술발전의 핵심인데, 이제 이 과정은 아마도 한계에 이르렀다고 한다(Heinberg, 2011: 174-176).

필자는 기본적으로 이런 의견에 동의하지 않는다. 앞으로도 어떤 새로운 상품이 나와 이 성장의 한계를 넘어설 수 있게 해줄는지 알 수 없다. 인류가 우주로 나가 신세계를 개척할지도 모른다. 신대륙 개척이 끝나서 더 이상 개척할 땅이 없다는 주장에 대해 슘페터는 하늘의 정복이 인도 정복보다 더 중요한 시대가 올지 모른다고 했다(Schumpeter, 1976: 117). 필자 역시 그렇게 생각하며, 인류가 우주 로켓을 쏴 올리기도 훨씬 전에 이런 생각을 한 슘페터에 대해 경의를 표시한다. 그가 말한 하늘(air) 정복은 아마도 로켓까지는 아니고 비행기가 자유롭게 다니는 시대를 상상한 것이 아니었을까 싶지만……

그러나 이 시점에서 70억 이상의 인간을 품고 있는 지구의 부양능력에 한계가 있는 것은 아닌가 하는 것이 필자의 문제 제기이다. 먼 나중에 어떤 일이 생길지는 누구도 알 수 없지만, 기후변화로 생명체의 종말이 거론되고 자본주의의 오작동으로 수많은 사람들이 고통받고 있는 이 시대에 인류가 긴급한 대응책을 마련해야 하지 않은가 하는 생각에서 이 책을 쓰고 있는 것이다.

3. 파국을 초래하는 투기경제

2008년 미국에서 대금융위기가 발생하여 수백만의 사람들이 일시에 직장을 잃고 모기지(mortgage), 즉 은행융자를 받아 구입했던 집까지 차압당해 길거리로 나앉아야 했던 사태가 발생했다. 2010년 전 세계가 그 충격으로 아직 혼란을 겪고 있던 시절, 이 엄청난 충격을 가져온 사태의 원인을 진지하게 설명한 <인사이드 잡(Inside Job)>이라는 다큐멘터리 영화가 개봉되어 화제를 모았다. 영화가 전달하는 메시지는 간단하다. 미국 정부의 부패한 고위관료들이 엄청난 이권을 챙기면서 도덕이라는 개념은 아예 없는 월스트리트의 투기자본과 결탁하여 규제받지 않는 그들의 장사를 뒷받침해준 결과가 작금의 사태를 가져왔다는 것이다. 영화의 제목이 시사하듯이 부패한 권력과 금력이 결탁하여 "그들만의 일"로 세계를 망친다는 내용이다.

영화의 내용이 어디까지 진실인지는 사실 정확히 알 수 없다. 그러나 이 영화는 일단 허구적인 이야기로 만든 창작이 아니라 실제 사건과 실제 인물들을 추적하여 기록으로 보여주는 다큐멘터리라는 형식을 지닌다. 그러고는 많은 관계자들을 인터뷰하여 증언을 들려준다. 사람의 말도 앞뒤를 자르고 필요한 부분만 인용하면 전달하고자 하는 의미가 왜곡될 수 있기 때문에 우리는 그 점을 고려해가면서 이 영화를 보아야 한다. 그런데 영화의 이야기가 전체적으로 사실이라는 느낌은 강하게 와 닿는다. 한국의 한 신문기자가 "경제위기 되풀이되는 진짜 이유 모르나"라는 제목으로 쓴 글을 보니 이 영화가 전개하는 이야기가 그대로 사실이라는 전제로 쓴 글이다.[18]

우리는 "검은 화요일"(Black Tuesday)로 알려진 1929년 10월 29일 뉴욕 증권시장의 주가 대폭락이 세계를 파멸로 몰아놓은 대공황의 시작이었다는 사실을 역사책에서 배웠다. 2008년 대금융위기 역시 돈 놓고 돈 먹는 투기장사를 하던 금융업체들의 몰락이 그 발단이자 원인이라는 것을 많은 보도 자료와 전문가들의 글을 통해 알고 있다. 한국인들에게는 엄청난 공포로 다가왔던 1997년 IMF

---

18) 이정환(2011), "경제위기 되풀이되는 진짜 이유 모르나?", 미디어 오늘, 2011년 10월 1일자.

구제금융 사건도 주가 폭락과 환율의 상승으로 촉발되었다. 물론 이러한 현상들의 기저에는 그렇게 될 수밖에 없었던 실물경제의 흐름들이 있다. 그러나 이 모든 현상을 표면적으로 드러내고 확산되게 만든 결정적 요인은 한마디로 단정할 수 있다. 그것은 바로 "투기"(speculation)이다.

자본주의체제가 발전하면서 반복적으로 발생하고 있는 현상이 호황과 불황의 경기순환이라고 했지만, 이러한 경기순환을 극적으로 증폭하고 궁극에는 파국적인 재앙을 가져오는 문제가 바로 투기이다. 수요의 한계에 따른 불황은 경쟁력 없는 기업부터 점진적으로 도태시켜 시장의 안정을 가져오지만, 투기는 기업의 실질적인 생산활동과 관련 없이 허구적인 가치를 만들어 경기를 과열시키다가 한순간에 추락하게 만드는 비정상적인 경제활동이다. 그리고는 마치 자본주의에 종말이 온 것같이 수많은 사람들에게 엄청난 고통을 가져다준다. 전쟁이나 자연재해 같은 외부 충격이 발생하지 않았는데도, 한순간에 시장경제가 무너지고 많은 기업이 파산하면서 수많은 사람들이 실업자가 되는 현상이 발생한다.

세계 대공황의 파국적인 경제 상황이 히틀러(Adolf Hitler, 1889-1945)와 같은 비정상적인 정치가의 권력 장악을 초래하였고, 궁극에는 제2차 세계대전으로 이어져 진정한 종말적 상황을 가져온 것은 이미 잘 알려져 있다. 이런 현상이 거듭 되풀이되고 있는데도 세계는 이를 제어하기 위한 통제장치를 아직 제대로 마련하지 않고 있다. 이것이야말로 성장과 행복 추구를 위한 인간의 모든 노력을 무력화시키고 일시에 자본주의를 무너뜨리면서 인류 전체에게 다시 엄청난 고통을 안겨줄 수 있는 가장 위험한 요인이다.

(1) 투기경제의 정의와 속성

"투기"라는 단어의 사전적 의미는 "기회를 틈타 큰 이익을 얻으려는 행위" 또는 "시세변동을 이용하여 차익을 추구하는 매매 행위" 등으로 정의되고 있다. 투기는 인류 역사의 전 과정에 항상 존재했다. 돈을 걸고 내기를 하는 도박 게임이 대표적인 투기이다. 고대 로마에서는 검투사들의 목숨이 걸린 시합을 앞두고 누가 이길 것인가 내기를 했다. 현대 세계에서도 많은 나라가 심각하지 않은 도박은 합법적으로 허용하고 있다. 일본의 대도시들이나 미국의 라스베이거스에는 속칭 빠징코 기계가 도처에 널려 있다. 미국이나 유럽에서는 중요한 축구나 야구 시합을 앞두고 어느 팀이 이길 것인가에 막대한 돈을 거는 투기가 일상적으로 이루어진다. 경마나 경륜 같은 투기도 있다. 로또 복권도 역시 투기이다.

생산적인 활동으로 상품이나 서비스를 만들어 사고파는 행위에 의해 돈을 버는 것이 아니라 실체가 불투명한 상품이나 게임에 돈을 투자해 더 큰 돈을 벌고자 하는 행위가 투기인 것이다. 투기는 성공하면 큰돈을 벌 수도 있으나, 자신의 노력으로 성취되는 것이 아닌, 순전히 운과 사기적 요소가 많은 불확실한 미래에 돈과 노력을 투자하는 것이기 때문에 많은 경우 파멸적 결과를 가져온다. 우리는 노름에 몰입했다가 인생이 망가진 사람들의 이야기를 종종 듣기도 하는데, 이런 현상이 투기의 해악이다.

투기가 사회 내에서 대규모로 행해지면 한 사회의 인적 물적 자본을 건전하지 못한 방향으로 소모하게 해서 사회 자체가 기우는 원인이 되기도 한다. 역사에 남은 대규모 투기 사례로 자본주의가 본격 성립하기 이전인 1630년대에 네덜란드에서 벌어진 "튤립 광풍"(Tulip Mania)은 특히 유명하다. 당시까지 유럽에서는 귀한 꽃이었던 튤립이 부와 신분을 과시하는 상징으로 인식되면서 너나없이 튤립 재배와 사재기에 나서 단순한 꽃 한 뿌리의 가격이 고급주택 한 채 가격 수준으로까지 치솟은 사태로 발전한 것이다. 그 결과는 가격 대폭락에 따른 재앙이었다(천위루, 양천, 2014: 148-153).

<Box 5-5> 1636년 네덜란드 튤립 광풍(Tulip Mania)

1630년대 네덜란드에서 튤립 꽃에 대한 투기열풍이 불기 시작, 왕족부터 날품노동자, 하녀들에 이르기까지 전 국민이 튤립 재배와 사재기 열풍에 휩쓸렸다. 1636년에는 튤립가격이 한 해 동안 60배 가까이 상승했다. 당시 튤립은 기르기 힘든 진귀한 꽃으로 귀족부인들이 나들이할 때 장식으로 달고 나가면서, 동시대 신분과 재산의 과시 수단으로 인식되었다.

네덜란드는 1588년 스페인으로부터 독립하여 1602년 세계 최초의 주식회사인 동인도회사를 설립하는 등 무역으로 번성하였다. 무역으로 재산을 축적한 상인들과 귀족들이 외래종인 튤립을 정원에 가꾸면서 튤립이 부와 신분의 과시수단으로 인식되기 시작하였다. 1635년 프랑스가 튤립을 구매하자 이를 계기로 투기세력이 본격 개입, 투기 광풍을 불러왔다.

1637년 4월 마지막 광풍이 꺼지기 직전에는 튤립 한 뿌리의 가격이 암스테르담의 고급주택 한 채 가격과 맞먹었다. 이때를 고점으로 어느 날 갑자기 가격이 폭락하더니 일주일 사이 양파 가격과 같은 수준이 되었다. 이 사건은 세계 최초의 금융투기 거품 사건으로 이 후 네덜란드의 국세가 기우는 중요한 요인이 되었다. 튤립 광풍은 투기 거품을 설명하는 "더 멍청한 바보(The Greater Fool)에 대한 기대"의 사례로 흔히 인용된다. 금세 피었다 지는 꽃 한 뿌리를 집 한 채 값으로 사는 바보들이 자신보다 더 멍청한 바보가 있을 것이라고 기대하는 심리에 의해 투기거품이 발생한다는 이야기다. 1841년 스코틀랜드 출신 찰스 매케이(Charles Mackay)라는 사람이 "대중의 망상과 광기"라는 책에서 이 사건을 상세히 다루었다.

그런데도 여전히 많은 나라들이 투기를 허용하고 있는 이유는 그것이 지닌 최소한의 긍정적인 기능도 있기 때문이다. 한국에서는 심각한 도박은 법으로 처벌하지만, 가족이나 친구 간에 적은 판돈을 내고 즐기는 화투나 게임은 문제 삼지 않는다. 복권도 역시 투기지만 국가가 나서서 시행하기도 한다. 심각하지 않은 투기는 사회 구성원들에게 활력을 주는 오락적 요소가 있고, 적은 돈으로 큰 미래 소득을 기대할 수 있는 희망을 주기도 한다. 복권이나 카지노 같은 경우는 국가나 지방자치단체의 재정수입에 기여하기도 한다.

그러나 현대 자본주의사회에서 제도적으로 용인되고 있는 투기는 이런 선을 넘어서 개인은 물론 국가와 세계경제까지 일시에 무너뜨려 버릴 수 있는 수준으로 진행되고 있다는 데 문제의 심각성이 있다. 투기의 대상과 규모가 엄청나게 확대되고, "투기경제"(speculative economy)가 정상적인 경제활동의 일부로 정착된 수준으로까지 발전하였다. 컴퓨터와 통신의 비약적인 발전에 의해 국경을 넘는 투기 거래가 순간적으로 이루어져 일시에 한 나라의 경제를 무너뜨려 버리는 상황이 반복적으로 발생하고 있다. 그리고 이러한 현상이 합법적으로 제도화되어 추진되고 있다는 데 문제의 심각성이 있는 것이다.

(2) 투기경제의 진화

오늘날의 증권시장(stock market)은 본래 목적인 기업의 건전한 자금조달보다 합법적인 투기의 장으로서 역할이 더 커졌다. 기업의 소유권인 주식이나 자금조달을 위한 어음, 채권 등의 증서를 사고 팔아 생산활동을 보조하는 것이 목적이자 기능이었던 증권시장이 지금은 투기적인 목적으로 증권을 사고파는 곳으로 진화하였다. 어느 기업이 제품을 생산하고 팔아서 10%의 순이익을 남겼다면 그 기업의 소유권인 주식가격도 대강 그 수준으로 상승하는 것이 정상일 것이다. 그러나 투기가 개입하면 짧은 시간에 주식가격이 몇 배씩 올랐다가 한순간에 빠져버리기도 한다. 이것은 바람에 의해 부풀려졌다가 터지는 거품과 비슷하다고 해서 "거품경제"(bubble economy)라는 용어로 오늘날 잘 알려진 현상이 되었다.

투기의 대상은 증권만이 아니다. 남의 나라 돈을 사고파는 외환시장, 집이나 건물, 땅을 사고파는 부동산 시장, 곡식이나 자원을 사고파는 원자재 시장까지 온통 투기가 개입하고 있다. 투기 세력이 인위적으로 매점(hoarding) 행위에 의해 가격을 올리면 앞으로 가격이 더 올라 차익을 기대할 수 있으리라고 생각하는 사람들이 높은 가격에 그 상품을 사게 된다. 그러면 투기 세력이 빠지면서 인위적으로 치솟은 가격은 거품이 터지듯 꺼지고, 최종적으로 그 상품을 산 사람은 엄청난 손실을 보게 되는 것이다. 실제 수요가 아닌 투기에 의해 만들어진 가격이기 때문에 더 이상 그 가격에 그 상품을 사겠다는 사람은 나오지 않는다.

이러한 현상이 최근의 자본주의에서 더욱 심각한 문제가 되고 있는 이유는 투자회사(investment company) 등의 여러 가지 간판을 내걸고 있는 기업들이 합법적으로 대규모 투기를 일삼고 있기 때문이다. 심지어 석유 등 각종 원자재나 곡식에 대한 매점매석행위도 그 분야의 세계적인 기업들에 의해 이루어진다. 생산해서 판매하는 것이 원래 기능인 자본주의체제의 기업들이 정상적인 생산활동 대신 투기에 인력과 자본을 투입하면서 세계경제를 어지럽히는 행위들을 하고 있는 것이다.

□ 금융이 산업을 지배하다

금융투기에 대한 의미 있는 연구를 발표해온 케이스 웨스턴 리저브(Case Western Reserve) 대학의 법학 교수 로렌스 미첼(Lawrence Mitchell, 2007, 2014)은 "투기적 자산"(speculative asset)이란 "실체가 거의 또는 전혀 없는 금융자산으로서 오직 누군가에게 높은 가격으로 팔아 수익을 가져다줄 것으로 기대되는 자산"이라고 정의하고 있다. 그는 현대 미국에서 어떻게 금융이 산업을 지배하게 되었는가를 연구하고, 증권시장이 원래는 새로운 기업들을 창출하기 위한 수단으로 성립되었는데 지금은 기업들을 그 힘 아래 굴복시키는 주인의 위치로 변했다고 지적한다. 그는 1897-1903년간의 기업 합병 바람에 의해 대규모 기업들이 출현하면서 독점 방지에 관심을 두었던 정부의 규제정책이 오늘날과 같은 증권시장의 형성을 가져왔다고 분석한다.

19세기 말까지 미국 기업들의 지배적인 형태는 소수의 기업가들이 소유하는 독립적인 공장으로 이루어졌으나, 지금은 도처에 흩어진 수많은 주주들에 의해 직간접으로 소유되는 대규모 공장들의 조합으로 바뀌었다. 이러한 변화에 따라 기업들이 장기적 관점의 생산활동보다 주주들의 관심을 모으는 단기적인 주가 유지에 더욱 신경을 쓰고, 그 결과 투기적인 증권시장이 기업들을 지배하는 투기경제의 시대가 오게 되었다는 것이다.

20세기가 시작될 무렵까지 에디슨(전기), 카네기(철강), 록펠러(석유), 포드(자동차) 등이 설립하고 발전시킨 기업들은 모두 창업자가 소수의 지인들과 합작하여 설립하고 운영을 했다. 이때까지의 기업들은 주인이 분명했고, 그 주인들은 모두 자신들이 만드는 제품에 혼을 바치는 장인들이었다. 그러나 사업규모가 커지면서 대규모 자금수요가 발생하고 리스크도 커짐에 따라 동종업체들 간에 합병 바람이 불기 시작했다.

첫 번째 계기는 1890년 제임스 듀크가 4명의 경쟁자와 합병하여 거대기업인 아메리카 담배회사를 설립한 것이었다. 듀크의 성공사례는 일파만파로 전 산업에 퍼져나가 모든 기업이 빠른 시간 안에 규모를 키우는 데 심혈을 기울이게 되었으며, 합병이 시대의 요청이 되어버렸다. 1904년까지 전 산업에 불어닥친 합병 바람으로 미국 전역의 산업이 독점기업이나 다름없는 50개 기업의 수중에 장악당하게 되었다(존 미클스웨이트 외, 2004: 98).

이 시기를 전환점으로 기업의 성격이 변화하였다. 기업이 증권시장과 연결되기 시작한 것이 이때부터이다. 미클스웨이트(2004: 102)는 그 이전 시기의 기업합병이 설립자들의 의기투합이었다면, 19세기 말의 기업합병 붐은 증권시장의 큰손들이 만든 것으로 봐야 한다고 말한다. 1890년까지 미국의 주식시장에는 10개 이하의 제조업체 주식이 거래되고 있었으며, 대부분 철도 관련 회사들이었다. 대중은 주식을 위험한 것으로 생각했고, 기업가들은 기업의 소유권인 주식에 대단한 애착을 가져 주식매매보다는 대부분 가족이나 은행의 차입금으로 필요자금을 조달했다.

철강왕 카네기(Andrew Carnegie)는 "모든 사람이 관여하면 진짜 주인이 없어진다"는 말로 기업공개를 거부했다. 그러던 카네기는 1901년 어느 날 골프장을 다녀온 후 J. P. 모건과 엘버트 게리에게 자기 회사를 4억 8천만 달러에 팔아넘겼다. 두 사람은 카네기철강회사에 200개의 군소회사를 합쳐 US 스틸을 설립하고 기업을 공개했다. 이 회사의 가치는 14억 달러로 평가받았다. 짧은 시간에 생산활동이 아닌 기업 변경으로 회사 가치를 몇 배 키웠으니 이런 식으로 바야흐로 투기경제의 시대가 시작된 것이다.

"모든 사람이 관여하면 진짜 주인이 없어진다"는 카네기의 말은 그 후 실제로 세계 자본주의의 성격변화를 상징적으로 표현하는 말이 되었다. 장인 정신을 가진 기업가가 설립하여 소유하는 회사가 아니라 기업에 대해 아무것도 알지 못하는 평범한 시민들까지 수많은 주주들이 기업을 소유하는 이른바 "주주 자본주의" 시대가 열렸다. 이에 대해 서울대의 김수행(2011: 95) 교수는 다음과 같이 설명한다.

> "새로운 부와 가치를 창출하는 생산 분야에 투자하기보다는 주식과 회사채 및 국채를 매매함으로써 이익을 얻으려는 금융활동이 경제를 지배하게 된 것을 '경제의 금융화'라고 부릅니다. 이에 따라 산업기업까지도 연구·개발을 통해 장기적인 이윤을 도모하지 않고, 대규모의 해고, 정규직의 비정규직화, 임금수준의 삭감, 회계부정 등을 통해 단기적인 이익을 올려 배당을 증가시키고 주식가격을 상승시키는 것에 열중하게 되었습니다. 이리하여 산업기업의 미래를 어둡게 만든 것이 '주주 자본주의'-주주의 이익을 최대한 보장하는 자본주의-의 큰 폐해였습니다."

이 부분은 실제 통계로도 확인된다. 2000년에 미국 500대 기업에서 수익의 거의 40%가 생산활동이 아닌 금융활동에서 창출되었다. 에디슨의 전기회사에 뿌리를 두고 있는 GE의 경우도 수익의 1/3이 금융활동에서 창출되었다(Gerald Davis, 2009: 105). 로렌스 미첼(Mitchell, 2014) 교수는 독점기업들의 탄생에 대응한 정부의 규제 노력, 그리고 기업들의 변화과정에서 어떻게 투기경제가 형성되어 왔는지를 역사적으로 잘 설명하고 있다. 자세한 내용은 미첼 교수의 『투기경제: 어떻게 금융이 산업을 이기게 되었는가?』를 참고

하기 바란다. 지금 시점에서 매우 의미심장하다고 생각되는 한 구절을 소개한다(Mitchell, 2014: 270).

> "증권시장이 지배하는 기업자본주의는 그 시장의 요구와 기대에 맞는 기업 행위를 만들어낸다. 그 시장은 때때로 장기적 관점의 접근을 요구할 수도 있다. 노동자에 대한 충분한 임금과 훈련, 연구 개발에 대한 투자, 장기적인 전략계획, 임원에 대한 합리적인 보상과 올바른 정보공개 등이 그런 것들이다. 그러나 그 시장은 20세기의 지난 수십 년 동안 실제 그래 왔던 것처럼 단기적인 주가인상을 요구할 수도 있다. 이것은 경영자들로 하여금 노동자들에 대한 임금을 적게 지급하고, 마구잡이로 해고를 단행하며, 훈련 프로그램과 연구개발 투자를 줄이고, 장기전략을 무시하고, 극단적인 경우는 엔론(Enron)의 사례처럼 기업 실적에 대해 거짓말을 하게 만드는 것이다. 간단히 말하면, 미국 기업자본주의의 역사적 발전과정이 보여주는 것은 투기경제가 만드는 인센티브로 인해 주식가격이 기업 실적과 기업 행위를 재단하는 척도가 되어버렸다는 것이다."

오늘날 증권시장에 상장된 기업들은 정보공개 원칙에 따라 3개월에 한 번씩 정기적으로 경영실태를 보고한다. 이러한 정보가 공개될 때마다 해당 분기에 그 기업의 영업실적이 어떠한가에 대한 평가가 이루어지고, 주가가 요동을 친다. 주가가 떨어지면 그 주식을 소유하고 있는 주주들은 경영진에게 불만을 쏟아낸다. 그러니 회사를 운영하는 사람들은 장기적인 투자보다는 당장 3개월 뒤에 공개될 실적 보고서에 더 큰 관심을 가지게 된다.

한국의 삼성전자는 휴대폰과 가전제품 분야에서 세계 선두를 달리는 기업인데, 이 회사의 분기별 보고서가 나오는 시점이면 한국의 증권시장 전체가 들썩거린다. 2014년 2/4분기 경우 삼성전자는 7조 2,000억 원의 영업이익을 올렸다고 발표했는데, 그날 한국 언론들은 일제히 "삼성전자 어닝쇼크"라는 표현을 쓰면서 마치 난리라도 난 듯한 기사들을 쏟아냈다. 영업이익이 전 분기보다 줄어들었고, 기대 수준에 미치지 못했다는 것이다. 한 회사가 3개월의 짧은 기간에 손해를 본 것도 아니고, 여전히 막대한 이익을 거두었음에도 이런 반응이 나오는 것은 증권시장이 지배하는 투기경제의 영향이라고 할 수 있다.

□ 전자경제 시대의 투기경제

오늘날의 투기경제는 컴퓨터와 인터넷, 휴대폰 등의 발달에 힘입어 과거와 비교할 수 없이 막대한 규모로 성장하였다. 이러한 기술이 대중에게까지 널리 보급되면서 과거 전문가들만이 행하던 증권이나 외환거래를 지금은 일반인들도 자신의 책상에 앉아 할 수 있는 시대가 되었다. 과거에는 증권을 사자면 현금을 지참하고 증권회사에 가서 복잡한 서류에 사인을 해야 했다. 그러나 지금은 누구든 자신의 컴퓨터나 휴대폰에서 손가락만 누르면 국경을 넘는 거래조차도 간단히 할 수 있다. 실제 화폐나 증권은 만질 필요도 없고 화면에 나타나는 숫자만으로 거래가 이루어진다.

이러한 현상을 반영해 미시건 대학 경영대학의 제럴드 데이비스(Gerald F. Davis, 2009: 103) 교수는 이제 월스트리트는 모든 곳에 존재하게 되었다고 말한다. 미국의 동네 주유소업자가 중동의 석유 선물(先物)에 투자하고, 노르웨이의 평범한 마을 사람들이 미국의 주택 모기지를 소유하고, 미국 중서부의 고속도로를 오스트레일리아의 연기금이 소유하고 있는 시대가 되었다는 것이다.

미국의 경제학자인 조엘 크루츠먼(Joel Krutzman, 1993)은 이미 1990년대 초반에 돈이 사라진 전자경제 시대의 조류를 설명하였다. 그는 『돈의 죽음』(1993)이라는 책에서 뉴욕의 월스트리트에 위치한 투자회사들이 막대한 돈을 들여 첨단 장비와 최고의 수학자, 과학자들을 영입하고 수익을 가져다줄 수 있는 신종 금융상품을 만들어 거래에 몰입하고 있는 현상을 소개한다. 간단한 손가락 조작만으로 10억 달러의 돈이 순식간에 뉴욕과 도쿄를 오가는 전자금융의 시대가 열린 것이다. 이 돈을 벌기 위해 밤샘 작업을 해가면서 공장을 돌리고 농장을 가꾸어야 하는 산업의 시대는 이미 저문 것으로 묘사된다.

이들은 고전적인 증권만이 아니라 각종 파생상품(derivate)을 만들어 거래하며 수익을 극대화하고자 한다. 주식이나 채권은 기업이나 부동산 등 실물을 기반으로 그 소유권이나 미래에 빚을 받을 권리를 표시하는 데 반해 파생상품은 실물로부터 2차, 3차 가공된 권리를 상품으로 판매하는 것이다. 크루츠먼(Krutzman, 1993: 128)에 따르면 이러한 파생상품들은 1973년 시카고 옵션거래소(The Chicago Board Options Exchange)가 개장하기 전까지 존재하지 않았으나, 불과 20년 안에 하루 1,700억 달러 이상의 돈이 거래되는 주요 상품으로 바뀌었다. 이 돈은 1990년대 초반 당시 170만 호의 일반 주택을 살 수 있는 돈이었다. 투기경제의 규모가 비약적으로 커지면서 그 안에 내재된 불안요인이 결국 폭발하여 발생한 사태가 2008년 미국발 금융위기이다.

2008년 금융위기 와중에 크게 문제가 된 MBS와 CDO 같은 파생상품은 주택구입자금인 모기지(mortgage)와 서브프라임모기지(subprime mortgage)를 담보로 한 채권이다. 모기지란 주택을 구입하려는 사람들에게 은행들이 장기로 대출해주는 자금이며, 서브프라임모기지란 신용도가 낮은 고객을 대상으로 높은 금리를 받고 대출해준 주택구입자금이다. 은행들이 이러한 대출 자체를 금융상품으로 만들어서 다른 회사에 연쇄적으로 판매한 것이 MBS와 CDO이다. 즉, A라는 은행이 B고객에게 주택구입자금을 대출해주고 이 금액의 전부 또는 일부를 채권으로 만들어 C라는 회사에 팔아넘긴다. C회사는 다시 이 채권을 한 번 더 가공해 D회사에 팔아넘긴다. 이 과정에 이자가 계속 붙어 채권 금액은 더욱 늘어난다.

주택가격이 계속 올라 빚을 내서 집을 산 사람들이 집을 팔아 차익을 남기고 빚을 제대로 갚을 때는 문제가 되지 않는다. 그러나 주택가격이 하락해서 집을 팔아도 빚을 갚을 수 없는 상태가 되니 문제가 터진 것이다. 2007년 서브프라임모기지 대출을 하던 금융기관들이 부도나기 시작했고, 이것을 담보로 한 파생상품들을 거래하던 기관들이 연쇄적으로 부도가 난 사태가 2008년 금융위기이다. 몇 단계를 거쳐 CDO가 거래되었기 때문에 집 한 채에 대한 채권자가 복잡해져서 압류 절차에 들어갈 때도 많은 문제가 발생하였다.

데이비스(G. Davis, 2009)는 금융서비스의 비정상적인 확대가 어떻게 미국 자본주의를 변화시켰는지 설명한다. 1980년대 이후 금융업의 지속적인 규제완화로 전통적인 상업은행과 투자은행, 보험 등의 구분이 모호해지면서 예금을 받아 대출업무를 하던 은행들의 고유기능은 축소되고 무제한적인 투기적 자산 운용이 확대되어 왔다. 금융기관들의 업무 범위와 서비스가 비약적으로 확대되면서 이를 감시하고 규제할 수 있는 정부의 능력을 벗어나게 되었다. 일례로 헤지펀드(hedge fund)는 과거 부유층의 자산을 관리하던 일종의 부티크산업이었으나, 정부의 감시망을 벗어나는 영업수단으로 국제적인 자산 투자를 하면서 금융계의 신흥강자로 떠올랐다.

2008년 9월 월가의 대형 투자은행인 리먼 브라더스(Lehman

Brothers)가 사상 최대 규모의 파산을 하면서 세계경제에 몰아닥친 위기는 대공황 이후 최대의 경제위기로 간주되었다. 문제의 핵심은 월가의 금융기관들이 남발한 투기적 성격의 서브프라임모기지와 이를 담보로 한 파생상품이었다. 주가와 부동산 가격 상승을 전제로 금융기관들이 악성 대출과 파생상품 거래를 늘려가면서 투기를 조장했다가 어느 순간 거품이 빠지면서 대혼란이 발생한 것이다.[19]

미국의 일반주택가격은 2000년대 들어 급속하게 상승하다가 2006년부터 하락세로 반전되었다. 시세차익을 노리고 대출을 받아 주택을 구입한 사람들과 이를 담보로 대량의 파생상품을 거래하던 금융기관들이 큰 손실을 입고 혼란에 빠졌다. 2007년부터 서브프라임모기지 대출사업을 하던 금융기관들이 하나둘씩 파산하면서 위기가 감지되기 시작했다. 2008년 들어서는 베어스턴스(Bear Stearns), 패니매(Fannie Mae), 프레디맥(Freddie Mac) 등의 대규모 금융기관들이 파산하면서 정부가 개입하여 국유화조치를 단행하였다. CDO와 MBS 등의 파생상품을 대량 거래한 것이 문제였다. 2008년 9월에는 초거대 투자은행인 리먼 브라더스와 메릴린치(Merrill Lynch), 그리고 최대보험회사인 AIG가 잇따라 파산신청을 하면서 드디어 전 세계적인 금융위기가 발생하였다.[20]

2007년 10월 1만 4,000을 넘어섰던 다우산업지수가 폭락을 거듭해 2009년 3월에는 6,600으로까지 하락하면서 7.4조 달러의 자

---

19) 리먼 브라더스가 2008년 9월 15일 뉴욕 시간 새벽 2시 미국 연방법원에 파산을 신청했을 당시 부채 규모는 6,130억 달러, 세계 17위 경제 국가인 터키의 한 해 국내총생산(GDP)과 맞먹는 금액이었다. 미국 역사상 최대 규모의 기업 파산이었다. [네이버 지식백과], 리먼 브라더스 [Lehman Brothers](한경 경제용어사전, 한국경제신문/한경닷컴) 참조.

20) 2008년 금융위기 과정을 잘 정리한 한국 자료는 최혁(2009)을 참조.

산이 증발했다. 미국과 유럽에서 금융기관들이 잇따라 파산하고, 위기에 몰린 금융기관들이 대출에 대한 담보인 주택들을 압류, 처분하면서 개인 파산자와 노숙자가 급증했다. 2년 만에 880만 개의 일자리가 사라지고, 2008년 초 4.9%였던 실업률이 2009년 10월에는 10%로 치솟았다(스티븐 로치, 2015: 167). 한 분석에 따르면 2009년까지 미국이 입은 경제적 손실이 14조 달러에 달한다고 한다.[21] 경제규모 세계 13위를 기록한 한국의 10년 치 국민총생산을 넘어서는 금액이다. 언론과 학자들은 5년여에 걸쳐 지속된 이 불황을 대침체(Great Recession)라는 용어로 표현하고 있다.

앞에서 언급한 영화 <인사이드 잡>은 이 과정에 부패한 권력과 금력의 결탁이 원인이었음을 직설적으로 표현한다. 규제완화라는 이름 아래 경제성이 전혀 없고 위험도만 높은 파생 금융상품들의 거래를 허용하여 투기자본들이 마음 놓고 전 세계의 금융망을 휘저은 결과 이런 사태가 닥쳤다는 것이다. 1933년 대공황의 와중에 미국 은행들의 투기적 거래를 규제하기 위해 입법되었던 은행법(Banking Act 1933), 이른바 글래스 스티걸법(Glass Steagal Act)이 1999년 폐지되었다. 이 법을 대체하여 공화당의 세 의원이 제안한 그램-리치-블라일리법(Gramm-Leach-Bliley Act)이 제정되었다. 이 법은 상업은행과 투자은행의 겸업을 허용하며 금융회사들의 과감한 영역 확대를 장려했다. 2008년 위기는 이런 규제완화에 자극받은 무분별한 리스크 투자가 임계점을 넘어 폭발한 것으로 해석된다(김용식, 2014).

---

21) *USA TODAY*, 2013년 9월 13일자 아래 기사 참조.
http://www.usatoday.com/story/money/business/2013/09/14/impact-on-states-of-2008-financial-crisis/2812691/

▢ 광풍에서 공포, 그리고 폭락으로

저명한 경제사학자인 킨들버거(Charles Kindleberger)는 세계경제 역사 속의 투기 사례를 대상으로 광풍(mania)이 공포(panic)로 바뀌면서 폭락(crash)으로 이어지는 패턴을 분석하였다. 대부분 비슷한 패턴이 발견되는데, 초기 광풍은 가격이 상승하면서 행복감(euphoria)이 커지고 지출도 늘어나다가 어느 순간 정점에 이르면서 거품이 폭발하고 공포감을 느낄 정도로 급락한다는 것이다.

튤립가격이 어느 정도 오를 때까지는 튤립을 가진 사람들이 행복감을 느낀다. 돈을 벌었다고 생각하니 소비도 늘어난다. 가격이 계속 오르는 동안에는 빚을 내서라도 튤립을 더 사는 것이 부자가 되는 길이다. 빠른 시간에 되팔아 원금을 갚고 차익을 남길 수 있다. 은행들도 자금 순환이 잘 되니 계속 돈을 빌려주면서 투기를 부추긴다. 그러나 튤립 한 뿌리의 가격이 고급주택 한 채 가격과 맞먹는 수준으로 오르면 누구나 이건 비정상이라는 생각을 하기 시작한다. 그런 때가 되면 투기세력은 가진 것을 팔고 시장에서 빠져나간다. 빚을 내서 고가에 튤립을 산 사람은 누군가 더 비싼 가격으로 사주기를 원하지만, 이제는 더 이상 사는 사람이 없다. 팔아야 하는 사람만 있으니 가격이 떨어지기 시작한다. 가격이 하락하면 너나없이 현재 가격에라도 팔겠다고 나선다. 사겠다는 사람은 더 이상 없는 상태에서 투매가 이루어지니 가격이 더욱 폭락한다. 돈을 빌려준 은행들도 손해가 우려되니 원금 회수를 독촉한다. 이제 양파값으로 떨어지고 팔 수조차 없는 튤립을 지니고 있는 사람들은 거지가 되는 길만 남았다. 경제는 무너지고, 시장에는 공포가 지배한다. 이것이 투기 광풍의 전형적인 패턴이다.

광풍이 일어 비정상적인 상태로까지 가격이 치솟아 있을 때는 누구나 심상치 않은 기운을 느끼기 때문에 사소한 자극에도 투매가 이루어지기 쉽다. 1929년 대공황의 전초가 된 주가대폭락은 9월 3일 다우지수가 사상 최고인 381.17을 기록한 후 9월 5일 로저 밥슨(Roger Bobson)이라는 한 주식분석가가 점심시간에 행한 일상적인 대화에서 촉발되었다. 밥슨은 이날 큰 의미를 두지 않고 "조만간 대폭락이 있지 않을까 생각한다"는 말을 했는데, 이 말이 그날 오후 2시 속보 게시판에 단신 뉴스로 나오면서 투매 열풍이 일었다. 그로부터 주가가 하향 추세를 그리기 시작하여 10월 29일 공포의 검은 화요일이 찾아왔던 것이다(Gorden, 2004: 314-315).

킨들버거(Kindleberger & Aliber, 2011)는 <표 5-7>에 나오는 투기 사건들을 세계 역사 속의 10대 금융 거품으로 소개하고 있다. 초기의 광풍은 대부분 실물경제의 호황을 업고 일어난다는 특징이 있다. 2008년 금융위기는 1990년대 이후 정보화 시대의 도래에 따른 미국 경제의 장기 호황을 배경으로 해서 주가와 부동산 가격이 폭등하고, 금융기관들이 대출을 늘린 데서 기인했다. 1929년의 주가 대폭락은 자동차와 전기의 대중 보급에 힘입은 미국 경제의 대호황이 역시 그 배경이었다. 경제가 좋아지고 있으니 주가도 지속적으로 상승할 것이라는 대중의 기대를 배경으로 투기세력이 주식과 부동산 가격의 거품을 일으켜 결국 폭발하게 만든다는 것이 거품경제의 특징이다.

<표 5-7> 세계 역사 속의 10대 금융 거품

순서	연도	사 건
1	1636	네덜란드 튤립 거품
2	1720	남해주식회사(The South Sea) 거품
3	1720	미시시피 거품
4	1927-1929	1920년대 말 주가 거품
5	1970년대	멕시코 등 개발도상국 외채위기
6	1985-1989	일본의 부동산과 주가 거품
7	1985-1989	핀란드, 노르웨이, 스웨덴의 부동산과 주가 거품
8	1992-1997; 1990-1999	태국, 말레이시아, 인도네시아와 일부 아시아 국가들의 부동산과 주가 거품; 멕시코의 외국인투자 급증
9	1995-2000	미국의 주가 급등
10	2002-2007	미국, 영국, 스페인, 아일랜드, 아이슬란드의 부동산 거품; 그리스의 부채

자료: Charles P. Kindleberger & Robert Z. Aliber(2011), p.11.

(3) 공룡이 된 투기경제

현대의 투기는 더 이상 단순한 개인들의 오락이 아니다. 한 나라는 물론 세계경제 전체를 한순간에 무너뜨려 버리고 수십억의 사람들에게 감당할 수 없는 고통을 안겨줄 정도로 투기경제가 진화하였다. 뉴욕 증권시장(New York Stock Exchange)의 연간 거래액은 1990년 1조 3,360억 달러에서 금융위기가 발생하기 전해인 2007년에 28조 8,050억 달러로 크게 늘어난 후 감소추세로 돌아섰다.[22] 같은 기간 세계무역 규모는 1990년 2조 7,260억 달러에서 2007년 27조 4,254억 달러를 기록했다.[23] 뉴욕 증시 한 군데의 거래 실적이 이미 세계 전체 무역규모를 능가하는 수준으로 확대된 것이다.

---

22) https://www.census.gov/compendia/statab/2012/tables/12s1210.pdf

23) http://wits.worldbank.org/CountryProfile/Country/WLD/Year/2013/Summary

실물경제가 움직이는 속도와 비교되지 않게 빠른 속도로 금융거래가 늘어나고 있다. 뉴욕 이외에 런던, 도쿄, 상하이, 홍콩, 두바이를 비롯해 전 세계 모든 나라의 주요 도시에서도 증시 거래가 이루어진다. 세계거래소연합회(WFE)의 회원으로 가입하고 있는 62개 증권거래소의 2014년 증권거래액은 78조 299억 달러로 2013년 대비 17% 늘어났다.[24] 1.3조 달러 수준인 한국의 GDP 대비 60배가 넘는 규모다. 주식과 채권뿐만 아니라 선물, 옵션 등의 각종 파생상품 거래까지 포함하면 규모가 상상을 초월한다.

〈표 5-8〉 세계 20대 증권거래소(2015년 1월 31일 기준)

순위	거래소	국가	본부	시가총액 (10억 달러)	월 거래액 (10억 달러)
1	New York Stock Exchange	United States	New York	19,223	1,520.0
2	NASDAQ	United States	New York	6,831	1,183.0
3	London Stock Exchange Group	United Kingdom / Italy	London	6,187	165.0
4	Japan Exchange Group-Tokyo	Japan	Tokyo	4,485	402.0
5	Shanghai Stock Exchange	China	Shanghai	3,986	1,278.0
6	Hong Kong Stock Exchange	Hong Kong	Hong Kong	3,325	155.0
7	Euronext	European Union	Amsterdam / Brussels / Lisbon / Paris	3,321	184.0
8	Shenzhen Stock Exchange	China	Shenzhen	2,285	800.0
9	TMX Group	Canada	Toronto	1,939	120.0

---

24) 세계 3대 증권거래소인 런던증권거래소는 2014년 3월 WFSE의 회원에서 탈퇴하였다. http://www.mondovisione.com/news/world-federation-of-exchanges-decamps-from-paris-to-london-from-march-2014-tra/

10	Deutsche Börse	Germany	Frankfurt	1,762	142.0
11	Bombay Stock Exchange	India	Mumbai	1,682	11.8
12	National Stock Exchange of India	India	Mumbai	1,642	62.2
13	SIX Swiss Exchange	Switzerland	Zurich	1,516	126.0
14	Australian Securities Exchange	Australia	Sydney	1,272	55.8
15	Korea Exchange	South Korea	Seoul	1,251	136.0
16	OMX Nordic Exchange	Northern Europe, Armenia	Stockholm	1,212	63.2
17	JSE Limited	South Africa	Johannesburg	951	27.6
18	BME Spanish Exchanges	Spain	Madrid	942	94.0
19	Taiwan Stock Exchange	Taiwan	Taipei	861	54.3
20	BM & F Bovespa	Brazil	São Paulo	824	51.1

자료: Wikipedia. https://en.wikipedia.org/wiki/List_of_stock_exchanges
주: 원 자료는 World Federation of Exchange의 월간 보고서.

이것이 모두 비정상적인 투기경제란 의미는 아니다. 그러나 증권
시장이 합법적인 투기의 장으로서 역할을 하고 있는 사실은 분명
하다. 기업의 자금 조달 창구 역할을 하는 것이 증권시장의 본래
기능이지만 지금은 단지 돈을 굴려 더 큰돈을 버는 투기의 장으로
서 기능이 중요해졌다. 수많은 사람들이 이곳에서 일어나는 주가의
등락을 보면서 하루에도 몇 번씩 한숨을 쉬거나 기뻐하기도 한다.
이 사람들은 기업의 정상적인 자금조달이나 경영에는 관심이 없다.
오직 내가 가진 회사의 주식이 오늘 얼마만큼 오르느냐만이 관심
이다. 빛의 속도로 막대한 돈이 오가면서 한 회사의 주식이 하루에
도 수십 번씩 주인이 바뀌고 가격이 오르내린다.

<표 5-9> 월스트리트 10대 증권 브로커(2015년 3월 6일 기준)

회사명	거래량	비중
Morgan Stanley	213,938,857	5.9%
Goldman Sachs Execution &Clearing, LP	182,435,744	5.0%
UBS	174,050,853	4.8%
JP Morgan Securities	153,623,911	4.2%
Credit Suisse Securities(USA) LLC	129,589,795	3.6%
Barclays Capital, Inc.	119,585,586	3.3%
RBC Capital Markets Corp	75,871,776	2.1%
Societe Generale	68,070,396	1.9%
Deutsche Bank Securities Inc.	66,319,565	1.8%
Citigroup Global Markets Inc.	59,144,086	1.6%

자료: NYSE 데이터베이스.

하나의 상품이 외국으로 수출되기 위해서는 물건을 만들고 팔기까지 오랜 시간과 노력이 소요되는 힘든 과정이 있어야 한다. 그러나 전자금융에 의한 현대의 투기경제는 순식간에 엄청난 돈이 국경을 넘나들면서 산업현장에서 물건을 만들고 팔기 위해 수고한 모든 사람의 노력을 일순간에 헛수고로 만들어버리기도 한다. 산업을 기반으로 성립된 자본주의체제가 실체도 없이 단순히 컴퓨터 모니터에 숫자로 표시되는 돈의 흐름을 따라 투기경제에 지배되고 있는 상황이다. 오직 이익만을 추구하고 인간의 행복이나 옳고 그름을 따지지 않는다는 자본주의의 비도덕성에 대한 비판은 무엇보다도 이 투기경제의 속성을 겨냥하는 것이다.

2008년 금융위기 이후 막대한 국민세금을 투입하여 구제금융을 받은 월가의 기업들이 경영진에게 엄청난 보너스를 제공했다는 뉴스가 나와 사람들을 분노하게 만들었다. 월가의 부도덕한 사기꾼들의 이야기가 돈과 여자를 마음껏 주무르고 산 화려한 무용담으로 각색되어 할리우드의 영화 소재가 되고 있는 세상이다.25) 약탈적 자본주의(predatory capitalism), 해적 자본주의(pirate capitalism) 등의 용어가 월가에 점령당한 지금의 자본주의를 묘사하는 표현으로 널리 회자되고 있다. 2008년 "월가를 점령하자!"(Occupy the Wall Street)는 미국 시민들의 외침은 투기경제에 정복당한 자본주의를 구해달라는 절박한 요구였다.

□ 투기 규제에 대한 논의

로렌스 미첼(Lawrence Mitchell, 2008) 교수는 증권시장을 지금처럼 설계한 것도 사람들이 한 일이고, 새롭게 개선할 수 있는 것도 역시 우리의 선택이라고 주장한다. 실제 수요가 반영되지 않은 투기를 억제하고, 증권시장, 부동산시장, 외환시장이 모두 생산적인 활동의 발전에 기여하는 본래 역할을 수행할 수 있도록 설계해야 하는 것이 현재 위기에 처한 자본주의가 가야 할 방향이다.

2010년 7월 21일 미국의 버락 오바마(Barack Obama) 대통령은 의회를 통과한 도드-프랭크 법안(The Dodd-Frank Wall Street Reform and Consumer Protection Act)에 서명함으로써 이 법이 발효되었다. 월가의 투명성 확보를 위한 개혁과 소비자보호를 목적으로 내세운 이 법은 민주당 상원의원인 크리스 도드(Chris Dodd)와 하원의원인 바니 프랭크(Barney Frank)의 주도로 입법되었다. 이 법은 정부가 민간 금융시장을 광범위하게 규제할 수 있도록 함으로써 대공황 시대 이후 가장 강력한 정부의 시장개입 조치로 인식되면서 현재 많은 논란을 일으키고 있다. 일부에서 위헌 소송을 제기해놓고 있는 상태이다.

---

25) 필자가 봤던 영화 중에는 Catch Me if You Can(2002), The Wolf of Wall Street (2013) 등의 영화가 이런 소재를 다루는 것이었다.

예일 대학의 제임스 토빈(James Tobin) 교수는 1972년에 이른바 토빈세(Tobin tax)라고 부르는 세금의 도입을 주장하였다. 국경을 넘나들며 투기를 조장하는 국제투기자본, 이른바 "핫 머니"를 규제하기 위해 단기성 외환거래에 대해서는 일정한 세금을 부과하자는 제안이었다. 그는 2001년에 한 인터뷰를 통해 1994년 멕시코, 1997년 동아시아, 1998년 러시아의 금융위기 같은 사례를 방지하기 위해 "예를 들면 거래 규모에 따라 0.5%의 세금을 부과할 수 있을 것"이라고 언급하였다. 그의 제안은 모든 나라가 다 같이 토빈세를 부과하지 않으면 효과가 없다는 현실적인 제약요인으로 무시되어 왔으나, 최근에는 지식인들이 이 문제를 UN으로 가져가 논의하면서 일부 국가들이 긍정적으로 검토하고 있다는 소식이 나오고 있다. 토빈은 1982년 노벨 경제학상을 수상하였다.[26]

4. 불평등과 빈곤

불평등과 빈곤은 마치 크랭크축으로 연결된 자동차의 두 바퀴처럼 자본주의체제에서 항상 같이 붙어 다니는 문제이다. 불평등이 심한 곳에는 반드시 빈곤이 함께하고 사회적 갈등이 따라온다. 그래서 불평등과 빈곤이 심한 사회는 인간이 살기에 가장 불편한 사회가 된다. 범죄와 질병이 만연하고, 누구도 자유롭고 편안하게 돌아다니기 힘든 사회가 이런 곳이다.

필자는 1994년 남아프리카공화국의 인종차별이 막 종식되고 만델라(Nelson Mandela) 대통령이 취임했을 때 그 나라의 주요 도시

---

26) https://en.wikipedia.org/wiki/Tobin_tax

들을 방문하면서 향후 이 나라 경제가 어떻게 변할지를 연구했는데, 그때 필자가 가서 본 풍경들이 바로 불평등과 빈곤이 함께하는 사회의 대표적인 모습이었다. 요하네스버그와 프리토리아, 케이프타운의 화려한 다운타운은 이 나라가 미국, 유럽과 같은 선진국인 듯한 느낌을 주었지만, 그 외곽으로 벗어나 흑인들의 거주 지역은 참담하기 이를 데 없었다. 치안이 극도로 불안한 곳이라 자유롭게 돌아다니기도 힘들어 잠깐 지나치면서 피상적으로만 보아야 했다. 백인 거주 지역도 모든 집에 하나같이 수상한 사람이 접근하면 총을 쏘겠다는 경고문이 붙어 있었다. 이 아름다운 자연을 가진 나라에서 그 잘난 피부색깔 하나로 사람을 편 갈라 차별하다가 이렇게 위험한 사회가 되도록 만든 사람들이 어떤 사람들인지 개탄하지 않을 수 없었다.[27]

현대의 사회주의국가들이 평등을 강조하면서 자본주의 진영에서는 그에 대한 반발로 평등은 마치 사회주의의 이념인 양 간주하고, 자본주의에서는 불평등이 당연한 것으로 여기는 듯한 경향도 생기게 되었다. 이러한 생각은 부분적으로 옳고 그른 부분이 있기 때문에 좀 더 정밀한 사고를 필요로 한다. 모든 인간이 법 앞에 평등하다는 것은 프랑스혁명 이래 현대의 모든 민주국가가 추구해온 기본 이념이다. 이 점에서는 자본주의국가든 사회주의국가든 공식적으로는 똑같다.

대한민국 헌법은 제11조 1항에서 "모든 국민은 법 앞에 평등하다. 누구든지 성별·종교 또는 사회적 신분에 의하여 정치적·경제

---

27) 필자는 이해에 여러 건의 남아공화국 관련 보고서를 작성하였는데, 현지 방문 당시 쓴 글은 KIET 실물경제 25호(1994.6.22)에 수록되었다. 산업연구원 전자정보 도서관에서 전문을 받을 수 있다. https://library.kiet.re.kr/CORE/?moduleName=_core.KrmsSearchDetail&control_no=23746

적·사회적·문화적 생활의 모든 영역에 있어서 차별을 받지 아니한다"고 규정하고 있고, 11조 2항에서는 "사회적 특수계급의 제도는 인정되지 아니하며, 어떠한 형태로도 이를 창설할 수 없다"고 명시하고 있다. 따라서 평등은 사회주의국가의 이념이 아니라 우리 대한민국이 기초하고 있는 헌법정신이다.

그러나 이것은 법 앞에서 권리와 기회가 평등하다는 의미이며, 자신의 노력에 따라 성취하는 모든 결과의 평등을 의미하는 것은 아니다. 내가 부자라고 해서 국민투표에서 남보다 많은 표를 행사하는 것은 안 된다는 의미에서 평등이지만, 내가 남보다 열심히 노력해서 많은 재산을 모았을 때 그것을 마을 사람들과 무조건 똑같이 나누라고 하는 식의 평등은 아닌 것이다.

자본주의국가들은 사유재산을 인정하며, 대한민국 헌법도 제23조 1항에서 "모든 국민의 재산권은 보장된다. 그 내용과 한계는 법률로 정한다"고 명시하고 있다. 단 제23조 2항에서 "재산권의 행사는 공공복리에 적합하도록 하여야 한다"고 한계를 두고 있으며, 3항에서는 "공공필요에 의한 재산권의 수용·사용 또는 제한 및 그에 대한 보상은 법률로써 하되, 정당한 보상을 지급하여야 한다"고 명시하고 있다.

이상으로 우리 헌법은 대한민국이라는 나라가 보장하는 평등의 내용과 한계를 명확히 규정하고 있다. 모든 사람은 법 앞에서 평등한 사회적 지위를 지니지만, 개인의 재산은 보장하며, 이는 재산의 많고 적음이 차이가 있을 수밖에 없는 현실을 인정한다는 것이다. 다만, 내가 가진 재산을 이용해 남을 해치는 행위를 하는 것은 용납되지 않으며, 국가가 필요에 의해 개인의 재산권을 제한할 때는 정당한 보상을 해야 한다는 것이다.

(1) 불평등의 속성과 측정

사유재산을 기초로 하는 자본주의국가에서 개인이 성취한 결과물인 재산과 소득의 불평등은 그 자체로 법적인 문제가 되지 않는다는 사실을 우리 헌법의 조문을 통해 살펴보았다. 그런데 현실 사회에서는 이 문제가 심각한 이슈가 되기도 하고, 학문적으로도 많은 논의의 주제가 된다. 파리 대학의 피케티 교수가 2014년에 출판한 『자본론』은 미국과 유럽의 재산 및 소득 불평등 실태를 비판적으로 제시하여 화제를 모았다.

☐ 왜 불평등이 문제가 되는가?

개인의 노력에 따른 성취의 차이를 인정하는 자본주의사회에서 불평등이 왜 문제가 되는지에 대해 마이크로 소프트의 창업주인 빌 게이츠(Bill Gates, 2015)가 간단하게 쓴 글이 있어 소개해본다. 빌 게이츠는 자신의 블로그에서 피케티의 책을 읽은 소감을 전하면서 바로 이 질문을 던지고 있다. 그리고 다음과 같은 세 가지 관점에서 피케티의 의견에 동의한다는 점을 밝히면서 그 질문에 대한 답을 제시하고 있다.

○ 과도한 불평등은 경제적 인센티브를 교란하고, 민주주의가 힘센 이익집단을 편드는 쪽으로 기울게 하며, 모든 인간이 평등하게 창조되었다고 하는 이상을 훼손한다.
○ 자본주의는 보다 평등한 방향으로 스스로를 교정하지 않는다. 즉, 과도한 부의 집중은 견제되지 않으면 눈덩이처럼 불어날

수 있다.

O 정부는 원한다면, 그리고 그렇게 한다면, 눈덩이 효과를 상쇄하는 건설적인 역할을 할 수 있다.

2014년 미국의 400대 부자 리스트에서 당당히 1등을 차지하고 있는 세계 최고의 기업인이 무려 700페이지에 달하는 피케티의 전문적인 책을 읽고 소감을 쓰고 있는 것을 보면 그 사실만으로도 충분히 존경스럽다.[28] 집채만 하던 컴퓨터를 책상 위의 사무기계로 바꾸어놓은 이런 창의적인 기업인의 정신이 미국 자본주의의 진정한 힘이 아닌가 생각한다.

이 문제에 대한 필자의 생각을 좀 더 보충해보면 이렇다. 자본주의는 기회의 평등을 통한 자유경쟁을 원칙으로 하고 그 경쟁의 결과에 대한 평등을 보장하지는 않는다. 그런데 소득과 재산의 과도한 불평등은 바로 이 기회의 평등을 원천적으로 저해하기 때문에 문제가 되는 것이다. 이것은 필자가 앞에서 설명한 자유경쟁의 원칙과 한계라는 내용에 관련된다. 동일한 출발선에서 달리기를 했는데 실력이 차이가 난다면 그것을 인정하지 않을 사람은 없다. 그런데 출발선을 다르게 그어놓고 달리기를 시작해 결과가 차이가 난다면 그것을 공정한 경기였다고 인정하고 싶은 사람도 없다. 과도한 소득의 불평등은 재산의 불평등을 가져오고 재산의 불평등은 세습되면서 후대에게 기회의 차이를 가져와 결과적으로 현대의 모든 민주국가가 거부하는 중세신분사회와 비슷한 사회를 만들게 된다. 그래서 이것이 심해지면 사회적인 갈등이 커지게 된다.

---

28) *Forbes* 선정, 2014년 미국의 400대 부자 리스트. http://www.forbes.com/forbes-400/

우리 헌법에서도 명시하고 있지만, 현대 세계에서 출생신분에 의한 불평등을 공식적으로 인정하고 있는 나라는 더 이상 존재하지 않는다. 그러나 인종, 민족, 성, 지역, 종교 등에 근거한 다양한 차별이 보이지 않게 존재하고 있으며, 이런 차별이 심한 나라에는 반드시 심각한 경제적 불평등이 발생한다. 사회적 그룹화에 의한 모든 차별의 본질은 힘을 가진 세력이 다른 그룹을 격리시키고 권력이나 부 등의 사회 경제적 가치를 보다 많이 향유하겠다는 욕구를 은밀하게 실현하려는 것이다. 그러므로 차별은 필연적으로 권력이나 부의 편중을 가져오고, 차별하는 측과 차별당하는 측의 갈등을 가져온다. 차별당하는 측의 입장에서는 공정한 기회 자체가 원천적으로 박탈당하고, 내가 노력해도 뛰어넘을 수 없는 벽에 부딪히게 된다. 반대로 차별하는 측은 자신들이 세워놓은 벽 안에서 부와 권력을 보다 쉽게 획득할 수 있다. 그래서 차별이 심한 사회는 갈등과 분쟁이 발생할 수밖에 없고, 결국 양측이 모두 평안하게 살 수 없는 곳으로 변해간다.

<Box 5-6> 두 얼굴의 나라 남아공화국(KIET 실물경제, 1994.6.22)

요하네스버그의 잔 스머트(Jan Smuts) 국제공항에 내려서 시내 쪽으로 차를 타고 처음 가보는 사람은 자신이 지금 워싱턴 D.C.나 로스엔젤리스 국제공항에 잘못 내린 것이 아닌가 하는 착각을 갖게 된다. 시내에 이르기까지 줄곧 시속 120km 이상의 속도가 가능하도록 시원하게 뻗은 도로, 푸른 숲 속에 자리 잡은 산뜻한 집들, 그리고 이윽고 눈앞에 펼쳐지는 높은 빌딩군…….

아프리카를 가난과 기아와 무지의 땅이라는 이미지로 인식했던 사람들은 자신이 지금 남부 아프리카 최대의 도시에 와 있다는 사실을 새삼 확인해

야 한다. 더욱이 인구 300만의 대도시이면서도 도시 전체가 마치 한 폭의 그림처럼 아름다운 케이프타운에 이르면 누가 이곳은 아프리카가 아니라고 말하더라도 그저 고개를 끄덕이게 된다.

그러나 이곳은 여전히 아프리카다. 그것도 가난과 기아와 무지로 고통받는 슬픈 흑인들의 이야기가 가득한 전형적인 아프리카다. 두 얼굴의 나라, 남아프리카공화국. 이 나라가 지금 새로이 탈바꿈하기 위해 커다란 용틀임을 하고 있다.

착취에서 공존으로

미국이나 유럽의 대형 쇼핑몰을 연상케 하는 남아공화국 주요 도시의 쇼핑몰을 둘러보면 이 나라가 누리는 부가 세계 최상의 수준이라고 느끼게 된다. 그러나 지난해 이 나라의 1인당 GDP는 우리나라의 절반에도 못 미치는 2,800달러에 불과했다. 느낌과 통계의 이 같은 불균형은 시 외곽으로 쫓겨나 있는 흑인들의 주거지를 보는 순간 이해가 된다. 흡사 50년대 우리나라의 피난민촌을 연상케 하는 열악한 주거환경에서 이 나라 국민의 70% 이상인 다수의 흑인들이 살고 있는 것이다.

얼마 전까지 아프리카 최대의 경제부국 남아공화국이 누리던 부는 인구의 16%에 불과한 소수의 백인들만이 향유할 수 있는 것이었다. 그런 조건을 만들기 위해 다수의 흑인들은 억압과 착취와 가난에 찌들어 살아야 했다. 그러나 이제 남아공화국의 흑인들은 행복한 기대에 젖어 있다. 지난 4월 말의 선거를 통해 342년 만에 정권이 백인에게서 흑인에게로 넘어갔고, 만델라 대통령의 새 정부는 흑인들에게 많은 것을 약속하고 있기 때문이다.

〈그림 5-2〉 1994년 5월 케이프타운 앞바다에서 우연히 함께한 흑백황인. 차별이 없는 사회가 훨씬 아름답고 평안하다.

노력해도 넘을 수 없는 벽이 있는 사회에서는 노력하려는 사람들이 생기지 않는다. 반대로 노력 안 해도 잘살 수 있는 소위 지대추구형(rent-seeking) 사회에서도 역시 노력하려는 사람들이 생기지 않는다. 자본주의는 개인의 노력에 의해 창의적인 상품을 만들어내고 이를 바탕으로 발전해온 사회이다. 바로 이 점에서 소득과 재산의 과도한 불평등은 자본주의의 창의성을 가로막는 장애가 되고, 사회의 퇴보를 가져온다. 자본주의 발달이 뒤지고 비민주적인 사회일수록 재산과 소득의 불평등이 높게 나타나는 것은 뒤에서 살펴볼 지니계수 등의 통계로도 확인할 수 있다.

기회라는 차원에서만 아니라 불평등이 심해지면 돈과 물자의 흐름에 왜곡을 가져와 빈부 격차를 더욱 확대시키는 악순환이 초래되고 경제구조의 편향을 가져오면서 궁극에는 불황으로 이어지게 만든다는 현실적인 문제도 있다. 부촌의 사치품 산업에 돈이 몰리고, 서민을 상대하는 소비재나 서비스업에는 돈이 흐르지 않으니 경제 전반의 활력이 차츰 떨어지게 되는 것이다.

□ 불평등의 측정

한 사회에서 소득의 불평등이 얼마나 심각한지를 측정하는 방법은 다양하지만, 대표적으로 사용되는 방법은 지니계수(Gini Coefficient)이다. 지니계수는 이탈리아의 인구통계학자인 코라도 지니(Corrado Gini)가 1912년에 발표한 것인데, 그 자체는 1905년 미국의 경제학자인 막스 로렌츠(Max Lorenz)가 만든 누적소득곡선을 응용한 것이다. 지니계수의 개념은 <그림 5-3>에 있는 삼각형의 면적에서 빗변과 로렌츠곡선 사이에 놓이는 공간의 면적이 얼마쯤 되느냐를 수치로 보여주는 것이다. 이 수치가 1이라면 한 사람이 사회 전체의 소득을 100% 독점하는 완전한 불평등사회이고, 0이라면 모든 사람이 똑같이 소득을 나눠 가지는 완전한 평등사회임을 의미한다. 즉, 이 수치가 1에 가까울수록 소득 분배가 불공평하다는 것을 의미한다.[29]

전 세계의 소득불평등을 주제로 다룬 세계은행의 2006년도 세계개발보고서(World Development Report)에서 보면 지구상에서 소득 불평등이 가장 심각한 나라는 남미의 아이티로 지니계수가 0.68이다. 그다음으로 지니계수가 높은 나라들은 보츠와나 0.63, 중앙아프리카공화국 0.61, 브라질 0.59, 과테말라 0.58%, 남아공화국 0.58, 짐바브웨 0.57 등으로 중남미와 아프리카 국가들이 유독 불평등이 심하다. 한국은 0.32이며, 선진국들 경우 미국 0.38, 일본 0.25, 독일 0.28, 영국 0.34, 프랑스 0.31 등으로 나타나고 있다. 분배가 잘된 복지국가로 흔히 알려지고 있는 북유럽 노르딕 국가들의 경우 스웨덴 0.25, 노르웨이 0.27, 덴마크 0.27, 핀란드 0.25 등으로 나타나고 있다. 나라별로 측정 시기가 다른 것으로 설명되어 있지만, 대체로 일반적인 상식에 부합하는 결과라고 생각된다. 세계은행에서는 지니계수의 약점을 보완해 총엔트로피(Generalized Entropy: GE)라는 지표를 함께 사용해 보여주고 있다.[30]

---

29) 삼각형의 밑변은 누적 인구비율, 높이는 누적 소득비율이다. 빗변은 45도 각도의 직선으로서 인구와 소득의 비율이 정확히 1:1로 분포되는 완전한 평등선을 의미한다. 즉, 인구가 10%일 때 소득도 10%, 인구가 50%일 때 소득도 50%인 선이다. 그런데 실제 사회의 소득분포는 로렌츠곡선의 형태로 나타난다. 예를 들면, 50% 정도의 인구가 소득의 20% 정도를 보유하고 상위층으로 갈수록 소득 비중이 높아지는 형태이다. 이 로렌츠곡선이 완전한 평등선인 빗변에서 멀어질수록 한 사회의 소득 분배가 그만큼 불평등하다는 것을 의미하며, <그림 5-3>에서 색칠한 부분의 면적이 커지게 된다. 이 부분의 면적을 전체 삼각형의 면적으로 나눈 비율이 지니계수이다.

30) World Bank(2007), *World Development report 2006: Equity and Development*,

1955년 미국경제학회장에 취임한 시몬 쿠즈네츠(Simon Kutznets, 1955)는 한 나라 경제가 성장하면서 초기에는 소득 격차가 커지다가 일정 단계에 이른 후에는 줄어든다고 주장하였다. 그의 이론은 U자를 뒤집은 "역-U자"(inverted-U) 모양의 "쿠즈네츠곡선"(Kuznets Curve)으로 널리 알려져 왔다. 성장과정에서 산업화와 도시화가 진행되고, 농업 부문으로부터 비농업 부문으로 부가 이전되면서 초기에는 소득 격차가 커지지만, 차츰 더 많은 사람들이 성장의 혜택을 받게 되면서 소득 격차가 줄어들게 된다는 것이다. 그는 1920년대부터 1950년까지 미국, 영국, 독일 등의 소득 통계와 인도, 실론 등의 저개발국 통계를 분석하여 자신의 주장을 뒷받침하였다.

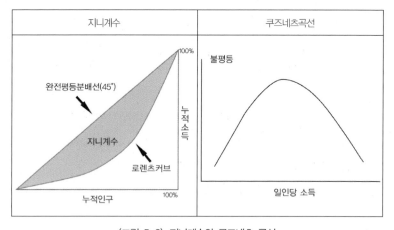

〈그림 5-3〉 지니계수와 쿠즈네츠 곡선

Washington, DC: World Bank, 아래 사이트에서 전문을 구할 수 있다.
http://www-wds.worldbank.org/servlet/WDSContentServer/WDSP/IB/2005/09/20/00
0112742_20050920110826/Rendered/PDF/322040World0Development0Report0200
6.pdf

쿠즈네츠의 연구는 한국전쟁(1950-53)으로 동서냉전이 격화되던 시점에서 좌파 세력으로부터 집중적인 공격을 받아온 불평등문제를 실증적인 자료에 기초해 분석하면서 자본주의가 빈부 격차를 악화시킨다는 통념과 달리 불평등에 대한 자기 조정 능력을 지니고 있을 뿐만 아니라 궁극적으로 이를 개선한다는 사실을 입증한 것으로 평가되었다. 1963년 미국의 케네디(John F. Kennedy) 대통령은 경제성장에 대해 언급하면서 "밀물은 모든 배를 함께 들어올린다"(A rising tide lifts all boats)라는 유명한 표현을 사용하였는데, 이는 쿠즈네츠의 연구가 동시대 사람들에게 준 영향을 보여주는 사례로 흔히 인용된다.

쿠즈네츠곡선은 지금까지 다양한 검증을 받아왔다. 산업혁명과 함께 극심한 빈부 격차가 나타났던 영국, 미국, 독일, 프랑스 등 선진국들의 그 후 발전과정을 보면 쿠즈네츠의 연구가 대체로 역사적 경험에 부합하는 것으로 평가된다. 에이스모글루와 로빈슨(D. Acemoglu & J. Robinson, 2002)은 서구의 경험이 쿠즈네츠곡선과 부합하지만, 노르웨이, 네덜란드 등의 북유럽 국가들과 한국, 일본, 타이완 등의 아시아 국가들에서는 불평등이 증가하다 떨어지는 곡선 형태보다는 '계속 떨어지는'(monotonically falling) 발전 형태를 보여왔다고 제시한다.

쿠즈네츠곡선은 국가 내의 비교만이 아니라 국가 간의 비교를 통해서도 검증해볼 수 있다. 필자가 앞에서 제시한 2006년도 세계개발보고서의 지니계수 통계에 따르면 선진국들이 대체로 지니계수가 낮은 반면 후진국들이 높은 경향을 보이는 것으로 나타난다. 쿠즈네츠곡선은 장기간의 변화를 언급하는 것이고, 앞의 지니계수는 특정 시점의 통계라는 차이가 있지만, 국가별 발전단계 자체가 이미 장기간의 변화를 반영하고 있는 결과라고 보면, 소득이 높아 질수록 불평등이 감소한다는 주장은 대체로 사실에 부합하는 것으로 보아도 무리가 없다. 그러나 이 경우 중소득 국가들이 가장 높은 불평등을 보이는 쿠즈네츠곡선 형태의 분포가 나타나지는 않는다.

쿠즈네츠곡선에 대한 비판은 곡선의 형태보다는 그런 결과가 나타나는 원인에 대한 시각에서 더욱 예리해진다. 파리 경제대학의 토마 피케티(Thomas Piketty, 2014) 교수는 쿠즈네츠곡선에서 나타난 1914-1945년간의 소득 불평등 감소 현상은 두 차례의 세계대전과 그에 따른 정치적 충격의 영향에 따른 것이며, 경제발전 과정의 내적 동인에 의해 자생적으로 생긴 것이 아니라고 주장한다. 그는 자신과 동료들이 구축한 "세계 상위소득 데이터베이스"(World Top Income Database: WTID)를 통해 장기간에 걸쳐 많은 나라들의 소득분포 변화 과정을 분석한 결과 미국과 유럽에서 공통적으로 제2차 세계대전 후 1970년대 중반까지 소득 불평등이 완화되었다가 그 후 다시 빠른 속도로 커지고 있다고 제시하였다.

그가 2014년 출판한 『21세기의 자본』이라는 책은 2008년 금융위기 이후 세계경제를 엄습한 대침체 속에서 고통을 겪고 있는 대중들에게 극심한 소득 불평등의 현실을 실증적으로 보여주면서 선풍적인 인기를 모으고 있다. 그가 제시하는 실증적인 통계들은 뒤에서 좀 더 자세히 살펴볼 예정이다. 이 지점에서 의미 있는 부분은 소득 불평등문제가 지니고 있는 속성에 대한 그의 다음과 같은 관찰이다.[31]

---

31) 피케티의 책은 700페이지가 넘는 방대한 저작으로 정독하기 힘든 독자들을 위해 간단하게 요약해준 여러 글이 나와 있다. Cassidy(2014)의 아래 글은 그중 하나로 참조할 만하다.
http://www.newyorker.com/news/john-cassidy/pikettys-inequality-story-in-six-charts

"부의 분배 역사는 언제나 깊숙이 정치적이었으며, 순전히 경제적인 메커니즘만으로 제한될 수 없다. 특히 1910년에서 1950년 사이 대부분의 선진국에서 일어나 불평등이 감소는 다른 무엇보다 전쟁과 그 전쟁의 충격을 극복하기 위해 도입된 정책들의 결과였다. 마찬가지로, 1980년대 이후 불평등이 급증한 현상도 지난 수십 년 동안의 정치적 변화, 특히 조세와 금융에 관련된 변화들에 크게 영향을 받아온 것이다. 불평등의 역사는 경제적, 사회적, 정치적인 행위자들이 무엇이 정당하고 그렇지 않다고 보는가 하는 시각과 그 행위자들의 상대적인 힘, 그리고 그 결과에 따른 집단적인 선택에 의해 만들어진다. 그것은 관련된 모든 행위자의 집단적인 산출물이다."

프린스턴 대학의 앵거스 디턴(Angus Deaton, 2013: 190) 교수도 다양한 연구결과를 인용하면서 최근 미국의 불평등이 심화되어 왔음을 지적하고, 그 과정에 정치적인 힘이 크게 작용한 것으로 설명하고 있다. 그는 "정치가 누가 무엇을 얻을 것인가에 대한 갈등을 최종 결정한다"고 말하면서 "정부는 자신들의 고객 몫을 늘이려는 이해집단과 로비스트, 그리고 선거구민들의 전투 현장"이라고 표현한다. 이 부분도 역시 뒤에서 좀 더 자세히 살펴볼 것이나, 다음과 같은 그의 표현들은 필자의 관점과 일치하면서 중요한 통찰을 제시하고 있어 여기서 특별히 인용하고자 한다(Ibid., 207-214).

"우리는 우리가 원하는 것이 기회의 평등이며 결과의 평등은 아니라고 믿고 있지만, 양자는 함께 가는 경향이 있으며, 이는 불평등 그 자체가 기회의 평등에 대한 장애물이라는 점을 시사한다. …… 민주주의에서 요구되는 정치적 평등은 언제나 경제적 불평등으로부터 위협을 받고 있으며, 경제적 불평등이 극심해질수록 민주주의에 대한 위협도 심각해진다. …… 이처럼 극심한 불평등의 결과에 대해 우려하는 것은 부자에 대한 질투심과는 관계가 없으며, 급속하게 늘어나는 상위소득자들의 몫이 다른 모든 사람의 복지에 위협이 된다는 우려와 전적으로 관계가 있다."

(2) 선진국의 불평등

 세계적으로 불평등이 가장 심각한 나라들은 앞의 세계은행 통계에서 잠깐 보았듯이 중남미와 아프리카의 개발도상국들이다. 그런데 최근에는 미국과 유럽의 선진국들에서도 불평등이 심각한 사회문제로 인식되고 있다. 2008년 금융위기로 많은 사람들이 직장과 집을 잃고 거리로 내몰리기도 한 상황에서 여전히 수백만 달러씩의 연봉을 받는 최고경영자들의 이야기가 회자되면서 사회적 불만이 높아지고 있다. 미국에서는 마침 흑백 간의 오랜 인종갈등까지 새롭게 점화되어 고민이 되고 있다. 2014년 8월 미주리 주의 퍼거슨(Ferguson) 시에서 흑인 청년이 백인 경찰의 총에 맞아 죽은 사건을 계기로 격렬한 시위가 발생하여 2015년 3월 현재까지도 지속되고 있는데, 이는 흑인들이 평소에 느끼는 차별에 대한 울분을 표출하고 있는 것이다.

자료: Thomas Piketty(2014), p.24.

〈그림 5-4〉 미국의 소득 상위 10%가 국민소득에서 차지하는 비중 변화(1910-2010)

여기에서는 미국과 유럽 국가들의 소득 격차 문제를 중심으로 경제적 불평등에 관해 조금 더 자세히 살펴보고자 한다. 앞에서 언급한 피케티 교수의『21세기 자본론』은 미국과 유럽의 소득 격차를 단적으로 보여주는 두 가지 그래프를 제시하고 있다. <그림 5-4>는 1910년부터 2010년까지의 1세기 동안 미국에서 소득 상위 10%가 전체 국민소득에서 차지하는 비중의 변화를 보여준다. 그래프가 보여주듯이 상위 소득 10%의 비중이 1920년대 45-50% 수준으로 높았다가 1940-1970년대에는 30-35% 수준으로 떨어졌으나, 1980년대 이후 다시 급격히 상승하여 2000년대 초반에는 45-50% 수준에 달하였다. 그래프가 꼭대기 점을 보이는 두 해가 1928년과 2007년이라는 점은 중요한 사실을 시사한다. 각각 그다음 해에 세계경제가 대붕괴하는 사태가 발생한 것이다. 부의 편중이 극에 달하면 폭동이나 정치적 갈등이 없어도 경제 자체의 힘에 의해 사회 전체가 무너진다는 사실을 보여주는 것이다.

<그림 5-5>는 독일, 프랑스, 영국 세 나라에서 국민소득과 비교한 자본의 비중이 어떻게 변해왔는지를 보여준다. 1910년 이전까지는 세 나라에서 공통적으로 자본의 비중이 연간 국민소득의 600-700% 수준에 달했다가 1920-1970년대에는 200-300% 수준으로 떨어졌으나 1980년대 이후 다시 크게 늘어나 2000년대에는 500% 수준에 달하고 있는 것이다. 피케티가 말하는 자본은 부동산과 유동자산을 포함해 상품화될 수 있는 모든 재산을 의미하며, "개인들의 부"(private wealth)와 동일한 개념으로 사용되고 있다. 일반 노동자는 한 해 일해서 버는 소득으로 사는 데 비해 재산이 많은 부자들은 자본으로부터 수익을 기대할 수 있기 때문에 자본과 소득의 비율이 큰 격차로 벌어지는 것은 그만큼 빈부 격차가 심해지고 있다는 의미이다.

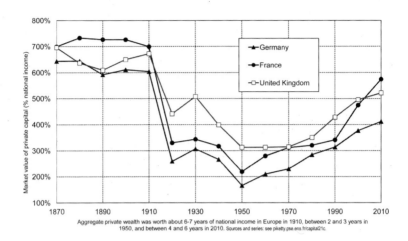

자료: Thomas Piketty(2014), p.26.

〈그림 5-5〉 유럽의 자본/소득 비율 변화(1870-2010)

피케티(Piketty, 2014: 336)는 미국의 경우 노동소득이 최근 불평등 확대의 주원인이지만, 유럽의 경우는 자본소득이 주원인이라고 진단한다. 그리고 유럽의 사례가 역사적으로 불평등이 확대되는 기본 공식에 가깝다고 한다. 알려진 모든 사례를 통해 재산의 불평등은 소득의 불평등을 훨씬 상회하며, 하위 50% 이하의 소득자들이 소유하고 있는 재산은 5% 정도에 불과하다. 20세기 전반기에 전체적으로 불평등이 감소한 유일한 이유는 재산으로부터 나오는 소득이 감소했다는 것이다.

이러한 진단으로부터 피케티(Piketty, 2014: 25)는 불평등이 확대되는 기본 공식은 r>g라고 표시한다. r은 재산으로부터 나오는 소득이고 g는 경제성장률이다. 즉, 한 해 동안 재산에서 나오는 수익이 생산활동으로부터 거두는 소득보다 큰 경우 불평등이 확대된다는 것이다. 피케티는 앞에 언급한 WTID를 통해 20여 개국에서 300년간에 걸친 소득과 재산 변동 데이터를 수집하고 이를 실증적으로 분석하였다. 맬서스, 리카도, 마르크스 등의 고전경제학자들은 실증적 자료가 없이 불평등을 논하였으나, 자신의 연구는 각국의 세금 자료에 기초해 철저한 데이터 분석으로 이루어졌다고 언급하고 있다.

불평등에 관한 실증적인 데이터 분석의 효시인 1950년대 쿠즈네츠의 연구는 자본주의가 성장하면서 자체 동력에 의해 불평등을 완화시켜 준다고 했는데, 피케티가 그 점을 논박한 것은 앞에서 설명했다. 금융이 산업을 지배하는 현대의 자본주의에서는 부가 부를 낳아 전체적인 불평등을 더욱 확대하는 경향을 보이다가 부의 편중이 극대화되는 시점에서 시장이 붕괴되는 현상이 나타나게 됨을 피케티의 연구가 실증적으로 보여준다.

피케티에 이어 OECD(2014)의 최근 연구도 선진국에서 불평등이 극히 심화되었음을 보여준다. OECD에 따르면 현재 전체 OECD 국가의 부유한 10%가 버는 소득은 하위 10%가 버는 소득의 9.5배로, 그 격차가 1980년대의 7대 1에서 크게 확대되었다. 이는 30년 만에 가장 높은 수준이다. 지니계수로 보아도 OECD 전체로 1980년대 0.29에서 2011/2012년에는 0.32로 상승하였으며, 21개 국가 가운데 16개 국가에서 상승했다. 빈곤 계층의 소득은 정체하거나 감소했으며, 이로 인한 교육 기회의 상실이 인적자본 형성에 장애를 초래해 상위 계층으로의 이동 기회를 박탈한다. 이는 결국 전체적인 경제성장에도 부정적인 영향을 가져온다고 OECD는 진단하고 있다.

최근 미국과 유럽에서는 대기업의 최고경영자들이 받는 막대한 액수의 연봉이 언론에 오르내리면서 비판을 받고 있다. 피케티는 미국에서 전체적인 불평등이 확대되는 주요 원인이 바로 이러한 최고경영자들의 과도한 연봉에 의해 노동소득의 격차가 커지고 있기 때문이라고 진단한다. 이에 관해 흥미 있는 여러 가지 통계들이 제시되고 있어 소개하고자 한다, 미국 국세청(Internal Revenue Service: IRS)은 조세 관련 각종 상세한 통계를 제공하고 있으며, 피케티의 연구는 이에 기초했다고 밝히고 있다.[32]

2012년 포브스(Forbes)지의 기사에 따르면 2011년에 미국 500대 기업의 최고경영자들에 대한 보상(compensation)이 16% 인상되어 총 52억 달러에 달했으며, 이는 개인 평균 1,050만 달러씩을 받았음을 의미한다. 이해에 미국 노동자들의 평균 임금은 3% 인상되었다. 경영자들에 대한 보상은 통상 임금 이외에 주식을 사고팔 수 있는 스톡옵션(stock)과 기타 연금 등 다양한 보너스로 이루어지는데, 스톡옵션이 총액의 61%로 전체의 3분의 2가량을 차지했다.[33] 2012년에는 상위 1%의 소득이 20%나 오르면서 전체 소득에서 19%에 달해 1928년 이후 가장 큰 비중을 차지했다는 피케티와 그 동료들의 연구가 여러 언론에 보도되었다. 이에 반해 나머지 99%의 소득은 1% 늘어나는 데 그쳤다.[34]

미국의 노동조합 연합단체인 AFL-CIO는 노동자들과 CEO들의 연봉 차이를 분석하여 계속 공개하고 있는데, 그 홈페이지에 2013

---

32) 미국 국세청 조세통계 홈페이지. http://www.irs.gov/uac/Tax-Stats-2

33) http://www.forbes.com/sites/scottdecarlo/2012/04/04/americas-highest-paid-ceos/

34) CNBC 2013.9.11. http://www.cnbc.com/id/101025377
Yahoo News 2013.9.10.
http://news.yahoo.com/richest-1-percent-earn-biggest-share-since-20s-192924843—finance.html

년 고액 보상 100위 CEO의 리스트가 공개되어 있다. 그중 상위 10위권만 복사하여 <표 5-10>에 옮겨본다. 그 자료에는 이해 노동자들의 평균 소득 3만 5,239달러와 CEO들의 보상을 비교한 수치가 나와 있어 참고로 적어놓았다. 이에 따르면 1위를 기록한 사람의 보상액은 1억 4,194만 달러로 노동자 평균 대비 무려 4,028배에 달한다. 2위는 8,504만 달러로 평균 연봉 대비 2,414배이다. AFL-CIO는 2013년에 전체적인 CEO들의 평균 연봉은 노동자들의 331배였고, 500대 상위 기업 CEO의 평균 연봉이 1,170만 달러라고 나와 있다.[35]

〈표 5-10〉 2013년 미국의 고액연봉 상위 CEO

약어	기업	CEO 이름	보상액	평균임금 대비(배)
LNG	CHENIERE ENERGY INC	Charif Souki	$141,949,280	4,028
GBL	GAMCO INVESTORS INC	Mario J. Gabelli	$85,049,800	2,414
ORCL	ORACLE CORP	Lawrence J. Ellison	$78,440,657	2,226
SD	SANDRIDGE ENERGYINC	Tom L. Ward	$71,119,765	2,018
NBR	NABORS INDUSTRIES LTD	Anthony G. Petrello	$68,246,187	1,937
CBS	CBS CORP	Leslie Moonves	$66,932,581	1,899
TDG	TRANSDIGM GROUP INC	W. Nicholas Howley	$64,214,656	1,822
ZNGA	ZYNGA INC	Don A. Mattrick	$57,814,391	1,641
FCX	FREEPORT-MCMORANCOP & GOLD	Richard C. Adkerson	$55,260,539	1,568
MCK	MCKESSON CORP	John H. Hammergren	$51,744,999	1,468
S	SPRINT CORP	Daniel R. Hesse	$49,077,699	1,393
LNKD	LINKEDIN CORP	Jeffrey Weiner	$49,071,363	1,393

자료: AFL-CIO(http://www.aflcio.org/Corporate-Watch/Paywatch-2014/100-Highest-Paid-CEOs#).
주: 2013년 노동자 평균소득은 35,239달러.

---

35) AFL-CIO 홈페이지의 "Executive Paywatch 2014" 참조.
   http://www.aflcio.org/Corporate-Watch/Paywatch-2014/

대중들의 상대적 박탈감과 분노를 자극하기에 충분한 수준이라고 할 수 있다. 이러한 고액 연봉은 특히 영미권에서 문제가 되어 영국에서도 이들에 대한 과세를 둘러싼 각종 언론 보도가 이어지고 있다. 미국 경우 2010년 입법된 도드-프랭크법에 의해 주주들이 최고경영자에 대한 보상안을 거부할 수 있도록 했는데, 실제 그 효과가 거의 없다고 알려지고 있다. 주주가 아닌 해당 기업 근로자들의 의사가 반영되도록 하는 것이 적절하다는 의견이 있다.

최고경영자들의 연봉이 이처럼 상승한 이유에 대해 다양한 분석 자료들이 나와 있다. 조금 오래되었지만, 제임스 웨이드(James Wade) 등 3인이 공동 연구한 1997년 논문은 최고경영자들의 연봉이 어떤 방식으로 정당화되는지에 대한 실증적인 연구로서 참고할 만하다. 보상위원회(compensation committee)에서 결정하고 자문회사들의 컨설팅을 받아 주주총회에서 결정되는 과정은 형식적인 확인(face validity)에 불과하고, 경영진이 만드는 보고서와 그 채택과정에서 다양한 방법으로 정당화가 시도됨을 알 수 있다.

피케티는 결국 자신들의 연봉을 스스로 책정할 수 있는 슈퍼매니저들의 힘이 이런 결과를 가져오고 있는 것으로 분석한다. 앵거스 디턴(2013: 209-210) 교수는 워런 버핏(Warren Buffet)의 말을 인용하여 보상위원회가 실질적으로 CEO들의 통제하에 있으며, 자문회사들은 고액 연봉을 다른 기업들로 확산하는 데 기여해왔다고 제시한다. 고액의 용역을 받아 보고서를 제출하는 자문회사들은 결국 CEO들이 자기합리화를 위해 동원하는 나팔수에 불과한 것이다. 적정수준을 초과한 고액 연봉은 "대량 살상 금융 무기"(financial weapons of mass destruction)라는 워런 버핏의 말이 디턴 교수의 책에 인용되고 있다.

〈표 5-11〉 미국의 소득 그룹별 소득 점유율과 조세 부담률(2010-2014)

	소득발생 건수	AGI (백만 달러)	AGI 비중 (%)	소득세비중 (%)	소득분기점 (달러)	평균유효 납세비율 (%)
전체 납세자	139,960,580	8,426,625	100	100		12.24
상위 1%	1,399,606	1,685,472	20	38	380,354	23.27
상위 5%	6,998,029	2,926,701	34.73	58.72	159,619	20.70
상위 10%	13,996,058	3,856,462	45.77	69.94	113,799	18.71
상위 25%	34,990,145	5,678,179	67.38	86.34	67,280	15.68
상위 50%	69,980,290	7,352,111	87.25	97.30	33,048	13.65
하위 50%	69,980,290	1,074,514	12.75	2.70	33,048 미만	2.59

자료: http://www.financialsamurai.com/how-much-money-do-the-top-income-earners-make-percent/
주: AGI(Adjusted Gross Income)는 각종 공제 이후 과세 대상 소득을 말함.

디턴(Deaton, 2013: 198) 교수도 미국에서 전체적으로 불공평이 확대된 과정은 궁극적으로 정치적인 과정이라고 설명한다. 1933년 대공황의 와중에 상업은행들의 투기적 영업을 규제한 은행법(Banking Act), 일명 글래스 스티걸법(Glass Steagal Act)이 1999년 폐지된 사정은 이러한 정치적 과정의 마침표라고 언급된다. 노동조합의 힘이 약화되고, 교육받은 여성들의 사회 진출이 현저히 늘어나면서 상위권의 남녀끼리 짝을 맺어 "파워 커플"이 늘어난 현상도 불평등 확대에 기여한 것으로 분석된다. 민간 분야 노동조합원의 비율은 1973년 24%에서 2012년에는 6.6%로 감소하였다. 결국 규제완화와 정부의 후퇴를 강조해온 신자유주의자들의 승리가 경제적 불평등을 확대해온 것으로 해석된다.

슈퍼 매니저들의 고액연봉을 옹호하는 측도 다양한 경로로 여론 조성에 노력하고 있다. 미국의 상위 1%가 전체 소득의 20%를 벌었지만, 연방 소득세의 38%를 납부했다는 <표 5-11>과 같은 통계들이 이런 옹호논리에 흔히 이용된다. 이 통계를 인용하고 있는 글은 소득분기점(Income Split Point)을 해당 소득그룹의 평균 소득인 것처럼 제시하여 읽는 이들의 착각을 유도한다. 소득분기점은 각 그룹의 최저선으로서 다음 그룹과 갈라지는 소득선을 의미한다. 상위 1%의 소득 분기점이 38만 달러라는 말은 이 그룹의 평균소득이 아니라 최저선이라는 말이다. 영국에서도 고액 소득자들에 대한 과세 문제가 심각하게 부각되자 상위 소득자들이 전체 소득세의 대부분을 납부하고 있다는 데일리 메일(Daily Mail)의 기사들이 눈에 띈다.36)

세계경제의 글로벌화에 따라 전 세계적으로 경영을 해야 하는 최고 경영자들의 보수가 늘어날 수밖에 없다는 주장과 정보화에 따른 사회 변화로 과거에 비해 더 복잡한 기술이 요구되므로 경영인에게 보수가 더 늘어날 수밖에 없다는 주장도 있다. 그러나 최고 경영자 한 사람이 수천 명 직원의 임금에 해당하는 연봉을 받아야 하는지는 쉽게 납득되지 않는다. 토머스 에디슨처럼 인류의 발전에 획기적인 기여를 한 제품을 만든 사람이라면 그 사람이 자기 회사의 주주로서 또 최고경영자로서 수천 명 직원 월급에 상당하는 보상을 받는다고 해도 이의를 제기할 사람은 많지 않을 것이다. 마이크로소프트를 만든 빌게이츠나 아이폰을 만든 스티브잡스의 연봉에 대해 시비를 제기하는 사람은 필자가 보지 못했다. 그러나 기존 기업에 단순히 경영인으로 영입된 사람들이 수천 명 직원의 임금을 받는 경우는 상황이 다르다. 주인이 분명하지 않은 주주 자본주

---

36) http://www.dailymail.co.uk/news/article-2451686/Top-1-earners-pay-THIRD-income-tax-year.html
http://www.dailymail.co.uk/news/article-2580074/Top-25-earners-pay-75-ALL-income-tax-half-country-contributes-10.html

의의 약점을 이용하는 것이며, 그들의 과도한 자기 보상은 결국 비도덕적이고 약탈적이라는 비판에 직면할 가능성이 크다.

고액 소득자들이 세금을 더 많이 낸다는 사실에 대해서도 한번 검토해볼 수 있다. 미국의 경우 2013년 빈곤 인구는 전년도의 15%에서 다소 줄어 14.5%라고 정부 통계에 나와 있다.[37] 빈곤인구는 그 용어의 정의상 최저 생계비 이하의 소득으로 사는 인구를 말하며, 납세를 기대하기 어려운 사람들이다. 고액소득자들의 조세부담률은 자신들의 소득점유율에다 빈곤인구비율을 더한 것과 대략 비슷하다. 이 말은 고액소득자들이 빈곤층의 세금을 대신 낸 것을 의미하지만, 한편으로 부의 극심한 편중이 결국 납세의 편중을 가져올 수밖에 없는 구조를 보여주기도 한다. 미국의 전체 납세자 가운데 하위 50%의 소득점유율이 모두 합쳐 12.5%에 불과한데, 상위 1%의 소득이 20%나 되는 상황이 정상적인 자본주의사회의 모습으로 인식되어야 한다고는 생각되지 않는다. 독재적인 후진국들은 이 문제가 더 심각하니, 그래도 선진국인 미국은 이만하면 양호한 것이라고 생각해야 하는 것일까?

(3) 한국의 소득 불평등

한국에서는 최근 동국대 경제학과의 김낙년, 김종일(NakNyeon Kim & Jongil Kim. 2014) 교수가 피케티의 방법론을 적용하여 소득 불평등을 연구한 자료를 발표하였다. 두 교수가 미국, 영국, 일본, 프랑스와 한국의 상위소득을 비교한 연구에 따르면 한국의 상

---

37) http://www.census.gov/hhes/www/poverty/about/overview/

위소득 1%의 소득점유율 추이는 기본적으로 다른 나라들과 같은 U 자 모양을 보인다. 선진국들과 같이 오랜 역사적 통계가 잘 정리되어 있지는 않지만, 파악된 자료로 보면 일제강점기에는 이 비율이 20% 전후로 매우 높았다가 독립 후에는 1990년대 중반까지 대체로 10% 아래의 낮은 수준을 유지하였다. 그러나 1997년 외환위기를 겪은 이후 급상승하기 시작하여 2010년에는 12% 수준으로 프랑스와 일본의 수준을 뛰어넘고, 미국, 영국보다는 낮은 수준에 있다(<그림 5-6> 참조). 이 연구에 따르면 2010년 기준으로 상위 10%의 소득점유율이 43.3%에 달해 한국의 소득불평등도 심각한 수준에 있다.

자료: NakNyeon Kim & Jongil Kim(2014), p.10.

<그림 5-6> 한국과 주요 선진국의 소득 상위 1% 소득점유율 추이

두 교수의 연구는 여러 언론에 보도되면서 화제를 모았고, 국회에서는 야당의원이 두 교수의 연구를 인용하면서 통계청의 지니계수가 정확하지 않다고 질타하기도 하였다. 통계청이 발표한 한국의

지니계수는 2013년 0.302로 2012년의 0.307보다 감소하였고, 이는 관련 통계를 집계하기 시작한 2006년 이후 가장 낮은 것으로 되어 있다.[38] 두 교수의 연구는 국세청의 과세 자료를 기준으로 2010년 3,796만 명의 소득을 분석한 것인데, 통계청에서 작성하는 지니계수는 가구에 대한 표본 조사를 통해 만들어지고 있다. 가구에 대한 설문조사는 고액 소득자들이 응답을 회피하기 때문에 정확성이 떨어질 수밖에 없는 한계를 지니고 있다. 피케티가 국세자료를 기초로 한 것도 바로 이러한 한계를 감안하고 가장 광범위한 데이터를 수집할 수 있기 때문이다. 이러한 상황을 감안하면 김낙년, 김종일 교수의 연구는 통계청의 지니계수가 실제보다 상당히 낮은 수치라는 것을 추정할 수 있게 한다.

두 교수의 연구에 대해 한국의 보수단체 입장을 대변하는 자유경제원에서는 반박하는 글들을 발표해왔다. 현진권 자유경제원장의 칼럼은 1999년 조세행정체계가 '정부부과제도'에서 '신고납부제도'로 정비되기 전까지는 탈세가 만연하던 시기로 그 이전의 국세통계연보는 신뢰성이 낮아 소득분배 연구에 사용하지 않았다고 주장하고 있다.[39] 서울시립대 세무학과의 김우철(2014) 교수는 국세청 자료가 지니는 기술적인 한계를 지적하며 김낙년 교수의 연구가 지니는 기여와 한계에 대해 언급하고 있다. 종합소득세를 납부하는 일부 소득자들을 제외하면 절대다수인 근로소득자는 근로소득 이외의 개인 소득을 파악하기 어렵다는 점이 한계로 지적되고 있다.[40]

---

38) 뉴스1, [국감초점] "소득불평등 통계 '지니계수' 엉터리 아니냐", 2014년 10월 13일자. http://news1.kr/articles/?1901227

39) 현진권(2014), "김낙년 소득불균형 심화보고서는 왜곡: 피케티경제학 도입 땐 부자 해외탈출, 성장추락 등 해악", 미디어펜, 2014년 9월 25일자. http://www.mediapen.com/news/articleView.html?idxno=48462

김낙년(2014) 교수는 2014년 12월 발표한 추가 연구를 통해 연구대상 기간을 2010년 한 해로 제한하고 기존 자료에서 반영하지 못한 금융소득 자료 등을 반영하여 새로운 결과를 제시하였다. <표 5-12>에는 김종일 교수와 공동 수행한 기존 연구와 새 연구의 결과 차이가 나타나 있다. 이 자료에 따르면 2010년 한국의 상위 10% 소득은 기존 연구의 43.3%보다 5% 가까이 더 늘어난 48.05%에 달하고, 상위 5%의 소득 점유율도 29.17%에서 32.33%로 상승한다. 기존 연구보다 소득 불평등이 더 심한 것으로 파악된 결과를 보여주고 있는 것이다.

지난 15년간 한국의 소득 불평등이 급속히 심화된 이유에 대해 김낙년, 김종일의 공동연구(2014)는 산업구조와 인구구조 변화, 그리고 조세구조 변화, 기업의 지배구조 변화 등을 지적하였다. 『주간조선』(2014.7.15)의 인터뷰 기사로 나와 있는 김낙년 교수의 설명이 이를 잘 요약하고 있다고 생각되어 여기 옮겨본다.[41)]

> "김 교수는 '중국 등 저임금 국가와의 교역 확대를 포함한 세계화 심화가 고용을 줄였고 숙련 편향적 기술변화를 가속화하면서 근로자 간의 소득 격차도 확대시켰다'고 지적했다. IMF 외환위기 이후 기업 지배구조 변화와 성과주의 보수체계의 확산도 소득 격차의 확대를 불러왔다. 특히 상층 소득자에게 유리한 방향으로 세율구조가 변화된 점도 이를 가속화시켰다. 김 교수는 '소득세법에 규정되어 있는 최고 세율 추이를 보면 1960-1970년대 빠르게 상승하여 70%까지 갔다가 이후 지속적으로 하락하여 최근에는 그 절반으로 내려갔다'며 '1980년대 이후 미국 레이건 정부나 영국 대처 정부

---

40) 김우철(2014), "소득불평등 지수의 정확한 추정을 위한 조건", 자유경제원 현안해부 No.13 (2014.10.1.).
   http://cfe.org/mboard/bbsDetail.php?cid=mn1397435153&pn=1&idx=33876

41) 정장렬(2014), "OECD도 몰랐던 사실…… 한국은 심각한 소득불균형 국가: 피케티 DB에 한국 자료 올리는 김낙년 교수", 주간조선, 2314호(2014.7.15).

를 중심으로 신자유주의적 개혁이 추진되고 소득세율을 대폭 인하하는 조세 정책이 당시 세계적 조류가 되었는데, 한국도 예외가 아니었다'고 강조했다."

〈표 5-12〉 한국의 상위소득그룹별 소득 점유율(2010)

<표 2> 추계 결과의 비교: 분위별 경계소득과 소득비중(2010년)

	Kim and Kim(2014)		국세청 통합소득 자료		본고	
	경계소득	소득비중	경계소득	소득비중	경계소득	소득비중
	(천 원)	(%)	(천 원)	(%)	(천 원)	(%)
상위 10%	36,662	43.30	38,618	43.02	44,326	48.05
상위 5%	57,666	29.17	57,081	29.09	64,027	32.33
상위 1%	106,193	11.76	102,038	11.77	116,213	12.97
상위 0.5%	137,340	8.36	131,687	8.37	138,163	9.19
상위 0.1%	288,186	4.19	293,137	4.17	317,676	4.46
상위 0.05%	429,935	3.16	432,553	3.15	464,337	3.36
상위 0.01%	1,121,247	1.65	1,149,255	1.62	1,201,489	1.74

자료: 김낙년(2014), "한국의 개인소득 분포: 소득세 자료에 의한 접근", 낙성대경제연구소 워킹페이퍼 2014-08(http://www.naksung.re.kr/xe/main).

필자가 이 책의 원고를 마치고 출판준비에 들어간 시점인 2016년 1월 고려대 장하성 교수가 쓴 『왜 분노해야 하는가?』라는 책이 출판되었다. 필자로서는 유감스럽게도 그 내용을 이 책에 반영하지 못하지만, 한국 사회의 불평등에 대한 심도 있는 연구를 소개하고 있어 관심 있는 독자들은 읽어보시기를 권한다.

(4) 국제사회의 불평등과 빈곤

불평등은 잘사는 나라들인 선진국에서도 문제가 될 정도로 심각하지만, 사실 국제사회에서 더 심각한 문제는 못사는 나라들 안에서의 불평등, 그리고 잘사는 나라와 못사는 나라 간의 불평등이다.

식민지 시절 백인들이 원주민들을 착취하던 구조가 지금까지도 영향을 끼치고 있는 중남미와 아프리카 국가들 안에서의 불평등은 특히 심각하다. 앞에서 언급한 세계은행의 지니계수를 보아도 알 수 있다. 불평등이 심각한 나라들일수록 빈곤도 심각하다.

〈표 5-13〉 세계의 지역별, 그룹별 빈곤 상황

	그룹별	총인구 (백만 명)	1인당 소득 (달러)	절대빈곤인구 비율(%) 1990	절대빈곤인구 비율(%) 2011
지역별	동아시아 & 태평양	2,006	5,536	57.0	7.9
	(중국)	1,357	6,560	60.7	6.3
	유럽 & 중앙아시아	272	7,118	1.6	0.5
	라틴아메리카 & 카리브	588	9,536	12.2	4.6
	중동 & 북아프리카	345	3,456	5.8	1.7
	남아시아	1,671	1,482	54.1	24.5
	(인도)	1,252	1,570	45.3*	21.9
	사하라 이남 아프리카	936	1,657	56.6	46.8
	세 계	7,125	10,679	36.0	14.5
그룹별	취약 및 분쟁 국가	46	1,234		42.7
	UN 분류 최빈국	898	868		
	고채무 빈곤 국가(HIPC)	674	816		
	OECD 고소득 국가	1,054	44,490		
	(미국)	316	53,470		
	(한국)	50	25,920		

자료: 세계은행 빈곤 데이터(http://data.worldbank.org/topic/poverty)에서 필자가 정리.
주: 1) 총인구와 1인당 소득은 2013년 기준임. 지역별 그룹은 개발도상국만 포함됨. 즉, 동아시아에는 일본, 한국 등이 빠지고 유럽에서는 서유럽 국가들이 빠져 있음.
　　2) 인도의 절대빈곤 인구 과거 통계는 1993년 기준임.

<표 5-13>은 세계은행 홈페이지의 빈곤 데이터에서 필자가 관심 있는 통계를 찾아 정리한 것이다. 세계의 나라들을 지역별, 그룹별로 나누고 그 가운데 일부 관심 국가들을 표시하여 최근 통계를 압

축적으로 보여준다. 2011년 기준 절대빈곤 인구 비율이 가장 높은 지역은 사하라 이남 아프리카로서 그 비율이 46.8%에 달한다. 대략 두 사람 중 한 사람이 하루에 1.25달러, 연간 465달러, 우리 돈으로 치면 대략 50만 원 이하의 소득으로 살고 있는 것이다. 절대빈곤(absolute poverty)이란 세계은행에서 정한 기준으로 하루 소득이 구매력 평가 기준 1.25달러 아래인 상태를 말한다. 인도를 포함한 남아시아의 절대빈곤 비율은 24.5%이며, 중국을 포함한 동아시아의 비율은 7.9%이다. 그러나 중남미의 절대빈곤 인구 비율은 4.6%로 매우 낮은 수준인데, 이는 중남미의 1인당 평균소득이 9,536달러로 다른 개발도상국 지역에 비해 월등히 높기 때문이다.

세계 전체의 절대빈곤 인구 비율은 2011년 14.5%이며, 고소득 OECD 국가들에서는 이런 통계가 나타나지 않는다. 지역별로 역사적 추세를 보면 동아시아의 절대빈곤 인구 비율이 1990년 57.0%에서 2011년 7.9%로 획기적으로 줄어든 것을 비롯해 전 지역에서 모두 절대빈곤이 현저히 감소한 것으로 나타난다. 중국의 급속한 성장이 동아시아 지역의 절대빈곤 인구감소에 크게 기여한 것을 짐작할 수 있다. 다만 사하라 이남 아프리카는 1990년 56.6%에서 2011년 46.8%로 크게 줄어들지 않아 여전히 인구 두 명 중 한 명 정도는 절대빈곤 상태에 있다.

앞의 성장의 한계에서 제시한 <표 4-1>에 보면 2013년 미국에 대비한 개발도상국들의 소득 비율도 1968년이나 2000년에 대비해 현저히 늘어나서 선후진국 간 격차가 줄어든 것으로 나타난다. 그러나 인도, 파키스탄 등 서아시아와 사하라 이남 아프리카 전체의 소득은 아직 미국의 3% 내외 수준이어서 여전히 선진국과 후진국 간의 불평등은 심각하다.

인류 역사의 새천년(Millennium)이 열린 서기 2000년에 UN은 인류에게 가장 시급한 문제가 절대빈곤을 퇴치하는 일이라고 파악하고 전 세계의 국가원수들을 모아 새천년선언을 채택하였다. 그리고 이에 기초하여 2015년까지 인류가 실현해야 할 8가지의 새천년개발목표(Millennium Development Goals: MDGs)를 제시하였다. 그 후 MDGs는 모처럼 전 지구적인 후원 아래 적극적으로 그 실현을 위한 노력이 추진되었다. 국제원조 정책을 연구해온 필자는 지난 10여년 동안 많은 국내외 회의에 참석하였는데, 필자가 참여한 모든 회의에서 계속 MDGs가 언급되고 필자 역시 의견을 개진한 기억이 있다.

필자가 이 글을 쓴 2015년에는 마침 MDGs의 목표 연도가 끝나고 새로이 지속 가능 개발목표(SDGs)가 채택되었다. UN에서 발표한 2014년 MDGs 보고서에 따르면, 절대빈곤 인구를 절반으로 줄인다는 가장 중요한 목표는 사하라 이남 아프리카를 제외하고 지구 전체로 달성될 것으로 평가하고 있다. 절대빈곤 인구가 1990년 19억 명에서 2010년에는 12억 명으로 줄었다고 나와 있다. 비율로는 1990년 세계 전체 인구의 36%에서 2010년에는 18%로 줄었는데, 앞에 인용한 2011년 세계은행 통계는 14.5%로 나와 있으니 그 후 1년 사이 다시 3.5%나 감소하였다.[42] 우리 세대에 빈곤을 끝낼 수 있다고 주장한 컬럼비아 대학 제프리 삭스(Jeffrey Sachs, 2005) 교수의 말이 실현된 듯하다. 좋은 일이다.

UN과 세계은행 등 국제기구들이 그 많은 나라들을 대상으로 광범위한 통계를 만들어오고 있는 것을 보면 감탄스럽다. 내부적으로

---

42) 아래 주소에서 전문을 받을 수 있다.
http://www.un.org/millenniumgoals/2014%20MDG%20report/MDG%202014%20English%20web.pdf

어떤 과정을 거쳐 작성되는지 정확히 알기 어렵지만, 일단 기관의 공신력을 믿는다는 전제로 이런 통계들을 이용한다. 이런 통계 자체가 만들어지고 지구 전체의 상황을 파악할 수 있다는 사실만 해도 인류 역사의 큰 발전이라고 할 수 있다. 어찌 되었든 UN의 평가에 따른다면 인류는 21세기에 들어와 절대빈곤 인구를 획기적으로 줄인 큰 성과를 이룩한 듯하다. 아직도 절대빈곤 인구가 12억 명이나 되어 이들의 빈곤을 어떻게 해결해주느냐가 앞으로 중요한 과제가 될 것이다. 옥스퍼드 대학의 폴 콜리어(Paul Collier, 2007) 교수가 쓴 "최하위 10억 인구"는 바로 이 문제에 접근하고 있는 책이다.

<Box 5-7> 새천년 개발목표(Millennium Development Goals)

○ 2000년 9월 제55차 UN 정기총회에서 189개 국가 정상이 모여 만장일치로 채택한 새천년 선언(Millennium Declaration)에 기초해 UN 사무국이 설정한 지구촌의 개발목표. 2015년까지 달성해야 할 8가지 기본목표(Goals) 하에 21개 세부목표(Targets), 48개 측정지표(Indicators)를 설정하고 있음.

○ MDGs의 8가지 기본목표는 ① 절대빈곤 및 기아퇴치, ② 보편적 초등교육 달성, ③ 양성 평등 및 여성 능력 고양, ④ 아동 사망률 감소, ⑤ 모성보건 증진, ⑥ HIV/AIDS, 말라리아 및 기타 질병 퇴치, ⑦ 지속 가능한 환경 확보, ⑧ 개발을 위한 범지구적 파트너십 구축

자료: 주동주 외(2012), 『한국형 ODA 모델 수립』, 서울: 산업연구원.

최근에는 빈곤의 다면적 특성에 주목한 아마르티야 센(Amartya Sen, 1999)의 관점이 힘을 얻으면서 빈곤을 소득 기준으로만 평가

하는 시각에 변화가 생겨왔다. 빈곤은 절대적인 빈곤도 있고 상대적인 빈곤도 있다. 미국의 빈곤 인구가 14.5%나 된다고 하지만, 이는 개발도상국들의 관점에서는 상대적 빈곤이다. 2014년 미국 통계국(Census Bureau: USCS)이 설정한 연방 표준 빈곤선(Poverty Line 또는 Poverty Threshold)은 1만 2,316달러로 위의 <표 5-13>에 나와 있는 2013년 기준 세계 전체 1인당 평균소득보다 높다.[43) 하루 1.25달러의 절대빈곤선은 미국 같은 고소득 국가에서는 상상조차할 수 없는 일이다. 2010년부터 적용되어 오고 있는 미국 연방정부 설정 최저임금은 시간당 7.25달러이고 주별로는 이보다 높은 주들도 있다.[44)

센이 지적하는 관점은 빈곤에 대해 소득뿐만 아니고 사회적 참여, 교육, 의료, 보건 등 여러 가지 측면을 봐야 한다는 것이다. UNDP가 발표하는 인간개발지수(HDI)는 바로 이러한 관점에서 소득뿐만 아니라 교육, 평균수명 등 복합적인 자료들을 반영해 만들어진다. 과거 UN과 세계은행의 개발에 대한 접근이 소득 중심이었던 데 반해 MDGs가 비경제적인 문제들 중심의 목표를 설정한 것은 이러한 빈곤의 다면적 측면에 대한 이해에 기초한 것으로 생각된다.

그러나 비경제적인 목표들을 중심으로 국제사회의 원조에 의해 빈곤을 퇴치한다고 하는 MDGs의 접근 방법은 세계인의 감성에 호소해 성과를 거두었음에도 불구하고, 그 자체가 적절한 방법이었는지에 대해 필자 자신은 회의적인 견해를 가져왔다. 마침 이 의문에

---

43) 미국에서는 통계국이 발표하는 빈곤선 이외에 연방 보건 인적서비스(Department of Health and Human Service: HHS)부에서 발표하는 빈곤 가이드라인이 있다. 2014년 빈곤 가이드라인의 표준은 1인 기준 1만 1,670달러이다. 아래 사이트 참조. http://aspe.hhs.gov/poverty/14poverty.cfm

44) 미국 노동부 홈페이지. http://www.dol.gov/whd/state/stateMinWageHis.htm

대해 에스토니아 탈린 공과대학 교수인 라이너트(Erik S. Reinert, 2007)가 적절한 비판을 하고 있어 간단히 소개한다. 라이너트(Reinert, 2007: 240)에 따르면 MDGs는 임시적 성격의 빈곤구호(Disaster Relief)를 항구적인 형태로 정착시킨 것이고, 빈곤의 원인에 대한 처방보다 그 증상을 공격하는 데 집중하였다. 그리고 재원조달도 개발도상국들 내부보다 외부에 의존하는 정책을 취함으로써 개발도상국들이 항구적으로 실업수당에 의존하게 하는 "복지 식민주의" (welfare colonialism)적인 접근법이라는 것이다.45)

라이너트는 개발도상국들의 산업개발을 통한 경제성장이 궁극적으로 빈곤퇴치를 가져오는 길이라는 관점에서 이를 위해 산업화 초기 적극적인 보호정책과 정부의 개입이 필요하다고 주장한다. 영국부터 시작해서 독일, 미국 등 선진국들도 모두 산업화 초기 앞서 가는 나라들을 모방하면서 정부의 적극적인 보호정책으로 강대국이 되었지만, 지금은 자유무역과 개방을 주장하면서 개발도상국들의 산업 육성 기회 자체를 박탈하고 있다고 주장한다. 장하준(2004) 교수의 "사다리 걷어차기"와 비슷한 시각으로 생각된다.46)

가난이라는 초기 조건을 벗어나는 데 성공한 나라들은 영국, 독일, 미국, 일본, 그리고 최근의 한국, 중국 등의 사례에서 본다면 모두 산업화에 성공하여 국민들에게 일자리를 만들어준 나라들이다. 싱가포르, 홍콩, 두바이 등의 사례는 중개무역과 금융 등의 서

---

45) Erik S. Reinert(2007), *How Rich Countries Got Rich … And Why Poor Countries Stay Poor*, London: Constable and Robinson Ltd.

46) 필자도 MDGs가 빈곤의 원인보다는 임상적 처방에 집중한다는 의견을 제시해왔고, 산업개발과 일자리 창출이 궁극적인 빈곤 퇴치라는 견해를 밝혀왔다. 필자의 견해는 아래의 신문 칼럼에서 간단하나마 확인할 수 있다.
http://biz.chosun.com/site/data/html_dir/2010/11/29/2010112900415.html

비스산업으로도 성공할 수 있음을 보여준다. 개인들의 관점에서 보면 가난한 사람들이 빈곤을 탈피할 수 있는 근본적인 방법은 안정적인 소득을 가져다줄 수 있는 일자리를 구하는 것이다. 좋은 일자리를 구하기 위해서는 일정한 수준의 교육이 필요하다. 이러한 조건들을 어떻게 충족시켜 주느냐가 나라와 개인들이 가난에서 벗어날 수 있는 방법일 것이다.

<Box 5-8> 빈곤 연구에 관한 주요 참고 도서

어떻게 하면 가난하지 않고 부자가 될 수 있는가 하는 문제는 사실 모든 인간이 희망하는 바이고, 따라서 인간의 문제를 연구하는 사회과학에서 중요한 연구 주제가 될 수밖에 없다. 경제학의 원조로 불리는 아담 스미스의 1760년 책 제목 자체가 "나라들의 부의 본질과 원인에 대한 연구"(An Inquiry into the Nature and Causes of the Wealth of Nations)이다. 부의 속성이 무엇이며, 어떻게 한 나라가 부유해지는 지를 연구한 것이다.

1968년 군나르 뮈르달(Gunnar Myrdal)은 아담 스미스의 책 제목을 응용해 "아시아의 드라마: 나라들의 빈곤에 관한 연구"를 출판하였다. 아시아 국가들을 대상으로 이 나라들은 왜 가난한지를 연구하여 부패와 낡은 관습 등으로 국가가 제 기능을 못하기 때문이라는 "연성국가론"(soft state syndrome)을 제시하였다. 그는 "세계 빈곤의 도전"(1970)이라는 책도 썼고, 1974년 노벨 경제학상을 받았다.

에릭 라이너트(2007)의 책 제목은 "부자인 나라들은 왜 부자가 되었고, 가난한 나라들은 왜 가난하게 있는가?"라는 제목을 달고 있는데, 필자가 그동안 읽은 책들 중 란데스(David Landers, 1999), 에이스모글루(Daron Acemoglu, 2012), 디턴(Angus Deaton, 2013) 등의 책이 비슷한 제목을 달고 있다.

다이아몬드(Jared Diamond, 1999)의 책은 "총, 세균, 그리고 강철"이라는 재미있는 제목을 달고 있는데, 어떻게 유럽이 강대국이 되고 다른 지역은 그러지 못했는가 하는 의문을 탐구한 책이다. 제프리 삭스(2007)와 아마르티야 센(2000), 폴 콜리에(2007)의 책들은 빈곤문제를 연구하는 고전으로 필자가 자주 인용해왔다. 이스털리(William Easterly, 2001, 2007)는 빈곤 퇴치에 접근하는 서구의 원조 정책을 신랄하게 비판하는 책들을 써왔다. 국제 원조가 오히려 아프리카 경제에 치명적인 악영향을 끼친다고 주장하는 담비사 모요(Dambisa Moyo, 2009)의 "죽은 원조"(Dead Aid)도 유명하다.

그러나 전 세계가 하나로 묶이는 세계화 현상이 진행되고 빈부 격차가 제2차 세계대전 후 최악으로 심화되어 있는 지금 가난한 나라들이 산업화에 성공하기는 과거에 비해 훨씬 어려워졌고, 가난한 개인들이 좋은 교육을 받는 것도 더욱 어려워졌다. 세계은행과 IMF가 주도한 신자유주의적인 구조조정정책(Structural Adjustment Program)들은 자유무역과 개방이라는 구호 아래 개발도상국들의 시장을 선진국들의 산업에 종속되게 만들고 산업화의 싹을 아예 잘라버렸다는 비난을 받아왔다.

개인들의 경우, 한국의 예로 본다면 과거 가난한 집 아이들이 열심히 공부해서 좋은 대학 가고 좋은 직장 잡아 가난에서 벗어나던 시절은 이제 끝났다는 말들이 나온다. 좋은 대학에 가기 위해서는 막대한 비용이 들어가는 사교육이 필수인 시대가 되었고, 대학을 나와도 좋은 직장에 들어가기 위해서는 해외 연수나 자격증 등 고비용을 요구하는 경력을 필요로 하는 시대가 되었다는 것이다. 이러한 추세를 다시 역전시켜서 가난한 나라들이 산업 개발에 착수할 수 있도록 하고, 가난한 개인들이 돈이 없어도 열심히 공부해서 희망을 품을 수 있도록 만들어주는 것이 빈곤 퇴치의 궁극적인 길일 것이다.

5. 역사를 바꾸어온 자본주의의 힘

앞 장에서는 지구의 한계라는 하드웨어적 요소를 검토했다면, 이번 장에서는 자본주의라는 인류사회의 기본운영체제를 검토하였다. 필자가 생각하는 자본주의의 주요한 문제점들로는 자유롭고 공정한 경쟁의 원칙을 지켜나가는 문제, 대량생산에 따른 수요의 한계, 거품을 만든 후 일시에 무너져 모두에게 파국을 가져다주는 투기경제, 그리고 공정한 경쟁과 관련이 있는 불평등의 문제 등이 있다. 마지막으로는 지구촌의 전체적인 불평등과 빈곤의 실태를 살펴보았다. 자본주의는 심화된 불평등의 문제로 인해 20세기 후반 공산주의의 위협에 부딪히기도 했으나, 지금은 지구촌 전체를 지배하는 기본 체제가 되었다. 이 체제가 지닌 제도적인 약점들을 시정하여 공정하고 풍요로운 세계를 보장해나가는 것이 인류의 미래를 위해 핵심적인 과제인 것이다.

필자는 자본주의가 많은 문제점에도 불구하고 그 자체로서 인류가 성취한 위대한 제도이며, 역사의 발전에 기여한 힘이라고 생각한다. 이 체제는 왕과 평민, 주인과 노예가 존재하던 고대제국들이나 중세의 봉건체제보다 더 도덕적이고, 더 평등 지향적이며, 더 민주주의적이다. 그리고 더 많은 사람들에게 물질적 풍요를 가져다준 체제인 것도 분명하다. 평등을 내세웠지만 실제는 더 불평등하고 가난한 세상에 무소불위의 권력을 지닌 독재자들을 만든 현대의 사회주의체제도 자본주의보다 정의롭거나 행복하지 못했다.

고대나 중세시대는 경제 자체가 약탈에 의존했기 때문에 전쟁이 필연적이었지만, 생산과 교환 활동에 기반을 두는 자본주의체제는 전쟁보다 평화를 필요로 하는 체제이다. 세상이 평화롭고 안정되어야 기업들이 안심하고 투자하면서 경영할 수 있기 때문이다. 그러나 이 책에서 다루지는 않았지만, 무기를 생산하는 거대한 기업들의 이해에서 군산복합체(military-industrial complex)가 세계 어디에서든 전쟁을 필요로 한다는 주장도 검토해볼 필요가 있다.47) 막대한 돈을 들여 사람을 죽이는 무기를 만들어야 하는 시대가 사라지고, 창을 녹여 낫을 만드는 평화의 시대가 정착하도록 하는 것도 인류의 중요한 과제이다.

역사를 긴 시각에서 본다면, 인류는 극소수의 왕족과 귀족들을 제외하고는 태어나면서부터 불평등하고 평생을 가난해야 했던 세계에서 일단은 누구나 평등하고 풍요로운 세계로 이전했다. 이런 변화를 가져온 힘이 자본주의이다. 자본주의가 많은 문제점에도 불구하고 강한 생명력을 지니고 있는 이유가 이런 점에 있다. 봉건체제를 무너뜨리고 사회주의의 실패를 경험한 인류가 자본주의에서 노출되고 있는 문제점들을 시정해서 더 평등하고 더 자유롭고 더 풍요로우면서 행복한 세상으로 나가야 하는 과정에 있는 것이다.

---

47) 군산복합체라는 용어는 1961년 1월 17일 대통령직에서 물러나는 미국의 아이젠하워(Dwight D. Eisenhower)가 이임연설에서 처음 사용하였다고 나와 있다. 이에 관한 기본적인 내용은 위키피디아에 잘 소개되어 있다. 한국에서도 여러 인터넷 사이트들이 군산복합체를 다루고 있어 쉽게 찾아볼 수 있다. 정확한 사실에 기반을 두지 않고 이념적, 감정적 접근을 하는 글들은 경계할 필요가 있다. 인터넷 자료들을 이용할 때는 사실관계를 거듭 확인하는 자세가 필요하다.
http://en.wikipedia.org/wiki/Military%E2%80%93industrial_complex
http://koperation.blog.me/20129227952

<Box 5-9> 세계가 만일 100명의 마을이라면

이케다 가요코(2001)라는 일본 사람이 쓴 "세계가 만일 100명의 마을이라면"이라는 제목의 조그만 책자가 지구촌의 불평등과 빈곤의 실태를 압축해서 잘 보여주고 있다고 생각되어 간단히 소개하고자 한다. 이 책은 원래 1972년 로마클럽 "성장의 한계"보고서에 공동 연구자인 도넬라 메도우즈(Donella Meadows) 교수가 쓴 글을 각색한 것이다. 책 자체가 간단한데 일부 내용만 인용한다.[48]

마을에 사는 사람들 100명 중 20명은 영양실조이고
1명은 굶어 죽기 직전인데 15명은 비만입니다
이 마을의 모든 부 가운데 6명이 59%를 가졌고
그들은 모두 미국 사람입니다
또 74명이 39%를 차지하고 겨우 2%를 20명이 나눠가졌습니다
이 마을의 모든 에너지 중 20명이 80%를 사용하고 있고
80명이 20%를 나누어 쓰고 있습니다
75명은 먹을 양식을 비축해 놓았고, 비와 이슬을 피할 집이 있지만
나머지 25명은 그렇지 못합니다
17명은 깨끗하고 안전한 물을 마실 수조차 없습니다
은행에 예금이 있고 지갑에 돈이 들어 있고,
집안 어딘가에 잔돈이 굴러다니는 사람은
마을에서 가장 부유한 8명 안에 드는 한 사람입니다
자가용을 소유한 자는 100명 중 7명 안에 드는 한 사람입니다
마을 사람들 중 1명은 대학교육을 받았고
2명은 컴퓨터를 가지고 있습니다
그러나 14명은 글도 읽지 못합니다
만일 당신이 어떤 괴롭힘이나 체포와 고문, 죽음을
두려워하지 않고 자신의 신념과 양심에 따라
움직이고 말할 수 있다면

그렇지 못한 48명보다 축복받았습니다

만일 당신이 공습이나 폭격, 지뢰로 인한 살육과

무장단체의 강간이나 납치를 두려워하지 않는다면

그렇지 않은 20명보다 축복받았습니다

---

48) Donella Meadows가 1990년 5월 31일 기고한 "State of the Village Report"는 아래 주소의 도넬라 메도우즈 연구소에 전문이 올라와 있다.
http://www.donellameadows.org/archives/state-of-the-village-report/

제 6 장

환경 파괴, 자연과 인간의 갈등

오늘날 인류의 위기에 대한 우려를 낳는 가장 직접적이고 중요한 문제가 바로 환경문제이다. 인간은 이 지구라는 별에 발을 딛고 자연이 제공하는 공기, 물, 식량, 자원에 그 삶을 의지하고 있는데, 인구가 늘고 인간활동이 확대되면서 자연환경이 심각하게 오염되어 많은 부작용을 낳고 있는 것이다. 특히 산업 혁명 이후 인간의 활동이 비약적으로 확대되면서 자연이 파헤쳐지고 그 부산물로 쏟아져 나오는 각종 오염물질이 삶의 터전인 생태계를 크게 왜곡시키고 있다. 산과 들, 강과 바다, 심지어 하늘까지 인간의 발길이 뻗치고 오염물질이 덮이면서 깨끗한 물과 공기가 점점 찾아보기 어렵게 변해간다. 대기가 오염되어 공해에 의한 "온실효과"(green house effect)로 지구가 더워지는 "기후변화(Climate change)"가 발생하고 있다는 사실이 오늘날 국제사회의 중요한 문제가 되고 있다. 또한 서식지 및 먹이사슬 파괴 등으로 전 세계의 동물과 식물들도 심각한 생존의 위협을 받아 "생물의 다양성"(biodiversity)을 보존하는 일이 역시 국제사회의 중요한 논의 주제가 되고 있기도 하다.

인류와 생명체 전체의 종말이 예고되고 있는 이 심각한 상황은 사실 앞에서 다룬 로마클럽의 1972년 보고서가 제기한 주요 의제와도 관련이 있다. 그 후 지구 환경 보존에 대해 세계적인 관심이 높아지고 많은 국제회의가 지속적으로 열려 대응책을 모색하고 있는 것은 중요한 발전이다. 그러나 사실 환경문제는 그 문제의 심각성과 광범위성에 비추어 인간들의 일상적인 관심사에서는 다른 정치, 경제, 사회적 문제들보다 우선순위가 밀리고 있다.

그 이유는 여러 가지가 있겠으나 우선 환경과 같이 전 지구적인 문제는 특정 국가나 개인이 관심을 가지기에는 너무나 범위가 크고 직접적인 이해관계가 달리지도 않은 문제라는 점이다. 한마디로 "모든 사람의 문제는 나의 문제가 아니다"는 것이고, 나는 당장에 더 급한 일상적인 일들이 많기 때문에 다른 사람들이 이 문제에 관심을 가져줄 것이라고 생각하는 것이다.

또한 이 문제는 사안의 광범위성과 복잡성으로 인해 일반인들은 이해하기가 쉽지 않은 과학적 전문지식을 요구하고, 특정 분야의 전문가라 해도 전체적인 양상을 제대로 파악하기가 쉽지 않은 문제라는 사실도 작용한다. 사회의 복잡성 증대로 학문도 세분화되면서 세계 전체를 이해하기보다 특정한 분야의 전문가를 양성하는 데 치중해 지식의 파편화, 단편화가 이루어진 경향이 환경문제에 대한 전반적인 무관심을 가져오는 데 기여해왔다고 할 수 있다.

그러나 인간에 의한 생태계 파괴로 지구 위에서 "여섯 번째 멸종"(The Sixth Extinction)이 거론되는 상황에서 환경문제는 이제 더 이상 남의 문제가 아니고 내 자신과 자식들의 문제로 다가왔다. 사람들이 지속적인 관심을 가지고 이야기해야 정치인들도 움직이고 정책에 반영된다. 인류의 미래라는 거창한 문제가 아니라 바로 내 자신의 미래를 위해서도 환경문제에 관심을 가져야 하는 상황이 되었다. 미국 조지타운 대학의 역사학자인 맥닐(J. R. McNeill, 2000)이 지구의 생태학적 역사와 사회경제학적 역사를 함께 보아야만 인류의 역사를 제대로 이해할 수 있다고 말하는 것은 특히 지식인의 학문 자세로서 새겨볼 만한 말이다. 이번 장에서는 우선 지구 전체로 나타나고 있는 환경문제의 주요한 현상과 특징을 개관하고, 이에 대응하는 국제사회의 논의와 주요 이슈들을 살펴보고자 한다.

1. 환경문제의 양상 변화

맥닐(McNeill, 2000)은 인류가 20세기에 들어와 "하늘 아래 새로운 무엇"(Something New Under the Sun)을 만들어냈다고 표현하고 있다. 이 표현은 "해 아래에는 새것이 없나니 무엇을 가리켜 보라. 이것이 새것이라 할 것이 있으랴" 하는 구약성경 전도서(1: 9-10)의 구절을 패러디한 것이다. 산업혁명 이후 인간이 사는 세계가 그 이전과는 확연히 다른 새로운 세계로 변했다는 사실을 의미하기 위해 사용된 것이다. 맥닐은 그 결과 인류가 이 지구라는 별을 상대로 게임의 룰도 정확히 모른 채 주사위게임을 하기 시작했다고 말한다. 인간이 자연을 상대로 자신의 생존까지 걸린 주사위게임을 하고 있다는 사실은 분명하다.

오늘날 우리가 환경문제라고 부르는 문제들은 자연의 조건이 인간의 생활에 적합하지 않은 상태로 변하면서 발생하고 있는 문제들이다. 자연은 끊임없이 스스로 변화하며, 때로 갑작스러운 변화로 인간에게 재앙을 가져다주기도 한다. 홍수, 지진, 화산 폭발, 태풍 같은 자연재해가 그러한 현상이다. 그러나 지금의 환경문제는 인간의 활동으로 인한 자연 파괴와 오염이 주원인이고, 그 규모와 양상이 과거와는 완전히 다르다.

환경문제는 우선 그 규모가 확대되어 이제 특정 지역이나 국가의 국지적인 문제가 아니라 지구촌 모든 사람의 공동 문제로 부각되었다. 또한 과거에는 공업화에 따른 오염이 심각하던 선진국들에서 주로 발생한 문제였으나 지금은 개발도상국들에서 더 심각한 문제로 변화하였다. 그리고 이제는 인간들만의 문제가 아니라 이 지구라는 별에서 함께 살아가는 모든 생명체에게 멸종의 위협을 가져다주는 문제로 변했다.

(1) 국지적 문제에서 지구촌의 문제로

인류가 집단을 이루고 생활하기 시작한 이래 환경문제는 늘 인류의 곁에 따라 다녔다. 목축을 하던 유목민들은 가축이 먹을 풀을 찾아 끊임없이 이동하면서 생활하였다. 유목생활을 오래 한 지역들이 오늘날 대부분 사막으로 변모한 것은 인간이 초래한 대규모 환경문제의 첫 번째 사례라고 할 수 있다. 신석기 시대에 농업이 시작되어 정착 생활이 이루어지고 도시가 건설되면서부터는 새로운 환경문제가 발생하였다.

문자를 처음 사용하여 인류에게 역사시대를 가져다준 수메르(Sumer)인들은 기원전 3500년경부터 1800년경까지 메소포타미아 저지대를 간척하여 농업을 일구었으나, 지속적인 관개사업으로 토양의 염분이 증가함에 따라 농업 생산성이 떨어지는 현상을 경험하였다. 수메르인들은 수분이 증발하여 소금만 남은 땅을 보고 "땅이

하얗게 변했다"는 기록을 남겼다(Markham, 1994: 3). 모든 도시에는 생활하수와 쓰레기의 처리 문제가 발생하였다. 로마인들은 기원전 6세기에 최초로 하수 처리 시스템을 구축하였다. 그러나 중세에 유럽의 도시들은 적절한 하수와 쓰레기 처리 시스템을 가지고 있지 못했다. 돼지가 음식 쓰레기를 처리하는 주요한 수단이었고, 인근의 강이나 들판에 버린 쓰레기들은 비가 오면 씻겨 내려갔다. 비위생적인 도시 환경으로 인해 악취와 질병이 발생했으나, 사람들은 질병의 원인이 신의 저주나 귀신의 장난이라고 생각하였다.

이러한 문제들은 인류의 삶에 늘 따라 다녔다. 그러나 인구가 많지 않았고, 사람과 가축의 힘을 동력으로 하던 시대에는 인간의 생산력이 미미하고 이동성에도 제약이 있어 오염의 범위와 규모가 지금처럼 크지는 않았다. 인간에 의해 훼손된 자연은 스스로의 재생력에 의해 복원되고는 했다. 그런데 인간들의 대규모 이동이 있던 시기에는 새로운 환경문제가 발생하였고, 특히 전염병이 광범위하게 확산된 기록들이 많이 있다.

1347년부터 대략 6년 동안 유럽 인구의 3분의 1 이상을 죽음으로 몰아넣은 중세 흑사병(Black Death)은 몽고 군대가 크림반도를 포위하면서 퍼뜨렸다는 설이 있고, 이후 지중해의 상선을 따라 이탈리아의 제노바와 베니스 등에서 유행하여 전 유럽으로 확산되었다. 이 시기에 유럽 사람들은 흑사병의 원인을 마녀나 유대인의 음모로 생각하여 대대적인 마녀 사냥과 유대인 학살을 자행하였다. 비슷한 시기에 중국에서도 흑사병이 퍼져 중국 인구의 약 30%가 사망한 것으로 추정된다. 인류 역사상 지금까지 가장 방대한 영토를 정복하고 지배한 몽고 민족의 활동으로 유라시아대륙이 하나의 제국에 흡수되면서 최초로 글로벌한 환경문제가 발생했던 것이다.

이질적인 문명 간의 조우가 이루어진 시기에는 이러한 현상이 반복적으로 나타났다. 1492년 콜럼버스가 아메리카대륙을 발견한 이후 스페인 군대에 의한 마야, 아즈텍, 잉카문명의 파괴 과정에서 수천만 명의 토착 인디언이 유럽인들에 의해 옮겨진 질병으로 사망하였다. 지금의 유카탄반도에 있던 마야문명은 1520년 최초로 발생한 천연두(smallpox)에 의해 인구의 75-90%가 몰살된 것으로 추정된다. 그 밖에도 감기, 홍역, 폐결핵 등 신종 질병들이 지속적으로 원주민들에게 피해를 주었다. 지금의 페루 지방에 있던 잉카제국은 절정기에 약 1,600만명의 인구를 지녔던 것으로 추정되나, 1532년 피사로(Francisco Pizarro)가 이끈 불과 168명의 스페인 군대가 아타후알파(Atahualpa) 황제를 사로잡은 후 1572년까지는 완전히 정복되어 멸망하였다.[1] 멕시코 지방에 있던 아즈텍제국도 1519년 코르테스(Hernan Cortes)의 정복전쟁이 시작된 후 불과 수년 안에 비슷한 운명을 맞이하였다.

유럽인들의 세계 정복이 "총과 세균, 철강"(Guns, Germs, and Steel)의 힘에 의한 것이라고 분석한 다이아몬드(Diamond, 1997)는 불과 몇 세대 안에 아메리카 원주민 인구의 95% 정도에 해당되는 약 2,000만 명의 원주민이 죽은 것으로 추정되는 자료를 인용하고 있다. 그는 중세의 유럽인들이 아무리 잔인하다고 해도 그렇게 엄청난 수준의 대학살을 자행할 수는 없었으며, 천연두라는 치명적인

---

[1] 마야, 잉카, 아스텍문명의 정확한 원주민 인구와 사망자 숫자를 파악하기는 어렵다. 여기서는 위키피디아에 올라와 있는 통계를 참고하였다.
http://en.wikipedia.org/wiki/Spanish_conquest_of_Yucat%C3%A1n
http://en.wikipedia.org/wiki/Spanish_conquest_of_the_Inca_Empire
http://en.wikipedia.org/wiki/Spanish_conquest_of_the_Aztec_Empire#Massacre_of_Cholula

비밀 무기가 그 일에 도움을 주었다고 설명하고 있다.[2]

1770년 제임스 쿡(James Cook) 선장의 함대가 지금의 시드니 외곽 보타니 베이(Botany Bay)에 정착하면서 "뉴 사우스 웨일즈"(New South Wales)라는 이름으로 개척한 오스트레일리아에서도 영국인들의 정착 이후 원주민들이 몰살당하는 사태가 발생하였다. 유럽인을 따라 옮겨온 쥐와 토끼, 나무와 잡초, 각종 질병 등, 신대륙에서는 낯선 침입자들이 생태계를 파괴하였다(Hughes, 2001: 3). 1789년 발생한 천연두로 다루그 부족은 90%가 사망하였다. 그 결과 18세기 말에 최소 30여만 명에서 최대 100만 명으로까지 추정되던 원주민 인구는 1933년에는 7만 4,000명으로 감소하였다.[3]

인간의 이동성이 초원에서부터 대양을 건너 다른 대륙으로 확대되면서 바야흐로 글로벌한 지구촌의 문제가 발생해온 과정을 알 수 있다. 이러한 과정의 정점에서 발생하고 있는 문제들이 오늘날의 환경문제이다. 지금은 인간들의 직접적인 이동이 아니라도 대기와 바다의 오염에 의해 전 지구적인 문제가 생기고 있다는 점도 과거와 다른 양상이다.

특정 지역에서 배출된 오염물질이 국경과 바다를 넘어 다른 지역에서 문제를 일으킨다는 사실이 최초로 확인된 것은 비교적 최근의 일이다. 1960년대 말에 스웨덴의 오덴(Svante Oden, 1924-1986)이라는 토양학자가 영국과 유럽대륙에서 배출된 매연에 의해 스웨덴에 산성비(acid rain) 문제가 발생하고 있다는 사실을 최초로 제기하였다. 오염된 대기로 인해 스웨덴의 호수와 강이 산성화되고 농작물에 막대한 피해를 주고 있다는 사실이 확인되면서 스웨덴 정부

---

2) http://www.pbs.org/gunsgermssteel/variables/smallpox.html

3) http://en.wikipedia.org/wiki/Indigenous_Australians

가 이 문제 해결에 적극 나서게 되었다. 1972년에 스톡홀름에서 최초의 환경 관련 UN회의(United Nations Conference on Human Environment: UNCHE)가 개최된 것은 이러한 노력의 연장선상에서 이루어진 일이었다. 그 이후 기후변화 문제도 본격적으로 연구되고 제기되었다. 이 문제의 전개 과정은 뒤에서 조금 더 구체적으로 언급된다.

(2) 선진국 문제에서 개도국의 문제로

지금의 환경문제는 특정 지역의 문제가 아니라 국경을 넘어 전지구적인 문제가 되었다. 그런 가운데서도 특히 최근 수십 년 동안에 특징적으로 나타나고 있는 양상의 변화가 있다. 그것은 환경오염 문제가 공업화에 일찍 시작한 선진국들의 문제에서 지금은 개발도상국들에서 더 심각한 문제로 옮겨졌다는 것이다. 그리고 개발도상국 내에서는 도시의 문제에서 농촌의 문제로까지 확대되었다는 것이다. 앞의 제3장에서 언급한 로마클럽 보고서는 1972년 시점에서 공해문제가 선진국의 문제지만, 점차 지구적으로 확산되고 있다고 표현하였다(Meadows, 1972: 82). 지금은 상황이 역전되어 개도국에 더 심각한 문제라는 사실이 여러 경로로 확인된다. 1950년대 런던의 스모그는 악명 높았지만, 지금은 베이징이 그 위치를 차지하고 있다.

산업혁명이 시작된 선진국들은 일찍이 부를 얻었지만, 자연환경의 치명적인 악화를 경험하였다. 빅토리아 여왕(재위 1837-1876) 시대에 세계 면방직산업의 중심지로 떠오른 맨체스터는 공장과 가정의 굴뚝에서 나오는 석탄 연기로 하늘이 뒤덮였다. 당시 사람들은 매연을 만들고 그 안에서 살다 죽었지만, 아직 환경문제의 심각성에 대한 인식이 별로 없었다(Mosley, 2001).[4] 1800년 인구 95만 명에서 1900년에는 660만 명의 초거대도시로 팽창한 런던의 환경문제도 심각하였다. 도시가 무질서하게 팽창하고 슬럼이 형성된 가운데 공장과 가정에서 쏟아져 나오는 각종 오물의 처리 시설은 미비하였고, 도시를 지나는 강과 운하에는 쓰레기가 넘쳐 위생 환경을 크게 악화시켰다.

1859년에 런던의 한 시인은 템스 강을 묘사하면서 "강이여, 강이여, 악취 나는 강이여"라고 표현하였다(Markham, 1994: 16). 1854년 8월 런던의 소호 지역에서 콜레라가 발생하여 열흘 사이 500명이 사망하였는데, 당시 사람들은 그 원인을 제대로 알지 못하였다. 이때 존 스노(John Snow, 1813-1858)라는 의사가 콜레라가 집중 발병한 브로드가(Broad Street)를 방문 조사하고 오염된 공동 우물의 펌프가 원인임을 밝혀냈다. 런던 시는 1859년 하수도 시설의 정비에 착수하여, 템스 강으로 흘러드는 하수를 우회 처리하도록 만들었다.

산업혁명이 시작된 영국의 대도시들에 이어 유럽대륙과 아메리카, 그리고 식민지의 주요 도시들도 곧 그 뒤를 따르기 시작했다. 독일의 에센, 쾰른, 프랑스의 뮐루즈, 미국의 뉴욕, 시카고, 로스앤젤레스, 캐나다의 토론토, 호주의 멜버른 등 대도시들의 환경문제는 상황이 거의 비슷하였다. 1870년대에 일리노이의 모리스에 사는 한 시민은 "시카고가 무슨 권리로 예전에 부드럽고 맑았던 강에다 쓰레기를 쏟아 부어 오염시키고, 강과 운하 양쪽 사람들의 재

---

4) 맨체스터의 매연 문제를 분석한 Stephen Mosley의 책에 대한 서평을 다음 사이트에서 읽을 수 있다. http://www.h-net.org/reviews/showrev.php?id=6752

산 가치를 떨어뜨리며, 시민들에게 죽음을 초래하는가?" 하고 불만을 토로하였다. 1903년에 출판된 한 소설은 시카고의 하늘이 매연으로 시커멓게 뒤덮인 상황을 묘사했다. 19세기 말에 호주의 멜버른은 "남반구의 시카고"로 불렸는데, 그 도시를 흐르는 야라 강의 오염은 유럽에 못지않게 심각했고, "악취 나는 멜버른"(Smelbourne)이라는 이름으로 불리기도 했다(Markham, 1994: 12-21).

선진국 대도시들의 환경문제가 이러했던 것은 1960년대 말까지도 대략 큰 변화가 없었다. 도시 차원에서 하수와 오물 처리를 위한 정책들이 도입되기는 했지만, 자동차 보급이 확산되면서 공장과 가정에서 발생하는 매연 이상으로 자동차 매연에 의한 스모그가 문제가 되었다. 제3장에서 언급한 바 있지만, 1952년 12월 런던에서 발생한 대스모그는 유독 춥고 바람이 없던 기상조건과 결부하여 일주일 가까이 지속되면서 4천여 명의 사망자를 발생시켰고, 그 숫자는 나중에 사망한 사람까지 포함하면 대략 1만 2천 명에 달했다. 이후 영국 정부는 1956년 청정대기법(Clean Air Act)을 제정하고, 가정의 난방연료를 무연탄, 전기, 가스 등으로 대체하는 한편 도시 인근의 화력 발전소를 이전하고 굴뚝을 높이는 등의 조치를 도입하도록 하였다. 미국은 1955년 최초로 공기오염억제법을 제정했으나, 1963년에 규제를 강화한 청정대기법을 새로 입법하였다.

선진국들이 환경문제에 대응하는 중앙정부기관들을 만들기 시작한 것은 1960년대 말부터이다. 스웨덴은 산성비 문제가 부각되면서 1967년 세계 최초로 환경보호청(SEPA)을 만들었다. 미국은 1969년 국가환경정책법에 따라 환경보호청(USEPA)이 설립되어 1970년 12월부터 활동을 시작하였다. 영국은 1995년 환경법에 의해 환경청(Environment Agency)과 국립공원 관리기관들을 설립하였다. 환경

청은 장관급 부처인 환경식품농촌부(DEFRA)의 산하기관이다(Macroy, 2008: 316). 한국은 1994년에 장관급 부처인 환경부를 설립하였다.

선진국들의 상황이 이러했을 때 개발도상국들의 사정은 어떠했을까? 가난한 나라들의 주거여건이나 생활여건이 선진국에 비해 훨씬 열악했고, 쓰레기나 하수를 처리하는 시설도 없어 위생 상태가 좋지 않았으리라는 점은 쉽게 짐작할 수 있다. 그러나 산업화가 되지 않은 나라에서 공장이나 자동차에 의한 매연 문제는 없었고, 소비가 많지 않은 사회이니 생활 쓰레기도 많지 않았다. 가공식품이나 인공적인 상품들이 많지 않아 자연 소재를 이용하던 시절에 생활 쓰레기들은 집에서 불태우거나 자연 속에서 분해되어 처리되었다. 분뇨는 농사를 위한 퇴비로 이용되었다. 후진국의 환경문제는 위생 불량과 영양부족으로 인한 질병 등이 중심 문제였으나, 공해와 산성비 같은 현대적인 문제는 확실히 선진국의 공업화가 낳은 문제였다.

이러한 상황이 바뀌기 시작한 것은 대략 1960년대를 넘어가면서부터이다. 거의 모든 식민지가 이 시기를 전후해 독립을 하고 경제 자립을 목표로 공업화에 착수하였다. 선진국과 국제기구들의 원조 자금으로 세계 도처에서 댐과 도로, 철도, 산업시설 등 대규모 토목, 건축 공사가 추진되었다. 개발도상국들의 공업화 욕구와 함께 선진국들의 환경 관련 규제가 맞물리면서 선진국들의 노동집약산업과 공해 배출 산업들이 개발도상국들로 이전되기 시작하였다. 1984년 인도의 보팔에서 가스 폭발로 8,000여 명의 사망자와 50만여 명의 피해자를 발생시킨 유니온 카바이드(Union Carbide India Limited) 공장은 1969년 살충제를 제조하는 미국 기업이 투자한 회사였다. 1960년대에 한국에서도 울산과 여천에 미국 기업들이 투자하여 대규모 석유화학산업단지가 건설되었다.

이집트의 나세르(Gamal Abdel Nasser, 1918-1970) 대통령은 구소련의 원조를 받아 나일 강에 아스완 하이댐을 지었다. 1960년 1월 착공된 아스완댐은 1970년에 완공되었다.[5] 이 댐은 완공 후 이집트의 전력 공급에 절반을 담당했으나, 동시에 많은 환경적 재앙도 가져다주었다. 그리스의 역사가인 헤로도토스(Herodotus)가 "이집트는 나일 강의 선물"이라고 표현한 것은 유명한 말이지만, 이집트는 수천 년 동안 나일 강이 주기적으로 범람하면서 하류에 쌓은 비옥한 토양을 기초로 농업을 하고 문명을 건설하였다. 댐 건설로 상류에 거대한 나세르 호수가 생기면서 나일 강은 더 이상 범람하지 않게 되었다. 길이가 무려 6,853km에 달하는 나일 강을 따라 강변의 농민들은 물고기를 잡아 생활했으나 이러한 생활도 타격을 받았으며, 나세르 호의 어류 생태계도 변화하였다.[6] 고대 이집트의 찬란한 문화 유적인 아부심벨(Abu Simbel) 사원의 석상들은 수몰될 위기에 처했으나, 유네스코가 도와 분해 후 재결합하는 방식으로 1968년 상류로 이전되어 보존되고 있다.

세계 도처에서 공업화가 추진되고 급속한 도시화가 진행되면서 개발도상국들에서도 산업혁명 초기 선진국들에서 나타나던 공해와 도시의 슬럼 문제가 제기되었다. 1950년에 전 세계에서 인구 1,000만 명이 넘는 도시는 뉴욕과 도쿄 두 군데밖에 없었으나 2005년에는 이 숫자가 20개로 늘어났고, 그중 미국의 뉴욕과 로스앤젤레스, 일본의 도쿄와 오사카, 러시아의 모스크바를 제외하면 15개가 개

---

5) 아스완에는 영국 식민지 시절에 지은 낮은 댐이 있었으나, 나세르가 이를 크게 확대하여 하이댐을 지었다.

6) http://sitemaker.umich.edu/sec004_gp5/the_aswan_dam_disadvantages

발도상국에 있었다(UN, 2006). 서울의 인구는 1960년 244만 명에서 2010년에 1,005만 명으로 늘어났다. 인구 과밀이 된 서울은 지독한 주택난과 교통난, 공해에 시달렸으며, 이러한 사정은 베이징, 상하이, 멕시코시티, 델리, 카이로, 마닐라, 자카르타 등 대부분의 대도시에서 비슷했다.

설상가상으로 대부분의 개발도상국들이 의욕적으로 추진한 수입 대체형 공업화는 한결같이 실패하면서 경제사정의 악화와 함께 환경 파괴만을 가져다주었다. 1970년대 말까지는 세계시장을 겨냥한 수출촉진형 공업화를 추진한 한국, 타이완, 홍콩, 싱가포르 등 아시아의 신흥공업국들(NICs)만이 좋은 성과를 거두었고, 모든 개발도상국이 경제개발에 실패하면서 1980년대에는 극심한 외채위기에 시달리게 되었다. 그러나 1980년대 이후로는 중국이 개방정책으로 나서면서 빠르게 경제성장을 이룩했고, 1990년대부터는 인도가 뒤를 따르면서 세계경제지도의 변화와 함께 환경문제에도 큰 변화를 가져다주고 있다.

이러한 변화는 몇 가지 통계에서도 확인된다. 최근 수십 년간 선진국들은 소위 굴뚝산업이라고 불리던 전통 제조업들로부터 첨단 지식기반산업 중심으로 산업구조를 이행하면서 환경 분야에 많은 투자를 해왔다. 반면, 개발도상국들은 고용 확대를 목적으로 저임금 노동집약산업 중심의 공업화를 추진하고 환경을 고려할 여유를 가지지 못했다. 이 결과 지구촌의 경제 지도와 환경 지도는 현저하게 변화하였다. 중국이 세계의 공장으로 떠오르면서 세계 전체 제조업 생산에서 개도국의 비중이 크게 늘어났고, 공해 배출도 개발도상국이 선진국을 앞지르는 상황이 나타나게 된 것이다(<그림 6-1> 참조).

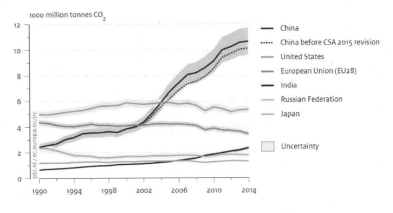

자료: EDGAR(2013), p.11.

〈그림 6-1〉 세계 6대 이산화탄소 배출국가별 배출 추이

　　최근 공해 배출 통계를 보면 기후변화의 주요인으로 간주되는 이산화탄소($CO2$) 배출량은 전통적으로 미국과 유럽 국가들이 대부분을 차지해왔으나, 2006년부터는 중국이 미국을 앞지르고 1위로 올라서면서 계속 폭발적인 증가세를 기록하고 있는 것으로 나타난다. 중국의 대도시는 물론 농촌에까지 심화되고 있는 공해와 환경오염 문제가 통계상으로도 반영되고 있는 것이다(〈그림 6-1〉). 필자는 미국, 유럽의 많은 도시들은 물론 카이로, 델리, 자카르타, 마닐라, 하노이, 방콕 등 개발도상국들의 주요 대도시들과 몽고 룬솜 지역의 사막화 방지 사업 현장도 직접 가서 살펴본 경험이 있다. 선진국 도시들의 깨끗하고 정리된 모습들과 대조적으로 극심한 빈곤과 불평등이 공존하면서 지저분하고 혼잡스러운 개발도상국의 도시들은 이제 환경문제의 중심에 선진국의 산업화가 아닌 개발도상국들의 빈곤이 자리하고 있다는 사실을 보여주었다.

　　2000년대 베이징의 악명 높은 황사와 스모그는 1950년대 런던

의 그것을 이미 대체하였다. 2007년 10월 미국의 CNN 방송이 "위기에 처한 지구"(Planet in Peril)를 취재해서 내보낸 특집 방송은 브라질, 중국, 캄보디아, 마다가스카르 등 주로 개발도상국에서 발생하고 있는 심각한 환경문제를 다루었지만, 미국 경우는 옐로우스톤 국립공원에서 이리의 복원으로 파괴되었던 생태계가 되살아나고 있는 현상을 보여주었다.7) 아마존과 동남아시아, 아프리카의 열대우림이 파괴되면서 기후변화와 생물 다양성에도 큰 위협을 주고 있는 현상은 이들 국가의 빈곤이 이제는 단순히 경제문제만이 아니라 환경문제이기도 하다는 사실을 보여준다.

(3) 인간의 문제에서 생명체의 문제로

지금의 전 지구적인 환경문제가 유사 이래 다른 어떤 때보다도 더 심각한 상황인 것은 이제는 이 문제가 인간 세계의 문제를 넘어 지구에 함께 살고 있는 전체 생명체의 문제로 확대되었기 때문이다.

생물학자들과 지질학자들에 따르면 지구에서 지난 5억 년 동안 생물들이 대규모로 멸종되는 사태가 다섯 차례 발생했고, 그때마다 50% 이상의 생물종이 멸종했다고 한다. 지금은 지질학상으로 "충적세 멸종"(Holocene Extinction)으로 불리는 "여섯 번째 멸종"이 다가오고 있다. 지난 400년 동안 1,000여 종 이상의 생물이 멸종했는데, 이 속도는 화석 기록에 나타나는 정상적인 속도보다 100-1,000배 이상 빠르다(Reece 외, 2012: 302-303; Kolbert, 2014; 이브 시아마, 2011). 지구 역사에서 다섯 차례 멸종이 있었다는 사실은 1982년 시카

---

7) 아래 주소에서 CNN 특집 관련 동영상과 사진들을 볼 수 있다. 필자는 DVD를 구입하여 보았다. http://www.cnn.com/services/opk/planet.peril/for.html

고 대학의 고생물학자인 잭 셉코스키(Jack Sepkoski)와 데이빗 라우프(David Raup)가 최초로 제기하였다. 그들은 약 6,600만 년 전백악기(Cretaceous)에 공룡이 멸종한 사건은 대략 2,600만 년을 주기로 발생한 순환적인 멸종 사태의 한 부분이었다고 주장했다. 순환 주기는 다섯 차례의 대규모 멸종과 그사이에 발생한 소규모 멸종들을 포함한 것이다.[8]

생물이 멸종한 사실은 특정 지질시대에 나오는 화석이 다른 지질시대에는 나오지 않는 경우를 보면 쉽게 추정할 수 있다. 공룡의 경우그 화석이 매우 거대하고 눈에 띄므로 쉽게 파악된다. 그러나 까마득한 선사시대에 발생한 사건에 대해 충분하지 않은 화석을 근거로 연대를 추정하는 일은 매우 어려워 논란이 있다. 그럼에도 다섯 차례의대규모 멸종이 있었다는 사실은 정설로 받아들여지고 있다. <표 6-1>은 필자가 여러 자료를 참고해 다섯 차례의 멸종을 정리해본 것이다.

〈표 6-1〉 다섯 차례 멸종

	지질연대	시기	주요 멸종 생물	원인
1	백악기-고생대 (Cretaceous-Paleogene)	65-66 Ma	종의 75% 멸종 (비조류 공룡)	운석 충돌로 인한 기상변화 ※ 멕시코 치쿨루부 분화구
2	트라이아스기-쥐라기 (Triassic-Jurassic)	201.3 Ma	종의 70-75% 멸종 (조룡, 수궁류, 양서류)	운석이나 화산 폭발로 인한 기후변화
3	페름기-트라이아스기 (Permian-Triassic)	251-252 Ma	종의 90-96% 멸종 (삼엽충, 포유류와 유사한 파충류, 척추동물)	시베리아 화산 폭발로 인한 기후변화
4	후기 데본기 (Late Devonian)	375-360 Ma	종의 70% 멸종	유성의 충돌
5	오르도비스기-실루리아기 (Ordovician-Silurian)	450-440 Ma	종의 60-70% 멸종	초신성 폭발 또는 화산 폭발

자료: Reece 외(2012), pp.302-303; 이브 시아마(2011), pp.30-34; 위키피디아
  (http://en.wikipedia.org/wiki/Extinction_event) 등을 이용하여 필자가 정리.
주: Ma는 메가애너스(Megaannus)의 약자로 100만 년을 뜻함.

---

[8] http://en.wikipedia.org/wiki/Jack_Sepkoski

이러한 과거의 멸종은 화산 폭발이나 운석 충돌 등에 의한 기상 변화, 수해, 빙하시대 도래 등 모두 자연환경의 급격한 변화가 원인이었던 것으로 추정된다. 그런데 지금은 인간의 활동이 가장 근본적인 원인이라는 점에서 결정적으로 다르다(이브 시아마, 2011: 133). 급격한 기후변화 자체가 인간이 초래한 대기오염에 의해 생기고 있고, 인구증가와 경제활동 확대로 생물들의 서식지와 먹이사슬이 파괴되고 있는 것이다.

인간이 자연의 위협으로부터 살아남는 문제를 고민해야 했던 약한 동물이었던 시절에 다른 생명체의 생존까지 걱정해야 할 이유는 없었다. 미국에 정착한 유럽인들이 황무지를 개척하던 시대에는 초원의 이리 떼와 버팔로 떼가 인간의 생존을 위협하는 존재였기 때문에 무조건 잡아 죽여야 한다고 생각했다. 그러나 인간의 힘이 지구를 지배하고 있는 시대에 다른 생물들이 인간에 의해 몰살당하고 멸종으로까지 가고 있는 상황은 이제 인간들 자신에게도 새로운 문제로 인식되고 있다.

모든 생물은 지구의 생태계 안에서 각자 독특한 역할을 수행하여 생명체들이 함께 살아갈 수 있도록 기여한다. 먹이사슬과 지구의 산소, 질소, 물의 순환 등이 모두 생명체의 독특한 활동에 의해 정상적으로 이루어진다. 이 가운데 하나의 사슬이 끊어지면 생태계 전체에 문제가 발생한다. 미국 "옐로우스톤 국립공원의 이리(늑대)"(Wolf in the Yellowstone Park)는 생태계에서 먹이사슬을 연결해주는 하나의 고리가 얼마나 중요한지를 보여주는 사례로 널리 알려지고 있다. 인간에 의해 멸종된 이리를 인위적으로 복원시킨 결과에 대해 긍정과 비판이 나오고 있는데, 어느 쪽이든 인간이 다른 생명체에 끼치는 영향에 대해 조심스럽게 접근해야 한다는 사실을 깨우쳐준다.

<Box 6-1> 옐로우스톤 국립공원의 이리

　옐로우스톤 국립공원은 1872년 미국에서 최초의 국립공원으로 지정되었으며, 중서부의 와이오밍 주를 중심으로 아이다호 주, 몬태나 주 등에 걸쳐 있다. 잘 보존된 야생 동식물로 유명하다. 이 지역에는 과거 많은 이리 떼가 살았으나 서부 개척 시절 인간들에 의한 이리 박멸로 1920년대까지는 거의 멸종 상태에 이르렀다. 이리가 멸종된 후 이 지역에는 야생사슴인 엘크가 번성하면서 초원 지대가 황폐화되는 문제가 발생하였다.

　1960년대 이후 여러 학자와 환경단체가 이리 보존의 필요성을 주장하여 1995년 다른 지역에서 포획된 14마리의 이리가 옐로우스톤 공원에 방사되었다. 이리의 복원 이후 엘크 개체가 조정되면서 초원지대가 다시 살아나고 생태계가 회복된 것으로 많은 매체를 통해 알려지고, 대학생들의 생태학 교과서에도 학습 사례로 언급되고 있다(Cain 외, 2011: 501-502). 그러나 최근에는 엘크 개체가 과도하게 감소하는 문제가 발생하여 이리 방사에 대한 비판여론이 생기고 있다.[9]

　하나의 생명체가 탄생한 과정은 긴 시간의 창조과정을 요구하는 힘든 작업이었다. 박테리아가 핵 둘레를 막으로 싸는 데 거의 10억 년이 걸렸고, 이 진화된 세포가 기초적인 개체를 형성하는 데 또 10억 년이 걸렸다. 식물은 수억 년이 지나서야 물관부 조직을 얻었다. 그런데 이렇게 기나긴 과정을 통해 만들어지고 진화한 생명체는 멸종을 되풀이했다. 지구에서 지금껏 살았던 종의 99% 이상이 멸종된 것으로 추정된다(이브 시아마, 2011: 15). 창조와 파괴가 되풀이되면서 끝없이 순환하는 우주의 법칙은 인간이 아직 완전히 이해하지 못하고 있고, 제어할 수도 없다.

---

9) http://discovermagazine.com/2014/may/16-elk-vanishing-act

그럼에도 불구하고 이제 인간의 힘으로 모든 생명체를 멸종시키고, 심지어 인간 자신까지 멸종시키는 일이 발생할 수 있다는 가능성은 지극히 우려스러운 일이다. 그래서 지구 사회는 지금 "생물다양성"을 보존하기 위해 많은 노력을 기울이고 있다. 1992년 브라질의 리오데 자네이로에서 개최된 UN 환경개발회의(UNCED)에서는 기후변화협약(UNFCCC)과 함께 생물다양성협약(CBD)이 체결되었다.

2. 환경문제의 성격과 주요 이슈

환경문제는 그 문제의 복잡성과 용어의 전문성 등으로 인해 전체적인 상황을 이해하기가 쉽지 않다. 여기서는 필자 자신이 환경문제에 관심을 가지고 공부하는 과정에서 정리해보았던 이슈들과 관련 용어들을 우선 소개하고자 한다. 뒤에서 주요 분야별 환경문제를 좀 더 자세히 살펴보겠지만, 그에 앞서 많은 국제회의 속에서 논의되고 있는 중요한 이슈들을 먼저 정리해보는 것이 전반적인 그림을 이해하는 데 도움이 될 것으로 생각한다.

(1) 공동자원의 관리 문제

환경문제는 특정 국가를 넘어 전 지구촌의 위기를 낳고 있는 인류 공동의 문제라는 점이 가장 중요한 특징이다. 그런 만큼 인류가 공동으로 대응해야 한다는 인식이 지금 모든 국제 논의와 활동의 기본을 이루고 있다. 그러나 구체적인 문제로 들어가면 특정국가의 자원 개발을 둘러싼 논란과 환경오염에 대한 대가를 누가 지불해야 하는가에 대해 치열한 논란이 벌어지고 있다.

□ 공동자원의 비극

1968년 미국의 생태학자인 가레트 하딘(Garrett Hardin)이 사이언스(Science)에 발표한 논문에서 제기한 공동자원의 비극(Tragedy of the Commons)이라는 개념은 환경문제의 절박성에도 불구하고, 인간이 이에 소홀히 대하는 이유를 설명하고 있다. 그것은 자연자원이 특별한 소유자가 없는 공동의 자원(Global Commons)이기 때문에 너나없이 자신의 문제로 인식을 하지 않는다는 것이다. 하딘은 1833년 영국 경제학자 윌리엄 로이드(William Forster Lloyd)가 쓴 논문을 인용해 사유지가 아닌 공동의 목축지는 과도한 가축 방목으로 황폐화된다는 사실을 제기하였다. 하딘은 지구의 자원과 생태계가 유한함으로 과도한 인구는 억제되어야 하며, 전쟁과 기근이 이를 위해 필수적이라고 주장한 신맬서스주의론자로 알려지고 있다. 하딘은 이 문제의 해법으로 자연을 사유화해야 한다고 주장하였다. 사유재산을 가진 인간은 그것을 돌보는 책임의식을 느끼게 된다는 논리였다. 1982년 채택된 UN의 국제해양법 협약(UNCLOS)에서 200마일의 배타적 경제수역(EEZ)을 결정한 배경의 하나로 바로 이 논리가 인용되었다.[10] 해양 자원에 대한 각국의 욕구가 충

---

10) UN의 국제해양법 협약은 국가들 간의 해양 주권 문제를 결정한 협약으로서 1973년 뉴욕에서 개최되어 1982년에 끝난 제3차 국제해양법회의(Third United Nations Conference on the Law of the Sea: UNCLOS III)에서 채택된 후 60개국이 비준한 1994년에 발효되었다. 동 회의는 1956년 제네바에서 제1차, 1960년 제네바에서 제2차 회의가 열린 바 있다.

돌을 빚는 상황에서 배타적 경제수역이 충돌을 예방하고 자원을 보호하는 데도 유리한 장치라는 논리가 제기되었다(Mitchel 외, 2008).

그러나 이 방식이 적절한지에 대해서는 많은 논란이 있다. 만인이 함께 사용해야 할 공유자원을 사유화하자는 논리는 결국 힘 있는 집단과 개인이 다수를 배제하고 자원을 독점하고 상품화하여 이권을 추구하는 결과를 낳을 뿐 환경보호에 아무런 기여를 하지 않는다는 것이다. 많은 사람들이 자유롭게 이용하던 산이나 강, 도로, 호수 등을 사유화한다면 어떤 현상이 발생할까? 이런 자원을 소유한 사람과 배제된 다수의 사람들 간에 극렬한 이해관계의 충돌이 발생할 것이다. 소유자가 그런 자원을 상업적 목적으로 이용할 경우 환경보호에도 유용한지 알 수 없는 일이다. 호수를 소유한 사람이 관광수입을 올리기 위해 보트를 운영하고 리조트 시설을 짓는다면 그런 의사를 갖지 않은 다수의 사람들이 함께 이용하던 때보다 자연이 더욱 훼손될 수 있다. 18세기 영국의 엔클로저 운동이 공유지의 사유화를 통해 다수의 농민들을 농토에서 축출하여 빈민으로 몰아넣고 목장과 공장을 짓기 위해 삼림과 농토의 파괴를 초래한 사례가 이런 사유화 주장의 허구성을 보여주는 사례로 인용된다.[11]

자연이 공동자원인가, 사유재산인가에 대한 논란은 아마존 강 유역이나 동남아시아, 아프리카의 열대우림을 개발하는 문제에 대한 국가들 간의 시각 차이에서도 첨예하게 드러난다. 열대우림은 지구

---

http://legal.un.org/diplomaticconferences/lawofthesea-1982/lawofthesea-1982.html
http://www.un.org/depts/los/convention_agreements/convention_overview_conventi
on.htm

11) Robert Ovetz(2005), *Privatization is the Real Tragedy of the Commons*,
http://www.enn.com/top_stories/article/9010

촌에서 가장 풍부한 동식물종이 서식하고 있는 지역이며, 이런 지역에서 배출하는 산소가 지구의 공기를 맑게 해준다. 그런 이유로 선진국의 환경단체들은 열대우림을 보호하기 위한 운동을 전개하고 있다. 그러나 빈곤에 시달리는 열대우림 지역의 주민들은 벌목이나 사냥, 화전이 생계의 수단이고, 이들 지역의 국가들 또한 열대우림을 경제적 목적으로 개발하겠다는 의지를 보이고 있어 환경보전은 뒷전으로 밀리고 있다. 열대우림이 인류 공동의 자산이니 그대로 보존해야 한다는 환경단체들의 주장은 개발도상국들에게는 빈곤한 현실을 영속하도록 강요하면서 주권을 침해하는 소리일 뿐이다.

□ 집단 관리

집단 관리(Collective Management)란 대기와 해양 등 지구환경의 문제는 어느 특정 국가의 문제가 아니라 초국경적인 문제이기 때문에 지구의 모든 국가가 공동으로 이 문제에 대응해야 한다는 의제를 말한다. 국경을 넘어 발생하는 대기오염 문제는 1960년대 스웨덴이 처음 제기하였고, 1972년에는 스웨덴의 스톡홀름에서 UN 주관으로 인간환경에 관한 최초의 전 지구적 회의(UNCHE)가 열렸다. 이 회의 결과에 따라 환경문제를 전담하는 UN환경계획(United Nations Environment Programme: UNEP)이 설립되었다. 1973년 설립된 UNEP는 케냐의 나이로비에 본부를 두어 주요 UN 기구로서는 최초로 제3세계 국가에 본부를 둔 기구가 되었다.

1989년 UN은 스톡홀름회의 20주년을 기념하는 해에 후속회의를 열기로 결정했으며, 이에 따라 1992년에는 브라질의 리우데자네이루에서 세계 150여 개 국가의 정상들이 참석한 지구 환경과 개발에 관한 회의(UNCED)가 열렸다. 리우회의에서는 전 지구적 환경관리를 위한 "21세기 의제"(Agenda 21)를 채택했으며, 대기오염 방지를 위한 기후변화협약(UNFCCC)과 멸종위기 생물의 보호를 위한 생물다양성협약(CBD)을 이끌어냈다.12) 21세기 의제는 권고사안으로서 구속력을 지니지 않는다. 그러나 UNFCCC와 CBD는 국제법으로서 효력을 지닌다. UN은 이 양대 협약의 이행을 위한 후속조치들을 주관하고 있으며, 홈페이지들을 통해 관련 자료들을 공개하고 있다.

UNFCCC는 1994년 발효되어 1995년 베를린에서 첫 번째 가입 당사국회의(COP1)를 개최했으며, 이후 매년 동 회의를 개최해오고 있다. 1997년 일본의 교토에서 개최된 제3차 당사국회의(COP3)에서는 온실가스 배출 규제를 실무적으로 규정한 교토의정서(Kyoto Protocol)를 채택하였다. CBD는 1993년 12월 발효되었고, 2014년 10월에 한국의 평창에서 제12차 당사국회의(COP12)를 개최하였다.

UN은 1992년 리우회의의 역사성을 상기하는 의미에서 그 10주년이 되는 2002년에 남아프리카공화국의 요하네스버그에서 "지속 가능 개발을 위한 세계정상회담"(WSSD)을 개최하였다. 그리고 그 20주년이 되는 2012년에는 다시 리우데자네이루에서 RIO+20 지구정상회담을 개최하였다. "지속 가능한 개발을 위한 UN 회의"(UNCSD)를 표방한 동 회의에서는 "우리가 원하는 미래"(The Future We Want)라는 선언문을 채택했지만, 실제 성과는 크지 않았던 것으로 평가되고 있다.

---

12) UNFCCC 홈페이지는 http://unfccc.int/2860.php, CBD 홈페이지는 http://www.cbd.int/

□ **오염자 부담 원칙**

특정인이나 특정집단, 또는 특정국가가 공동자원의 오염 원인을 제공했을 경우 그 당사자가 피해자에게 보상을 하고 오염된 자원에 대해 최대한의 원상 복구를 한다는 오염자 부담 원칙(Polluter Pay Principle)은 이미 많은 나라들이 국내법으로 시행을 하고 있고, 국제법에서도 관련 원칙이 적용되고 있다.

한국에서는 1991년 구미산업공단의 두산전자에서 유독성 화학물질인 페놀이 낙동강으로 유출되어 대구 지역의 취수장으로 유입되면서 시민들에게 막대한 피해를 가져다주었다. 이 사건으로 관련자 수십 명이 구속되고 두산전자는 영업정지를 당하는 사건이 있었다. 2007년 12월에는 서해의 태안반도 앞 해상에서 홍콩 선적의 유조선과 삼성중공업 소유 크레인선이 충돌하여 1만 톤 이상의 원유가 유출되면서 인근 어장과 해수욕장을 비롯해 생태계에 엄청난 피해를 초래하였다. 이 당시 오염된 해안을 정화하기 위해 70만 명 이상의 자원봉사자가 태안반도를 찾은 일은 세계적으로도 관심을 모았다. 오염을 유발한 양측 당사자들은 당연히 피해 보상을 하였을 것이지만, 그 구체적인 내용이 공개되지 않아 알기 어렵다.

이처럼 환경에 대해 오염을 초래한 당사자가 책임을 지고 피해를 보상한다는 원칙은 환경문제를 떠나서 일반 민형사상의 문제로 보아도 너무나 당연한 것으로 생각된다. 그러나 이 당연한 원칙이 실제 시행과정으로 들어가면 매우 어렵고 불투명한 문제로 변하게 된다. 위의 사건들은 오염을 초래한 직접 당사자가 쉽게 확인된 경우이지만, 환경문제들의 경우 우선 그 원인제공자가 누구인지를 파악하는 일 자체가 간단하지 않다. 그리고 원인제공자가 밝혀진 경우에도 부담해야 할 피해 규모를 산정하는 일이 또한 매우 어렵다. 환경문제는 장기적으로 결과가 나타나기 때문에 즉각적으로 눈에 보이는 결과만을 놓고 피해를 산정하는 것도 온당하지 않다. 결국 이런 문제들은 장기간을 소요하는 행정절차와 법정 싸움으로 이어진다.

최근 전 세계적으로 발생하고 있는 대규모 환경 피해는 거대한 다국적기업들에 의해 초래되는 경우가 많기 때문에 이런 거대기업들을 상대로 법정 싸움에서 이기는 것도 쉽지 않다. 1984년 인도의 보팔 가스 폭발 사건이나 1989년 엑손 발데즈(Exxon Valdez)에 의한 알래스카 해안 기름 유출 사건, 2001년 BP에 의한 멕시코 만 기름 유출 사건 등 세계를 놀라게 한 대규모 환경오염 사건의 원인 제공자들은 사건 발생 당시에는 즉각 사과하고 피해 보상과 원상 복구에 최선을 다하겠다고 약속했지만, 결국 막대한 피해 보상 문제를 두고 장기간의 법정 싸움을 이어갔다. 보팔 사건은 20여 년이 지난 후에도 마무리되지 않았으며, 오염자인 유니온 카바이드는 다우 케미칼(Dow Chemical)에 인수되었다(Mander, 2012: 52-53).

(2) 지속 가능한 개발

지속 가능한 개발(Sustainable Development)이라는 용어는 아마도 우리 시대에 거의 모든 국제회의와 여러 학문 분야에서 가장 많이 사용되는 용어 중의 하나가 되지 않았을까 생각된다. 이 용어를 단어 그대로 해석하면 "중단되지 않고 앞으로도 계속 이어질 수 있는 개발"을 의미한다. 성장의 한계가 논의되고 환경문제로 인한 인류의 종말이 거론되고 있는 상황에서 인류가 앞으로 어떻게 계속 생존해나갈 수 있을지에 대한 고민을 축약적으로 담고 있는 용어가 바로 이 "지속 가능한 개발"이라고 할 수 있다.

이 용어가 처음 사용된 것은 1987년 UN에 제출된 보고서인데, 그 후 거의 모든 국제회의에서 이 용어가 사용되어 왔고, 2002년 요하네스버그에서 열린 지구정상회의는 회의 제목 자체에 이 용어를 사용하였다. 2000년에 UN이 채택한 새천년개발목표(MDGs)가 2015년에 목표 연도가 끝나면서 "지속 가능한 개발"이 Post-2015 혹은 Post-MDGs의 새로운 의제로 채택되었다. 따라서 이 용어는 앞으로 지금보다 더 많이 사용될 것이다.

1983년에 UN은 노르웨이 전 수상 그로 할렘 브룬트란트(Mrs. Gro Harlem Brundtland)를 의장으로 하는 국제 전문가들의 위원회를 구성하여 환경과 개발의 문제에 관한 현상과 대응책을 연구하도록 위임하였다. 이는 1972년 최초의 지구환경 회의 이후 10년이 지난 시점에서 환경문제가 더욱 악화되었다는 광범위한 인식에 기반을 두어 UN총회가 결정한 사안이었다. "환경과 개발에 대한 세계 위원회"(WCED)라는 공식 이름으로 출범한 이 위원회는 1984년 10월 첫모임을 가진 후 900일이 지나 1987년 4월 "우리의 공동미래"(Our Common Future)라는 보고서를 발간하고 해산하였다. 이 보고서는 흔히 의장의 이름을 따 "브룬트란트 보고서"(Brundtland Report)라고 불린다.[13] 이 보고서는 인간이 경제개발을 추구하되 "환경적으로 지속 가능한 개발"을 추구해야 한다는 의제를 제시하고, 전 지구적인 협력을 촉구하였다.

브룬트란트 보고서의 제 I 장 3절에서 설명되고 있는 이 용어의

---

13) 아래 주소에서 이 보고서의 전문을 받을 수 있다.
   http://www.un-documents.net/our-common-future.pdf

기술적 정의는 "미래 세대의 필요를 침해하지 않으면서 현재 세대의 필요를 충족한다"는 개념이다. 쉽게 표현하면 지금 현재 주어진 자원을 한 번에 다 써서 없애지 말고 미래에도 계속 사용할 수 있도록 보존해가면서 사용하자는 의미이다. 이 보고서는 이 개념이 환경 자원과 생태계의 한계를 고려하는 개념이며, 기술과 사회 조직의 발전에 따라 그 한계가 유동적일 수 있음을 전제하는 것으로 설명한다. 그리고 빈곤 해소를 통해 모든 사람의 기초 욕구를 충족하고 보다 나은 삶을 위한 기회를 제공하는 것을 요구하는 개념이라고 설명하고 있다.

그 후 이 용어는 학문적으로나 실무적으로 많은 토론과 연구의 대상이 되면서 다양한 방식으로 해석되고 사용되어 왔다. 브룬트란트 보고서의 원래 정의에 기초하면서 최근의 논의들을 담은 지속 가능한 개발의 확장된 정의를 살펴보면 대체로 환경적, 경제적, 사회적 맥락에서 인간의 삶의 조건과 상태를 지속적으로 개선해나가는 것으로 이해된다. UN은 2015년 9월 Post-2015 의제로 새로운 "지속 가능 개발목표"(Sustainable Development Goals: SDGs)를 채택하였다. SDGs는 <표 8-2>와 같은 17가지 목표를 담고 있다.

(3) 남북문제

현대 국제사회에서 "남북문제"(North-South Issues)라는 용어는 선진국과 개발도상국을 두 개의 집단으로 간주했을 때 그 관계에서 제기되는 문제를 말한다. 미국, 유럽, 일본 등 선진국들이 대부분 지구의 북반구에 있고, 아프리카, 아시아, 중남미의 후진국들이 대부분 남반구에 있기 때문에 만들어진 용어이다. "남" 측을 지칭하는 용어로는 후진국, 개발도상국, 제3세계 등의 용어가 흔히 같이 사용된다.

환경문제가 모든 국가에 관련되는 전 지구적 문제라는 점은 이제 누구나 인식하고 있지만, 이러한 환경문제를 유발하는 주범이 누구이며 누구의 책임이 더 큰가에 대해 선진국과 개발도상국들 간에 첨예한 논쟁이 벌어지고 있다. 환경오염물질은 주로 선진공업국가들이 배출하는데, 이에 대한 대응 역시 선진국들의 책임이 더 크다는 것이다. 일례로 오존층 파괴 문제가 최초로 제기된 1970년대 중반의 조사에 따르면 오존파괴물질인 염화불화탄소(ChloroFluoroCarbon: CFC)를 가장 많이 배출하는 나라는 미국으로서 전체 배출량의 50% 이상이 미국에서 나온 것으로 알려졌다.

이 논쟁의 실질적인 문제는 환경 관련한 각종 국제규제의 적용에 있어 선진국과 후진국 간 차이를 두어야 한다는 점이며, 이러한 규제로 후진국이 손해를 보는 경우에 선진국들이 비용을 부담해주어야 한다는 점이다. 또한 환경문제에 대응하기 위한 재원과 기술을 이전해달라는 요구도 포함된다. 그러나 최근에는 중국과 인도 등 개발도상국들의 급속한 공업화에 따라 이들이 선진국보다 더 많은 환경오염물질을 쏟아내고 있으며, 삼림파괴와 바다오염에도 더 많은 영향을 주고 있다는 분석들이 나와 이 문제 역시 간단하지 않게 됐다.

1992년 리오 환경회의에서는 전 지구적 환경문제에 대해 남북이 "공동의 그러나 서로 다른 책임"(Common but Different Responsibilities)이 있음을 선언하였다. 절묘한 표현으로 양측의 입장을 조화했지만, 서로 다른 책임의 실질적인 문제로 들어가면 입장이 복잡해진다. 선진국에서는 최근의 국제 환경보호 논의가 선진국을 억누르기 위한 개발도상국들의 이데올로기 공세라는 의심이 있고, 반면 개발도상국들은 역시 이 문제가 개발도상국들의 산업화를 제어하기 위한 선진국들의 음모라는 시각이 있다.

실제로 최근 미국은 국제사회에서 논의되는 주요한 환경 관련 규제를 대부분 거부하고 있어 환경보호를 위한 국제사회의 노력에 찬물을 끼얹는다는 비판을 받고 있다. 미국은 1992년 리우회의에서 채택한 기후변화협약(UNFCCC)과 생물다양성협약(CBD)에 서명했지만, 후자는 아직 의회의 비준을 받지 않고 있다. 전자의 경우도 그 실행을 위한 1997년 교토의정서가 의회에서 비준을 받지 못하였다. <표 6-2>는 미국 웰즐리 대학 드솜브레(DeSombre, 2015: 134) 교수의 글에서 발췌한 미국의 주요 환경 규제 관련 국제조약 서명과 비준 현황이다.

미국 정부의 이런 입장은 당연히 국내의 여론을 반영하는 것이다. 미국에서는 리우회의에서 채택된 "21세기 의제"(Agenda 21)를 거부하는 반대 운동이 강하게 일어나면서 각 주의 환경 관련 입법에 상당한 영향을 주고 있다. 환경보호라는 구실로 소비자들에게 부담만 지우고 사유재산과 개인의 권리를 침해할 것이라는 주장이 이런 운동의 핵심 논리이다. 최근의 한 연구에 따르면 미국의 26개 주에서 "지속 가능 계획"(sustainable planning)을 거부하는 법안이 제기되었으며, 이 중 5개 주에서는 통과되었다(Jaffe, 2014).

드솜브레 교수는 미국이 잘해야 국제사회의 환경보호 노력을 피하려 하거나 최악의 경우는 방해하고 있다고 진단하고, 그 원인을 다각도로 분석하고 있다. 정부 규제에 대한 거부감을 보이는 이데올로기적 편향성, 국제사회의 문제에 대한 개입을 꺼리는 예외주의, 환경문제 자체의 불명확성, 미국 내 환경문제의 심각성 정도, 그리고 미국 산업에 대한 환경 규제의 영향 등이 각각 부분적인 원인으로 분석된다. 드솜브레 교수 자신의 최종적인 견해는 국제사회에서 논의되는 환경보호 조치들이 미국 국내에서 이미 얼마만큼 시행되고 있는가에 따라 미국의 입장이 달라진다는 것이다.

〈표 6-2〉 환경 관련 주요 국제조약에 대한 미국의 서명 및 비준 현황

조 약	연도	서명	비준
습지보호에 관한 람사르 협약	1971	○	○
해양 오물 투척에 관한 런던 협약	1972	○	○
세계문화유산 협약	1972	○	○
멸종위기종의 국제무역에 관한 협약(CITES)	1973	○	○
MARPOL(선박에 의한 해양오염)	1978	○	○
이주동물에 관한 협약	1979	X	X
장거리 초국경 대기오염에 관한 협약(CLRTAP)	1979	○	○
해양법에 관한 UN 협약	1982	○	X
오존층 보호에 관한 비엔나협약	1985	○	○
오존층 파괴 물질에 대한 몬트리올 의정서	1987	○	○
바젤 협약(유해물질 거래)	1989	○	X
기후변화 협약(FCCC)	1992	○	○
생물다양성 협약(CBD)	1992	○	X
사막화 방지 협약	1994	○	X
교토 의정서(기후변화)	1997	○	X
로테르담 협약(PIC)	1998	○	X
지속적 유기물(POPs) 오염에 관한 스톡홀름 협약	2001	○	X

자료: Elizabeth R. DeSombre(2015), p.134.

미국은 1963년 청정대기법(Clean Air Act)을 제정한 후 여러 차례 이를 개정하면서 대기오염에 대한 규제를 강화했고, 1970년대에는 오존층 보호를 위해 CFC 사용을 금지하였다. 멸종위기 야생동식물 보호를 위한 규제도 일찍부터 강화하여 1973년 국제협약을 체결하는 데에도 주도적인 역할을 하였다. 드솜브레 교수에 따르면 미국이 이미 시행하고 있는 환경 규제를 국제적으로 확산하는 데에는 적극적이나, 국내에 도입되지 않은 규제를 외부에서 주도하여 새로 입법하는 데에는 소극적이라는 점이 가장 중요한 포인트로 지적된다.[14]

반면, 개발도상국들의 입장에서는 환경문제 역시 다른 정치, 경제적인 문제들과 마찬가지로 명백한 남북문제의 성격을 지닌 것으로 인식한다. 보스턴 대학 아딜 나잠(Adil Najam, 2015) 교수의 견해에 따르면 최근 "제3세계는 해체되었다"는 논의에도 불구하고 아직도 개발도상국들 사이에서는 "남"(South)이라는 집단의식이 명확히 존재하며, 1972년 스톡홀름 회의 이전부터 환경보호 관련 논의가 개발도상국들의 경제개발을 억누르려는 음모라고 파악하는 시각이 있었다. 1992년 리우회의의 공식명칭이 "환경과 개발을 위한 UN회의"(UNCED)로 정해진 것은 개발도상국들의 우려를 반영해 환경과 개발이 서로 모순적이지 않고 보완적이라는 의미로 절충을 한 것이라고 한다.

선진국과 개발도상국들의 입장에 대한 드솜브레 교수와 아딜 교

---

14) 미국은 1985년 오존층 보호를 위한 비엔나 국제협약(Vienna Convention for the Protection of the Ozone Layer)과 1987년 몬트리올 의정서(Montreal Protocol) 체결을 주도하였다. 생물 다양성 보존과 관련한 분야에서도 1946년 국제 포경 규제협약(International Convention for the Regulation of Whaling)과 1973년 멸종위기 야생 동식물종의 국제무역에 관한 협약(Convention on International Trade in Endangered Species of Wild Fauna and Flora: CITES) 등을 체결하는 데 주도적 역할을 하였다.

수의 분석은 충분히 공감이 가는 설명들이다. 선진국이나 개발도상국 모두 각국의 경제 사정이나 정치 상황에 따라 국제사회의 논의에 동조하는 강도가 달라지는 것은 일반적인 현상이다. 미국 경우 특히 2001-2009년간 집권했던 조지 부시(George Bush) 대통령 정부가 국제외교 전반에서 미국 국익을 우선하는 일방주의를 추구한 경향도 관련이 있다. 과거와 달리 지금은 선진국보다 개발도상국들에서 환경문제가 더 심각하다는 현실도 양자의 입장 차이에 반영된다. 선진국들은 자국 국민들이 심각하게 느끼지 못하는 국제 이슈로 비용 부담만 요구되는 문제에 소극적이 된다. 반면, 개발도상국들은 환경문제가 심각하기는 하나 빈곤이 더 시급한 문제이기 때문에 지속적으로 경제개발을 추진해야 하고, 환경보호에 관심이 있다면 선진국들이 비용을 부담하라는 입장을 취한다.

그러나 사실 선진국과 개발도상국이라는 그룹 안에서도 구체적인 문제에서 개별국가들의 이해관계가 걸리면 반응이 달라진다. 1970년대 스웨덴이 영국과 독일의 영향으로 인한 자국의 대기오염 문제를 제기했을 때 해당 두 나라는 강력히 반발했다. 1985년 영국의 한 환경운동가는 영국 정부를 가리켜 "유럽의 더러운 놈"(Dirty Man of Europe)이라고 표현하였다(Markham, 1994: 69). 그래서 환경문제는 지구촌 모든 사람의 생존을 위협하는 절박한 문제라는 지식인 사회의 외침에도 불구하고, 국제사회에서 아직 충분한 대응력을 갖추지 못하고 있는 것이다. 최근에 하버드 대학의 과학사 전공학자인 오레스케스(Oreskes and Conway, 2014) 교수 등이 미래소설의 형식을 빌려 지구 종말을 묘사하고 있는 이야기는 흥미롭다. 기후변화로 2093년 인류가 멸망한 후 살아남은 사람들이 300년 후 과거 역사를 회고하는 형식의 이 책은 임박한 멸망의 징후에도 불구하고 인류사회가 어떻게 서로 협력하지 못했는지를 여러 가지 문제에서 설명하고 있다.

3. 환경문제의 주요 분야별 양상

지구촌 곳곳에서 발생하고 있는 환경문제의 구체적 실태에 대해서는 지역 차원에서나 지구 전체 차원에서 많은 연구 자료들이 쏟아져 나오고 있다. 특정 문제에 대한 구체적인 내용은 관련 전문기관들의 자료를 찾아보기 바란다. 방대한 지역에서 발생하는 다양한 환경문제를 제대로 이해하기에는 사실 이 분야의 전문가도 아닌 필자의 능력이 턱없이 모자란다는 것을 고백한다. 필자의 관심은 환경문제의 주요한 양상을 큰 윤곽이나마 이해해보고자 하는 것이며, 이러한 노력이 필자와 마찬가지로 환경문제에 관심 있는 일반 독자들에게 도움이 되기를 바라는 것이다.

UN환경계획(UNEP)은 1992년 리우회의 결정에 따라 지구 전체의 환경문제를 파악하여 지속적으로 보고서를 발간하고 있다. UNEP가 발간하는 "지구 환경전망"(GEO)은 1997년, 2000년, 2002년, 2007년, 2012년에 다섯 차례 보고서가 나왔고, 현재는 여섯 번째 보고서(GEO-6)가 준비되고 있다. UNEP의 관련 홈페이지에서 전문을 구할 수 있다.15) 다른 국제기구들과 민간단체들도 많은 보고서를 발간하고 있다.16) 여기에서는 이러한 여러 자료를 참고하여

---

15) http://www.unep.org/geo/

16) OECD는 2008년에 2030년, 2050년까지의 지구환경전망(OECD Environmental Outlook)을 발간한 바 있다. 기후변화에 대해서는 UN 홈페이지가 있고, 생물 다양성에 대해서는 생물다양성보존협약(CBD)과 국제자연보존연맹(IUCN) 홈페이지에서 많은 자료들을 구할 수 있다.

전 지구적인 환경문제를 편의상 하늘, 땅, 바다, 생물 다양성 등의 문제로 구분하여 살펴보기로 한다.

(1) 하늘

여기에서 하늘이라는 제목 아래 살펴보고자 하는 문제들은 산성비, 오존층 파괴, 온실가스에 의한 기후변화 문제 등이다. 인간이 배출한 공해에 의해 대기가 오염되고 성층권의 오존이 파괴되면서 그 영향으로 지상에 이변이 발생하는 문제들이다.

□ 산성비

"산성비"(Acid Rain)라는 용어는 1872년 영국의 로버트 스미스(Robert Angus Smith)가 『공기와 비(Air and Rain)』라는 책에서 처음 사용하였다. 산업혁명 이후 공장과 가정에서 나오는 매연에 의해 심각한 공기 오염을 겪고 있던 영국은, 특히 화학공장에서 나오는 독성 가스가 농촌의 작물 생산과 환경 파괴를 초래한다는 여론에 따라 조사를 수행한 후 1863년 알칼리법(Alkali Act)을 제정하였다. 이 법은 당시 망초(salt-cake)와 소다회(soda-ash)를 생산하는 화학공장에서 나오는 독성 가스를 95%까지 줄이도록 규제하였다. 스미스는 이 문제를 조사하던 알칼리 검사관(Alkali Inspector)이었으며, 그의 책은 공기 오염에 대한 대중의 관심을 환기하는 데 기여하였다. 1872년 3월 일러스트레이트 런던 뉴스(Illustrated London News)는 뉴캐슬과 리버풀 지역의 작물 피해를 언급하면서

"굴뚝을 높이 세우는 일은 소용이 없었으며, 독가스가 더 넓은 지역으로 퍼지게 만들었다"고 개탄하였다(Markham, 1994: 67).

산성비는 석탄, 석유 등의 화석연료가 연소되면서 나오는 아황산가스(SO_2)와 자동차에서 배출되는 산화질소(NO_X)가 대기 중에서 수증기와 결합되어 황산과 질산으로 바뀌면서 비와 함께 내리는 것이다. 이로 인해 비가 마치 식초를 뿌린 듯이 강한 산성을 띠게 되어 생물에 나쁜 영향을 주고 토양의 산성화를 초래한다. 그 영향으로 세계 도처의 숲이 파괴되고 농작물이 말라 죽으며, 하천이나 호수의 물고기가 떼죽음하는 현상이 나타난다. 또한 산성비는 금속철재와 콘크리트 등 건축구조물, 그리고 고고학적 유물까지도 부식시켜 커다란 경제적, 문화적 손실을 입히고 있다.

산성비가 세계적으로 크게 문제가 되기 시작한 것은 1960년대부터이다. 스웨덴에서 자국의 삼림이 광범위하게 파괴되고 하천과 호수의 동식물이 떼죽음당한 현상을 연구하면서, 이 문제가 영국과 유럽대륙으로부터 건너온 대기오염과 관련이 있다고 주장하였다. 1972년 스톡홀름에서 최초의 지구 환경회의(UNCHE)가 개최되었으나, 당시에는 이 문제가 과학적으로나 정치적으로 받아들여지지 않았다.

그러나 스웨덴의 노력으로 유럽공동체(EC)와 OECD가 이 문제를 받아들여 마침내 1979년 제네바에서 "국경을 초월하는 장거리 대기오염에 관한 협정"(CLRTAP)이 체결되었다. 이 협정은 대기오염에 관한 최초의 국제협정으로서 그 후 국제적 논의의 중심을 이루었다(Schreurs, 2007: 119). 1985년에는 핀란드의 헬싱키에서 아황산가스 감축을 위한 의정서(Helsinki Protocol)가 채택되었다. 이 의정서는 1993년까지 아황산가스 배출 규모를 1980년 수준에서 30% 줄이기로 결정하였다(Markham, 1994: 68-69).

□ 오존층 파괴

지구의 표면으로부터 10-50km 상공의 성층권(stratosphere)에는 오존(O_3)이라고 하는 물질이 두껍게 층을 형성하고 있다. 이 오존층은 태양으로부터 오는 빛 가운데 인간에게 해로운 극자외선(Ultra-Violet)을 차단하여 인간의 건강을 지켜주는 역할을 한다. 그런데 인간이 만들어내는 오염물질 가운데 일부가 이 오존층을 파괴하고 있는 것으로 밝혀졌다. 그중 가장 중요한 물질은 냉장고의 냉매로 사용되는 CFC와 할론 등인 것으로 알려지고 있다.

이 사실은 1974년 캘리포니아 대학 어바인분교의 화학교수인 프랭크 롤랜드(Frank Rowland)와 그의 동료인 몰리나(Molina)가 최초로 제기하였다. 그 후 학자들과 미국 환경청(EPA)이 이 문제를 적극 제기하면서 CFC의 생산을 금지해야 한다고 주장하고, 이 물질을 생산하는 듀퐁(DuPont) 등 화학업체들이 이 주장의 과학성을 입증할 수 없다고 맞섬으로써 심각한 논쟁이 발생했다. 1976년 미국 과학아카데미(US National Academy of Science)가 조사 결과 판정을 내림으로써 논쟁이 마무리되고 CFC 생산을 규제하는 법안이 입법되었다.

국제적으로는 1985년 비엔나협약(Vienna Convention)으로 이 문제에 대한 대응방향이 정해지고, 1987년 몬트리올 의정서(Montreal Protocol)에 의해 본격적으로 오존 파괴물질(Ozone Depleting Substances)에 대한 규제가 도입되었다. 몬트리올 의정서는 여러 차례 개정되면서 CFC 생산을 규제하고 오존층 파괴를 방지하는 데 기여하였다. 그러나 대체 물질인 HCFCs와 HFCs의 생산이 늘어나고 있다.

2000년에 CFC 배출은 1976년에 비해 10분의 1로 줄었으며, 2010년에는 거의 제로에 가까웠다. 전문가들은 2050년까지는 대기 중의

CFC가 차츰 제거되어 오존증이 원래 수준으로 회복될 것으로 예측하고 있다(Jacobson, 2012: 259-261). 롤랜드와 몰리나 두 사람은 이 문제에 기여한 공로로 1995년 노벨 화학상을 공동 수상하였다.

□ **온실효과와 기후변화**

산성비와 오존층 문제보다 더 늦게 본격적인 국제 이슈로 등장하였으나, 지금 지구촌의 가장 심각한 환경문제로 부각되고 있는 문제가 기후변화로 인한 지구온난화 문제이다. 대기의 오염으로 인해 지구가 탁한 공기로 뒤덮이면서 마치 온실처럼 따뜻해지고 있다는 문제이다. 이로 인해 남북극과 고산지대의 빙하가 녹고, 바다물의 온도와 해수면이 상승하고, 많은 기상이변이 발생하고 있다. 바로 이러한 문제들로 인해 지금 지구촌에는 종말에 관한 영화와 책들이 넘친다.

2014년 한국에서도 크게 히트한 할리우드 영화 "인터스텔라"(Interstella)는 기후변화로 지구가 이미 재앙을 맞이하고 최후의 종말에 부딪히고 있는 상황에서 살아남으려는 사람들의 이야기를 다룬 것이다. 서론에서 언급한 2013년 한국 영화 "설국열차"는 기후변화로 지구가 멸망한 이후 살아남은 소수 사람들의 이야기를 소재로 한 것이다. 앞에서 언급한 2007년 CNN 방송의 지구 특집 "위기의 행성"은 앤더슨 쿠퍼(Anderson Cooper) 등 CNN의 취재진이 전 세계 17개 국가를 현장 취재해서 기후변화와 환경 파괴로 신음하고 있는 지구촌 자연의 모습을 보여준다. 지구온난화에 따른 빙하 붕괴로 살 곳을 잃어가고 있는 북극곰의 애처로운 모습도 보여주고 있다.

2012년 남미의 페루 해변에서는 수백 마리 이상의 펠리컨과 돌고래가 떼죽음을 당한 광경이 발견되었는데, 이는 수온 상승에 의

한 엘니뇨(EL Niño)현상과 관련이 있는 것으로 분석되었다.[17] 전문가들의 조사에 따르면 펠리컨 경우 수온 상승으로 주요 먹잇감인 멸치 떼가 이동을 하면서 먹이 부족으로 인해 집단 아사한 것으로 밝혀졌다. 1997-1998년에 발생한 엘니뇨현상도 바닷새와 바다사자 등을 포함해 수백만 마리의 해양 생물이 떼죽음하는 현상을 초래했다.[18] 2014년 한국에서는 전통적으로 한국의 동해에서 가장 풍부한 물고기였던 명태가 멸종되어 정부가 인공 양식에 나서고 있다는 뉴스가 나와 충격을 주었다.[19] 찾아보니 이 문제는 이미 50여 년 전인 1962년에 어부들이 명태의 치어인 노가리를 마구 포획하여 명태가 멸종위기에 처할 수 있다는 뉴스가 있었다.[20]

지구 멸망에 관한 이야기는 주류 학계의 학자들조차도 자주 다루는 소재가 되었다. 역시 앞에서 언급한 하버드 대학 오레스케스(Oreskes, 2014) 교수의 책은 지구 멸망 이후 살아남은 사람들이 과거를 회고하는 픽션이다. 워싱턴 대학의 생물학자인 피터 워드(Ward, 2010) 교수도 픽션과 논픽션을 가미해 기후변화로 빙하가 녹고 수면이 상승하면서 지구가 물에 잠겨 멸망하는 이야기를 다루고 있다. 인간을 포함해 지구 위의 모든 생물이 멸종한다는 여섯

---

17) 엘니뇨현상은 남미의 에콰도르에서 칠레까지 이르는 태평양 해안 지역에서 바닷물의 온도가 비정상적으로 상승함으로써 발생하는 광범위한 기상 현상을 말한다. 이 현상은 오래전부터 있어 왔으며, 1923년 영국의 물리학자인 길버트 워커(Gilbert Walker)가 관측하고 남방진동(Southern Oscillation)이라는 용어로 기술하였다. 대략 4-5년마다 발생하고 있으나, 예측할 수 있는 주기성을 갖지는 않는 기상이변 현상으로 간주된다.

18) http://www.theguardian.com/environment/2012/may/09/peru-pelicans-starvation
http://www.nytimes.com/2012/05/08/world/americas/peru-has-no-answers-on-dead-dolphins-and-seabirds.html?_r=0

19) http://www.kookje.co.kr/news2011/asp/newsbody.asp?code=0200&key=20141128.22002204135

20) 경향신문, 1962년 11월 3일자, "명태 멸종위기에."

번째 멸종은 앞에서 언급한 바 있다. 인도양에 위치한 조그만 섬나라 몰디브가 물에 잠긴다는 이야기는 기후변화 문제의 심각성을 이야기하는 소재로 전 세계에서 거론되고 있다. 필자가 지금 이 글을 쓰고 있는 2015년 5월 17일 오늘은 미국 항공우주국(NASA)에서 1만 년 된 남극의 빙상이 2020년까지 붕괴되어 사라질 것이라고 예측한 뉴스가 나왔다.[21]

여러 가지 이야기를 다소 장황하게 언급한 이유는 기후변화가 지금 얼마나 심각한 문제이며, 그 양상이 얼마나 복잡하고 대규모적인가를 잠시 상기하려는 데 있다. 그래서 지금 국제사회에서는 이 문제가 매우 중요한 현안으로 날마다 논의되고 있다. 2015년 MDGs가 종료되는 시점에 UN이 새로 채택할 지구촌 개발의제인 "지속 가능한 개발"의 핵심 문제는 기후변화에 대응하면서 빈곤을 퇴치하는 문제가 될 것이다.

기후변화는 지구에서 일어나는 자연적인 현상이며, 인간 활동의 영향은 사실이 아니라는 일부 비판도 있다.[22] 그러나 기후변화 현상은 명백하게 인간이 만들어내는 온실가스의 영향이라는 인식이 지금은 모든 국제논의의 기초를 이룬다. 지구온난화 현상은 1824년 프랑스의 물리학자인 조세프 푸리에(Joseph Fourier)가 최초로 언급한 현상과 연결된다. 그는 지구의 온도를 계측한 후 지구가 태양열만을 받을 때보다 덥다는 사실을 수학적으로 계산하고, 그 이유는 지열을 우주로 방사하는데 대기가 이를 가로막기 때문이라고 주장하였다. 그는 유리로 덮은 상자의 예를 통해 공기가 지구를 덮

---

21) http://www.cnn.com/2015/05/16/us/antarctica-larsen-b-ice-shelf-to-disappear/index.html
22) 매일경제, 2010년 2월 20일자, "지구온난화는 착한 거짓말?"
    http://news.mk.co.kr/newsRead.php?year=2010&no=89345

는 일종의 담요 역할을 해서 지구 온도를 조절한다고 주장하였다. 그의 주장은 후에 온실효과라는 이론으로 알려지게 되었다.

1862년 아일랜드의 물리학자인 존 틴달(John Tyndall)은 수증기와 혼합된 이산화탄소 등의 특정 가스가 지구의 열 방출을 억제한다는 사실을 발견하였다. 1893년에는 스웨덴 과학자인 아레니우스(Svante Arrhenius)가 대기 중의 이산화탄소 비율이 두 배 이상 높아질 때 생길 수 있는 충격을 경고하였다. 그는 1903년 노벨 화학상을 받았다(Wogan, 2013; Hughes, 2009: 255-256).

1972년 지구 환경회의(UNCHE)에서 산성비 문제가 집중 거론되고, 그 후 1980년대 오존층 파괴 문제가 거론되는 과정에서 대기 오염에 의한 기후변화 문제도 급속하게 부각되었다. UNCHE 결정에 따라 설립된 UN환경계획(UNEP)은 기후변화에 대한 정확한 과학적 조사를 위해 1988년 세계기상기구(WMO)와 공동으로 "기후변화에 관한 정부 간 패널"(IPCC)을 설립하였다.

IPCC는 195개국이 가입한 정부 간 기구로서 스위스의 제네바에 본부를 두고 있으며, 기후변화에 대한 과학적 조사를 하여 UN에 보고하는 임무를 맡고 있다. 이 기구는 1990년 제1차 보고서를 발간하였으며, 이 보고서가 1992년 리우회의에서 채택된 UN기후변화협약(UNFCCC)의 중요한 기초 자료가 되었다. IPCC의 1차 보고서(First Assessment Report: FAR)는 이산화탄소(CO_2), 메탄 등에 의한 온실가스 효과가 분명히 나타나고 있으며, 지구 온도가 2100년까지 3°C(5.4°F) 상승하고, 해수면이 6cm 상승한다고 조심스럽게 분석하였다(Hughes, 2009: 260).

이 후 IPCC는 1992년 제1차 보고서 보완판, 1995년 제2차 보고서(SAR), 2001년 제3차 보고서(TAR), 2007년 제4차 보고서(AR4),

2014년에 제5차 보고서(AR5)를 발간하였다. 이 보고서들은 IPCC 홈페이지(http://www.ipcc.ch)에 공개되어 있다. 가장 최근 자료인 제5차 보고서에서는 2011년에 대기 중의 이산화탄소 농도가 391ppm 으로 산업화(1750) 이후 40% 증가했다고 발표했다. 그리고 현재 추세로 온실가스를 계속 배출한다면 21세기 말에 지구 평균 기온은 1986-2005년에 비해 3.7° 상승하며, 해수면이 63cm 상승할 것이라고 예측하였다. IPCC는 2007년에 미국의 앨고어(Al-Gore) 전 부통령과 함께 환경문제에 기여한 공로로 노벨 평화상을 공동 수상하였다.

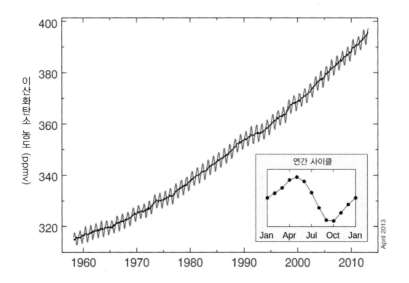

자료: 위키피디아(http://commons.wikimedia.org/wiki/File:Mauna_Loa_Carbon_Dioxide_Apr2013.svg).

〈그림 6-2〉 지구의 대기 중 이산화탄소 농도 변화(하와이 Mauna Loa 관측소, 2013년 4월)

지구의 이산화탄소 농도를 측정하는 작업은 1950년대 레벨(Roger Revelle), 스웨스(Hans Suess), 킬링(Charles David Keeling) 등의 연

구가 크게 기여했다. 캘리포니아 대학 샌디에이고 분교의 스크립스 해양연구소(Scripps Institution of Oceanography: SIO) 소장을 맡고 있던 레벨은 1956년 그의 연구원인 킬링을 보내 하와이의 마우나 로아(Mauna Loa)에 관측소를 세우고 지구의 이산화탄소 농도를 측정하도록 했다. 킬링은 남극과 그린란드에서 수집한 얼음을 통해 지구의 이산화탄소 농도를 측정하고 그것이 장기간에 걸쳐 어떻게 변화해왔는지를 밝혀냈다. 킬링 커브(Keeling Curve)로 알려진 그의 측정값은 1958년 315ppm에서 2005년에는 380ppm으로 늘어났다(Hughes, 2009: 258).[23]

(2) 땅

이 부분에서는 육지에서 발생하고 있는 주요한 환경문제로 삼림파괴, 수자원 오염 및 고갈, 사막화 문제 등을 살펴보고자 한다.

□ 삼림 파괴

숲은 인간이 숨 쉬는 데 필요한 산소를 공급하여 대기를 맑게 해주는 역할을 하며, 새와 곤충을 비롯해 각종 생물들의 중요한 서식지 역할을 한다. 또한 기후변화와 관련하여 온실가스인 이산화탄소를 흡수하는 매우 중요한 역할을 한다. 그런데 농업과 목재 채취, 인프라 건설 등 경제개발을 위한 삼림파괴로 지구 전체의 숲은

---

23) 레벨은 1958년 동서냉전 상황에서 미국과 소련의 양대 강국이 국제 지구물리학의 해(International Geophysical Year)를 정하고 해양과 기후변화에 대한 공동연구를 추진하기로 합의하는 데 큰 기여를 하였다. 레벨은 이와 관련된 위원회의 초대 위원장을 맡았다.

빠른 속도로 사라져 가고 있다.

지구 전체의 삼림 실태에 관해서는 UN식량농업기구(FAO)가 포괄적인 자료를 만들어내고 있다. FAO의 2010년 지구 삼림자원 평가(Global Forest Resource Assessment) 보고서에 따르면 세계 전체 삼림 면적은 40억 헥타르를 조금 넘어서서 지구 육지 면적의 31%를 차지하며, 일인당 0.6헥타르에 해당한다. 이 가운데 러시아, 브라질, 중국, 캐나다, 미국 등 육지면적으로 세계 5대 국가가 삼림자원의 절반 이상을 차지하고 있다. 10개 국가는 삼림을 전혀 가지고 있지 않으며, 54개 국가는 국토 면적의 10% 이하만이 삼림이다.

세계은행 통계는 삼림이란 최소한 5미터 이상의 나무 아래 공간을 의미하며, 농업용(과수원 등) 또는 관상용(정원이나 도시 공원) 나무는 제외한다고 정의하고, 이 정의를 기준으로 각 나라별 삼림 비율을 보여준다. 이에 따르면 2012년 한국의 국토면적에서 삼림 비율은 63.8%이며, 북한은 45%로 나타나고 있다. 한국은 1990년 66.0%에서 약간 줄었으나, 북한은 68.1%에서 크게 줄어들었다.[24]

FAO(2010)에 따르면 지구 전체 삼림면적은 1990년대에 해마다 1,600만 헥타르씩 줄어들다가 2000년대에는 1,300만 헥타르씩 줄어들었다. 인공적인 식목과 자연적 복구로 삼림이 늘어난 비율을 고려하면 2000-2010년대 순손실 면적은 연간 520만 헥타르로 코스타리카의 면적과 대략 비슷하지만, 1990년대의 830만 헥타르에서 크게 줄었다. 1990년대 가장 높은 손실률을 기록했던 브라질과 인도네시아에서는 손실률이 줄었으나, 호주에서는 심각한 가뭄과 화재로 2000년대에 손실률이 늘어났다.

---

24) http://data.worldbank.org/indicator/AG.LND.FRST.ZS

대륙별로 보면 중남미가 2000년대 연간 400만 헥타르, 아프리카가 340만 헥타르의 순손실을 기록한 반면, 아시아의 경우 1990년대 연간 90만 헥타르의 순손실에서 2000년대에는 연간 220만 헥타르의 순증가로 돌아섰다. 이는 동남아시아 국가들의 지속적인 높은 손실에도 불구하고 중국에서 대규모 삼림복원 작업이 추진된 결과이다. 이브 시아마(2011: 60)에 따르면 유럽의 삼림면적은 900-1900년 사이에 90%에서 20%로 줄었으나, 최근에는 거의 옛 면적을 회복해가고 있다.

삼림의 파괴를 가져오는 원인은 다양하나 압도적으로 중요한 비중을 차지하는 원인은 농업이다. UN 기후변화협약 사무국의 2007년 자료에 의하면 삼림파괴 원인의 48%는 생계형 농업이고, 32%는 상업형 농업이며, 산업용 벌목이 14%, 연료 채취가 5%를 차지한다. 자본주의사회의 가장자리로 떠밀려 숲 언저리에서 빈약하게 생계를 이어가거나 숲을 불태워 화전을 일구는 빈곤 인구의 생계형 농업이 삼림 파괴의 가장 중요한 요인이라는 점은 빈곤의 사회, 경제적 의미뿐만 아니라 환경적 의미까지 되새겨보게 한다.

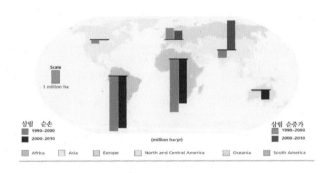

자료: FAO(2010), p.16.

〈그림 6-3〉 세계 지역별 순삼림 손실 추이

이브 시아마(2011: 60-65)의 책에서 이 문제에 대해 인상적인 묘사를 하고 있어 잠시 인용하고자 한다. 생계수단이 전혀 없는 5억 명의 빈곤 인구 중 많은 수가 원시림의 기슭에 거주하며, 생존을 위해 화전을 일군다. 이들은 삼림에 불을 질러 농지를 마련하지만, 몇 년 후 토양이 황폐해지면 다시 더 깊은 숲 속으로 들어간다. 또한 저개발국에서는 장작이 목재 소비의 80%를 차지하는데, 이는 지구 전체로 30억 명이 목재를 주요 에너지원으로 사용하는 것이다. 이들 국가의 정부는 빈곤문제에 정면으로 맞서지 않고 원시림을 배출구로 이용하고 있다. 불공정한 토지 배분에 대한 불만을 무마하기 위해 빈민들의 화전을 묵인하거나, 원시림에 화전민들을 이주시키기도 한다. 결국 지구를 좀먹는 대량 빈곤을 물리치지 않고는 삼림을 보존할 수 없다는 사실이 명백해진다.

브라질의 경우 1960년 수도를 새로 건설한 브라질리아(Brasilia)로 이전하면서 아마존 지역 개발 의지를 적극 나타내었다. 1970년 브라질 아마존 지역의 인구는 450만 명이었으나, 1992년에는 2,000만에 달하였다. 에밀리오 메디치(Emilio Medici) 대통령은 "땅이 없는 사람들을 위해 사람이 없는 땅"(land without people for people without land)을 제공하겠다고 선언하고 도시 빈민들의 아마존 이주를 적극 권장하였으나, 이들이 지주로 성공한 사례는 거의 없었다. 아마존은 스페인 정복 시대부터 고무, 목재 등을 채취하기 위해 다국적기업들이 들어왔으나, 최근에는 미국 등의 패스트푸드 업체들이 방대한 삼림을 밀어내고 목장을 운영하고 있기도 하다(Hughes, 2009: 232-239).

아마존의 열대우림 지역은 "지구의 허파"(lung of the earth)라고 불리는 생태계의 보고로서 숲 자체의 공기 정화 기능은 물론 수많은 동식물의 서식지로서 국제사회는 아마존의 삼림 파괴에 대해 많은 우려를 하고 있다.[25] 그러나 브라질 정부는 당면한 빈곤 퇴치를 위해 댐과 고속도로 건설 등 개발을 계속 추진하고 있다. 개발과 보존의 갈등 관계가 특히 첨예한 부분이 바로 이 삼림자원문제라 할 수 있다

□ 수자원 오염 및 고갈

사람의 몸은 70%가 수분으로 구성되어 있으며, 수분이 부족해지면 사망에 이른다. 지구 위의 모든 생명체가 삶을 영위하기 위해 물을 필요로 한다. 인간은 가정이나 산업활동의 모든 생활에서 물을 필요로 한다. 그러나 맑은 물을 공급하는 수원이 고갈되고 오염되어 이 역시 지금 지구촌의 절박한 환경문제가 되고 있다.

<그림 6-4>에서 보면 지구의 전체 수자원 가운데 97%는 바다의 소금물, 즉 염수(鹽水)이며, 인간이 직접 이용할 수 있는 맑은 물, 즉 담수(淡水)는 3%가 채 안 된다. 맑은 물 가운데 다시 69%는 고산지대와 극지대의 빙하와 빙산이고, 지하수가 30%이며, 지표면의 물은 0.3%에 불과하다. 지표수 가운데에는 호수가 87%, 늪이 11%, 강이 2%를 차지한다.

최근 이러한 수자원의 고갈과 오염을 초래하고 있는 주요한 원인은 지속적인 인구증가와 도시화, 경제활동, 그리고 기후변화 등을 들수 있다. 특히 개발도상국의 빈민들은 안전한 식수를 구하기도 힘든 상황에 직면하고 있다. 선진국들처럼 위생적인 상수도 체계가 구축되지 않은 상태에서 전통적인 식수원이었던 강이나 호수가 심각하게

---

25) BBC, 2013년 2월 27일자, "Amazon: Lungs of the planet."
http://www.bbc.com/future/story/20130226-amazon-lungs-of-the-planet

오염되고 지하수도 고갈되고 있기 때문이다. 기후변화는 전 세계에 가뭄과 홍수 등의 기상이변을 초래해 수자원 확보를 어렵게 만든다.

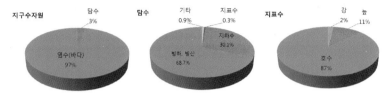

자료: U. S. Geological Survey's(USGS) Water Science School.

〈그림 6-4〉 지구의 수자원 분포

UNEP(2012: 10)에 따르면 오늘날 세계인구의 80%가 수자원 확보에 높은 위험을 안고 있는 지역에 살고 있으며, 모든 개발도상국에 걸쳐 34억의 인구가 심각한 위협을 받고 있다. 이 가운데 24억은 기본적인 위생에도 접근하기 어려운 상태이다. 인간의 생명 유지에 가장 기본적인 물이 부족해짐에 따라 국가 간에 물의 확보를 둘러싼 갈등이 커지고 있다. 2001년에 코피 아난(Koffi Anan) UN 사무총장은 "물의 확보를 위한 치열한 경쟁이 미래의 갈등과 전쟁의 원인이 될 수 있다"고 언급한 바 있다.[26]

□ **사막화**

사막화는 건조한 지역의 생태계가 지속적으로 악화되어 사막으로 변해가는 것이다. 사막화의 원인은 복합적이다. 지역에 따라 사회적

---

26) United Nations University, Press Releases, March 20, 2011.
   http://unu.edu/media-relations/releases/water-called-a-global-security-issue.html

인 요인과 자연적인 요인의 영향이 다르다. 사막은 지구 육지 면적의 거의 절반을 차지하고 있는데, 계속 확대되고 있다. 이런 추세로 인해 건조 지역에 사는 세계에서 가장 가난한 수백만 명의 생존이 위협받고 있다. 사막화가 진행되는 지역에서는 극심한 모래 바람이 불어 인접한 지역에 많은 피해를 가져다주기도 한다(Green Facts, 2006).

UN은 1977년 케냐의 나이로비에서 사막화회의를 열고, 사막화의 방지가 인류의 중요한 과제임을 확인하였다. 이 문제는 1992년 리오 환경회의에서 논의되어 그 후속조치로 1994년 6월 17일 프랑스 파리에서 UN사막화방지협약(UNCCD)이 체결되었고, 1996년 12월 발효되었다. UN은 이 협약의 체결을 기념하기 위해 매년 6월 17일을 사막화 방지의 날(World Day to Combat Desertification)로 지정하고 있다. UNCCD는 1999년 1월 독일의 본(Bonn)에 사무국을 개설하였으며, 현재 195개국이 참여하여 사막화 방지를 위한 노력을 지속적으로 전개하고 있다. 2007년에는 "2008-2018 10개년 전략"(The 10-Year Strategy of the UNCCD 2008-2018)을 채택하였다.[27]

사막화가 진행되는 모습	식목 후

〈그림 6-5〉 몽골 룬솜 지역의 사막화 방지 사업 현장

---

27) 홈페이지는 http://www.unccd.int이다.

필자는 2010년 6월 한국 정부의 원조 사업들을 평가하는 민관 합동평가단의 단장을 맡아 몽골 남부 룬솜(Lun Soum) 지역의 사막화 방지사업 현장을 직접 방문한 적이 있다. 한국의 산림청이 주관하여 2007년에 한-몽골 그린벨트 사업단을 설립하고 사막화가 진행되고 있는 고비사막의 외곽 2개 지역에서 총 3,000ha의 면적에 나무를 심는 사업을 추진하고 있었다.28) 묘목을 심어놓은 조림 지역은 유목민과 들짐승들로 인한 나무 피해를 막기 위해 사방으로 철조망을 둘러 보호하고 있었다. 광활한 땅에서 한정된 구역에 나무를 심는 것이 효과가 있을까 하는 의문도 들었지만, 몽고 정부는 매우 만족스러운 평가를 하고 있었다. 점이 모여 선이 되고 면이 되듯이 이런 사업들이 사막화 방지에 기여하고 쾌적한 지구를 만드는 데 도움이 되기를 바란다.

(3) 바다

바다는 지구 표면적의 70%를 차지하며 수많은 생명체의 서식처로서 지구 생태계의 중요한 부분을 차지한다. 바다의 존재는 지구 대기의 순환에 결정적 영향을 끼치며 바다에서 나는 각종 생물과 자원이 인간의 생존에 필수불가결한 요소를 이루기도 한다. 그런데 최근에는 바다의 오염도 심각한 상황이다. 인간의 활동으로 만들어진 오염물질이 바다에 유입되면서 많은 부작용을 낳고 있다. 이러한 오염물질은 해양생물에게 섭취되어 먹이사슬(marine food chain)을 왜곡하고 궁극적으로는 인간의 영양섭취에도 심각한 폐해를 끼친다.

---

28) 산림청 보도자료, 2006년 11월 21일, "한국의 사막화 방지 조림기술 몽골 사막에 진출" 참고.

바다 오염이 국제사회에서 문제로 인식되기 시작한 것은 비교적 최근의 일이다. 옛날 사람들은 광활한 바다가 인간의 활동으로 인해 오염되리라고는 생각하지 않았으며, 스스로의 자정 기능으로 오염 물질을 희석시킨다고 생각하였다. 제2차 세계대전 이후 핵무기 경쟁이 벌어지던 동서냉전 상황에서 핵폐기물 처리 문제와 유조선에 의한 기름 유출 문제가 떠오르면서 대규모 해양오염 문제가 국제 이슈로 부각되었다.

1950년대 이후 미국, 영국, 프랑스 등이 핵발전소의 폐기물을 바다에 버리는 문제가 드러나면서 방사능 오염에 대한 우려로 강력한 반대 운동이 생겨났다. 1960년 10월 프랑스의 원자력에너지위원회(CEA)가 핵폐기물을 지중해에 버린다는 계획이 드러나자 해양 활동가이자 영화제작자인 자크 쿠스토(Jacques Cousteau) 등이 중심이 되어 이를 강력히 제지하여 중단시켰다. 1954년에는 기름에 의한 해양오염 방지 협약29)이 체결되었다(Diemento, 2003: 16). 1972년에는 런던에서 "쓰레기와 기타 물질의 투척에 의한 해양 오염 방지 협약"30)이 체결되었는데, 이 협약은 핵폐기물을 포함한 각종 쓰레기를 바다에 투기하는 행위를 금지하는 데 목적이 있었다. 이 협약은 보통 런던협약으로 불린다.

지금의 해양 오염 문제는 그 원인과 양상이 훨씬 더 복잡하다. 유조선 충돌이나 유전 사고로 인한 대량의 석유 유출 사건은 전 세계에서 수시로 발생하고 있다. 1991년 걸프 전쟁 이후에는 쿠웨이트와 이라크의 파괴된 유전에서 흘러나온 석유를 뒤집어쓰고 헐

---

29) International Convention for the Prevention of Pollution of the Sea by Oil.

30) Convention on the Prevention of Marine Pollution by Dumping of Wastes and Other Matter.

떡거리는 해양생물들의 모습이 언론에 보도되면서 세계인들의 우려를 낳았다. 한국에서도 앞에서 언급한 2007년 12월 태안반도 유조선 충돌 사건이 있었다.

2011년 일본 동부 해안의 대지진은 자연재해가 인간에게 가져다준 막대한 피해와 함께 해양오염의 새로운 양상을 보여주었다. 2011년 4월 일본 동부 미야기 현(Miyagi Prefecture)에서 발생한 지진과 쓰나미는 1만 5,829명의 사망자와 2,584명의 실종자, 그리고 수십만의 피해자를 낳은 비극이었다.[31] 그런데 이에 더해 수십만 채의 가옥과 건축물, 구조물이 파괴되면서 100만 톤 이상에 달하는 쓰레기 더미가 태평양으로 흘러 떠도는 문제가 발생했다. 태평양에 미국 텍사스 주만 한 크기의 쓰레기 더미가 떠도는 것인데, 그 일부가 2013년에 미국 캘리포니아 주 해안에 닿았다는 보도가 있었다. 더욱이 후쿠시마(Fukushima) 지방의 원자력 발전소가 일부 파괴되면서 핵원료에 오염된 냉각수가 바다로 유출돼 방사능 오염에 대한 국제사회의 큰 우려를 낳았다.

위의 사건들에서 보듯이 그동안 해양 오염 문제는 육지에서 흘러나온 오염물질 및 선박에 의한 오염물질 투기가 주원인이었다. 그러나 최근에는 대기오염에 의한 산성비와 심해를 파헤쳐 자원을 개발하는 활동도 중요한 원인이 되고 있다. 이와 동시에 오염의 양상도 산성화(acidification), 부영양화(eutrophication)에 의한 적조 현상, 플라스틱 쓰레기 더미 퇴적, 공업용 각종 유독성 화학물질 유출 등 한층 복잡해졌다.

1972년 스톡홀름에서 열린 지구 환경회의에서는 해양 오염이 주

---

31) http://en.wikipedia.org/wiki/2011_T%C5%8Dhoku_earthquake_and_tsunami

요 의제의 하나로 논의되었다. 이해에는 앞에 언급한 1972년 런던 협약이 체결되었고, 이 협약은 1975년에 발효되었다. 1996년에는 동 협약을 개정한 런던의정서(London Protocol)가 채택되어 2006년 3월에 발효되었다.[32]

1973년에는 UN의 국제해양기구(IMO) 주관으로 "선박으로부터의 해양 오염 방지 협약"(MARPOL)이 체결되었다. 이 협약은 1976-1977년간에 발생한 유조선 사고들을 반영하여 1978년 새로이 만들어진 의정서(1978 Protocol)와 결합해 대체되었으며, 양자를 합쳐 MARPOL 73/78이라고 부른다. MARPOL 73/78은 참가국들의 비준을 거쳐 1983년 10월 발효되었다.

4. 생물 다양성 위협

지구 위에는 인간 이외에도 많은 생물이 함께 살고 있으며, 이런 관점에서 생물권(Biosphere)이라는 용어가 사용된다. 생물권이란 지구 위에 생물이 사는 모든 공간을 의미한다. 지금까지 살펴본 하늘, 땅, 바다를 모두 합쳐 생물을 중심으로 봤을 때 생물권이라고 표현할 수 있다. 지금은 이 생물권 전체가 오염되면서 모든 생물이 한꺼번에 멸종 위협을 받고 있다. 위에서 살펴본 모든 문제가 집약되어 최종적으로 생물 전체의 위기를 가져오고 있는 것이다. 지구 위에 사는 생물이 빠르게 멸종하여 생물의 다양성(biodiversity)이 줄어들고 있는 문제가 지금 심각한 국제적인 이슈가 되고 있다.

---

32) http://www.imo.org/OurWork/Environment/LCLP/Pages/default.aspx

(1) 생물 다양성의 개념

학자들은 생물 다양성이 비단 종의 다양성(species diversity)만을
의미하는 것이 아니고 생태계의 다양성(ecosystem diversity), 그리
고 유전자 다양성(genetic diversity)까지 포함하는 개념으로 사용한
다(Reece 외, 2012: 762). 생태계란 생물권 안에서 생물들이 상호
작용하며 살아가는 다양한 공간과 그 상호작용 시스템을 포함하는
개념이다. 산과 들과 숲, 강, 호수, 바다, 이런 공간들이 모두 개별
적인 생태계를 이룬다. 각각의 생태계에서 살아가는 생물이 다양하
기 때문에 하나의 생태계가 파괴되면 그 공간에서 사는 생물들은
서식지를 잃고 이주하거나 떼죽음을 당할 수밖에 없다.

유전자 다양성이란 하나의 종 안에서 제각각 다른 특성을 지닌
군집과 개체들이 태어나고 살아갈 수 있도록 해주는 독특한 유전
자들의 다양성을 의미한다. 사람도 유전자에 따라 생김새와 성격,
재능이 다르듯이 같은 종의 생물이라도 유전자에 따라 그 특성이
달라진다. 벵골 호랑이와 시베리아 호랑이가 다른 것은 유전자가
다르기 때문이다. 종으로서 개체는 남아 있지만, 특정한 유전자를
가진 개체들이 사라지고 있는 현상도 생물 다양성의 심각한 문제
로 인식되고 있다.

종의 다양성은 우리가 보다 쉽게 아는 문제이다. 생물을 분류할
때 호랑이, 고양이 등 형태상으로 쉽게 구분되는 보편적인 분류 단
위가 종이다.[33] 지구상에 얼마나 많은 종의 생물이 있는지는 정확

---

33) 현대적인 생물의 분류법(biological classification: taxonomy)은 스웨덴의 식물학자
인 린네(Carl von Linné, 1701-1778)가 분류한 방법에 기초하여 발전하였다. 생물
의 형태와 유전자적인 특성을 반영하여 일반적으로 계(界)-문(門)-강(綱)-목(目)-
과(科)-속(屬)-종(種)으로 구분한다. 이 분류법에 따르면 호랑이와 고양이는 동물

히 알 수 없지만, 학계에 보고되어 분류가 완료된 종의 개수는 대략 150만 종이다.[34] 다양한 원인으로 이러한 종의 개수가 빠르게 줄어들고 있는 문제가 지금 심각하게 제기되고 있는 것이다.

(2) 생물 다양성 파괴 원인

생물의 다양성이 파괴되고 있는 원인은 다양하다. 지금까지 위에서 설명한 하늘, 땅, 바다의 모든 문제가 제각각 생물의 생존을 위협하는 요인들이다. 이러한 문제들을 생물에 관점을 맞추어 살펴보면 다음과 같은 몇 가지 중요한 요인을 들 수 있다. 아래 서술하는 내용은 최근의 생물학 교과서(Reece 외, 2012: 762-779)와 생태학 교과서(Cain 외, 2011: 484-495)에 수록되어 있는 내용을 중심으로 필자의 의견을 덧붙인 것이다.

우선 서식처 파괴이다. 농업, 수산업, 광공업 등 인간의 산업활동과 도시 개발, 도로, 철도, 댐 건설 등 모든 경제활동이 그 자체로 생물들의 서식처를 대규모로 파괴한다. 이에 따라 초래되는 환경오염과 기후변화도 다시 생물의 서식처를 위협한다. 인간의 활동으로 인해 육지의 50% 가까이가 원래 모습에서 바뀌었으며, 강과 호수, 바다조차도 바뀌고 있다. 수많은 댐과 발전소 등 인간이 만든 건축물들로 인해 지금 지구 위의 강들은 원래의 자연적인 흐름을 유지하고 있지 않다(Reece 외, 2012: 764). 중앙아시아의 아랄

계에서 같은 고양이과에 속하지만, 호랑이종과 고양이종으로 나누어진다.

34) Geoffrey Giller(2014), "Are We Any Closer to Knowing How Many Species There Are on Earth?", *Scientific American*, April 8, 2014.
http://www.scientificamerican.com/article/are-we-any-closer-to-knowing-how-many-species-there-are-on-earth/

해(Aral Sea)가 인근 국가들의 목화 농장 개발을 위한 수로 변경으로 수원이 고갈돼 사막으로 변하고 있는 현상은 인간이 초래한 환경의 재앙으로 많은 관심을 모으고 있기도 하다. 호수와 해안에는 관광시설들이 만들어지고 거기에서 쏟아져 나오는 오염물질이 생태계를 파괴하기도 한다.

다음으로는 외래 생물의 침입이다. 전 세계 방방곡곡에 자동차, 철도, 비행기, 선박이 다니고, 인간의 발길이 미치면서 특정 지역에 원래 존재하지 않던 외래 생물종이 침입하여 토종 생물종을 위협하는 현상이 잦아졌다. 이 현상은 전 세계에서 광범위하게 발생하고 있다. 아프리카의 빅토리아 호수(Lake Victoria)에는 전통적으로 600종 이상의 열대어류가 살았으나, 1960년대에 유입된 나일 퍼치(Nile perch)가 토종 어류들을 잡아먹으면서 200종 이상이 멸종했다. 과거에는 토종 어류가 이 호수에서 80%를 차지했으나, 지금은 나일 퍼치가 80%를 차지하고 있다(Cain 외, 2011: 486).

태평양의 괌(Guam) 섬에는 종래 13종의 조류가 살았으나 이 지역에 낯선 포식자인 갈색 나무뱀(brown tree snake)이 화물에 묻어 침입하면서 재앙적 결과를 초래했다. 현재 3개 조류종은 멸종했고, 4개 종은 이 섬에서 절멸했으나 인근 섬으로 옮겼으며, 2개 종은 인간이 보호하는 동물원에서만 살고 있다. 갈색 나무뱀은 각종 바닷새와 도마뱀을 없애기도 한다(Reece, 2012: 764). 한국에서도 황소개구리, 배스 등의 외래종이 국내 호수와 개천에서 서식하는 토종 생물을 심각하게 위협하여 이슈가 되어왔다. 환경부(2006)에서 그 실태를 파악한 자료를 인터넷에서 구할 수 있다.

다음으로는 인간에 의한 과도한 수확(overharvesting)이다. 식용, 상업용, 관상용, 오락용 등 다양한 목적으로 인간이 각종 동물과 식물을 사냥하고 채집함으로써 생물들의 자연 복원 능력을 초과하여 개체 수가 현저히 줄어드는 상황을 낳고 있다. 호랑이, 고래, 코뿔소, 코끼리 등 각종 동물은 말할 것도 없고, 마호가니, 향목(rosewood) 등의 식물, 바다의 각종 어류도 멸종위기를 맞고 있다. 야생동물의 고기를 식용으로 하는 "부시미트"(bushmeat)는 세계 도처에서 문제가 되고 있다(Reece 외, 2012: 764).

많은 개발도상국의 빈민들이 단순히 굶주림을 해소하기 위해 야생동물을 사냥하여 잡아먹고 있으며, 선진국에서는 건강상의 이유나 정력 증진 등의 목적으로 부시미트를 구하는 사람들이 있어 비싼 가격에 밀매를 하고 있기도 하다. 한국의 관광객들이 동남아시아에서 뱀이나 곰을 밀매하는 뉴스도 수시로 나와 지탄을 받고 있다. 이러한 부시미트는 비위생적으로 처리되어 정작 건강에 도움이 되기보다는 치명적인 질병을 초래할 수 있는 것으로 알려지고 있다.

마지막으로 산성비와 기후변화 등 환경오염에 의한 서식처 파괴를 들 수 있다. 지구온난화로 북극의 빙하가 소실되어 그곳에 서식하는 곰들이 위기에 처하고 있는 문제는 수시로 언론에 보도되고 있다. 이 문제는 앞에서 여러 사례들을 언급하였으므로 더 자세한 언급은 생략한다.

(3) 생물의 멸종 상황

앞에서 이미 각종 생물의 멸종 상황을 단편적으로 언급했으나 이번에는 이 문제를 조금 더 체계적으로 살펴보기로 하자. 학자들은 특정한 생물종이 50년간 더 이상 관찰된 기록이 없을 때 멸종되었다고 단정한다(이브 시아마, 2011: 27). 학자들의 전문 용어로는 절멸(extirpation)과 멸종(extinction)을 구분하기도 한다. 절멸은 한 생물종의 특정집단이 사라졌으나, 다른 지역에서는 아직 생존하고 있는 경우이다. 이에 반해 멸종은 지구상의 어느 곳에서도 더 이상 그 종이 발견되지 않는 상태를 말한다(Reece 외, 2012: 762).

지구 전체에 걸쳐 생물의 멸종 상태를 가장 포괄적으로 알려주고 있는 자료는 국제자연보존연맹(IUCN)이 만드는 레드리스트(The IUCN Red List of Threatened Species)이다. 이 자료는 많은 전문가들의 참여하에 전 지구적으로 생물의 멸종 상태를 파악하여 평가하고 있다. 2015년 5월 홈페이지에 공개되어 있는 자료로는 7만 6,000종의 생물을 평가했고, 이 가운데 2만 2,000종이 멸종위기에 처하고 있다고 한다. IUCN은 1948년 국제자연보호연맹(IUPN)으로 설립된 후 1956년에 지금 이름으로 개명하였다. 2015년 5월 현재 88개국 정부와 123개의 정부기관을 포함해 총 1,284개의 단체가 회원으로 가입하고 있다. 사무국은 스위스의 제네바 근교에 있다.

IUCN의 레드 리스트는 1950년대부터 나오기 시작하여 수시로 업데이트되고 있다. 전 지구에 걸쳐 많은 생물종의 생존 여부를 파악하는 방대하고 힘든 작업이기 때문에 전체적인 종합 보고서는 현재 2008년판이 공개되어 있고, 지역별, 국가별, 생물별로 파악해서 수시로 업데이트한 자료가 나온다. 생물의 멸종위기 상태는 <그림 6-6>에서처럼 멸종(EX), 야생에서 멸종(EW), 치명적인 멸종위험(CR), 멸종위험(EN), 취약(VU), 위기근접(NT), 관심 필요(LC), 자료 부족(DD), 미평가(NE) 등으로 분류된다.

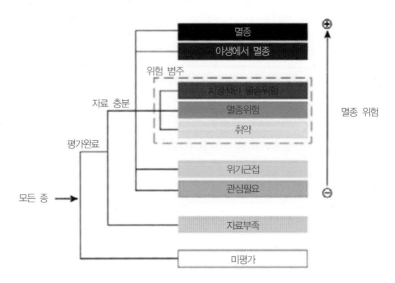

자료: IUCN(2008), p.4.

〈그림 6-6〉 IUCN의 생물 멸종위기 상태 구분

  장 크리스토프 비에(Jean-Christophe Vié) 등 대표저자 3인의 이름으로 발표된 2008년 보고서는 IUCN의 홈페이지에서 전문을 받을 수 있고,[35] 간단하게 내용을 알려주는 축약본(Factsheet)과 보도자료들도 구할 수 있다.[36] 2008년 보고서는 4만 4,838종의 생물을 평가했는데, 이 가운데 2%인 569종이 이미 멸종했거나 야생에서 멸종했다. 야생에서 멸종했다는 것은 동물원이나 식물원 등에서 보존하고 있는 개체만 남아 있다는 뜻이다. 3,246종은 치명적인 멸종위험에 처해 있고, 4,770종은 멸종 위험, 그리고 8,912종이 취약한

---

35) 2008 IUCN Red List. https://portals.iucn.org/library/node/9356

36) 축약본(Factsheet). http://www.iucn.org/about/work/programmes/species/publications/analysis_of_the_2008_red_list/wildlife_in_a_changing_world_factsheets.cfm

것으로 나와 있다. 이를 합치면 평가 대상의 38%인 1만 6,928종이 멸종위기 상태에 있는 것으로 보고되었다. 이 밖에도 12%인 5,570종은 위기근접으로 분류되었다(IUCN, 2008).

<그림 6-7>은 주요 생물별로 멸종 가능성을 나타내는 레드 리스트 지수(Red List Index of species survival: RLI)의 변화 추세를 보여준다. 이 지수는 가까운 장래에 위기에 처하지는 않을 것이나 관심이 필요한 상태(LC)를 1로 간주하고 멸종된 상태를 0으로 간주했을 때 각 생물종이 전체적으로 어떤 상황에 있는가를 간단하게 보여주는 것이다. 최악의 위기 상황에 놓여 있는 생물은 개구리 등의 양서류이고, 산호는 조사가 시작된 1990년대 말부터 급속하게 위기에 처해가고 있는 것을 알 수 있다(Vie, 2008: 35).

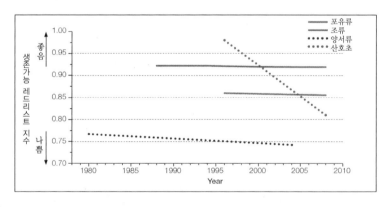

자료: Vie 외(2008), IUCN Red List, p.36.

〈그림 6-7〉 멸종 가능성을 나타내는 레드 리스트 지수 변화

엘리자베스 콜버트(Kolbert, 2014)가 쓴 『여섯 번째 멸종』은 파나마의 금빛 개구리가 멸종된 이야기를 시작으로 세계 도처에서 양

서류가 멸종위기에 처해가는 상황을 묘사하고 있다. 서식처 파괴 및 오염과 함께 양서류의 피부에 서식하는 Bd 곰팡이균의 확산이 주원인이라고 한다. 이 곰팡이가 배나 비행기에 붙어 전 세계로 퍼지면서 세계 각지의 양서류가 치명적인 멸종 위협을 받고 있는 것이다(Kolbert, 2014: 18-19).

산호초(coral reefs)의 파괴도 최근 많은 관심을 불러일으키고 있다. 산호초는 해저의 무척추동물인 산호(coral polyps)가 군집을 이루어 서식하면서 산호의 석회질 외부 골격이 긴 세월에 걸쳐 쌓여 만들어진 생태계이다. 산호초 지대는 바다의 열대우림이라고 불릴 정도로 다양한 수중생물들이 서식하고 있다. 수천종의 물고기를 포함해 각종 수초, 연체동물 등 수십만 종의 생물이 산호초를 생태계로 해서 살고 있다. 오스트레일리아 북동쪽에 위치한 대초보(Great Barrier Reef)는 세계에서 가장 긴 산호초 지대로서 그 길이가 무려 2,000km에 이른다. 산호는 깨끗한 바다에 서식하는데 최근 바닷물의 오염과 수온 상승으로 급속히 멸종되어 가고 있다(이브 시아마, 2011: 48-49).

지구에 함께 사는 생물이 멸종하는 현상은 모두 안타까운 일이지만, 그중에서도 인간에게 친숙한 동물들의 멸종은 더 각별한 인상을 남긴다. 아프리카의 모리셔스 섬에 살다가 유럽인들의 진출과 함께 17세기에 멸종한 도도새(dodo bird)는 야생동물의 멸종이 처음 보고된 사례로 흔히 언급된다. 요즘에는 호랑이, 사자, 코끼리, 고래, 오랑우탄 등의 멸종위기가 자주 언급된다. 이런 동물들은 동서양을 막론하고 사람들이 어린 시절부터 동화책이나 만화에서 보아왔고, 잘 알려진 생물들이기 때문이다. 호랑이는 원래 알려진 9개의 아종(subspecies) 가운데 현재 3개 아종이 절멸되었으며, 나머지

6개 아종(벵골, 인도차이나, 말레이, 시베리아, 남중국, 수마트라)도 심각한 절멸 위기에 처해 있다. 전 세계의 호랑이 개체 수는 1900년에 10-30만 마리에서 1970년에는 4,000마리 이하로 줄어들었으며, 현재는 3,000여 마리가 남아 있는 것으로 추정되고 있다.[37) 이브 시아마(2011: 121-123)는 호랑이가 인간이 좋아하거나 혐오할 만한 모든 조건을 다 갖추었고, 종을 유지하는 데 불리한 조건만 잔뜩 지니고 있기 때문에 멸종을 피할 수가 없다고 말한다.

한국인들에게도 호랑이는 건국신화로부터 수많은 전설과 동화, 역사책에도 자주 나와 각별한 느낌을 주는 동물이다. 서울에서 열렸던 1988년 올림픽의 마스코트는 호랑이를 의인화한 호돌이였다. 그런데 호랑이가 민가를 습격해 인명을 해치거나 가축을 물어간 사례들도 역사 기록에 있고, "호환"이라는 말이 가장 무서운 일을 상징하는 뜻으로 쓰이기도 했으니, 호랑이는 한국인에게 친숙한 이미지와는 반대로 현실에서는 해로운 동물이기도 하였다. 그런 호랑이가 한국에서는 이미 90여 년 전에 절멸되었다. 일제 식민통치 시기에 모두 141마리가 포획되었으며, 1924년 1월 강원도 횡성에서 암컷 호랑이가 포획된 기록이 마지막이라고 한다.[38)

지금은 각국에서 호랑이를 보호하기 위해 많은 노력을 기울이고 있으나, 호랑이의 가죽과 뼈, 고기 등 모든 부위가 귀하게 여겨져

---

37) Tigers in Crisis 홈페이지(http://www.tigersincrisis.com/the_status.htm): 학자들은 절멸(extirpation)과 멸종(extinction)이라는 표현을 구분하여 사용한다. 절멸은 한 종에서 특정 집단이 사라지는 현상이며, 전체 종이 사라졌을 때 멸종이라고 표현한다(Reece 외, 2012: 762).

38) The Science Times, 2015년 5월 20일자, "남한의 마지막 호랑이."
http://www.sciencetimes.co.kr/?news=%EB%82%A8%ED%95%9C%EC%9D%98-
%EB%A7%88%EC%A7%80%EB%A7%89-%ED%98%B8%EB%9E%91%EC%9
D%B4

비싸게 밀매되면서 지속적으로 밀렵에 희생되고 있다. 앞에서 언급한 2009년 CNN 방송의 지구 환경 특집은 캄보디아, 미얀마 등 동남아시아의 열대우림 지역에서 호랑이, 코끼리 등 멸종위기 야생동물이 밀렵에 희생되어 방콕의 암시장에서 팔려나가는 이야기를 생생하게 보여주었다.[39]

인도네시아의 오랑우탄 이야기도 가슴을 아프게 한다. 2012년 1월 30일자 영국의 일간지 데일리 메일(Daily Mail)에 실린 보르네오 섬의 오랑우탄 모녀 기사와 사진은 필자에게 잊히지가 않는다. 현상금을 노리는 한 무리의 사냥꾼들이 오랑우탄 모녀를 포위하고 있는 상황에서 엄마가 딸을 꼭 끌어안고 있는 사진이다.[40] 보루네오 섬에는 한때 25만 마리의 오랑우탄이 살았으나 지금은 4-5만여 마리가 남아 있다고 한다. 인도네시아의 주요 수출품인 야자유(palm oil) 생산을 늘리기 위해 숲을 밀어내고 농장을 확대하면서 오랑우탄들은 점점 서식지를 잃어가고 있다. 농장주들은 오랑우탄을 훼방꾼으로 간주해서 한 마리당 12만 원 정도의 현상금을 내걸고 사냥에 나서고 있다. 가난한 주민들은 오랑우탄을 사냥해 현상금을 받고 성체는 부시미트로 사용하며, 새끼들은 국제 동물 암시장으로 밀매되어 나가기도 한다.

인간의 발길이 닿는 곳에 생물들의 수난이 이어지고 있다. 인간과 야생동물들이 공존하기 힘든 조건들을 가지고 있기 때문에 인구가 늘어나면서 생물이 멸종하는 것은 피할 수 없는 현상일까?

---

39) http://www.cnn.com/SPECIALS/2009/planet.in.peril/seasia.html

40) 이 사진은 영국의 동물보호단체인 Four Paws가 현장에서 찍어 제공한 것이다. 한국의 조선일보에도 2012년 1월 28일자에 같은 기사가 나왔다.
http://www.dailymail.co.uk/news/article-2092722/Pregnant-orang-utan-hugs-daughter-bounty-hunters-Borneo-in.html

(4) 국제사회의 생물 다양성 보호 노력

인간이 생물을 보호해야 한다는 생각을 하기 시작한 것은 주변에 흔하던 야생동물과 식물들이 멸종되는 상황을 자주 보게 되면서부터이다. 20세기 초까지도 야수는 인간에게 해를 끼치니 박멸해야 한다는 인식이 강했다. 미국에서는 1906년 미국 산림청(U.S. Forest Service)의 주관하에 이리 박멸운동이 벌어졌다. 한국에서도 1910년대 일제가 해수구제(害獸驅除: 해로운 짐승을 없앤다) 사업을 벌여 호랑이, 늑대, 표범 등이 절멸되게 만들었다. 가축과 인간에게 해를 끼치는 야생동물들을 어떻게 관리해야 할 것인가는 지금도 생물 다양성 보호에 중요한 의문 중 하나이다.

20세기에 들어와 야생동물 보호를 위한 국제협력이 시작되었지만, 그것도 초기에는 인간이 이용할 수 있는 동물의 개체 수가 급속히 줄어드는 상황을 방지하기 위한 목적이었다. 아프리카의 포유류 보호를 위한 국제회의[41]가 1900년 런던에서 열렸는데, 여기에 참여한 국가들은 식민지를 보유하고 있던 영국, 프랑스, 독일, 이탈리아, 포르투갈, 스페인 등의 여섯 나라였다. 이 회의의 주목적은 유럽의 귀족들이 찾던 상아와 동물 가죽의 공급을 유지하기 위함이었다. 이 회의에서는 악어, 독사, 비단뱀 등을 멸종시켜야 할 동물로 규정하고, 사자, 표범, 하이에나, 들개 등은 개체 수를 줄여야 한다고 선언했다. 그러나 이 회의는 보호해야 할 야생동물들을 지정하고, 폭약 등을 사용한 대량 살상을 금지했으며, 자연보호구역을 지정하는 등 의미 있는 조치들을 도입하였다(DiMento, 2003: 14).

---

41) The International Conference on Protection of African Mammals.

1920-1930년대에는 일부 야생동물들과 식물들을 보호하기 위한 조치들이 논의되어 여러 건의 국제협약이 체결되었다. 1931년 국제연맹의 주관으로 고래잡이 규제를 위한 협약이 체결되었으며, 이 협약은 1946년 고래잡이 규제를 위한 국제협약[42]으로 발전하였다. 이 협약은 과도한 포경을 규제하여 고래의 개체 수를 보호하는 한편, 포경산업의 질서 있는 발전을 도모한다는 목적을 표방하였다 (DiMento, 2003: 15-16).

생태학적 관점에서 야생동식물의 보호 필요성이 본격적으로 논의되기 시작한 것은 국제적인 환경문제가 크게 부각되던 1960년대 말 이후부터이다. 1972년에 세계 최초로 지구 환경회의가 열렸고, 이 회의의 결정에 따라 1973년에 UN환경계획(UNEP)이 설립되었다. 다양한 분야에서 환경보호를 위한 연구와 논의가 활발해진 가운데, 이 시기를 전후해 환경보호를 위한 몇 가지 중요한 국제협약들이 체결되었다. 1971년에는 습지보호를 위한 람사르협약(Ramsar Convention)이 체결되었고, 1972년에는 세계문화유산 협약(WHC),[43] 1973년에는 "멸종위기종 야생 동식물의 국제무역에 관한 협약" (CITES), 1979년에는 "이주성 야생 동물 보호를 위한 본 협약" (CMS) 등이 체결되었다. 세계정부가 없는 상황에서 UNEP는 환경보호를 위한 국제입법의 사무국 역할을 하면서 중요한 협약들을 체결하는 데 큰 기여를 했다(Rosendal, 2015: 286-289).

한편, 1973년에 미국에서는 "멸종위기종 보호법"(Endangered Species Act: ESA)이 제정되었다. 이 법은 "종과 생태계의 보호"라는 목적

---

42) The International Convention on the Regulation of Whaling.

43) 협약명칭은 Convention Concerning the Protection of the World's Cultural and Natural Heritage이고 이 협약의 이행을 감독하는 위원회가 WHC이다.

을 명확히 표방하였으며, 그 후의 생물 다양성 보호를 위한 입법에 새로운 지평을 열어준 것으로 평가되고 있다. 그러나 미국은 그 후 환경 관련 국제협약에 소극적인 자세로 돌아선 점을 앞에서 서술한 바 있다.

생물 다양성 보호를 위한 가장 포괄적인 국제규범은 1992년 리우회의에서 채택된 생물다양성협약(CBD)이다. 이 협약은 당초 150개국이 서명하여 이 가운데 30개국이 비준한 1993년 12월 29일 발효되었으며, 2013년 8월까지 193개국이 참가하고 있다. 한국은 1994년 10월 비준서를 기탁했고, 1995년 1월 1일부터 발효되었다. 이 협약은 생물 다양성 보호, 그 구성요소의 재생 가능한 이용, 그리고 유전자의 이용으로부터 생기는 이익의 공평한 배분을 목적으로 표방하고 있다. 이 목적을 위해 생물 다양성 보호를 위한 국가 전략과 계획의 개발 및 지원, 생물 다양성의 구성 요소에 대한 확인 및 감시, 유전자원에 대한 접근 및 이용 등에 대한 규정들을 담고 있다.[44]

생물다양성협약 당사국 회의(COP)는 1994년 바하마에서 제1차 회의가 열린 이래 2년마다 개최되고 있으며, 2014년에는 한국의 평창에서 제12차 회의가 개최되었다. 2010년 제10차 COP에서 채택된 나고야 의정서(Nagoya Protocol)는 특히 유전자원의 공정한 이용과 그 수익의 배분에 관한 내용을 중점적으로 다루었다. 이 문제는 최근 바이오산업의 발달에 따라 유전자 이용으로 나오는 수익이 엄청날 것으로 예상되면서, 생물다양성협약의 이행에 새로운 쟁점으로 부상하고 있다. 전 세계 육지생물의 대부분은 개발도상국들

---

44) CBD 전문은 이 주소에 올라와 있다. https://www.cbd.int/doc/legal/cbd-en.pdf

이 보유하고 있는 반면, 이러한 생물의 유전자를 이용할 수 있는 기술은 선진국들이 보유하고 있어 이 문제는 환경 분야에서 새로운 남북문제가 되고 있다. 이와 관련해 유전자 변형 생물(GMO)에 대한 도덕적, 의학적, 경제적 문제도 심각한 논의의 소재가 되고 있다(Rosendal, 2015: 286-289).

이러한 국제협약 이외에도 세계 여러 나라는 자발적으로 생물 다양성 보존을 위한 조치들을 강화해나가고 있다. 국립공원이나 자연보호구역을 지정하고, 멸종위기종은 동물원이나 식물원 등에서 보존하여 야생에 재생하려는 시도들이 이루어지고 있다. 이와 관련하여 보존생물학(Conservation Biology) 분야도 활발하게 연구가 이루어지고 있다. 그러나 빈곤에 시달리는 많은 개발도상국에서는 국제사회의 지원으로 만들어진 국립공원이나 자연보호구역들이 실효성 있게 관리되지 못하고 있다. 예산과 인력이 충분하지 못하고, 현지 주민들의 인식도 따라가지 못하여 광대한 지역을 실질적으로 관리하는 데 어려움이 있는 것이다.

(5) 생물 다양성이 왜 필요한가?

생물의 다양성을 왜 보존해야 하는가에 대해 생각을 정리해볼 필요가 있다. 인간은 어차피 동물이나 식물을 먹이로 해서 사는데, 인간이 굳이 생물을 보존해야 할 필요나 의무가 있는가? 더구나 인간에게 해로운 야생동물이나 농사에 해를 끼치는 잡초, 나아가 박테리아 같은 미생물도 보존해야 하는가? 이 문제에 대해 이미 많은 전문가들이 논의를 해왔다. 초기에는 인간의 관점에서 이용가치가 있는 자원을 보존한다는 시각이 강했다. 지금도 그런 논의가 여전히 중요한 한 축을 이루지만, 이제는 시각을 확대해서 먹이사슬과 생태계의 순환에 모든 생물이 필연적으로 얽혀 있다는 관점이 강조된다.

저명한 생물학자인 하버드 대학의 윌슨(E. O. Wison) 교수는 2006년에 『창조, 지구 위의 생명을 구하기 위한 호소』라는 책을 발간하였다. 이 책에서 곤충이 없어질 경우 지구 위에 무슨 일이 발생하는지를 묘사한 부분을 간단히 요약해보겠다. 곤충이 없어지면 우선 곤충에 의해 수분(pollination)을 하는 화훼류와 나무들이 사라진다. 쉽게 말해 꽃가루는 나비와 벌 등이 옮겨주는데, 이런 곤충이 없어지면 꽃과 나무들이 사라지게 된다. 다음으로는 나무에 서식처를 마련하고 곤충을 잡아먹는 새들이 사라진다. 그다음으로는 초식동물이 사라진다. 그러고는 죽은 식물과 동물을 먹고 사는 곰팡이와 박테리아가 대규모로 번식한다. 곤충이 토양을 갈아 새로운 흙을 생성해주는 기능을 하는데, 이제 토질도 황폐해진다. 바람에 의해 수분을 하는 고사리류와 침엽수가 한동안 번식하지만, 토질의 황폐화로 결국 고사한다. 결국 인간은 황폐해진 생태계에서 곡식 부족에 시달리며 야만적으로 살고, 종의 유지에 심각한 위협을 받게 된다(Wilson, 2006: 14-15).

모든 생물은 결국 이처럼 서로 얽혀서 생태계의 순환에 한 역할을 담당한다. 마치 거대한 기계에서 조그만 나사 하나가 빠지면 기계가 고장 나듯이 조그마한 생물 하나도 거대한 자연 안에서 자기 나름의 꼭 필요한 역할을 하고 있는 것이다. 인간에게 해로운 야생동물도 생태계 안에서는 고유한 역할을 담당한다. 육식동물은 초식동물의 개체 수를 조절해서 초원이 파괴되는 것을 막는다. 초식동물은 초원의 풀을 먹거나 밟아서 유약한 다른 생명체들이 자라기에 적당한 생태 환경을 조성한다. 박테리아는 동물의 시체를 분해해서 토양을 기름지게 하고 나무와 풀이 잘 자라게 해준다. 먹이사슬로 얽힌 이 순환 고리에서 하나가 빠지면 많은 생명체가 생존에 장애를 겪게 된다.[45]

그러면 인간에게 해로운 생물들은 어떻게 해야 할 것인가? 호랑이나 늑대가 민가를 습격하여 사람을 해치는데 이를 방치할 것인가? 이 문제는 결국 인간과 야생동물이 서로의 영역을 침범하지 않고 공존할 수 있는 생태계를 조성하는 데 답이 있다고 생각된다. 먹이사슬상 최상위에 존재하며 육식, 초식 가리지 않는 인간의 개체 수와 활동영역이 무제한으로 늘어나 다른 생물들의 서식처를 파괴함으로써 문제가 발생하고 있는 것이다. 인구증가를 억제하고 다른 생명체들의 생태환경 보존을 위한 노력을 강화하면서 인간과 생명체가 함께 공존해야 인간들도 건강하게 살 수 있다는 사실을 깊이 인식해나가야 할 것이다.

로젠달(Rosendal, 2015: 285)은 밀레니엄 생태계 평가(Millennium Ecosystems Assessment) 보고서를 참고하면서 생물 다양성의 필요성을 공급기능, 통제기능, 문화적 기능, 지원 기능의 4가지 관점으로 설명하고 있다.[46] 공급 기능(supply service)은 식량, 섬유, 의약품, 맑은 물 등을 생물이 제공해주는 기능이다. 통제기능(regulatory service)은 홍수 방지, 식물의 수분, 기후변화 억제, 토양 부식 및 오염 방지 기능 등을 말한다. 문화적 기능(cultural service)은 풍부

---

45) http://www.eoearth.org/view/article/153480/

46) Millennium Ecosystems Assessment(MA)는 2000년에 코피 아난(Kofi Anan) UN 사무총장의 요청으로 95개국에서 1,360명의 전문가들이 참가하여 작성한 지구 생태계 보고서이다. 2005년에 최종 보고서가 승인되었다.
http://www.millenniumassessment.org/en/About.html#

한 생태계가 제공해주는 자연 탐구와 휴식, 미적 기능 등을 말한다. 마지막으로 지원 기능은 식물의 광합성, 유기물의 분해와 영양소 순환 등을 말한다.

앞에서 잠깐 언급했지만, 최근에는 유전자공학, 바이오산업 등의 발달에 따라 다양한 유전자로부터 인간들이 얻을 수 있는 상품에 대한 경제적 기대도 높아지고 있다. 각종 암의 치료와 질병 치료에 필요한 의약품의 소재가 다양한 생물로부터 채취되고, 유전자 변형으로 엄청난 경제적 가치를 창출하는 상품을 만들 수 있는 가능성도 높아졌다. 이러한 이유로 유전자 다양성의 보존과 이익 공유에 대한 남북 간의 갈등이 새로운 쟁점으로 떠오르고 있기도 하다. 결국 인간의 관점에서 생물의 유용성을 따지는 문제로 회귀했지만, 인간이라는 종이 다른 모든 생물의 멸종을 좌우하게 된 오늘의 현실에서 어쩔 수 없는 문제라고 생각된다.

5. 자연과 조화롭게 살아야 할 때

인간이 자연의 힘에 위압당하면서 살던 옛날에 자연은 경외의 대상이었고, 숭배의 대상이었다. 필자가 자랄 때 어른들로부터 듣던 옛날이야기와 동화책에 하늘나라에는 옥황상제가 살았고, 바다에는 용왕이 살았으며, 산에는 산신령이 있었다. 그것은 서양 사람들이 하늘나라에 제우스 또는 주피터가 살았고, 바다에는 포세이돈이 살았다고 생각하던 이야기와 본질에서 큰 차이가 없다. 그래서 자연을 함부로 해치면 신들에게서 벌을 받게 된다고 생각했다. 필자가 중학생이었던 시절로 기억되는데, 고향 마을에 고속도로 공사를 하느라고 산을 깎고 있었다. 그때 아버지와 함께 할아버지 산소를 다녀오던 길에 아버지께서 공사 현장을 바라보시며 산의 정기를 이렇게 끊어놓으니 재앙이 닥칠 것이라고 걱정하시며, 소주잔을 놓고 산신령께 절을 올리던 기억이 난다.

자연에 대한 인간의 관점이 크게 달라진 것은 유럽의 르네상스와 종교개혁으로 촉발된 계몽주의 사상의 영향이 크다. 자연은 인간의 노력으로 이해할 수 있는 원칙에 따라 움직이며, 이 원칙을 이해하면 자연을 지배할 수 있다는 생각이 확대되었다. 13세기 영국의 수도사였던 로저 베이컨(Roger Bacon, 1214-1294)이 성경에 쓰여 있는 것과 상관없이 인간은 경험과 실험과학을 통해 객관적인 진실을 알 수 있다는 급진적인 생각을 했다는 사실은 놀랍다. 그는 당시 유럽세계가 사용하던 율리우스 달력(Julius Calendar)에 심각한 오류가 있다는 사실을 발견하고 1267년 교황에게 달력 개정을 청원하였다. 가톨릭교회는 무려 300년 이상 이 문제를 검토하다가 1582년에 그레고리력(Gregorian Calendar)을 채택하였다. 망원경도 없던 시절에 하늘을 바라보고 관찰하여 이런 놀라운 업적을 남긴 용기 있는 천재의 이야기에 필자는 감탄을 금할 수 없다(Duncan, 1998: 1-9).

그와 성이 같은 16세기의 철학자 프란시스 베이컨(Francis Bacon, 1561-1626)도 역시 경험적 관찰에 기초한 귀납적 연구방법을 주장하였다. 그 후 갈릴레이, 케플러, 뉴턴, 다윈, 멘델 등 많은 과학자들이 인류에게 우주를 바라보는 새로운 눈을 가져다주었다. 인류의 역사는 이런 선구자들의 혜안으로 과학을 발전시키고 산업혁명을 일으키면서 지구를 지배하는 지금 단계에 이르게 된 것이다. 그러나 과학과 산업의 시대에 자연은 경외의 대상에서 정복의 대상으로 인식되면서 급속히 파괴되기 시작하였다. 그 결과 산업혁명의 시작으로부터 거의 300년이 되어가는 지금 시대에 와서는 자연 파괴가 인류 자신의 멸망을 가져올 수도 있는 상황이라는 것을 인식하게 되었다.

인간은 자연에 의존해 살지만, 자연의 급속한 변화에 따라 피해를 입기도 한다. 필자가 이 글을 쓰고 있는 2015년 5월에는 아시아의 네팔에서 대지진이 발생하여 엄청난 수의 희생자를 만들었다는 뉴스가 나오고 있다. 자연은 인간과 상관없이 스스로 변화하는 것이지만, 인간은 자연과 갈등 관계에 놓일 수밖에 없다. 우주와 자연의 변화를 인간의 힘으로 완전히 제어할 수 있는 방법은 현재 알지 못한다. 언제일지 모르지만, 아주 먼 훗날에 인류가 멸종하지 않고 계속 발전해나간다면 자연의 원리를 완전히 이해하고 제어할 수 있는 시대가 오는지도 모른다.

하여간 지금 시대에 인류는 자연을 정복과 지배의 대상으로 삼던 시각을 바꾸어야 하는 상황에 왔다. 자연을 무조건적인 경외의 대상으로 삼을 필요도 없지만, 인간이 정복하고 바꾸어갈 수 있는 대상이라는 생각도 바꾸어야 하는 것이다. 오히려 지금 시대에는 자연이 지구를 지배하는 인간들의 보호를 절실히 요청하는 상황이 되었다. 이제는 인간이 자연과 공존하면서 모든 생명체와 조화롭게 이 지구에서 살아나가는 방법을 찾고 실천해나가야 할 때가 되었다.

제 7 장

세계정부가 없는 세계

오늘날 인류가 전례 없는 위기의 시대에 살게 되었다는 문제인식하에서 여기까지 오게 된 과정과 중요한 문제들을 지금껏 살펴보았다. 인류는 과연 이러한 위기를 극복하고 앞으로도 계속 발전해나갈 수 있을까? 이 질문에 대한 대답을 매우 어렵게 만드는 문제가 지금 이 시대의 국제사회를 지배하는 정치경제 구조의 불안정성이다. 이번 장에서는 이 문제를 집중적으로 살펴보고자 한다.

우리는 지금 세계화(globalization) 시대에 살고 있다는 말들을 한다. 한국에 살면서 미국인들이 만든 코카콜라를 마시고, 할리우드 영화를 보며, 아프리카에서 생산된 커피를 마시기도 한다. 반대로 한국에서 만든 자동차와 휴대폰이 세계 곳곳에서 사용되고, 한국인 가수 싸이의 노래가 세계를 휩쓸기도 했다. 사람과 물자, 그리고 문화까지 쉽게 국경을 넘어 다니며, 하나의 지구촌이 만들어지고 있는 현상이 바로 세계화이다. 이러한 현상 때문에 여러 학자는 앞으로 주권국가가 쇠퇴하면서 국경이 무너지는 시대가 올 것이라고 예측하기도 한다(Strange, 1996).

그러나 지금 우리 시대에 국가는 여전히 강력한 국제사회의 지배자들이며, 가까운 시간 내에 국경이 무너지는 사회가 실현될 것 같지는 않다. 현재 지구에는 UN 회원국 수를 기준으로 193개의 주권국가가 있으며, UN에서 인정하지 않지만 일정하게 독립적인 지위를 누리는 준국가들까지 포함하면 대략 200여 개의 나라들이 있다. 일정한 영토에서 주권을 행사하는 국민국가(nation state)는 지금의 국제사회질서에서 일종의 신성불가침한 개념으로 인정되고 있다. 아무리 작은 나라라도 주권을 인정받고, 어떠한 강대국이라도 작은 나라들을 함부로 침범하지 못한다는 것이 현대 국제사회에서 지켜야 할 기본 질서로 인식되고 있다. 이는 힘센 나라가 마음대로 전쟁을 일으키고 이웃국가들을 지배하던 약탈의 시대에서 분명히 크게 진보한 현상이다.

그런데 지금은 바로 이러한 사실이 위기에 직면한 인류의 대응을 어렵게 만드는 기본적인 문제를 낳고 있다. 교통과 통신 발달에 힘입어 인간의 활동은 세계화되었는데, 이에 대한 국제사회의 통제장치는 상대적으로 취약하기 때문이다. 200명의 사람들이 한 장소에 모여 사는데, 모임을 통제하는 리더도 없고, 정해진 규칙도 없다고 생각해보자. 그야말로 중구난방이 될 것이고, 어떠한 문제가 닥쳤을 때 누가 나서서 어떻게 해결해야 하는지도 알 수 없을 것이다. 그런데 개인을 넘어선 200여 개의 국가가 지금 지구촌의 질서를 제각각 규율하니 이는 사실상 정부가 없는 무정부 상태인 것과 마찬가지다. 당연히 많은 혼동과 갈등이 생길 수밖에 없다.

이러한 혼동과 갈등을 예방하고 조정하기 위해 국가들은 서로 합의하여 국제기구를 설립하고 지구촌의 문제를 공동으로 관리하고자 노력하고 있다. 미국을 비롯한 강대국들이 이 과정에서 큰 역할을 수행하고 있다. 그러나 앞의 환경문제에서도 보았듯이 특정한 문제가 자기 나라의 이해에 중요한 영향을 가져오는 경우에는 국가 간의 협력이 잘 이루어지지 않는다. 바로 이러한 상황이 오늘날 인류의 위기에 대한 공동 대응을 어렵게 만드는 가장 중요한 문제인 것이다.

이번 장에서는 국민국가로 나누어진 지구촌의 정치질서를 개관한 다음, 세계화가 진행되면서 생기는 문제들을 살펴보고자 한다. 이어 지구촌의 질서 유지를 위한 글로벌 거버넌스(Global Governance) 문제를 점검하고, 마지막으로는 주요한 국제기구들의 역할을 간단히 소개하고자 한다.

1. 나누어진 세계

현대 국제사회의 정치구조를 특징짓는 가장 기본적인 구성단위는 국가(state)이다. 국가는 일정한 영토와 국민을 기반으로 절대적인 주권(sovereignty)을 행사하는 통치단체이다. 대외적으로는 독립성을 지니며, 대내적으로는 국민에 대한 강제력을 행사한다. 국가는 지구촌 모든 사람의 삶을 규율하는 가장 강력한 권력체이며, 어느 나라의 국민이냐가 개인의 정체성을 나타내는 가장 기본적인 개념이다. 모든 사람은 특정 국가로부터 국적을 부여받고 자국민 또는 외국인으로 구분되며, 자신이 속한 나라에 세금을 내고 의무와 권리를 지닌다. 오늘날의 지구촌은 200개에 가까운 국가가 서로 협력하고 갈등하면서 정치, 경제, 사회, 문화 모든 분야에서 인간들의 활동을 규율하고 있다.

(1) 국민국가로 이루어진 현대 국제사회

오늘날 일반적인 국가의 형태를 우리는 국민국가(nation state)라고 부른다. 일정한 영토 안에서 하나의 정부를 인정하며 일체감을 느끼는 사람들을 전체적으로 국민(nation)이라고 하는데, 이러한 영토와 국민을 바탕으로 주권(sovereignty)을 행사하는 정치주체가 국민국가이다. 한 나라의 국민은 같은 언어와 문화를 지닌 같은 민족을 구성원으로 하는 경우가 많기 때문에 국민국가는 민족국가라고도 한다. 이런 의미에서 영어의 "네이션"은 우리말의 국민 또는 민족을 함께 포함한다. 그러나 실제 세계에서는 여러 다른 민족이 함께 모여 하나의 국민을 형성하는 나라도 많다. 미국, 러시아, 중국, 브라질, 인도네시아, 나이지리아 등 덩치가 큰 나라들이 대부분 그러하다. 그럼에도 현대의 국민국가들은 민족을 중심으로 나라를 만들자는 민족주의(nationalism) 이념의 영향으로 만들어져서 국민과 민족이 같은 뜻으로 영어에 정착되었다. 이 글에서는 국민국가 또는 민족국가라는 표현을 필요에 따라 혼용하기로 한다.

현대의 국민국가는 과거의 제국(empire)이나 도시국가(city state) 또는 귀족들이 지배하는 공국(dukedom) 등의 봉건영지들과 구분하는 개념으로 만들어진 용어이다. 뒤에서 좀 더 자세히 설명하겠지만, 오늘날과 같은 형태의 국민국가들이 생겨나고 이에 기초한 국제사회가 정립되기 시작한 것은 인류 역사에서 매우 최근에 생겨난 현상이다. 불과 100년 전으로만 돌아가도 세계의 정치 지도는 오늘날과 크게 달랐다. 사람들은 자신이 어느 도시의 시민, 어느 부락의 주민, 어느 부족의 누구 하는 정체성을 가지고 있었지만, 어느 나라의 국민이라는 자의식을 가지고 있지는 않았다. 우리처럼 5천 년을 단일민족으로, 때론 분열되기도 했지만 오랜 세월 하나의 나라 안에서 살아온 사람들 경우는 오히려 예외이고, 대부분의 경우 국민 또는 민족이라는 의식은 현대에 들어와 인위적으로 만들어졌다.

어쨌든 이렇게 만들어진 국민국가 또는 민족국가들은 오늘날 그 자체가 한 나라 한 나라 절대적인 주권을 행사하며, 현대 국제사회를 이루는 기본단위가 되어 있다. 이번 장에서 제기하는 문제는 바로 여기에서부터 시작된다.

▢ 지구촌의 나라는 몇 개나 될까?

지금 지구에는 몇 개나 되는 국민국가 혹은 나라가 있을까? 이 질문은 간단한 지리 상식을 묻는 질문인 것 같지만, 사실을 알고 보면 그렇게 간단한 문제는 아니다. 국가를 구성하는 기본 요소는 영토, 국민, 주권인데, 이 가운데 어떤 조건이 부족해 스스로 국가라고 선언하지만 국제사회로부터 인정받지 못하는 준국가(quasi-state)들이 많이 있기 때문이다.

2012년 런던에서 열린 하계 올림픽에는 205개 국가의 올림픽위원회(National Olympics Committee: NOC)에서 1만 700여 명의 선수단이 참여했다. 이들이 모두 자기 나라의 국기를 들고 입장해서 경쟁을 하니 지구촌에는 이만큼 숫자의 나라가 있다고 얼핏 생각할 수 있다.[1] 그러나 이 가운데에는 주권을 지닌 독립국가로 간주되지 않는 "영토"(territories)들이 많이 있다. 대표적으로는 팔레스

---

1) 올림픽을 주관하는 조직은 국제올림픽위원회(International Olympics Committee: IOC)이며, 이 기구는 NOC들을 대표하는 101명의 위원과 34인의 명예위원으로 구성된다. http://www.olympic.org/ioc-governance-national-olympic-committees?tab=mission

타인과 타이완을 들 수 있다. 이 나라들은 이스라엘, 중국 등과의 갈등으로 국제사회에서 완전한 독립국가로 인정을 받지 못하고 있다. 이 밖에도 미국의 영토인 사모아, 괌, 푸에르토리코, 버진 아일랜드 등과 영국의 영토인 버뮤다, 영국령 버진 아일랜드, 카이만 군도, 네덜란드령인 아루바, 중국의 특별자치구역인 홍콩, 그리고 유럽의 코소보 등이 올림픽에 독자적으로 참가한다.[2]

국제사회에서 완전한 주권 독립국가로 인정받는 나라의 숫자는 보통 UN 회원국 수를 기준으로 이야기한다. 2015년 5월 현재를 기준으로 UN에 가입되어있는 회원국의 숫자는 193개이다. 그러나 UN 회원국이라고 하더라도 전 세계 모든 나라로부터 주권국가로 인정을 받은 것은 아니다. 이스라엘은 일부 아랍 국가들로부터 인정을 받지 못하고 있다. 우리 한국도 한 개 이상의 UN 회원국으로부터 인정을 받지 못한 나라에 들어가는데, 한국을 주권국가로 인정하지 않는 유일한 나라는 북한이다. 반대로 한국도 북한을 인정하지 않고 있다.[3] 우리나라의 헌법은 제3조에서 "대한민국의 영토는 한반도와 그 부속도서로 한다"고 규정하여 북한을 아예 나라로 인정하지 않는다. 한국과 북한은 1991년 UN에 가입했다. 타이완은 UN 창립 당시 중국을 대표하는 나라로서 안전보장 이사회 상임이사국의 하나였으나, 1971년 중화인민공화국이 그 자리를 승계하면서 UN으로부터 축출되었다.

지금과 같이 국가의 숫자가 많아진 것은 제2차 세계대전 이후부터이다. 유럽 국가들의 식민지로 있던 나라들이 거의 다 독립하면서 주권국가로 UN 회원국이 된 것이다. 1945년 UN이 처음 발족

---

2) http://www.olympic.org/national-olympic-committees

3) https://en.wikipedia.org/wiki/List_of_states_with_limited_recognition

할 때 창립회원국은 51개국이었고, 아프리카에는 4개국, 아시아-태평양 지역에는 9개국밖에 없었다. 그러나 지금 아프리카의 UN 회원국은 54개국이고, 아시아-태평양 지역은 53개국에 달한다. 1990년대에는 구소련과 유고슬라비아가 해체되어 각각 15개, 7개의 나라로 갈라지면서 UN 가입국가도 늘어났다. <표 7-1>은 연도별로 UN 회원국 수의 변화를 보여주고, <표 7-2>는 2015년 5월 기준으로 지역별, 주요 그룹별 UN의 회원국 수와 창설 당시 회원국 수를 보여준다.

〈표 7-1〉 UN 회원국 수 연도별 변화

연도	1945	1950	1960	1970	1980	1990	2000	2010	2015
국가 수	51	60	99	127	154	159	189	192	193

자료: http://www.un.org/en/members/growth.shtml

세계은행(World Bank)에는 188개 국가가 회원국으로 가입되어 있지만, 세계은행은 회원국들과 26개 경제(economies)를 합쳐 모두 214개 국가와 경제를 대상으로 통계와 자료를 만든다. 세계은행은 1인당 소득을 기준으로 이 나라들을 크게 네 개의 그룹으로 분류한다. 2013년의 1인당 소득을 기준으로 1만 2,746 달러 이상을 기록한 고소득국가 그룹에는 75개 국가가 있는데, 한국은 여기에 들어간다. 1,046달러 이하인 저소득 국가 그룹에는 34개 국가가 있으며, 그 나머지는 중소득 그룹에 들어가는데, 이 그룹은 다시 중하위, 중상위 그룹으로 세분화된다.

〈표 7-2〉 UN 지역그룹별, 주요 기구별 회원국 수(2015년 5월 기준)

지역그룹별	국가 수	비중(%)	UNSC 상임이사국	UNSC 선출이사국	ECOSOC 회원국	창설회원국 (1945)
아프리카	54	28.0	0	3	14	4
아시아-태평양	53	27.5	1	2	11	9
동유럽(EEG)	23	12.0	1	1	6	6
라틴아메리카 & 카리브 해(GRULAC)	33	17.0	0	2	10	20
서유럽(WEOG)	29	15.0	3	2	13	12
기타	1	0.5	0	0	0	
총회원국 수	193	100.0	5	10	54	51

자료: United Nations를 이용하여 필자가 정리.
주: 1) UNSC: UN 안전보장이사회, 상임이사국과 선출이사국이 있으며, 선출이사국은 임기 2년으로
　　 UN총회에서 한 해에 5개국씩 선출한다.
　 2) ECOSOC: 경제사회이사회, UN총회에서 지역별로 회원국 수를 배정하며 임기는 3년이다.

이처럼 오늘날 지구촌에는 많은 나라들이 존재하며 그 숫자를 파악하는 일도 간단하지 않다. 대략 200여 개의 주권국가와 준국가들이 서로 얽혀 복잡 다양한 현상을 만들어내는 세계가 지금의 지구촌인 것이다. 이 모든 나라는 소득그룹별로도 다양하지만, 기본적인 인구와 영토 크기부터 경제력 등 모든 점에서 서로 다르다. 인구 10억이 넘는 중국과 인도 같은 나라도 있고, 3만 명이 조금 넘는 산마리노 같은 나라도 있다. 이런 다양성은 인류의 문화를 풍부하게 해주는 자산이기도 하지만, 갈등의 원천이 되기도 한다.

〈표 7-3〉 세계은행의 국가 및 경제 분류(2013년 기준)

소득그룹별	소득기준	나라 수
저소득국(LIC)	$1,046 이하	34
하위 중소득국(LMIC)	$1,046-4,125	50
상위 중소득국(UMIC)	$4,126-12,745	55
고소득국(HIC)	$12,746 이상	75
전체		214

자료: http://data.worldbank.org/about/country-and-lending-groups

(2) 국민국가의 형성과정

우리 민족처럼 5,000년에 달하는 긴 역사를 통해 일정한 지역에서 단일민족으로 살면서 국가를 만들어온 사람들은 보통 하나의 민족이 하나의 국가를 만들며, 민족이 다르면 국가도 다르다고 생각한다. 김치를 먹고 한국말을 쓰는 한국 사람들과 단무지를 먹고 일본어를 쓰는 일본 사람들은 다른 민족이고 다른 나라 사람이라고 생각하는 것이다.

<Box 7-1> 국가들의 다양성

세계에 있는 나라들은 단지 숫자만 많은 것이 아니라 그 실태도 다양하다. 일단 영토 면적과 인구 등에서 엄청난 차이가 나는 나라들이 함께 존재하고 있다. 영토가 가장 큰 러시아는 1,710만km^{2}로 대한민국의 171배나 되고, 2위인 캐나다는 100배, 3위 중국은 96배, 4위 미국은 95배나 크다. 그러나 한국의 영토면적(10만km^2)은 세계 109위로 한국보다 작은 나라들이 대략 100개 정도가 더 있다. 유럽의 모나코는 2km^{2}이고, 바티칸공국은 440m^{2}에 불과하다.

인구 면에서 본다면 2014년 기준으로 1위 중국이 13.7억, 2위 인도는 12.7억, 3위 미국은 3.2억, 4위 인도네시아는 2.5억으로 나와 있다. 한국은 5,100만 명으로 28위이며, 영토 순위에 비해 인구 순위가 상당히 높은 편이다.

한편 이 많은 나라들의 경제력도 천차만별이다. 2014년 세계은행이 발표한 국내총생산(GDP)의 크기로 본다면 1위인 미국은 17.4조 달러, 2위인 중국은 10.4조 달러, 3위 일본은 4.6조 달러, 4위 독일은 3.9조 달러 등을 기록하고 있다. 그다음은 영국, 프랑스, 브라질, 이탈리아, 인도, 러시아 등의 순이고, 한국은 1.4조 달러로 세계 13위이다.

GDP를 인구로 나눈 1인당 소득 수준도 천차만별이다. 1위 룩셈부르크는

11만 달러가 넘고, 2위 노르웨이는 9만 7,363달러 등인 반면, 아프리카의 말라위, 부룬디 같은 나라들은 300달러도 채 안 된다. 미국은 9위로 5만 4,692달러, 일본은 26위로 3만 6,194달러, 한국은 30위로 2만 7,970달러를 기록하고 있다.

소득이 높은 나라들 가운데 일부 국가들은 경제협력개발기구(OECD)라는 자신들만의 협력 기구를 운영하고 있다. OECD는 1948년에 설립된 유럽경제협력기구(OEEC)가 1961년 미국, 캐나다 등이 가입하면서 확대 개편된 기구이다. 그 후 계속 회원이 늘어나 지금은 34개국이 가입해 있고, 한국은 1996년 여기에 가입하였다.

세계에는 UN이 선정하는 최빈개도국들(Least Developed Countries: LDCs)도 있다. UN은 개발의 관점에서 소득과 인적 자산, 경제적 취약성 등을 고려하여 3년마다 최빈개도국들을 선정하여 발표한다. 이 나라들에 대해서는 무역과 원조, 외채탕감 등 여러 가지 측면에서 국제사회가 조금 더 관대하게 신경을 써야 한다는 의미이다. 2015년 UN이 발표한 최빈개도국은 48개국인데, 아프리카에 34개, 아시아 태평양에 13개, 그리고 중남미에 1개국이 있다.4)

그러나 세계적으로는 하나의 민족이 하나의 주권국가를 건설한다는 개념은 비교적 최근에 생긴 것이다. 유럽이나 심지어 중국의 역사만 하더라도 많은 민족이 한 명의 황제 아래에서 제국의 신민으로 살았다. 황제의 힘이 약화될 때는 많은 도시국가 또는 봉건영지들이 제각각 독립적인 권력을 행사하였다. 이러한 도시국가들이나 봉건영지들은 완전한 주권을 가지지 않고, 여전히 중앙의 황제에게 상징적으로 복종하였다. 중국이 많은 나라들로 갈라져 싸우던 춘추전국시대에 여전히 모든 나라가 주나라의 천자를 상징적으로

---

4) UN 경제사회이사회가 3년마다 대상국 리스트를 갱신한 후 총회 결정을 거쳐 확정한다. http://unohrlls.org/about-ldcs/

섬겼다는 사실을 상기할 수 있다. 한편 중앙집권적 권력기구의 힘이 미치지 않은 중동이나 아프리카 등의 많은 지역에서는 각지에 산재한 부족(tribe) 공동체가 자치를 했다.

현대의 국민국가 또는 민족국가는 이러한 제국들이 민족을 기준으로 해체되고, 한편으로 도시국가나 봉건영지들은 통합되면서 주권을 지닌 하나의 정치체제로 탄생한 것이다. 이러한 현상은 정치적으로는 민족주의 이념의 영향을 받고, 사회, 경제적으로는 산업혁명의 강력한 영향을 받으면서 확산되어 왔다. 유럽에서 민족국가라는 개념이 생겨난 것은 1648년 베스트팔렌조약(Treaty of Westphalia) 이후라고 간주되며, 그 후 프랑스혁명을 거치면서 민족주의 열풍이 확산되었다. 중세 시대의 유럽인들은 자신들이 어느 민족이나 국민이라고 생각하지 않았고, 어느 마을 사람, 혹은 어느 부족의 사람으로 우리 동네의 성주는 누구이고, 다 같은 기독교 공동체 안에 있다는 식으로 생각하였다(Opello. Jr & Rosow, 2004: 192).[5]

1517년 마르틴 루터로부터 시작된 종교개혁(Protestant Reformation) 이후 신구교 간의 종교 논쟁과 봉건영주들의 정치적 이해관계가 맞물려 30년 전쟁(Thirty Years' War, 1618-1648)이 일어났고, 이를 마무리한 조약이 베스트팔렌조약이다. 이 조약에 따라 지금의 독일을 중심으로 한 중부 유럽 지역의 신성로마제국(Holy Roman Empire, 962-1806) 영토 안에 주권을 지닌 여러 개의 민족국가들이 생겨났고, 네덜란드는 스페인으로부터 독립하였다. 그리고 30년 전쟁에서

---

5) 로마제국이 붕괴된 후 서유럽 지역은 오랜 세월 혼란 시기를 겪으면서 봉건시대로 접어들어 광대한 제국의 사람들에게 일체감을 부여하던 제국 시민이라는 정체성이 소멸되고, 봉건영지를 기반으로 한 부락적 정체성 위에 기독교회가 정신적 통일성을 제공했다. 게르만 민족의 프랑크왕국과 신성로마제국이 대륙의 방대한 지역을 재통일했으나, 로마와 같은 강력한 정치적, 사회문화적 통합을 이루지는 못하였다.

활약한 프랑스는 유럽의 강국으로 떠올랐다(DK History, 2012: 262-263).

1789년 프랑스 혁명 이후 국민의 단합을 유지하고 군대를 동원하기 위해 혁명정부가 의식적으로 민족주의를 고취시켰으며, 나폴레옹 군대에 점령당한 독일, 러시아, 스페인, 포르투갈 등에서도 프랑스에 대한 반발로 민족의식이 고조되었다(Opello. Jr & Rosow, 2004: 194). 19세기에 들어 민족주의가 세계 전역으로 확산되면서 같은 언어와 문화를 공유하는 민족들이 뭉쳐 주권국가를 만들어야 한다는 생각이 널리 퍼졌다. 이탈리아와 독일은 각각 1870년, 1871년에 수백 개에 달하던 봉건영주들의 영지를 통합하여 통일국가를 건설하였다.

많은 민족이 공존하던 오스트리아제국과 오토만터키제국 안에서도 민족주의 바람이 불어 제국이 해체되는 과정을 밟았다. 강한 민족의 지배를 받는 약한 민족들이 자신의 미래를 스스로 결정할 수 있게 해야 한다는 민족자결(ethnic self-determination) 사상이 확산되었다. 그러나 민족주의는 같은 민족의 단결을 가져온 한편으로 타민족에 대한 배타적인 감정을 선동해 제1차 세계대전의 직접적인 원인이 되기도 하였다. 제1차 세계대전은 1914년 6월 오스트리아-헝가리제국의 황태자가 세르비아의 민족주의자에게 암살된 사건을 계기로 시작되었다(Kohn, 1944).

□ **현대 민족국가의 세계사적 의의**

오늘날 지구상에서 자신들의 독립국가를 원하는 민족들은 대부분 그 염원을 실현하였다. 그래서 200여 개의 국가가 존재하는 지금 지구촌의 모습은 그 자체로 많은 사람들의 희망이 실현된 바람직한 세계를 반영한다. 19세기부터 20세기 초반까지의 인류 역사가 세계 도처에서 식민통치로부터 독립을 얻기 위한 약소민족들의 투쟁과 이에 대한 탄압으로 얼룩졌던 사실을 상기하면 이것이 얼마나 놀라운 발전인지를 회고해볼 수 있다.

한국의 독립운동가인 백범 김구가 나의 소원은 첫째도 둘째도 셋째도 조국 대한의 독립이라고 간절히 염원하던 사실을 상기해보자. 식민통치를 경험한 대부분의 나라들에서는 이처럼 절실한 염원을 실현하기 위해 용감히 싸웠던 영웅들의 동상을 주요 도시의 한가운데에 세워두고 있다. 이방인들의 강압적인 지배에서 벗어나 자신들의 나라를 가질 수 있게 된 사람들의 역사기록은 그 자체가 모두 감동을 주는 이야기들이다.

그런데 지금의 국민국가들을 보면 사실 한 민족이 하나의 국가를 건설한다는 민족주의적 이상과는 실제 양상이 다른 경우도 많이 있다. 민족이라는 단어를 같은 언어나 문화를 공유하는 집단이라는 개념으로 해석한다면 세계에는 이와 같은 개념의 민족을 중심으로 성립되어 있지 않은 나라들이 많이 있다. 대표적으로 미국은 여러 민족이 신대륙으로 건너와 세운 다민족국가이다. 반대로 중동의 쿠르드족은 최소한 3천만 명 이상의 인구를 지니고 있지만, 아직 어느 곳에서도 하나의 나라를 만들고 있지 못하다.

아프리카나 중동, 중남미에 있는 많은 나라들은 영국, 프랑스, 스페인 등이 식민통치를 하다가 물러나면서 그들이 만든 행정구역을 경계로 식민지들을 독립시켜 주었기 때문에 실제 그곳에 거주하는 민족들과는 상관없는 국경선을 지니고 있다. 이것이 훗날 여러 나라에서 부족이나 인종, 혹은 종교집단 간 갈등을 일으키는 기본 원인이 되었다. 프랑스가 지배했던 레바논은 기독교와 이슬람교 집단이 섞여 오랫동안 내전을 치렀다. 나이지리아에는 400개가 넘는 부족이 살고 있으며, 남아프리카공화국은 11개의 언어를 공용어로 사용하고 있다. 이런 나라들은 부족 또는 민족이라는 개념 대신 하나의 국기 아래 뭉치는 국민이라는 개념을 강조하려 애쓰고 있다.

세계에는 중동의 팔레스타인이나 쿠르드족, 러시아의 체첸, 아프리카의 서부 사하라 등과 같이 자신들의 나라를 만들기 원하지만, 아직도 그 꿈을 이루지 못하고 있는 민족들이 상당수 있다. 역설적이게도 유태인처럼 한때 극심한 박해를 받았던 민족이 지금은 자신들보다 약한 민족을 폭력적으로 지배하는 경우도 볼 수 있다. 이와 반대로 여러 민족이 하나의 국민으로 평화롭게 살고 있는 나라들도 있다. 모든 민족이 서로의 정체성과 독립성을 존중하면서 평화롭게 살 수 있는 세계가 실현되어야 이 지구촌이 평화로워질 것이다.

(3) 더욱 복잡해진 세계

이 책의 주제가 일관하듯이 인류는 지금 매우 불안한 시대에 살고 있다. 인구가 늘어나고 기술의 발달로 생산과 소비가 늘어나면서 풍요로운 시대에 살게 되었지만 지구의 부양능력에 한계가 명백히 드러나고 있고, 자본주의라는 경제체제는 많은 문제점을 안고 있다. 여기에다 자연 파괴로 심각한 환경문제가 생겨나고 있다. 이 모든 문제는 지구촌의 어느 한 나라가 독자적으로 해결할 수 있는 문제가 아니고, 인류가 힘을 합쳐 대응하고 해결책을 찾아야 하는 문제이다. 그런데 지금 지구촌에 이러한 노력을 견인해나가는 적절한 리더십은 보이지 않는다. 200여 개의 주권국가가 존재하는 지금의 국제사회는 정치적으로 과거에 비해 훨씬 복잡해진 사회가 되었으나, 이를 적절히 조율하고 관리해나가는 소위 '글로벌 거버넌스'(global governance) 체제는 매우 취약하다

사실 지금과 같은 국제정치체제는 인류가 그 이전에 경험해보지 못했던 새로운 체제이다. 우선 완전한 주권을 지닌 나라들이 동시대에 이처럼 많이 존재했던 적은 없었다. 제1차 세계대전 이전의 세계 지도와 그 100년 후인 2014년의 세계지도를 한번 비교해보라. 많은 주권국가들이 생겨나면서 지도의 모양이 훨씬 복잡해졌다는 것을 알 수 있다. 이것은 일단 국가와 국가 간에 생겨나는 문제의 양상도 그만큼 복잡해지고 다양해졌다는 사실을 시사한다.

국가는 일정한 영토에서 배타적 지배권을 가지며 정부의 힘을 이용해 국민에게 강제력을 행사한다. 세금을 징수하고 국방 등 각종 의무를 국민에게 요구하며, 다른 나라와 외교를 하고 조약을 체결하는 한편 물자나 사람이 출입하는 것을 통제한다. 200여 개에 달하는 국가들이 이러한 배타적 지배권을 행사하니 국제사회의 모습이 복잡해질 수밖에 없다. 영토와 자원, 무역, 이민 등을 둘러싼 국가 간의 갈등이 도처에서 발생한다.

여기에다 제한된 영토 안에서 행사하는 배타적 지배권은 세계시장을 요구하는 산업화의 힘과 필연적으로 충돌한다. 산업화는 유럽의 국민국가들에 의해 촉진되었고, 그것이 세계 전역에 확산되면서 새로운 국민국가들의 출현을 가져온 동력을 제공했지만, 이제는 국가라는 울타리가 새로운 장벽이 되는 상황으로 진입하였다. 세계 전체를 대상으로 영업하는 코카콜라나 맥도널드, 삼성전자 같은 다국적기업들이 200여 개의 정부들을 상대해야 하는 불편함을 느끼지 않는다면 훨씬 쉽고 편리하게 사업을 할 수 있을 것이다.

우리가 세계화라고 말하는 용어는 일차적으로 이런 다국적기업들의 힘에 의해 생겨나고 있는 초국경적 사회현상들을 의미한다. 이 밖에도 기술 발전에 의해 사람과 물자와 정보가 필연적으로 국경을 넘어 다니게 되는 현상이 역시 세계화의 주요 양상이다. 세계화가 진행되는 시대에 200여 개의 국가들이 이를 통제하는 현상은 국제사회의 복잡성을 더욱 커지게 만든다. 물론 200여 개의 국가가 있다고 해서 그들의 힘이 모두 대등한 것은 아니다. 미국, 영국, 프랑스, 러시아, 중국 같은 전통적인 강대국들은 여전히 정치, 경제, 군사력에서 압도적인 힘을 지니고 조그만 나라들에 대해 유형무형의 각종 영향력을 행사하고 있다. 그래서 단순히 국가의 숫자가 많아졌다는 것만으로 지구촌의 정치 지형이 더 복잡해졌다고 말할 수 있는가 의문을 제기해볼 수 있다.

오히려 다수의 국가들이 존재하여 완충 역할을 할 수 있는 지금의 시대가 소수의 강대국들이 부딪히면서 두 차례의 세계대전을 낳기도 했던 시대보다 세계 평화를 위해 더 바람직한 상태라고 생각할 수도 있다. 제2차 세계대전 후 미국과 소련이라는 두 개의 강대국이 대립하고 있을 때는 핵전쟁으로 인류가 몰살당하지 않는가 하는 우려가 높아지기도 했었다. 소련이 해체되면서 지금은 상대적으로 그런 우려는 낮아졌다. 핵전쟁은 모두에게 치명적인 결과를 가져올 것이라는 점에서 어느 쪽도 원하지 않을 것이고, 그래서 핵무기가 세계대전을 억제하는 역할을 한다고 이야기되기도 한다(Craig, 2010: 400).[6]

나아가 현대의 국제사회는 모든 주권국가가 참여하는 국제기구

---

6) 핵무기의 위협은 "상호 확실한 파괴"(Mutually Assured Destruction: MAD)라고 표현되기도 한다.

들을 창조하여 공동의 문제를 논의하고 다 같이 지켜야 할 국제사회의 규범과 질서를 만들어내기도 한다. UN, 세계은행, IMF, WTO 등의 국제기구는 두 차례의 세계대전이라는 참혹한 사태를 겪고 난 인류가 그러한 비극이 다시 발생하지 않도록 해야 한다는 교훈을 얻어 만들어진 것이다. 이러한 체제 역시 과거에는 없었다는 점에서 확실히 현대 인류는 보다 긍정적인 역사의 발전을 이루었다.

그러나 지금 전례 없는 위기에 직면하고 있는 인류가 이에 효율적으로 대응할 수 있는 체제와 리더십을 갖추고 있지 못하다는 사실은 분명하다. 기후변화에 대응하는 문제에 대해 세계 최고 강대국인 미국이 엇박자를 내고 있는 사실과 남과 북이 현저히 다른 목소리들을 내고 있는 현상이 이를 단적으로 반영한다. 1990년대 말 아시아 금융위기와 2008년 미국발 금융위기처럼 한 나라에서 시작된 경제위기가 순식간에 세계 전체로 확산돼 많은 사람들에게 고통을 안겨주는 현상이 반복적으로 일어나고 있기도 하다. 국제기구들이 제대로 역할을 하고 있는가에 대한 비판도 계속 제기되고 있다. 인류는 지금 세계화를 조화롭게 관리하고 공동의 위기에 슬기롭게 대응할 수 있는 거버넌스체제를 신속하게 정립해야 하는 것이다. 이어지는 부분에서는 이 문제들을 중점적으로 살펴본다.

2. 세계화, 하나의 지구촌을 만드는 힘

세계화가 무엇인지는 굳이 엄밀하게 정의하지 않아도 이제 모든 사람이 대강 이해하는 개념이라고 생각한다. 한국에 살면서 스타벅스 커피를 마시는 젊은이들은 세계화를 직접 몸으로 체험하고 있기 때문이다. 우리는 무심코 세계화를 체험하고 이야기하지만, 이 것이 현대사회에 얼마나 중요한 의미를 지니는 현상인지에 대해 많은 학자들은 진지하게 논의를 한다.

옥스퍼드 대학의 이언 골딘(Ian Goldin, 2013: 1) 교수는 세계화 가 "역사에서 가장 진보적인 힘이었지만, 21세기의 가장 심각한 위기는 바로 세계화의 성공 때문에 발생할 것"이라고 말한다. 세계 화는 한편으로 무궁한 기회를 제공하기도 하고, 한편으로 엄청난 위기를 가져다주기도 한다. 세계화의 양상, 세계화를 이끌어가는 힘들에 대해 살펴보자.

(1) 세계화의 양상

세계화는 아주 오래된 현상이기도 하고 아주 새로운 현상이기도 하다. 이 두 가지 표현이 동시에 적용되는 까닭은 그와 같은 현상 이 인류 역사에서 오랜 세월 동안 이루어져 왔지만, 지금에 전개되 는 현상은 과거와 현저히 다른 양상을 보이고 있기 때문이다.

□ 세계화의 다차원적 성격

세계화가 기본적으로 국경을 넘나들면서 인간들의 교류가 확대 되는 현상이라고 본다면 인류 역사에서 이런 현상이 폭발적으로 일어나는 시기가 반복적으로 있었다. 알렉산더가 동방을 점령하여 코스모폴리탄적 세계를 건설했을 때 광범위한 세계화가 이루어졌 다. 칭기즈칸과 그 후예들이 세계를 정복하여 광대한 제국을 건설 했을 때 다시 동서양이 하나 되는 세계화가 이루어졌다.

근대 이전까지 전쟁은 세계화의 가장 강력한 동인이었다. 전쟁은 파괴를 가져오지만, 많은 군대가 진주하여 장기간 머무른 곳에는 새로운 도시가 건설되고, 낯선 문화가 보급되었다. 이집트의 알렉산드리아는 알렉산더가 건설한 도시이고, 영국의 맨체스터는 로마 군대가 주둔지로 건설한 도시이다. 한국에서도 이태원이나 동두천 등 미군이 주둔한 곳은 낯선 문화가 보급되는 창구 역할을 하였다.

　16세기 이후 포르투갈과 스페인, 네덜란드 등에 의한 식민지 개척 바람으로 세계화는 신대륙으로까지 확대되었다. 전쟁과 약탈을 동인으로 하는 근대 이전의 이런 세계화는 침략 당한 측에는 파괴와 죽음, 노예화 등을 가져다준 엄청난 재앙이었다. 산업혁명 이후 세계화는 새로운 양상을 띠게 된다. 대규모 기업들이 시장과 원료를 찾아, 그리고 자본의 투자처를 찾아 세계를 누비기 시작한 것이 세계화의 새로운 동인이 되었다.

　이러한 역사적 사실을 반영하여 허스트와 톰슨(Hirst and Thompson, 1996)은 현대의 세계화 현상이 전혀 새로운 것이 아니라고 주장한다. 그들은 통계적으로 볼 때 영국에서 시작된 산업혁명이 대륙으로 확산되고 강대국들의 식민지 확장 경쟁이 치열하던 1870-1914년간의 기간에 지금보다 더욱 많은 인력과 물자의 국제적 이동이 있었다고 주장한다. 반면, 지금의 세계화는 지구촌의 제한된 지역, 주로 선진국 지역에서만 집중적으로 일어나고 있다고 분석하였다.

　그러나 더 많은 학자들은 현대의 세계화가 과거와 질적으로 다른 현상이라고 주장한다. 폴 스트리튼(Paul Streeten, 1998)은 세계화 과정의 많은 부분이 역사적으로 이전에도 있었지만, 지금의 현대화는 기술과 무대와 여러 가지 특징적인 양상이 다르다고 말한다. 『세계의 이동(Global Shift)』이라는 명저를 쓰고 지속적으로 개정해오고 있는 맨체스터 대학의 피터 디킨(Peter Dicken, 1992) 교수는 다국적기업들이 주도하는 지금의 세계화가 과거의 국제화(internationalization)와는 질적으로 다른 경제활동이라고 분석한다. 멀리 떨어진 곳에서 발생하는 경제활동들을 기능적으로 통합하여 보다 고도화되고 복잡화된 국제화로 진행되는 현상이 세계화라는 것이다.

이러한 현상들이 지니는 세계화의 복합적 성격을 반영해 필자는 세계화가 아주 오래된 현상이기도 하고 아주 새로운 현상이기도 하다고 표현하는 것이다. 세계화의 복합적 성격은 단지 그 시기적 문제만을 의미하는 것이 아니다. 이것이 통신과 교통 등 기술의 발달에 기초해 정치, 경제, 사회, 문화 등 인간활동의 모든 영역으로 확대되고 있다는 데 그 복합성의 진정한 의미가 있다.

□ 세계화의 특징적 양상

세계화의 복합적 양상은 크게 세 가지 영역으로 구분해서 볼 수 있다.

첫째, 경제적으로 자본과 물자, 인력 등의 국경을 넘는 이동이 확대되고 있다. 상품을 생산해서 무역하는 단계를 지나 이제는 자본과 인력이 현지에 투자하여 현지 기업으로 정착하면서 단순히 여러 나라에서 영업한다는 의미의 "다국적기업"(Multinational Corporations: MNCs)이 여러 나라의 현지 기업으로 활동한다는 의미의 "초국적기업"(Transnational Corporations: TNCs)으로 바뀌어왔다. 인도의 첸나이에 공장을 두고 있는 현대자동차는 한국계 기업이지만, 인도의 국내 기업으로 활동하고 있다. 이는 마치 미국에서 태어난 한국

교포 2세가 한국계 미국인인 것과 마찬가지다.

국경을 넘고 세관을 통과해야 하는 번거로움을 최대한 줄여서 기업활동의 국제적 이동을 자유롭게 하자고 만들어지는 것이 유럽연합(EU), 북미자유무역지대(North American Free Trade Area: NAFTA) 등의 지역무역협정(Regional Trade Agreement: RTA)이다. 이것이 더욱 발전하면 유럽연합처럼 단순히 물자의 이동에 따른 장벽만 제거하는 것이 아니라 사람의 이동도 자유롭게 하고 화폐도 통일하며, 공동의회를 설치하는 경제공동체로 나아가기까지 한다. 세계에는 지금 수백 개의 자유무역지대(Free Trade Area)가 있으며, 이것들은 유명무실한 것도 있고, 활발하게 효력을 발휘하는 것도 있다.

둘째, 정치적으로는 많은 국제기구들이 생겨나 활동하면서 국민국가의 정책에 영향을 주고 결과적으로 주권을 제약하는 현상이 생겨나고 있다. 이러한 국제기구들은 UN, IMF 같은 정부 간 기구만이 아니라 시민단체나 종교단체 등의 비정부 국제기구들도 포함된다. 정부 간 국제기구들의 결정사항은 그 자체가 국제법으로 개별 국가의 법에도 영향을 주며, IMF와 세계은행(World Bank) 같은 금융기구는 자금 융자를 조건으로 돈을 빌리는 국가들의 정책에 직접 관여하기도 한다.

다국적기업들 역시 국가들의 정책에 큰 영향을 준다. 많은 나라들은 일자리 창출과 수출 확대 등을 위해 다국적기업들을 자기 나라로 유치하고자 애를 쓰고 있으며, 이 과정에서 세금이나 금융혜택, 노동조합 규제 등 다국적기업들이 요구하는 조건을 수용하여 법과 정책을 바꾸기도 한다. 그린피스(Green Peace) 등의 환경단체는 환경을 파괴하는 정책들에 대해 강력한 항의를 하면서 정책을 바꾸는 데 영향을 주고 있다.

셋째, 사회·문화적으로는 멀리 떨어진 인간들 간의 교류가 원활해지면서 일정 부분 문화적 동질화(cultural homogenization) 현상이 발생하고 있다. 한국의 젊은이들이 미국, 유럽의 팝송이나 샹송을 들으면서 자랐지만, 지금은 세계의 많은 젊은이들이 한국의 K-Pop에 열광하는 현상이 나타나고 있기도 하다. CNN 등의 방송통신 매체 등에 의해 세계 곳곳에서 발생하는 소식이 순식간에 어디든 전달되고, 인터넷, SNS 등의 발달로 전 세계 사람들이 정보를 주고받으며 실시간으로 대화를 나누기도 한다. 한국인들이 햄버거와 콜라를 먹는 대신 요즘에는 미국인들도 한국의 비빔밥과 불고기를 찾는 사람들이 많다. 이러한 문화적 동질화 현상은 자신이 한 국가에 소속되어 있다는 생각을 떠나 지구촌의 일원이라는 의식을 갖게 만든다.

(2) 세계화의 주요 동력

전쟁과 약탈이 근대 이전 세계화의 동인이었다면, 현대의 세계화를 요구하는 기본적인 힘은 산업화, 그리고 자본주의이다. 이 힘을 현실에서 실현해내고 있는 가장 강력한 행위 주체는 다국적기업 또는 초국적기업이라고 불리는 기업 집단이다. 국경을 초월하는 장사(business)의 힘이 세계화를 추동하고 있는 것이다. 그 밖에도 많은 집단과 개인들이 세계화를 만들어내고 이끌어간다. 여기서는 다국적기업과 국제기구들의 역할을 간략히 살펴보기로 한다.

□ 다국적기업

앞에서 살펴보았지만, 산업혁명 이후 인간의 생산능력은 이미 소비능력을 넘어선 지경으로까지 확대되었다. 한 해에 8천만 명 정도의 인구가 늘어나는 세계에서 1억 대 가까운 자동차가 생산되고 10억 대가 넘는 스마트폰이 새로 만들어진다. 이미 거대해진 기업들은 막대한 생산량을 판매하지 못하면 엄청난 타격을 받게 된다. 국내시장만으로는 도저히 판매처를 확보할 수 없기 때문에 수출이나 현지 생산을 통해 세계시장으로 제품을 내다 팔아야 한다. 그리고 이처럼 막대한 생산을 계속하기 위해서는 소요되는 부품과 원료를 찾아 역시 세계로 나가야 한다. 이들의 움직임이 세계화를 가져오는 가장 중요한 동인이다.

다국적기업이란 정의상 두 개 이상의 나라에서 현지 국적으로 된 법인을 두고 생산이나 판매활동을 하고 있는 기업을 말한다. 초국적기업이라고 부르기도 한다. UN무역개발위원회(UNCTAD)의 1994년 보고서에 따르면 1960년대에 세계에는 대략 7천 개 정도의 다국적기업들이 있었으나[7], 2013년에는 그 10배가 넘는 7만 1,000개 정도가 있다. 세계화가 그만큼 더 진전된 것이다.

오늘날 세계경제활동의 압도적인 부분은 바로 이러한 다국적기업들에 의해 이루어진다. 미국의 포춘(Fortune)지가 발표한 2014년 글로벌 500대 기업 현황을 보면 이들의 총매출은 31.1조 달러, 영업이익은 2조 달러를 기록했다.[8] 이들의 매출액은 2014년 전 세계 GDP 77.9조 달러의 40.6%에 달하고, 1위인 미국의 GDP 17.4조

---

7) http://unctad.org/en/Docs/wir94ove.en.pdf
8) Fortune Global 500 http://fortune.com/global500/

달러와 2위인 중국의 GDP 10.3조 달러를 합친 것보다 크다.9) 세계에는 헤아릴 수 없이 많은 기업들이 있으나, 불과 500대 기업들이 전 세계 생산의 40% 이상을 차지하고 있는 것이다. 포춘은 미국 기업들만을 대상으로 한 500대 기업 리스트도 발표하고 있다. 2015년 이 자료에 따르면 미국의 500대 기업만으로 매출액이 12.5조 달러, 영업이익은 9,450억 달러, 주식 시가총액은 17조 달러에 달했다. 그리고 이들은 2,680만 명을 고용하고 있다.10)

세계무역량의 70% 이상이 다국적기업들에 의해 이루어진다.11) 이 중 상당 부분은 다국적기업들의 본사와 자회사 간, 그리고 자회사 상호 간의 내부거래이다. 지금도 다국적기업들은 해마다 막대한 해외투자를 한다. 새로운 시장과 원료를 찾아 새로운 현지법인을 설립하기도 하고, 새로운 제품을 생산하기 위해 생산라인을 업그레이드하기도 하며, 현지기업들을 인수하거나 합병하는 형식으로 덩치를 키우기도 한다. 이들이 생산, 판매, 원료 확보를 위해 세계 각처에 자회사나 지사를 설립하고 벌이는 활동은 "글로벌 가치사슬"(Global Value Chain: GVC)이라는 학술 용어로 분석되고 있다.

UNCTAD의 2014년 세계투자보고서(World Investment Report)에 따르면 2013년 한 해 동안 세계 전체의 외국인투자 유입액은 1조 4,500억 달러로 전년 대비 9%가 늘어났다. 이 가운데 54%는 개발도상국으로 흘러갔고, 39%가 선진국, 그리고 나머지 7%는 과거 사회주의국가들이었던 소위 "이행경제"(transition economies)로 흘러갔다. 1980년대까지 선진국에 집중되었던 외국인투자가 지금은

---

9) World Bank Data http://databank.worldbank.org/data/download/GDP.pdf

10) Fortune http://fortune.com/fortune500/

11) http://www.gatt.org/trastat_e.html

중국, 인도, 인도네시아 등 개발도상국들로 더 많이 들어가는 현상을 보이고 있다.

세계를 대표하는 다국적기업들은 어떤 회사들이 있을까? 포춘의 글로벌 500대 기업 리스트는 현재 2014년판이 나와 있다. 매출액 기준으로 세계 1위인 기업은 미국의 대형 소매점인 월마트(Walmart) 이다. 이 한 회사의 매출액이 4,763억 달러로 세계 13위인 한국의 GDP 1.4조 달러의 34%에 달한다. 국가별 순위에 가져다 놓는다면 세계 27위인 노르웨이에 이어 28위를 기록한다. 2위는 네덜란드/영국 합작기업인 로열 더치쉘(Royal Dutch Shell)이다. 이 회사는 2012-2013년에는 1위를 기록했었다. 3위는 중국 석유화공(Sinopec)이다. 미국의 석유회사인 엑손모빌(Exxon Mobil)은 과거 1위를 기록하기도 했으나, 최근에는 2-5위권에서 오르내리고 있다. 한국의 삼성전자는 2014년에 13위를 기록했다(<표 7-4> 참조).

〈표 7-4〉 포춘지 선정 2014년 세계 500대 기업 중 상위 10대 기업

순위	회사명	소속국가	업종	총매출 (억 달러)
1	월마트(Walmart)	미국	소매	4,763
2	로열더치쉘(Royal Dutch Shell)	네덜란드/영국	석유	4,596
3	중국석유화공(Sinopec)	중국	석유	4,572
4	중국석유천연기집단 (China National Petroleum Corporation)	중국	석유	4,320
5	엑손모빌(ExxonMobil)	미국	석유	4,077
6	브리티시석유(BP)	영국	석유	3,968
7	중국전망공사 (State Grid Corporation of China)	중국	전력	3,334
8	폭스바겐(Volkswagen)	독일	자동차	2,615
9	도요타(Toyota)	일본	자동차	2,565
10	글렌코어(Glencore)	스위스/영국	광업	2,327

자료: Fortune, Global 500(http://fortune.com/global500/).

국가별로 500대 기업을 보유한 숫자는 미국이 128개로 1등이고, 중국, 일본, 프랑스, 독일, 영국 등의 순으로 나타나고 있다. 그리고 우리 한국은 이들에 이어 7위를 기록하고 있다. 한국의 17개 기업이 글로벌 500대 기업으로 이름을 올렸다. 조그만 나라의 국민으로서 자랑스러운 일이다.

〈표 7-5〉 포춘지 선정 2014년 세계 500대 기업의 국가별 수

순위	국가	기업 수	순위	국가	기업 수
1	미국	128	6	영국	28
2	중국	95	7	한국	17
3	일본	57	8	스위스	13
4	프랑스	31	9	네덜란드	13
5	독일	28	10	캐나다	10

자료: Fortune, Global 500(http://fortune.com/global500/).

매출액이 아닌 주식 시가총액(market capitalization) 기준으로 세계 100대 기업을 선정한 자료도 있다. 영국의 컨설팅회사인 PWC(2015)가 2015년 3월 발표한 자료에 따르면 시가총액 기준 세계 1위 기업은 미국의 전자회사인 애플(Apple)이다. 2위는 구글(Google), 3위는 엑손모빌(ExxonMobil)이다. 한국은 유일하게 삼성전자 1개사가 28위를 기록하고 있다.

세계를 넘나드는 다국적기업들이 어떤 전략하에 생산과 판매, 원료 및 부품 조달 활동을 계획하고 전 세계적으로 배치하는지를 분석하고 연구한 자료들은 무수히 많다. 피터 디킨(Dicken, 1992) 교수의 책은 이 문제를 일목요연하게 잘 보여주는 역작이다. 세계경제 활동을 좌우하고 있는 다국적기업들이 세계화라는 현상을 주도

한다는 데에 대해서는 이견이 없다. 이들의 활동은 투자국의 경제와 정부 정책에도 영향을 주며, 현지인들의 의식 변화에도 상당한 영향을 준다. 글로벌 500대 기업의 고용인력 통계는 나와 있지 않으나, 미국의 500대 기업이 고용하고 있는 인력이 2,680만 명이라는 사실과 미국의 소득 수준을 감안할 때 글로벌 500대 기업의 고용인력은 최소한 그 서너 배는 될 것으로 추정된다. 이들이 직접 고용하지 않더라도 직간접으로 거래하는 현지기업들의 인력까지 감안하면 막대하며, 이는 웬만한 나라의 인구를 넘어서는 수준이 될 것이다.

필자는 한국 기업들의 해외투자와 영업활동을 분석하기 위해 터키, 이집트, 아랍에미리트, 인도, 인도네시아, 남아공화국 등에서 활동하고 있는 많은 한국기업들을 방문하고 그곳에 근무하는 현지인들과도 인터뷰를 한 기억이 많다. 2005년에는 인도에 진출한 70여 개 한국 기업들의 경영실태를 집중 분석하여 보고서를 발행한 적도 있다(주동주, 2005c).

삼성전자, LG전자, 현대자동차와 유수의 건설업체 등에서 근무하고 있는 현지인들은 현지 기업들에 비해 보수가 높고 근무조건도 좋은 한국 기업에 근무한다는 사실을 자랑스럽게 생각하고 있었다. 이들은 한국인과 한국 문화에 대해서도 우호적이며, 한국어를 배우고 한국을 방문하는 것을 인생의 새로운 기회로 생각한다. 그러나 저임금을 노리고 진출한 중소기업들에서는 심각한 노사분규가 발생하는 경우도 많고, 이런 기업의 현지인들은 한국인과 한국 문화에 대해 극단적인 혐오감을 보이는 경우도 있다. 최근에는 미얀마의 한국 기업에서 심각한 노사분규가 발생한 적도 있다.[12]

한국에서도 유수한 외국기업에 종사하는 한국인들은 대체로 일반인들보다 훨씬 더 외국문화에 대해 개방적이고, 외국인들에 대해 우호적인 현상을 볼 수 있다. 그러나 과거 원진 레이온이나 일본계 중소기업들처럼 저임노동력을 노리고 들어온 외국인 기업에서 발생한 심각한 산업재해와 노사분규 등은 투자기업뿐만 아니라 그 모국에 대해서까지 부정적인 인상을 주는 경우도 많았다.

□ 국제기구

오늘날 세계화를 이야기할 때 빠뜨릴 수 없는 또 하나의 주역이 국제기구(International Organization)이다. 우리가 잘 아는 UN, IMF, World Bank, WTO 등의 국제기구는 지구상의 거의 모든 나라가 함께 모여 인류의 삶에 관계되는 중요한 문제들을 논의한다. 국제기구에서 합의되고 결정된 사항들은 그 자체가 국제법(International Law)으로서 회원국들이 따라야 할 규범이 된다.

세계정부가 없는 오늘의 세계에서 이에 가장 가까운 형태를 띠고 있는 것이 UN이다. UN은 제2차 세계대전이 끝난 후 1945년 10월 24일에 설립되었다. 우리 어린 시절에는 이날이 달력에 빨간 글씨로 표시된 공휴일이었다. 우리의 건국과정과 6·25전쟁에서 큰 도움을 준 UN의 설립 날짜를 기념하기 위해 이날을 'UN 데이'라는 공휴일로 지정하였던 것이다. 그러나 지금은 공휴일이 아니다. 사소한 것이지만, 이러한 변화 자체가 UN의 위상 변화를 상징적으로 보여주는 사례라고도 생각할 수 있다.[13]

---

12) http://www.newscham.net/news/view.php?board=news&nid=98972

13) 1950년 9월 16일 UN 데이를 법정공휴일로 지정했다가 1976년 9월 3일 [각종기념일 등에 관한 규정]에 의해 법정공휴일에서 제외하였다.

UN은 당초 54개국이 참여하였으나 지금은 193개 국가가 회원 국이며, 세계 평화와 인권, 개발 등 인류사회 전반의 중요한 문제들을 포괄적으로 논의하는 국제기구이다. 새로운 밀레니엄이 시작되던 2000년에 UN은 189개 국가의 정상들이 참여한 총회를 개최하고 밀레니엄선언(Millennium Declaration)을 채택한 바 있다. 이 선언에 기초하여 지구촌의 가장 중요한 과제로 빈곤퇴치를 내세운 새천년개발목표(MDGs)가 제시되었음을 이미 앞 장에서 언급하였다. 지구상에서 이렇게 많은 나라의 국가원수들을 한자리에 불러모아 중요한 의사결정을 내릴 수 있는 단체는 UN밖에 없다. 1970년대 중반 이후 선진국과 개발도상국 간의 소위 '남북문제'가 이슈가 되면서 선진국들이 개발도상국들의 목소리가 강한 UN을 회피하는 경향을 보여 상대적으로 UN의 권한이 약화되었다는 소리를 듣고 있지만, UN은 아직도 가장 중요한 국제기구이다.

UN에 이어 브레튼 우즈 기구(Bretton Woods Institutions)라고 불리는 IMF, World Bank의 양대 기구, 그리고 무역을 담당하는 WTO도 역시 거의 세계정부에 준하는 역할을 하는 중요한 국제기구들이다. 브레튼 우즈 기구라는 명칭은 1944년 미국 뉴햄프셔 주의 브레튼 우즈라는 도시에서 열린 만국회의를 통해 설립이 결정된 기구들이기 때문이다.[14] 당초에는 금융, 개발을 담당하는 양대 기구와 함께 무역 분야를 관장할 국제무역기구(International Trade Organization: ITO)의 설립도 계획되었으나, 이 문제가 우여곡절을 겪으면서 GATT체제로 운영되다가 1995년에 와서야 지금의 WTO

---

14) United Nations Monetary and Financial Conference라는 제목의 이 회의는 1944년 7월 1일부터 22일까지 브레튼 우즈의 Mount Washington Hotel에서 열렸다. 44개 국가에서 730명의 사절단이 참가하였다.
http://www.brettonwoods.org/page/about-the-bretton-woods-institutions

로 정착되었다.[15]

지금의 세계에는 이외에도 많은 국제기구들이 있다. 국제기구를 어떻게 정의하느냐에 따라 그 숫자가 대단히 많아지기 때문에 학자들은 연구의 대상으로서 의미 있는 국제기구를 한정하기 위해 엄밀한 정의를 적용한다. 국제기구란 간단히 정의하면 두 개 이상의 나라에서 회원을 거느리고 활동하는 기구라고 할 수 있다. 회원이 정부이면 정부 간 국제기구(Inter-Governmental Organization: IGO)라고 하고, 비정부기구들이면 비정부 국제기구(International Non-Governmental Organization: INGO)라고 한다. UIA(Union of International Associations)라는 단체가 발간하는 국제기구연감(The Yearbook of International Organizations)은 3만 8,000개의 활동 중인 국제기구와 3만 개의 휴면 상태인 국제기구를 포함해 6만 8,000개의 국제기구에 대한 정보를 수록하고 있으며, 매년 1,200개 정도의 국제기구가 새로 생겨난다고 언급하고 있다.[16]

이 정도로 많은 국제기구들이 모두 의미 있는 활동을 하고 있는 것은 아니기 때문에 토머스 볼기(Thomas Volgy, 2010: 15) 등은

---

15) 국제무역기구(ITO)는 1945년 미국의 트루먼 대통령의 건의로 UN경제사회이사회(ECOSOC)가 주관하여 설립을 추진하였으며, 1948년 3월 하바나(Havana) 회의에서 그 헌장이 채택되었다. 그러나 미국 의회는 국내 경제에 대한 부정적 영향을 우려하여 이 헌장에 대한 비준을 거듭 부결하였다. 결국 1950년 12월 트루먼 대통령은 더 이상 비준을 추진하지 않겠다고 선언하였고, ITO 설립은 무산되었다. 한편 같은 시기에 진행된 다자간 관세인하 협상은 성공적으로 추진되어 1947년 10월 제네바에서 "관세와 무역에 관한 일반협정"(General Agreement on Tariffs and Trade: GATT)이 채택되었다. ITO 설립이 무산된 상황에서 GATT 이행을 위한 사무국이 사실상 국제무역기구의 역할을 수행하면서 1994년 우루과이라운드(Uruguay Round)가 종료될 때까지 8차례의 다자간 무역협상을 추진하였다. GATT는 우루과이라운드 종료와 함께 1995년 1월 세계무역기구(WTO)로 확대 개편되었다.

16) http://www.uia.org/yearbook

여러 학자의 정의를 참조한 다음 공식적인 IGO의 기준으로 ① 국가 회원들 간의 일상적인 상호작용, ② 조직 내의 명확한 의사결정 방법, ③ 지속성 있는 관료 조직, ④ 다른 IGO들로부터의 독립성 등의 특징을 제시하고 있다. 이 기준에 따라 저자들은 2004년 현재 265개의 공식적인 IGO가 활동하고 있다고 파악했다. 저자들은 340개의 IGO를 파악한 다른 자료도 인용하고 있다.

국제기구들이 세계화와 관련해 중요한 역할을 한다는 것은 의문의 여지가 없다. UN의 경우 뉴욕에 있는 사무국(Secretariat)에서만 8,900명의 인력을 고용하고 있으며, 전 세계에서 방대한 산하 조직을 통해 5만 2,000여 명의 인력을 고용하고 있다(Fasulo, 2009: 165). 이들은 전 세계에서 선발된 엘리트들이며, 자국 정부에 소속되지 않는 국제공무원이다. 이러한 신분 자체가 국가의 통제를 뛰어넘는 세계화의 상징적 표시라고 할 수 있다.

국제기구들은 많은 나라들을 불러 모아 회의를 개최하고 정보를 교류한다. 이 과정에서 많은 사람들이 한데 섞여 의견을 나누고 인적 네트워크를 구축하기도 한다. 수백 개의 국제기구가 해마다 개최하는 각종 회의와 행사들은 엄청나게 많고, 이 과정에서 만나는 사람들은 셀 수 없이 많다. 국제기구들은 이러한 교류와 자체 연구를 통해 엄청난 분량의 중요한 정보들을 만들어내기도 한다. 필자가 이 책에서 인용하고 있는 중요한 통계만 해도 상당 부분 UN이나 World Bank 등의 국제기구들이 만든 것임을 확인할 수 있다.

세계화와 관련해 국제기구의 활동이 더욱 중요한 의미를 지니는 것은 이들을 통해 만들어진 각종 조약(treaties)이나 협약(conventions), 의결(agreements), 의정서(protocols), 선언문(declarations), 건의(recommendations) 등이 국제법과 규범을 형성하면서 세계 모든 나라에 중대한 영향을 준다는 것이다. UN의 결의나 선언을 위반하는 나라들은 심각한 비판을 받고, 문제가 심각한 경우 경제제재나 직접적인 군사 제재를 받기도 한다. 아파르트헤이트(Apartheid)라는 인종 차별 정책을 고수한 남아공화국이나 테러 혐의를 받은 이란, 이라크, 리비아 등에 대해 UN은 장기간 경제제재를 취한 바 있으며, 이라크에 대해서는 직접적인 군사 행동을 결의하기도 했다. 심각한 안보 위협이 발생하고 있는 지역에는 평화유지군을 파견하기도 한다. 한국의 1950년 6·25전쟁에 참여한 나라들도 UN군으로 참전한 것이다.

물론 이 과정에는 미국과 러시아 등 강대국들의 첨예한 이해관계가 반영된다. 이 점에서 국제기구의 역할을 평가하는 학자들의 시각은 크게 두 갈래로 나눠진다. 이상주의(idealists) 또는 자유주의(liberalists)라고 불리는 그룹에서는 국제기구가 인류 공동의 문제를 해결하기 위해 필수적인 역할을 할 수밖에 없으며, 국제기구의 힘이 커지면서 개별 국가들의 주권은 약화되어 갈 것이라고 전망한다. 반면, 현실주의(realists)라고 불리는 그룹에서는 국제기구가 개별국가들의 참여와 재정지원으로 운영되는 근본적인 한계를 지니고 있고, 이로 인해 앞으로의 역할도 제한적일 수밖에 없다고 파악한다(Diehl & Frederking, 2010).

필자는 이 두 가지 시각이 모두 일정 부분 현실을 반영한다고 생각한다. 국제기구의 역할이 커질 수밖에 없는 환경이 분명히 존재하나, 그것이 기반하고 있는 국가의 힘이라는 제약도 분명히 함께하고 있는 것이다. 바로 이 점에서 오늘날 인류가 심각한 위기 상황에도 불구하고 공동의 대응을 제대로 하지 못하고 있는 무정부 상태에 빠져 있다고 생각한다.

필자는 개인적으로 2009년부터 2013년까지 4년 동안 네덜란드에 있는 상품공동기금(CFC)이라는 국제기구에서 자문위원으로 활동한 경험이 있다. 이 기구는 1980년에 UNCTAD 총회에서 결의하여 설립되었으나, 독립적으로 활동한다. 설립 목적은 석유를 제외한 지하자원이나 농수산품 등 일차산품의 수출에 의존하는 개발도상국들을 돕기 위해 국제자원가격의 안정에 기여하고, 자원개발활동을 지원하는 것이다. 필자의 역할은 일 년에 두 차례씩 암스테르담에서 열리는 정기 자문회의에 참석하여 이 기구의 사업계획을 평가하고 자문하는 것이었다. 사무국의 상근 인력이 30여 명 정도인 조그만 국제기구이지만, 국제기구의 역할에 대해 필자가 위에서 서술한 모든 점을 실제 현장에서 느낄 수 있었다. 국제사회의 개발과 빈곤퇴치에 기여하고 정보를 교류하지만, 회원국들이 자금을 지원하지 않을 경우 심각한 재정압박에 처하는 문제는 규모의 크고 작음을 떠나 모든 국제기구가 직면하는 공통적인 문제이다. 특히 CFC는 109개 국가와 일부 국제기구들이 참여하지만 결정적으로 미국이 참여하지 않아 기구의 위상이 제한적이었다.

지금까지 정부 간 국제기구에 대해서만 언급했지만, 지금의 세계에서는 비정부 민간단체들을 회원으로 하는 국제기구들도 중요한 역할을 많이 하고 있다. 많은 시민단체와 자선단체, 종교단체, 또는 학술단체, 스포츠단체 등이 국제적인 네트워크를 통해 세계 도처에서 사업을 벌인다. CARE라는 단체는 1945년에 설립되었고, 2014년 한 해 동안 90개 국가에서 880개의 빈곤퇴치 사업과 인도주의 사업들을 수행하여 7,200만 명 이상의 사람들에게 영향을 주었다고 밝히고 있다.[17] 다양한 목적의 민간 국제기구들이 다양한 분야에서 세계화에 영향을 주고 있는 것이다.

(3) 세계화가 가져오는 기회와 위기

세계화는 세계가 하나로 연결되면서 나타나는 다양한 현상들을 의미하고, 그러한 현상을 가져오는 강력한 힘을 의미하기도 한다. 세계화가 매우 복합적인 현상으로 나타나고 있기 때문에 이를 분석하는 학자들도 전공에 따라 다양한 관점에서 접근한다. 정치학자들은 주로 세계화가 국가들의 주권에 어떤 영향을 주는지 등을 연구한다. 경제학자들은 FTA 같은 현상이 국민경제에 어떤 영향을 줄 것인가를 분석한다. 그리고 사회학자들은 CNN이나 맥도널드가 어떤 사회적, 문화적 변화를 가져오는가를 분석한다.

세계화는 이처럼 다양한 변화를 가져오면서 국가와 사회의 변화를 초래하고, 개인들의 삶에도 큰 영향을 준다. 우리는 알지 못하는 사이에 날마다 세계화의 영향을 받으면서 살고 있다. 세계화는 이를 잘 활용하는 사람들에게는 삶을 더욱 풍요롭게 해주는 기회가 되기도 하고, 그 반대로 수많은 사람들의 삶을 파탄에 빠뜨리는 원인이 되기도 한다.

□ 세계화가 가져다주는 기회

세계화는 어떤 기회를 가져다주는가? 우선 자유무역협정(FTA)에 대해 생각해보자. 우리나라는 미국, 유럽연합과 자유무역협정을 체결한 유일한 나라이고, 지금도 많은 나라들과 계속해서 FTA를 추진하고 있다. 왜 많은 나라들은 FTA를 추진하려고 하는가?

---

17) http://www.care-international.org/about-us.aspx

FTA는 많은 것을 약속하는 국가 간의 협약이지만, 무엇보다도 두 나라의 무역상품에 부과되는 관세를 낮추고 궁극적으로는 없애는 것을 목적으로 한다. 한국에서 만든 자동차가 미국에 판매되는데 미국 정부가 5%의 관세를 매긴다고 하면, 1천만 원짜리 자동차가 미국 소비자에게는 1,050만 원에 팔리게 된다. 이것을 없애면 그대로 1천만 원에 팔리게 되고, 미국 소비자는 50만 원을 절약하며 한국의 자동차회사는 그만큼 판매가 늘어날 가능성이 많으니 이익을 본다. 물론 미국 정부는 50만 원의 세금을 손해 보지만, 자동차 판매가 늘어나는 과정에서 다른 세금을 거둘 수 있다. 마찬가지로 미국에서 한국으로 수입되는 쇠고기에 관세를 없앤다면 한국인들은 미국산 쇠고기를 더 싼 가격에 사서 먹을 수 있다. 비용도 비용이지만, 관세를 매기고 납부하는 과정은 많은 행정 절차와 서류를 요구하는 복잡한 과정이다. 이것을 생략하면 무역하는 회사들은 그만큼 편리하게 영업을 할 수 있다.

나라들 간의 경쟁 관계도 고려된다. 한국이 미국과 FTA를 해서 한국 기업은 관세와 행정절차에서 혜택을 보고 있는데, 일본은 FTA를 하지 않아 그런 혜택을 누릴 수 없다면, 일본 기업들이 손해를 보게 된다. 이런 이유로 해서 무역을 하는 회사들은 무역 자유화를 요구하고 FTA를 적극 추진하도록 압력을 넣는다. 각국 정부는 이러한 요구 때문에 FTA 협상에 적극 나서는 것이다.

일찍이 바이너(Jacob Viner, 1950)라는 경제학자는 자유무역협정이 무역 창출 효과(trade creating effect)와 무역전환효과(trade diversion effect)를 가져다준다고 분석한 바 있다. 무역창출효과는 전에 없던 무역을 새로 만드는 효과를 말한다. 한국에서만 판매를 하던 현대자동차가 미국에 수출을 하게 된다면 새로운 무역이 창출된 것이다. 무역전환효과는 무역상대가 바뀌면서 나타나는 효과를 말한다. 예전에는 일본에서 기계를 수입하던 회사가 미국과의 FTA 효과로 거래선을 미국 기업으로 바꾸면 이런 효과가 나타난다.

세계화의 효과를 우선 FTA를 통한 무역 효과 측면에서 간단히 언급했지만, 이 밖에도 세계화는 기업들에 많은 이익을 가져다줄 수 있다. 한국이라는 좁은 울타리에서는 확보할 수 없는 시장과 원료와 인력을 세계 전체를 통해 확보할 수 있다. 무역에 절대적으로 의존하고 있는 한국 입장에서는 피할 수 없는 명제가 세계화인 것이다.

세계화는 개인들의 삶에도 큰 영향을 준다. 미국산 쇠고기가 싸게 들어오면 가족들과 외식을 할 수 있는 기회가 늘어날 수 있다. 코카콜라와 맥도널드, 스타벅스 커피를 즐기고, 할리우드 영화를 보면서 윤택한 삶을 즐길 수도 있게 된다. 세계에 진출하는 한국 기업들이 늘어나면서 일자리도 늘어날 수 있고, 해외에 근무할 수 있는 기회도 많아진다. 한국이 폐쇄적인 나라로 있다면 누릴 수 없을 여러 가지 혜택이 세계화로 인해 가능해지는 것이다.

물론 지금까지 이야기는 세계화의 긍정적인 측면만을 언급한 것이다. 세계화는 이런 긍정적인 효과뿐만 아니라 많은 사람들에게 심각한 고통을 안겨주기도 한다. 그래서 세계에는 많은 반세계화 운동단체들이 있고, WTO나 IMF의 주요한 회의가 열리는 곳에서는 치열한 반세계화 시위가 벌어지기도 한다.

□ **세계화가 가져오는 위기**

세계화의 긍정적인 효과에도 불구하고 오늘날 인류를 불안하게 만드는 가장 큰 힘은 바로 세계화에서 나온다. 앞에서 인용한 골딘 (Glodin, 2013) 교수의 말을 상기해보자. 세계화의 성공이 21세기의 가장 치명적인 위험을 만들고 있는 것이다. 위기의 세계화, 이 문제를 점검해보자.

2008년 9월 미국의 금융회사인 리먼 브라더스가 파산 신청을 한 이후 미국은 물론 전 세계 증권시장이 대폭락을 하면서 세계경제에 엄청난 불황이 들이닥쳤다. 3년여 지속된 이 불황은 1930년대의 대공황(Great Depression)에 거의 버금가는 대위기(Great Crisis)로 불린다는 사실을 앞의 제5장에서 언급하였다. 세계화가 가져오는 부정적인 영향들 중에서 빛의 속도로 움직이는 돈의 거래를 통해 금융위기가 순식간에 전 세계로 확산되는 현상을 대표적으로 꼽을 수 있다.

신종 질병의 확산은 어떠한가? 필자가 지금 이 글을 쓰고 있는 2015년 6월 한국에서는 중동에 여행을 다녀온 단 한 사람으로부터 시작된 중동호흡기질환(MERS)이 국민 전체에 가공할 위협을 안겨주고 있다. 전 국민이 전염병에 대한 우려로 사람이 몰리는 곳을 꺼리는 바람에 시장이 죽고 극장과 식당도 장사가 안 되고, 경제가 침체되는 현상이 나타나고 있다. 지구촌의 먼 곳에서 생긴 신종 질병이 순식간에 전 세계로 확산되는 현상도 세계화의 중요한 부정적 영향으로 꼽힌다.

FTA에 대해 앞에서는 긍정적인 효과들을 언급했으나, 이것의 부정적인 효과는 어떠한가? FTA가 체결될 때마다 한국에서는 농민단체들을 비롯한 시민단체들의 반대 시위가 발생한다. 미국산 쇠고기와 중국산 농산물이 한국 시장에 자유롭게 들어와 판매되면 이 분야를 생업으로 하던 농민들은 심각한 타격을 받게 된다. 유럽과 미국산 자동차들이 들어와 한국 시장을 잠식하면서 자동차업계 역시 더 치열한 경쟁에 내몰리게 된다. 각 분야에서 경쟁력 있는 외국의 유수 기업들이 한국에 들어와 영업을 자유롭게 하기 시작하면 이 분야에서 한국 기업들은 심각한 타격을 받게 된다. 고급 상품은 고급 상품대로 저가 상품은 저가 상품대로 외국 기업들과의 경쟁에서 타격을 받는다. 1992년 중국과 수교한 이후 중국산 저가 상품들이 몰려 들어오면서 한국의 중소기업들은 상당수가 문을 닫거나 중국으로 이전하였다.

저임의 외국인 노동력이 몰려오면서 한국의 저소득층에 일자리를 빼앗기도 한다. 세계화는 상대적으로 경쟁력이 취약한 사람들을 더욱 궁지로 몰아넣는 비정한 정글의 법칙을 강요하는 특성을 보인다. 그래서 부자는 더욱 부자가 되고 가난한 사람은 더욱 가난해지는 빈익빈 부익부 현상이 세계화의 중요한 특징으로 지적되기도 한다.

세계화는 문화적으로도 많은 부정적 현상을 가져다준다. 낯선 사람들과 낯선 문화가 들어와 전통문화와 섞이면서 사회가 혼란스러워지는 듯한 느낌을 준다. 노인들은 행동과 표현 방식이 자신들과 다르고 외국 문화를 좋아하는 젊은이들을 못마땅해하며, 젊은이들은 케케묵은 사고를 지닌 노인들을 싫어하게 된다. 극단적인 경우로 유럽과 미국에서는 외국인혐오증(xenophobia)에 의한 범죄가 수시로 발생하며, 이슬람국가들에서는 서구인들에 대한 테러가 빈번하게 발생한다. 세계화는 사회의 안정보다 혼란을 의미하는 경우가 많다.

골딘(Glodin, 2013: 3) 교수는 세계화가 가져오는 다섯 가지 위기로 기후변화(climate change), 사이버보안(cybersecurity), 질병

(pandemics), 이민(migration), 금융위기(finance) 등을 지적하고 있다. 세계화의 영향이 광범위하기 때문에 어떤 주제에 더 집중하느냐는 사람에 따라 다르다. 관심 있는 사람들은 골딘 교수의 책을 직접 읽어보기 바란다.

3. 글로벌 거버넌스의 진전과 한계

지구촌을 하나의 동네처럼 묶어주는 세계화라는 거대한 힘이 작용하고 있는 가운데 200여 개의 정부가 나눠져서 70억이 넘는 인구를 다스리고 있는 지금의 국제사회는 매우 복잡하다. 한 사람이 세계 여행을 하자면 200여 개 나라의 국경을 통과해야 한다. 그래도 세계정부가 없는 세계에서 지금의 국제사회는 사실 완전한 무정부 상태의 혼란을 보이고 있지는 않다. 국가들 간의 협력에 의해 국제기구와 국제법이 만들어져 어느 정도 세계정부가 할 역할을 해주고 있다. 그러나 이러한 거버넌스체제가 매우 취약하다는 사실도 분명하다.

(1) 글로벌 거버넌스란 무엇인가?

거버넌스(governance)란 무엇인가? 우리말의 정부는 영어로 '거번먼트'(government)라고 한다. 정부가 하는 일, 즉 나라를 다스리는 일은 '거버닝'(governing)이라고 한다. 거버넌스는 이와 유사한 개념이지만 정부가 하는 일을 의미하는 것은 아니다. 우리말의 "통치" 또는 "행정" 등의 용어와도 의미가 다르고, 딱히 정확한 표현이 없어서 그냥 영어 표현 그대로 거버넌스라고 하는 것이다. 학자들이 이에 대해 정의하는 바는 대략 비슷하지만, 필자는 세일과 킹이 정의하는 바를 인용해보기로 한다(Seyle & King, 2013: 21)

> "우리가 거버넌스라는 말로 의미하는 것은 인간들이 서로 간에 그리고 환경과의 관계에서 사회적, 정치적, 경제적 관계를 관리하는 공식적, 비공식적 메커니즘과 과정들이다. 이 메커니즘과 과정들은 사회제도 속에서 구현되며, 사회의 기준과 가치, 그리고 권력관계를 반영한다."

필자가 이해하는 바로 좀 더 단순하게 표현한다면 인간들이 살아가는 세계에서 질서를 유지하는 일이 거버넌스라고 할 수 있다. 질서를 유지하기 위해서는 사회적으로 받아들여지는 일정한 기준과 도덕, 규칙이 필요하고, 이러한 것들을 위배할 때 제어할 수 있는 권력이 필요하다. 제대로 작동하는 정부가 있는 사회라면 법과 경찰, 군대가 있어 이러한 것들을 지켜나갈 수 있지만, 지금의 국제사회에는 주권을 가진 국가들을 관리할 수 있는 세계정부가 없다. 그래서 국가의 행위를 의미하는 통치나 행정과는 다른 뜻으로 거버넌스라는 표현을 쓰는 것이다. 글로벌 거버넌스란 세계정부가 없는 세계에서 질서를 유지해나가는 작업을 의미한다고 할 수 있다.

세계정부가 없다는 바로 이 사실로 인해 글로벌 거버넌스는 한 국가 내에서 이루어지는 정부의 통치나 행정보다 훨씬 복잡한 절차와 양상을 지니게 된다. 카른스와 밍스트(Karns & Mingst, 2010)는 글로벌 거버넌스를 구성하는 요소들(pieces)로 정부 간, 그리고 비정부 간 국제기구와 절차들, 국제적인 규칙과 법들, 국제규범과 도덕 같은 연성 법들(soft laws), 핵 확산, 오염 등 특정한 문제를 겨냥한 레짐(regime)들, G-8, G-20, 정상회담 등과 같은 일시적(ad-hoc) 그룹과 합의, 회의들, 민간단체들에 의한 거버넌스 등 다양한 요소를 망라하고 있다. 그리고 이러한 조각들을 만들어가는 행위 주체로는 국가(state), 정부 간 국제기구(IGOs), 비정부기구(NGOs), 전문가들(experts), 복수의 이해관계자들(multistakeholders), 다국적 기업들(MNCs) 등을 망라하고 있다.

필자 같은 사람이 이해하기에도 다소 복잡한 전문가의 글은 그만큼 글로벌 거버넌스가 복잡하고 어려운 주제라는 사실을 상기시켜 주는 것이라고 생각하면 될 듯하다. 통일된 정부가 없는 세계에서 200여 개의 국가들이 모여 서로 협력하고 질서를 만들어나가자니 이것이 매우 어렵고 복잡한 일이 될 수밖에 없다. 그래서 전문가들은 지금이야말로 세계정부가 필요하다는 논의를 제기하기도 한다. 이 문제는 뒤에서 좀 더 언급하기로 한다.

오늘날의 국제사회가 복잡하기는 하지만 그래도 200여 개의 국가들이 돌아가게 만드는 글로벌 거버넌스 체계가 작동하고 있다는 점은 분명하다. 경제력과 군사력에서 압도적인 힘을 지니고 있는 미국이 세계의 정치와 경제를 사실상 주도하면서 문화적으로도 큰 영향을 끼치고 있다. 영어가 사실상의 지구 공용어이고, 미국의 화폐인 달러가 전 세계 어디에서나 사용되는 소위 "기축통화"(key currency)이다. UN과 IMF, 세계은행(World Bank) 등 모든 국제기구에서 미국의 영향력은 절대적이며, 아프가니스탄, 이라크, 리비아 등의 사례에서 보듯이 직접 군사력을 행사하여 적대적인 정부를 무너뜨려 버릴 수도 있다.

제2차 세계대전 이전의 세계는 영국이 주도하던 팍스 브리타니카(Pax Britanica)의 시대였고, 전후 1980년대 말까지는 미국과 소련이 대결하던 냉전의 시대였지만, 지금은 미국의 힘이 압도적으로 세계를 지배하는 팍스 아메리카나(Pax Americana)의 시대이다. 중국, 러시아, 유럽, 일본 등의 강대국들이 있지만, 미국만큼의 주도력을 행사하지는 못한다. 하버드 대학의 조셉 나이(Joseph Nye) 교수가 경제력, 군사력, 기타 소프트한 힘들까지 고려할 때 향후로도 미국의 힘을 능가할 수 있는 나라는 없다고 단정한 것이 1990년이다. 그 당시는 일본 경제가 욱일승천하면서 미국의 침몰이 이야기되고 있던 시절이었다.

2015년에 미국의 경제학자인 쿠르츠먼(Joel Kurtzman)은 미국이 아직도 세계 최고의 제조업 대국이고, 에너지 대국이고, 가장 창의적인 나라이고, 가장 많은 자본을 가지고 있는 나라이기 때문에 21세기도 계속 미국의 시대가 될 수밖에 없다고 단정한다.[18] 지금은 중국이 2대 강국, 소위 "G-2"로 떠오르면서 미국의 지위를 추월할 것이라는 예측들이 나오고 있기도 한 상황이다.

필자는 1991년도에 나이 교수의 책을 읽으면서 공감했고, 2015년에는 쿠르츠먼의 동영상을 보면서 공감했다. 미국이 인종차별 등 많은 내부 문제들을 안고 있기는 하나 민주주의가 제도적으로 잘 정착되어 있고, 다른 강대국들과 비교했을 때 상대적으로 강한 우월적 지위를 지니고 있는 점은 분명하다. 이러한 미국의 힘을 바탕으로 오늘의 국제사회가 상당한 수준의 글로벌 거버넌스 체계를 유지하고 있는 것이다. 물론 글로벌 거버넌스는 미국의 힘만으로 되지 않는다. 그래서 세계 모든 나라가 참여하는 국제기구들이 활동하고 국제법이 만들어지며, 이러한 기구와 제도들이 글로벌 거버넌스에 기여하고 있다. 민간기구들도 상당한 수준으로 국제적인 제도와 기준 확립에 기여하고 있다.

---

18) https://www.youtube.com/watch?v=XK9_adOmTts&app=desktop

그러나 현재의 글로벌 거버넌스가 기후변화, 금융위기 등 인류를 멸망시킬 수 있는 정말 중요한 문제들에 대해 매우 취약하다는 점이 심각한 문제이다. 골딘(Goldin, 2013) 교수의 책은 시종 이런 문제인식을 제기하고 있다. 몇 군데 표현을 인용해보기로 하자.

> "지구의 많은 도전과제들에 대응하는 과정에서 우리는 글로벌 해결책의 필요에 부딪히게 된다. 우리를 밤에 잠 못 들게 하는 한 가지 문제가 있다면 그것은 글로벌 리더십의 부재, 그리고 더 나가서 글로벌 도전의 규모에 대한 인식 부재이다(preface, xiv). …… 우리는 새로운 도전들에 부딪히고 있다. 이 중 가장 중대한 문제는 글로벌 이슈들을 관리하는 우리의 능력이 이런 문제들의 복잡성과 위험이 증가하는 추세를 따라잡지 못해왔다는 점이다(p.2). …… 금융위기는 최상의 조건을 구비한 시스템-최고의 글로벌 조직, 사람, 데이터-이라 하더라도 세계화와 기술의 빠른 변화 속도를 따라잡지 못한다는 사실을 보여주었다(p.17). …… 사이버 보안문제가 21세기에 치명적인 걱정거리로 떠올랐지만, 현재 이 문제에 초점을 맞춘 중앙 거버넌스 기구는 없다(p.33). …… 기후변화 문제에서는 도전과 이에 대응하는 글로벌 거버넌스 조치들 간의 갭이 특별히 현저하다(p.41). …… 이런 문제들은 지구적인 개입을 급히 필요로 한다. 어떤 나라도 혼자서는 기후변화에 대응할 수 없다. 지구적인 차원에서 조율된 행동이 필요하다(p.45)."

필자는 우리를 잠 못 들게 하는 고민이라는 골딘 교수의 문제제기에 공감하며, 새벽 3시가 넘은 시간에 글로벌 거버넌스의 필요성에 대한 고민을 안고 밤을 새우면서 이 글을 쓰고 있다.

(2) 국제기구의 역할

미국의 힘이 글로벌 거버넌스에 중요한 영향을 주고 있는 것은 분명하지만, 미국이라는 한 국가가 지구촌의 200여 개 국가들을 일방적으로 관리할 수 있는 상황은 아니다. 미국이 직접적으로 타국의 문제에 개입할 때는 주권 침해와 내정 간섭이라는 심각한 문제를 야기하고 세계의 비판에 직면하게 된다. 미국 역시 국제사회에서 통용되는 규칙과 질서를 준수해야 한다. 이러한 규칙과 질서의 기본 틀을 형성하는 데 중요한 역할을 하는 것이 UN을 비롯한 국제기구들이며, 국가와 국가들 간에 협약으로 만들어지는 국제법이다. 국제기구와 국제법은 현재의 글로벌 거버넌스 체제가 유지되어 나가는 데 핵심 요소지만, 많은 한계를 안고 있기도 하다. 여기서는 주요한 국제기구들을 중심으로 그 역할을 살펴보고 국제법의 효력에 관한 문제를 점검해보고자 한다.

□ **UN: 평화 유지, 인권과 개발 촉진**

미국 NBC 뉴스의 UN 통신원으로 오랫동안 UN을 취재한 언론인 린다 파술로(Fasulo, 2009: xi)는 UN의 역할과 의의를 단적으로 파악할 수 있게 해주는 흥미로운 묘사를 하고 있다.

> "세계의 다른 어느 곳에서도 당신은 한 무리의 국제적인 외교관들, 관료들, 그리고 전문가들이 모여서 우리 시대의 중대한 과제들을 논의하고 앞으로 다가올 시기에 우리의 삶에 영향을 줄 결정들을 내리는 장면을 볼 수 없다. 국제 테러 억제, 평화유지군 배치, 말라리아, AIDS 같은 질병들과의 싸움, 인권과 개발 증진, 그리고 북한과 같은 악당국가들(rogue nations)을 관리하는 일 등은 UN이 한 해 동안 다루는 큰 이슈들의 단지 일부일 뿐이다."

UN의 설립을 규정한 헌장(Charter)은 1945년 6월 26일 샌프란시스코 회의에서 채택되었고, 그해 10월 24일 발효되었다. 제2차 세계대전이 아직 완전히 끝나지 않은 상황에서 열린 회의였기 때문에 연합국 측에서만 참여하였고, 패전국들인 독일, 이탈리아, 일본 등은 참여하지 않았다. 70년이 지난 2015년 지금 시점에서는 이 문제가 UN의 개혁 논의 가운데 중요한 이슈가 되기도 한다.

UN 헌장은 한 사람의 세대에 두 차례의 세계대전을 겪은 인류가 더 이상 이런 비극적 참화를 겪지 않고 좋은 이웃으로 평화롭게 사는 세계를 추구하기 위해 모든 나라가 힘을 모으기로 했다고 선언한다. 이를 위해 설립된 국제기구로서의 UN은 국제 평화와 안보를 유지하는 것을 제1의 목적으로 하고, 모든 사람의 동등한 권리와 자결(equal rights and self-determination of peoples)을 존중하며, 경제, 사회, 문화, 또는 인도주의적 성격의 국제문제들을 해결하는 데 협력하고, 인종, 성, 언어, 종교를 차별하지 않고 모든 사람의 인권과 기본적 자유를 존중한다는 원칙을 헌장 제1조의 "목적과 원칙"(Purposes and Principles)에서 밝히고 있다.

UN은 지금 회원국이 193개국에 달하고 수많은 산하기관과 연관 기관들을 거느린 방대한 조직이 되었으나 설립 당시 회원국은 54개국이었고, 헌장에 명시된 기본조직은 6개뿐이다. 6개 기본 조직은 총회(General Assembly), 안전보장이사회(Security Council), 경제사회이사회(Economic and Social Council), 신탁통치위원회(Trusteeship Council), 국제사법재판소(International Court of Justice), 그리고 사무국(Secretariat)이다.

지금의 UN 조직도를 보면 매우 많은 기관들이 소속되어 있는데, 이는 70년에 이르는 동안 여러 가지 목적을 위해 계속 새로운 기관들이 생겨났기 때문이다. 이러한 기관들은 UN의 지시를 받는 산하기관(Subsidiary Bodies)들과 독립적으로 활동하면서 UN에 보고 의무만 지닌 전문기관(Specialized Agencies)들이 있고, 기타 지역별, 직능별 각종 위원회 등이 있다. 양대 브레튼 우즈 기구인 IMF 와 World Bank도 UN의 전문기관으로 조직도에 나와 있다. 이처럼 방대한 조직을 관리하는 사무국은 미국 뉴욕에 본부를 두고 있지만, 유럽의 비엔나, 제네바, 아프리카 케냐의 나이로비에도 사무소가 있다.[19]

UN은 그 조직이 방대한 만치 수행하는 역할도 다양하며, 지구촌의 모든 국가가 참여하여 인간 세계의 거의 모든 문제를 다루는 세계정부에 가장 가까운 기구라고 할 수 있다. 헌장에 나와 있듯이 정치, 경제, 사회, 문화 등 모든 영역에서 국가 간의 협력을 증진하는 것이 기본 목적으로 되어 있으나, 크게 본다면 평화 유지, 인권, 개발이 주요 업무 영역이라고 할 수 있다.

UN의 평화유지 업무는 안전보장이사회가 일차적으로 담당한다. 안전보장이사회는 잘 알려져 있듯이 제2차 세계대전의 승전국인 미국, 영국, 프랑스, 러시아, 중국의 5개국이 상임이사국(permanent members)으로 거부권을 행사할 수 있고, 나머지는 2년마다 바뀌는 10개국의 선출이사국으로 구성된다.[20] 세계 평화를 위협하는 중대한 행위에 대해 안전보장이사회가 건의하여 총회의 결의로 각종 제재를 가하거나 직접적으로 평화유지군을 파견하기도 한다. 1950년 한국전쟁에 UN군이 참전한 것은 최초의 평화유지군 활동이었고, 그 후 1991년과 2003년 이라크전쟁 등 크고 작은 각처의 분쟁에 파견되었다. 한국은 그동안 이라크, 동티모르, 남수단 등에 비전

---

19) UN 조직도는 UN 홈페이지에 나와 있다. http://www.un.org/en/aboutun/structure/org_chart.shtml

20) 당초 헌장은 안전보장이사회 구성을 11개국으로 규정했으나, 1963년 헌장 23절을 개정하여 15개국으로 확대하였고, 1965년에 개정 헌장이 발효되었다.

투병과의 평화유지군을 파견한 바 있다.

인권보호 역시 UN의 설립 목적과 관련이 높은 가장 중요한 업무 영역의 하나이다. UN총회는 1948년 12월 세계인권선언(Universal Declaration of Human Rights)을 채택하였다. 전문 30개조로 이루어진 이 문서는 모든 인간이 존엄성(dignity)과 권리를 지니고 자유롭고 평등하게 태어났으며, 인종, 피부색, 성, 언어, 종교, 정치적 또는 그 밖의 견해, 민족적 또는 사회적 출신, 재산, 출생, 기타의 지위 등에 따른 어떠한 종류의 구별도 없이, 기본적인 권리와 자유를 누릴 자격이 있다고 선언한다. 그리고 모든 형태의 노예제도를 금지하며, 어느 누구도 고문이나, 잔혹하거나, 비인도적이거나, 모욕적인 취급 또는 형벌을 받지 아니한다고 명시하고 있다.[21]

세계인권선언은 인간의 기본권리를 표현한 핵심 문서로서 각국의 헌법과 기본법에 그 정신이 반영되고 있다. UN은 인권위원회(UN Human Rights Council: UNHCR)와 인권에 관한 고등판무관실(Office of the High Commissioner for Human Rights) 등의 기구를 통해 세계 각지의 인권 침해 사례를 감시하고 제어하기 위해 노력하고 있다. 국제사법재판소는 세르비아, 콩고 등지의 인권 말살 행위에 대해 재판을 한 바 있다.

인권 문제에 대한 UN의 개입은 인간의 존엄을 짓밟는 야만적 행위는 어느 나라의 국내 문제가 아니라 인류가 공동으로 대응해야 할 범죄라는 인식에 기초하고 있다. 1933년 집권한 히틀러가 유태인에 대한 인종청소를 내세우면서 600만 명을 학살하여 인류 사회를 경악케 만들었는데, 이러한 비인도적 범죄 행위가 재발하는

---

21) http://www.un.org/en/documents/udhr/

것을 예방하자는 취지에서 UN의 설립 목적에 인권이 특별히 중요한 비중을 차지하게 된 것이다.

마지막으로, UN의 주요 업무 중 또 다른 중요한 분야의 하나가 개발이다. 개발은 특히 삶의 조건이 열악한 후진국에서 경제, 사회적 발전을 이루어 고통받는 사람들의 생활조건을 개선해주고자 하는 노력을 말한다. UN총회는 1960년대를 처음 "개발의 10년"(Development Decade)으로 선언하고 이를 지원하기 위해 UN개발계획(UNDP), UN무역개발회의(UNCTAD), UN산업개발기구(UNIDO) 등 여러 전문기구를 설립하였다. 1970년에는 다시 제2차 개발의 10년을 선언하고 선진국들이 후진국들의 개발을 지원하기 위해 GNP의 0.7%를 공적개발원조(Official Development Assistance: ODA)로 제공할 것을 촉구하였다. 2000년에는 새천년개발목표(MDGs)를 채택하였으며, 2015년에는 지속 가능한 개발 목표(SDGs)를 채택하였음을 앞에서 설명하였다.

필자가 전공한 학문은 바로 이러한 후진국의 개발문제를 다루는 국제개발학이다. 필자는 한국 정부의 ODA 사업에 참여하면서 많은 개발의 현장을 방문하였고, 국제회의에 참여하였다. 2011년에는 비엔나에 있는 UNIDO 본부를 방문해 필자가 근무하고 있는 산업연구원(KIET)과 UNIDO가 개발도상국의 산업개발을 지원하기 위해 협력한다는 약정을 이끌어내고, 그해 겨울 서울에서 아프리카 산업개발을 위한 국제세미나를 공동으로 개최하였다. 그다음 해에는 인도네시아의 산업정책 자문사업에 UNIDO와 아시아개발은행(ADB)을 초대하여 공동 작업을 수행하기도 하였다.

□ 국제경제질서 유지: IMF, World Bank, WTO

경제 분야에는 많은 국제기구가 있지만 그 규모나 역할로 보아 가장 중요한 기구는 국제통화기금(IMF)과 세계은행(World Bank), 그리고 세계무역기구(World Trade Organization: WTO)를 들 수 있다. 앞에서 이미 설명했지만 세 기구는 제2차 세계대전이 끝나는 무렵 UN과 함께 향후 세계평화 유지를 위한 국제협력의 무대로서 구상되고 설립되었다. IMF와 World Bank는 무난하게 출범했지만, 당초 설립하기로 된 국제무역기구(ITO)는 미국 의회의 비준 거부에 부딪혀 출범을 하지 못하고 GATT 체제로 유지되다가 1995년에 WTO로 출범하게 되었다. 세 기구의 역할을 크게 구분해본다면 IMF는 국제통화질서 유지, 세계은행은 개발, 그리고 WTO는 무역질서 유지를 맡고 있다. IMF와 세계은행은 미국의 수도 워싱턴 D.C.에 본부가 있고, WTO는 스위스의 제네바에 위치하고 있다.

각 기구의 자세한 활동에 대해서는 수많은 전문서적들이 상세한 설명을 하고 있으므로 적절한 자료들을 참고하기 바란다. 여기에서는 글로벌 거버넌스라는 차원에서 이 기구들이 수행하는 역할을 간단히 정리해보고자 한다.

먼저 IMF는 이름 그대로 국제적인 통화질서의 안정을 위한 기금이며, 이 기금을 관리하는 기구라고 할 수 있다.

〈그림 7-1〉 2011년 11월 KIET-UNIDO 국제세미나에서 필자가 "아프리카의 산업개발 회고와 전망"이라는 주제로 발표

1997년 우리가 겪었던 외환위기처럼 일시적으로 외환이 떨어져 환율이 치솟고 경제위기를 겪는 나라들에 긴급한 자금을 꾸어주어 환율을 안정시키고 경제가 회복되도록 돕는 것이 IMF의 기본 역할이다.

외환이란 한 나라가 국제적으로 쓸 수 있는 외국 돈을 말한다. 전 세계 200여 개의 나라 중에 자기 나라 돈으로 국제사회에서 필요한 물건이나 서비스를 살 수 있는 나라는 몇 안 된다. 석유를 사기 위해서는 미국 돈인 달러가 있어야 한다. 우리가 미국과 거래해서 무역흑자가 나면 미국 돈인 달러가 우리나라에 쌓이게 되고, 반대로 적자가 나면 달러가 부족해지게 된다. 달러가 완전히 떨어지면 우리는 석유나 가스 등 우리 생활에 꼭 필요하지만 한국에서 나지 않는 상품들을 더 이상 사올 수 없게 된다. 이런 상황이 닥쳐서 경제대란을 겪었던 것이 1997년 외환위기였던 것이다.

세계화가 진전된 현대사회에서 한 나라의 경제 위기는 그 나라와 긴밀히 교류하는 다른 나라에도 영향을 가져다주고 심한 경우 연쇄적인 파장을 일으키면서 국제사회 전반의 위기를 가져다준다. 1929년의 대공황, 2008년의 대위기 등이 그러한 사례를 충분히 보여주었다. 1997년 우리의 외환위기도 태국에서 처음 시작되어 동아시아 전체로 급속히 확산된 사태의 영향을 받았던 것이다. 이러한 사태를 예방하기 위해 세계 각국이 돈을 모아 기금을 조성해두었다가 위기에 처한 나라에 긴급하게 자금을 꾸어주는 역할을 하는 기구가 IMF이다. 이 역할을 하는 과정에 경제정책을 자문하고 지도하는 기능이 IMF의 주요 역할로 추가되었다.

세계은행은 당초 제2차 세계대전의 참화를 복구하기 위한 국제재건개발은행(IBRD)으로 출범하였지만, 지금은 5개의 금융기관이 연계된 그룹으로 발전하였다.[22] 그러나 아직도 세계은행이라고 말할 때는 보통 IBRD를 지칭한다. 5개의 기관은 각자 특정한 분야에서 전문적인 기능을 수행하지만, 단일한 이사회(The Boards of Governors)의 통제를 받는다.

세계은행의 기본 역할은 개발 지원이다. 세계 각처에서 경제개발, 사회개발, 인적자원개발 등을 위한 사업 자금과 기술을 지원한다. UN의 개발업무와 가장 밀접한 관련을 지닌 역할을 맡고 있으며, 해마다 세계 전체의 개발진행 상황을 파악해서 세계개발보고서(WDR)를 발간한다. 세계은행 그룹의 5개 기관 중 최빈 개도국에 대한 개발지원 업무를 전담하기 위해 1960년에 새롭게 만들어진 기구가 국제개발협회(IDA)이다.

WTO는 국가 간의 무역 질서 유지를 위한 규칙을 정하고, 무역분쟁이 발생할 때 이를 조정하는 사법기능까지 보유하고 있다. 다자주의(multilateralism)를 통해 소수의 국가들끼리 특혜적인 무역관계를 맺지 않고 모든 나라가 똑같이 관세를 인하하여 세계무역의 자유화를 추구하는 것이 WTO의 기본정신이다. 그러나 많은 나라들의 현실 상황을 반영하여 완전한 다자주의로 나가는 과도적 성격으로 소수 국가들 간에 체결하는 자유무역협정은 인정하고 있다.

인간이 먹고 사는 데 가장 직접적으로 관계되는 일이 경제활동이다. 복잡한 지구촌에서 다양한 언어를 사용하는 수많은 장사꾼들이 국경을 넘어 다니며 비교적 자유롭게 영업하고 많은 사람들에게 일자리를 만들어주며 생활을 윤택하게 해주는 상품과 서비스를 제공할 수 있는 것은 이러한 국제기구들이 수행하는 기본적인 거

---

22) World Bank Group을 구성하는 다섯 개의 금융기관은 IBRD(International Bank for Reconstruction and Development), IDA(International Development Association), IFC(International Finance Corporation), MIGA(Multilateral Investment Guarantee Agency), ICSID(International Centre for Settlement of Investment Disputes)이다.

버넌스의 도움을 받고 있는 것이다.

그런데 오늘날 글로벌 거버넌스의 중요한 특징을 보여주는 단적인 지표로서 IMF와 IBRD의 의결권 구조를 잠깐 살펴보고자 한다. <표 7-6>에는 양 기구의 188개 회원국 중 주요한 나라들의 의결권이 나타나 있다. 양 기구는 회원국들의 경제력을 반영하여 국가별로 차등을 둔 출자를 받아 설립되었고, 이에 기초해 의결권을 부여하고 있다. 미국이 압도적인 의결권을 지니고 있으며, 일본, 독일, 영국, 프랑스의 순으로 5대 국가가 IMF 의결권의 37.36%, IBRD는 35.98%를 보유하고 있음을 알 수 있다. 최근 중국의 경제규모가 확대되면서 의결권이 늘어났고, 한국도 조금 늘어났다. 그러나 세계는 여전히 미국을 중심으로 한 서방 강대국들이 지배하고 있다는 사실을 이 표에서 확인할 수 있다. 이를 반영해 IMF의 총재는 전통적으로 유럽인이 맡고, IBRD 총재는 미국인이 맡아오고 있다.

〈표 7-6〉 IMF와 IBRD 주요 국가별 의결권(2015년)

단위: %

	IMF		IBRD	
	쿼터	의결권	출자	의결권
미국	17.68	16.74	17.11	16.19
일본	6.56	6.23	7.91	7.50
독일	6.12	5.81	4.62	4.39
영국	4.51	4.29	4.14	3.94
프랑스	4.51	4.29	4.14	3.94
G5 소계	39.38	37.36	37.92	35.96
중국	4.00	3.81	5.10	4.84
러시아	2.60	2.39	2.97	2.84
브라질	1.78	1.72	2.01	1.92
인도	2.44	2.34	3.21	3.06
남아공	0.78	0.77	0.82	0.80
한국	1.41	1.36	1.72	1.65
세계 전체	100.0	100.0	100.0	100.0

자료: IMF, World Bank 홈페이지.

□ 국제 사법기구들

사법(司法)이란 "국가의 기본적인 작용의 하나로서 어떤 문제에 대하여 법을 적용하여 그 적법성과 위법성, 권리관계 따위를 확정하여 선언하는 일"이라고 사전에 정의되어 있다. 개인 간에 중대한 분쟁이 발생하면 법원에 가서 누가 옳고 그른지 판결을 받지만, 국가 간에도 그런 문제가 생길 때 평화적으로 해결하기 위해 만들어진 기구가 국제사법기구들이다. UN은 창설 당시 6개 조직의 하나로 국제사법재판소(ICJ)를 두어 국제분쟁의 평화적 조정과 해결을 도모하고자 했다. 그 뒤 지역별로 또 특정 주제별로 많은 국제사법기구들이 생겨났다.

카렌 알터(Karen J. Alter, 2014: 88-89)의 연구에 따르면 세계에는 현재 24개의 상설(permanent) 국제사법기구들이 있다. 지역별로는 유럽에 6개, 라틴아메리카에 5개, 아프리카에 9개 있으며, 나머지 4개는 범지구적인(Panregional) 기구이다. 범지구적인 사법기구는 1945년 설립된 국제사법재판소(ICJ), 1994년 설립된 WTO 항소기구(Appellate Body), 1996년 설립된 국제해양법재판소(ITLOS), 그리고 2002년에 설립된 국제형사재판소(ICC) 등이 있다.

국제사법기구들의 역할과 관련하여 특별히 중요하게 논의되는 문제의 하나가 "국제법의 효력"에 대한 의문이다. 법은 그것을 준수하도록 강제할 수 있는 힘이 있을 때 효력을 발휘한다. 정상적인 국가라면 정부조직이 경찰이나 군대 등의 힘을 이용하여 국민에게 법을 지키도록 강제하고, 법을 어기는 사람은 처벌한다. 그러나 세계정부가 없는 국제사회에서는 어떤 개인이나 국가가 국제사회에서 통용되는 법을 어겨도 그것을 제어할 수 있는 수단이 여의치 않다.

UN이 평화유지군을 동원하거나 경제제재를 가하는 경우도 있지만, 결국은 회원국들의 자발적인 참여로 힘을 빌려 제재하는 것이다. 미국 같은 강대국이 교토협약 같은 국제조약에 가입하지 않겠다고 한다면 실제로 강제할 수 있는 방법이 없다. 이 점에서 국제법은 도덕적 권고에 불과하고 법으로서 효력을 지니지 못하는 것 아닌가 하는 논의가 오래전부터 이어지고 있다. 이는 다시 국제법에 따라 국가 간의 문제에 대한 판결을 내리는 국제사법기구들의 역할에 중대한 제한이 있음을 의미한다.

그런데 알터(Alter, 2014)는 이 문제와 관련해 최근에 국제사법기구들의 운영에는 중대한 패러다임의 변화가 발생했다고 분석한다. 앞에 언급한 24개의 국제사법기구 중 19개가 국가들에 판결을 준수하도록 감시하는 강제 관할권(compulsory jurisdiction)을 구축하여 과거에 비해 훨씬 강력한 사법권을 행사하고 있다는 것이다. 알터는 유럽사법재판소(ECJ)가 이러한 강제 관할권을 구축한 최초의 국제사법기구라고 평가하고 있는데, 그가 제시하는 구체적인 사례들은 그의 저서 제7장을 읽어보기 바란다.

존 잭슨(John H. Jackson, 2010)은 WTO가 국제무역분쟁을 해결하는 데 새로운 기법들을 도입하여 오늘날 세계에서 가장 강력한 국제사법기구로서 역할을 하고 있다고 평가하는데, 그의 논거는 알터의 분석과도 일맥상통한다. WTO가 도입한 "역합의"(reverse consensus) 시스템은 반대한다는 합의가 있지 않는 한 안건이 자동 채택되는 시스템이다. 그 밖에 7인으로 구성되는 항소기구가 한 번에 3인씩으로 운영되는 시스템도 분쟁해결의 효율성을 높여준 것으로 해석된다.

그러나 이다(Keisuke Iida, 2010)는 실제 분쟁해결 실적을 봤을 때

WTO가 과거의 GATT에 비해 크게 효과적인지 의문이라는 견해를 제시하고 있다. 국제형사재판소(ICC)의 사례에 대한 커쉬(Phillipe Kirsch, 2010)의 분석도 국제사법기구들의 역할이 여전히 제한적이라는 느낌을 준다. ICC는 유고슬라비아와 르완다의 끔찍한 인종청소 사태에 대해 단죄를 해야 한다는 국제 여론에 따라 UN 안전보장이사회의 건의로 1998년 UN총회의 로마회의에서 설립이 결정되었고, 2002년 7월 1일부터 활동을 시작하였다. ICC는 대량학살 등 중대한 인권침해 범죄자들을 단죄하는 목적을 지니고 있지만, 범죄가 발생한 해당 국가에서 자발적으로 동의를 하는 경우에만 사법권을 행사한다는 제약이 있다.

전체적으로 국제사법기구들은 과거에 비해 그 역할이 많이 강화되었으나, 국제법을 집행하는 데에서 아직도 중대한 제약을 안고 있다. 단일한 세계정부가 없는 상태에서 글로벌 거버넌스의 한계를 단적으로 보여주는 대표적인 사례라고 할 수 있다.

4. 세계정부에 대한 논의

지금의 국제사회에는 위에서 언급한 국제기구들 이외에도 많은 기구들이 있다. 앞에서 상설 사무국을 가진 국제기구만 수백 개에 달하고 그 외에도 활동하고 있는 국제기구가 수만 개에 달한다고 했으니, 여기에서 모든 기구의 활동을 다 언급할 수는 없다. 이런 기구들이 모두 다양한 분야에서 세계화를 가져오는 한편 글로벌 거버넌스의 구축에 기여하고 있으나, 200여 개의 주권국가로 나누어진 세계에서 단일한 세계정부가 없는 지금 인류사회는 전례 없는 위기 상황에 대응하기에 매우 취약하다는 것이 이 글에서 이야기하고자 하는 논점이다.

우리는 사회가 혼란하고 무질서할 때 무정부 상태(anarchy)라는 표현을 흔히 쓰는데, 지금 국제사회는 사실상 무정부 상태이다. UN 등의 국제기구가 글로벌 거버넌스에 일정한 역할을 하고 있지만, 개별 국가들의 자발적인 참여와 재정 지원을 받아 운영되고 있는 만큼 그 한계가 분명하다. 세계 전체로 70억의 인구에게 강제로 세금을 걷고 정책과 법을 집행할 수 있는 정부는 없는 것이다.

□ 인간은 왜 정부를 만드는가?

정부의 역할은 무엇인가, 그리고 인간은 왜 정부를 만드는가? 이 문제에 대해서는 영국의 계몽주의 시대 정치철학자들인 토마스 홉스(Thomas Hobbes, 1588-1679)와 존 로크(John Locke, 1632-1704)의 글이 흔히 인용된다. 두 사람은 정부가 생기기 전의 자연적인 인간사회에 대해 각각 다른 견해를 지녔지만, 인간들이 질서 유지를 위한 필요에서 사회적 계약(social contract)에 의해 정부를 구성했다고 생각한 점은 같았다.

로크는 인간의 자연 상태가 평화로운데 이를 침해하는 자들이 나타나기 때문에 정부를 구성해서 평화를 유지하고자 한다고 생각했고, 홉스는 인간의 자연 상태는 힘이 지배하는 야만 상태이기 때문에 질서와 평화 유지를 위해 정부가 필요하다고 생각했다. 동기가 어떠하든 정부는 인간들의 사회적 계약에 의해 만들어진다고 한 두 사람의 철학은 왕이 절대적인 권력을 휘두르던 근대 이전의 세계에서 혁명적인 세계관의 변화를 가져왔다. 그리하여 미국독립선언문과 프랑스혁명은 국민의 행복을 지켜주지 못하는 정부는 사회적 계약에 따라 교체할 수 있다는 원칙을 표방하게 된 것이다.

정부가 사회적 계약에 의해 이루어진다고 하는 두 사람의 철학을 역사에서 보여주는 사례는 구약성경의 사무엘 전서에서 찾아볼 수 있다. 이집트에서 탈출하여 가나안 땅에 정착하고자 한 이스라엘 민족은 이미 그 땅에 살고 있던 여러 부족의 팔레스타인 사람들과 싸움을 벌여나가야 했다. 당시 이스라엘 민족은 왕이나 정부를 가지고 있지 못했고, 일종의 제사장이자 부족 리더인 선지자들의 지도에 의존했다. 선지자 중 한 사람인 사무엘이 노쇠해지자 이스라엘의 장로들이 그에게 와서 이렇게 말했다(사무엘 상, 8: 5-10).

> "이스라엘 모든 장로가 모여 라마에 있는 사무엘에게 나아가서 그에게 이르되, 보소서 당신은 늙고 당신의 아들들은 당신의 행위를 따르지 아니하니 모든 나라와 같이 우리에게 왕을 세워 우리를 다스리게 하소서."

사무엘이 이러한 요청에 응답하여 왕이 있을 때 발생하는 독재와 수탈 등 여러 가지 해악을 이야기하지만, 이스라엘 사람들은 그 말을 듣지 않고 다시 이렇게 요청한다(사무엘 상, 8: 18-20).

> "백성이 사무엘의 말 듣기를 거절하여 이르되 아니로소이다 우리도 우리 왕이 있어야 하리니 우리도 다른 나라들같이 되어 우리의 왕이 우리를 다스리며 우리 앞에 나가서 우리의 싸움을 싸워야 할 것이니이다 하는지라."

그리하여 사무엘은 결국 장수의 기질과 풍모를 지닌 베냐민 지파의 젊은 남자 사울을 선택하여 기름을 부어주고 이스라엘의 첫 번째 왕으로 삼았다. 외적과의 싸움에서 강력한 리더가 있어야 한다는 이스라엘 사람들의 인식이 왕을 세우게 만든 것이다.

이 이야기가 말하는 것은 인간이 위기 상황에서 왕을 필요로 한다는 것이고, 이는 정부를 필요로 한다는 것이다. 인류는 사회를 만들어 혼자의 힘으로는 해결할 수 없는 문제들을 극복해왔으며, 사회의 질서를 유지하고 외적과의 싸움에서 보호하기 위해 정부를 구성했다. 오늘날 사실상의 국제 무정부 상태에서 전례 없는 위기에 부딪히고 있는 인류는 왕을 필요로 하던 이스라엘 사람들과 같이 이 위기에서 인류를 구원할 리더와 세계정부를 필요로 하고 있는 것이 아닐까?

□ 세계정부가 가능할까?

세계정부가 필요하다는 논의는 사실 어제 오늘에 시작된 것이 아니다. 멀리는 18세기에 독일 철학자인 임마누엘 칸트(Immanuel Kant, 1724-1804)가 영구 평화(permanent peace)를 위해 주권국가들의 연합체(Confederation)를 주창했다. 다만 칸트는 강력한 독재를 우려해 세계정부에 대해서는 반대했다(Craig, 2010: 405).

지금으로부터 40년 전인 1975년에 발간된 한 책에서는 다음과 같이 지금 필자가 제기하는 문제의식과 정확하게 같은 내용의 글을 쓰고 있어 새삼 놀라움을 안겨준다(Richard A. Falk, 1975: 2).

> "주권국가들로 구성된 세계 체제는 인류가 직면하고 있는 문제들에 효과적으로 또는 공평하게 대응할 수 없다. 정책을 만들고 자원을 공유하도록 촉진하기 위해 어떤 형태의 글로벌한 통합이 필요하다. 이러한 통합이 이루어지지 않으면, 오늘의 어려움은 필연적으로 내일의 악몽이 될 것이다."

이 책에서는 시사잡지인 뉴요커(The New Yorker)의 1973년 12월 10일자 기사에서 한 구절을 인용하고 있는데, 이 내용 역시 필자가 이 책에서 제기하는 문제의식과 정확하게 같은 표현을 쓰고 있다.

> "세계질서라는 개념이 유토피아적인 환상으로 생각되던 시절이 있었다. 그러나 지금 우리는 여러 측면에서 그것이 이제 지옥과 같은 현실의 필요가 되었다는 사실을 본다."

뉴욕의 세계질서연구소(Institute for World Order)라는 기관에서 발행한 이 책은 세계질서모델 프로젝트(World Order Models Project: WOMP)라는 이름으로 추진된 일련의 연구 프로젝트를 종합한 책으로서 세계정부의 구성에 대해 매우 구체적인 아이디어들을 제시하고 있다. 필자는 대학생 시절에 이 책을 좀 읽다가 너무 공상적인 이야기라고 생각하고 덮어두었는데, 지금 이 책을 다시 꺼내보면서 정치, 경제, 인간개발, 생태계 문제까지 종합적으로 고려한 세계정부 구성을 논하는 내용을 보면서 새삼 감탄하고 있다.

역시 필자가 대학 시절에 읽었던 아놀드 토인비(강기철 역, 1975: 174)의 『시련에 처한 문명』이라는 책에서는 미국과 소련의 두 강대국이 대결하고 있는 세계에서 인류의 미래를 걱정하면서 다음과 같이 단일한 세계정부의 구성을 희망하고 있다.

> "물론 국제연합 기구가 성공에까지 이르러 세계정부가 수립된다면 그보다 더 좋은 길은 달리 또 없을 것이다. 내가 참으로 진지하게 여러 독자에게 권고하고픈 이야기이지만, 이 길이야말로 우리가 전력을 다하여 계속 밀고 나가야 할 목표이며, 국제연합의 생애에서 볼 때 결국 첫 시작이 되고 있는 현 단계에서 아무리 좌절을 맛본다 해도 이러한 곤란성 때문에 당황하거나 후퇴하는 일이 있어서는 안 될 것이다."

이 책은 토인비가 1920년대에서 1940년대까지 여러 군데에서 행한 학술강의 내용을 묶어 단행본으로 출판한 책이며, 한국어 번역본이 1975년에 나왔다. 두 차례의 세계대전을 막 치른 이 시점에서 이미 인류의 위기에 대응하기 위해 단일한 세계정부가 필요하다는 인식이 지식인들 사이에 널리 퍼져 있었음을 보여준다.

오늘날 국제정치, 국제관계 등을 가르치는 많은 책에서는 세계정부에 대한 논의가 거의 빠지지 않는다. 스나르(Michael T. Snarr, 2008: 313-314)는 중앙집권적인 세계정부가 오늘날 두드러진 인류의 문제들에 대응하는 데 효과적이긴 할 테지만, 세계의 국가들이 자발적으로 주권을 포기할 가능성은 없으므로 조만간 이것이 실현될 가능성은 없다고 본다. 필자 역시 대부분의 사람들이 이런 견해를 가지고 있을 것이라고 생각한다.

이에 반해 독일 출신의 미국 교수인 알렉산더 벤트(Alexander Wendt, 2003)는 세계정부가 필연적인 현실이 될 수밖에 없다고 주장한다. 국가들은 인정을 받기 위해 경쟁하는데 세계정부가 없는 상태에서는 강력한 불량국가(rogue Great Powers)들이 국제사회에서 승인받지 못하는 무력을 행사하더라도 제어할 수 있는 장치가 없으며, 결국은 전쟁을 방지하면서 다양한 개별 문화들을 존중하는 세계정부가 필연적으로 요구될 수밖에 없다는 것이다.

세계정부가 가능할까? 다양한 언어와 문화를 지닌 사람들이 하나의 정부를 구성해서 함께 살아갈 수 있을까? 분명히 쉬운 과제는 아닐 것이다. 그러나 언어와 문화가 다른 사람들이 하나의 정부 밑에서 함께 살아가는 현실은 인류에게 생소한 것이 아니다. 과거 로마, 중국, 오토만 터키 같은 대제국들의 역사가 그러했고, 지금도 미국을 비롯해 많은 나라에서 그런 일이 평화적으로 이루어지고 있다.

오늘날에는 유럽연합(EU)이 미래의 국제사회 모델을 보여주는 성공사례로 거론되기도 한다(Craig, 2010: 402). 20세기 들어서만도 두 차례나 큰 전쟁을 치렀던 독일과 프랑스가 두 나라 국민들의 자유로운 통행을 허용하면서 하나의 의회를 구성하고 하나의 화폐를 사용하게 되리라고 누가 생각할 수 있었을까? 그런데 최근에는 2008년 금융위기 이후 그리스, 이탈리아, 포르투갈 등 남부유럽 국가들의 재정난이 심화되면서 유럽통합은 위기에 처했다는 소식이 들려오기도 한다. 영국에서도 EU 탈퇴 여론이 커져서 2015년에 집권한 캐머런총리의 보수당이 국민투표를 공약으로 내걸었다.23)

세계화가 확산되는 한편으로 인류의 미래에 대한 불안이 커질수록 세계정부에 대한 논의도 커질 수밖에 없으리라 생각된다.

---

23) 영국은 이 책이 인쇄중인 2016년 6월 시행된 국민투표에서 EU 탈퇴 찬성으로 결론이 났다. 브렉시트(Brexit)라고 불리는 영국의 EU 탈퇴는 세계에 큰 충격을 주었으며, EU의 미래에 대해 불안감을 안겨주고 있다.

제 8 장

지속 가능한
미래를 위한 제언

지금까지 인구 70억을 넘어 100억 명을 향해 가는 시대에 인류가 처한 위기 상황의 주요한 문제들을 개관해보았다. 인류는 300만 년의 역사를 통해 지구 위에 함께 사는 모든 생물 중에 단연 지구를 지배하는 종으로 우뚝 자리 잡았으나, 이제 자신과 다른 생물들의 멸종까지 초래할 수 있는 위기 상황에 처했다는 것이 필자의 문제의식이었다. 산업혁명으로 대량생산 대량소비 사회를 실현하여 전례 없는 풍요를 누리게 되었으나, 성장의 한계에 부딪혔고, 자본주의체제는 심각한 오작동을 일으키기도 하며, 자연을 파괴하고 환경문제를 야기하여 자신과 다른 생물들의 생존 공간을 위협하는 상태에 이르게 된 사실을 전체적으로 살펴보았다.

　　이런 상황에서 지구 위의 국가는 200여 개로 나누어져 사실상 세계정부가 없는 무정부 상태임으로 해서 인류가 공동의 문제에 효과적으로 대응하지도 못하고 있다는 사실도 점검하였다. 종교의 분열 등 더 많은 문제도 있으나 필자에게 주어진 시간과 역량의 제약으로 한 권의 책에 모든 문제를 전부 다룰 수는 없고, 필자가 생각하기에 가장 심각하고 중요한 문제라고 생각되는 이슈들만을 다루어보았다.

너무나 복잡하고 다양한 지구촌의 현실 문제들에 대해 그 뿌리가 무엇인지, 현상은 어떻게 이해할 수 있는지, 지구촌의 지도자들과 석학들은 이 문제들을 어떻게 논의하고 있는지를 우선 한 개인이 이해할 수 있는 수준으로 정리해보자는 것이 필자의 당초 집필 목적이었다. 필자의 문제의식을 따라 이 책을 주의 깊게 읽은 독자들이라면 인류의 역사가 발전해온 어떤 흐름 속에서 지금의 이 복잡한 문제들이 형성되어 온 과정을 나름대로 이해하실 수 있으시리라 생각한다. 그 점에서 이 책이 기여를 했다면 일단 필자가 의도한 소기의 성과는 거둔 것이리라 생각한다.

이제는 지금까지 제기한 문제들을 다시 종합하여 정리해보는 수준에서 이 책을 마무리하고자 한다. 필자가 제기한 문제들은 그 폭과 깊이가 너무나 크고 깊은 소위 "거대 담론"들이라 사실 한 개인의 힘으로는 접근할 수도 없고, 심지어는 한 국가의 힘으로도 해결할 수 없는 문제들이다. 지구의 부양능력 한계, 자본주의의 시스템 문제, 환경 파괴로 인한 기후변화 문제, 그리고 지구촌에 200여 개의 국가가 존재하여 발생하는 국제적 무정부 상태와 갈등의 문제를 우리가 어떻게 해결할 수 있겠는가?

모든 문제가 하나같이 지구촌을 이끌고 있는 리더들의 통찰력에 기초한 집단적 지혜와 협력을 필요로 한다. 그리고 헤아릴 수 없이 많은 이해집단 간의 갈등을 조정하고 해결할 수 있는 정치적인 리더십을 필요로 한다. 이 상황은 정말 70억의 인류가 이 지구라는 별에서 함께 공존하자는 철학을 절실하게 공유하지 않으면 도저히 해결할 수 없는 상태에 있다.

그러나 이 거대 담론들이 사실 우리가 일상에서 날마다 부딪히는 모든 문제들을 만들어내는 근본 원인이라는 사실은 분명하다. 여기에서는 일단 문제들을 분명하게 다시 한 번 확인하고 해결의 실마리라도 찾을 수 있는지 점검해보는 선에서 이 책을 마치기로 한다.

1. 공존하자

필자가 가장 먼저 하고 싶은 말은 "공존하자"는 것이다. 서론에서 언급했지만 함께 살겠다고 생각하지 않으면 모두가 함께 죽는 상황에 우리는 처해가고 있다. 내가 더 잘살기 위해 남의 것을 빼앗거나 남이 내 지위와 부에 접근하지 못하도록 벽을 치고 눌러야 한다는 생각으로는 모두가 멸망하게 된다. 서론에서 언급한 "설국열차"의 예에서 만약에 기관차를 운전하는 지도자가 1, 2, 3등칸을 나눠 극단적인 차별을 하지 않고 함께 가진 것을 나누면서 지구를 되살릴 수 있는 방법을 연구하는 공동체를 건설하겠다는 생각을 가졌더라면 어떻게 되었을까? 우리는 아마도 영화의 후반부에 잠시 나오는 1등 열차의 호화로운 풍경을 구경하기 어려웠을지 모른다. 그러나 동시에 3등 열차의 끔찍한 풍경도 보이지 않았을 것이며, 처참한 살육전쟁이 벌어지고 결국에는 열차가 폭발되는 사태도 일어나지 않았을 것이다.

공존하자! 이것은 매우 쉽고 단순한 말인 것 같지만, 사실은 많은 뜻을 함축하는 실천 지향적인 구호이기도 하다. 인간이 살아가는 사회에서 인간이 만드는 모든 정책과 제도는 그 사회 리더들의, 그리고 그 사회를 구성하는 사람들의 단순한 생각과 철학을 반영한다. 개인의 사유재산이 사회를 운영하는 근간이라고 생각하는 사람들은 자본주의 시장경제를 옹호하게 되고, 사유재산이 만 가지 악의 근원이라고 생각하는 사람들은 공산주의를 지지하게 된다. 대기업이 중요하다고 생각하면 대기업에 우호적인 정책들을 만들게 되고, 중소기업을 살리는 일이 더 중요하다고 생각하면 중소기업에 우호적인 정책들을 만들게 된다. 여자는 남자의 소유물이라고 생각하는 사람들은 여성에게 그런 생각과 제도를 강요하고, 여자는 남자와 동등한 인간이라고 생각하는 사람들은 그런 생각에 기초한 제도를 만들게 된다.

공존하지 않으면 모두 죽는다! 우리가 이런 생각으로 부자와 가난한 자들이, 힘 있는 사람들과 힘없는 사람들이, 선진국과 개도국이 함께 공존하는 지구를 만들겠다고 생각하지 않으면, 지구는 아마도 우리 당대 아니면 우리 자식들의 세대에 어느 순간 더 이상 인간을 부양할 수 없는 한계점에 도달할지 모른다. 이것은 현재 상황으로 보아 매우 가능성이 큰 미래의 현실이다. 그 때에 우리 모두는 말로만 듣던 생지옥을 경험하게 될지 모른다. 모두가 머리를 맞대고 가슴을 열어 어떻게 공존해야 현재 70억을 넘어 곧 100억이 되는 인류가 이 지구 위에서 무사하게 살아갈 수 있을지를 연구하고, 정책과 제도를 만들어나가야 함께 살 수 있는 것이다.

"공존하자!" 이 말은 위기의 시대를 살아가는 우리 세대와 다음 세대에 인류의 미래를 결정할 생존방식의 가장 중요한 키워드가 될 것이다. 사실 인간은 혼자 힘으로 살 수 없기 때문에 사회를 만들었고, 공존은 어느 때나 중요한 키워드였다. 그런데 지금은 공존하지 않으면 공멸하는 길밖에 없는 설국열차의 궤도에 우리가 이미 올라서 있기 때문에 공존의 철학은 더욱 절박하게 요구된다. 이

것은 인간들 간의 공존만이 아니라 인간과 자연의 공존도 포함된다. 인간에 의해 파괴당하고 멸종의 위협으로 몰리고 있는 셀 수 없이 많은 생물들이 지구 위에서 인간과 함께 살아갈 수 있도록 환경을 보호하고 복원하는 작업도 매우 중요한 과제이다.

2. 성장의 한계를 넘어서자면

앞에서 과연 이 지구라는 유한한 별이 무한히 인류를 부양할 수 있는가 하는 의문에서 성장의 한계론을 검토해보았다. 200여 년 전 맬서스가 제기한 인구와 식량문제, 그리고 40여 년 전 로마클럽이 제기한 인구, 식량, 자원, 공해, 그리고 산업의 문제를 기초로 이에 대한 논의를 검토했다.

오래전에 나온 이 책들의 예언은 이미 상당 부분 현실과 맞지 않는 이야기가 되었다. 맬서스가 지구 인구 10억 명 수준이던 시대에 식량 부족으로 인한 인류의 종말을 예언했지만, 그로부터 200년이 훨씬 넘은 지금 인류는 인구 70억을 넘어서고도 아직 번성하고 있다. 그러나 이 책들은 막연한 종말론이 아닌 과학적 방법으로 지구의 부양능력 한계를 검토한 문제의식을 제기했다는 차원에서 오늘날에도 주목할 가치가 있다는 사실을 앞에서 언급했다. 맬서스의 예측은 터무니없이 빗나갔지만, 식량이 아닌 다른 문제들이 인류를 곤경에 처하게 만들고 있는 현실이다.

성장의 한계라는 말은 우리 앞에 뛰어넘을 수 없는 절벽이 놓여 있다는 느낌을 준다. 이런 말에 집착하면 우리의 삶이 곧 종말을 맞을 것 같아 허무해진다. 그래서 하루하루를 치열하게 살아야 하는 현대인들은 이런 말에 귀 기울이고 싶어 하지 않고, 그럴 여유도 없다. 그러나 우리가 모른 척한다고 해서 이 문제가 사라지는 것은 아니고, 오히려 더욱 심각해진다. UN이 2015년에 '지속 가능한 개발'(Sustainable Development Goals: SDGs)을 우리 시대의 당면과제로 채택한 것은 바로 우리의 공동체가 미래에도 지속 가능한지 심각하게 의문시되는 한계 상황에 왔다는 인식에 기초한 것이다.

사실 평범한 사람들이 이 문제에 대응할 수 있는 방법은 전혀 없다고 생각할 수 있지만, 우리는 일상에서 성장의 한계가 가져다주는 삶의 압박에 각자 치열하게 대응하고 있는 중이기도 하다. 치솟는 물가와 집세, 불안한 경제 환경 속에서 생계를 꾸리기 위해 고민하고, 젊은 세대는 결혼과 출산을 미루면서 나의 삶을 챙기려는 현상이 크게 보면 이러한 압박에 대응하는 현상이다. 성장의 한계 너머로 이들을 안전하게 이끌어 행복한 삶의 여정을 지속할 수 있도록 만들어주어야 하는 것이 세계를 이끌어가는 지도자들의 책무이다. 국가나 기업을 이끌고 있는 사람들이라면 이 문제를 올바로 인식하고 정확한 대응방향을 찾아나가야 할 것이다. 각각의 문제를 차례로 짚어보자.

(1) 인구포화와 인구절벽

서론에서 언급했지만, 지금 이 시대에 지구촌의 인구문제는 지구 전체로 인구가 계속 늘어나는 포화 문제와 함께 선진국에서는 고령화와 출산율 감소에 따른 절벽 현상이 생기면서 양대 문제가 동시에 나타나고 있다. 국제사회가 1980년대 초반까지만 해도 인구 증가 억제에 관심을 기울였으나, 그 후로는 선진국의 인구절벽 현상이 나타나면서 더 이상 인구 억제에는 관심을 갖지 않는다는 사실을 앞에서 언급하였다. 인구 억제를 위해 한 자녀 낳기를 강제하던 중국도 최근에는 출산을 장려하는 방향으로 정책을 바꾸고 있다.

〈표 8-1〉 UN의 대륙별 인구 변화 예측

단위: 백만 명, %

	2015		2030		2050		2100	
	인구	구성비	인구	구성비	인구	구성비	인구	구성비
세계 전체	7,349	100.0	8,501	100.0	9,725	100.0	11,213	100.0
아시아	4,393	59.8	4,923	57.9	5,267	54.2	4,889	43.6
아프리카	1,186	16.1	1,679	19.8	2,478	25.5	4,387	39.1
유럽	738	10.0	734	8.6	707	7.3	646	5.8
중남미	634	8.6	721	8.5	784	8.1	721	6.4
북미	358	4.9	396	4.7	433	4.5	500	4.5
오세아니아	39	0.5	47	0.6	57	0.6	71	0.6

자료: United Nations(2015), *World Population Prospects: The 2015 Revision.*

그러나 이 문제는 인구포화와 인구절벽 두 가지 현상을 동시에 보면서 접근해야 한다. 지금 70억을 넘어서면서 기후변화로 종말을 이야기들 하는데 지구 인구가 100억에 달하는 시대가 되면 어떤 현상이 생길 것인가? 자라나는 세대에게 일자리를 만들어주지 못하고 여전히 빈곤에 시달리는 개도국들의 인구가 80억을 넘어서면 어떤 문제가 생길 것인가? 지금 아프리카나 중동에서 유럽으로 가려는 난민들의 문제가 연일 심각한 국제뉴스가 되고 있는데, 아프리카 인구가 2015년 12억에서 2050년에 그 두 배가 넘는 25억으로 늘어난다면 그때는 감당할 수 없는 문제가 생겨날 것이다. 개발도상국의 인구증가 억제는 국제사회가 지속적인 관심을 가지고, 시급하게 시행해나가야 할 정책이다. UN의 SDGs 17개 목표에 이 문제가 없는데, 제1번 목표인 빈곤 퇴치는 인구가 빠르게 늘어나는 상황에서 더욱 힘든 과제가 될 것이다.

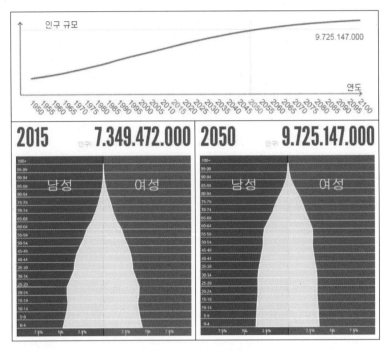

자료: http://populationpyramid.net/world/2015/

〈그림 8-1〉 세계의 총인구와 인구구조 변화

　한편 선진국의 인구절벽 현상에 대해서는 어떻게 대응할 것인가? UN의 인구자료에 기초해 세계 각국의 인구구조 변화를 시각적으로 훌륭하게 보여주는 인터넷 자료가 있어 여기 소개해본다. 마틴 드 울프(Martin De Wulf)라는 벨기에의 컴퓨터과학자가 만든 자료라고 소개되어 있다.[1) 우리는 보통 인구 피라미드라는 말을 하는데, 이는 인구구조가 연령이 낮을수록 숫자가 많고 나이가 들면 인구가 적어지는 현상이 그래프로는 피라미드 모양으로 나타나기 때문이다. 세계 전체 인구는 <그림 8-1>처럼 여전히 이런 피라미드 구조를 보이고 있다. 그런데 <그림 8-2>에 보이는 한국의 연령별 인구구조를 보면 이런 피라미드 구조가 아니다. 흡사 인도 사원의 탑 모양처럼 보이기도 하고 2050년이 되면 과연 절벽처럼 보이기도 한다.

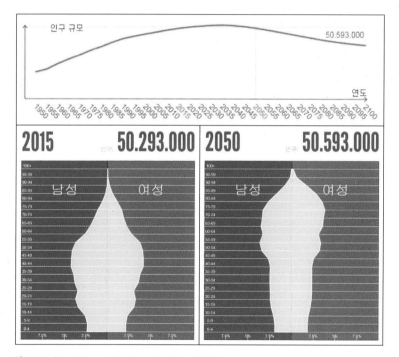

자료: http://populationpyramid.net/republic-of-korea/2015/

〈그림 8-2〉 한국의 총인구와 인구구조 변화

---

1) 아래 주소에서 이 사람의 트위터에 접속할 수 있다. https://twitter.com/madewulf

2015년 현재 한국에서 인구가 가장 많은 연령대는 40-44세로 남녀 각각 4.2%라고 나온다. 45-49세 인구도 역시 남녀 각각 4.2%이다. 2050년이 되면 40세 이상의 인구가 전체적으로 많고, 그 이하는 홀쭉해진다. 총인구는 2038년에 최고를 기록한 후 차츰 줄어들어 2050년에는 2015년보다 약간 많은 5,059만 명이 될 것으로 예측되고 있다. 이런 현상은 일본과 다른 선진국들에서도 거의 비슷하게 나타난다.

인구절벽 현상은 국가의 인력수급 정책과 교육정책, 복지정책은 물론 기업의 생산정책, 판매정책, 고용정책에도 분명한 방향성을 시사한다. 젊은 노동인구가 줄어들고 고령자가 많아지는 사회에서 노동을 제공하고 소득을 창출해야 하는 세대는 고령자가 될 수밖에 없다. 정년을 연장하고 노동시간을 단축해서 중노년 세대와 젊은 세대가 같이 일할 수 있도록 만들어야 할 것이다.

이미 미국, 유럽의 선진국들은 정년 규정을 아예 없애는 방향으로 나가고 있다. 의료 기술 발달과 건강식품의 보급으로 인생 100세 시대라는 말이 나오는 시대에 환갑 넘기기 어려웠던 시절의 정년 규정을 유지하고 있을 필요가 없을뿐더러, 그것은 오히려 국가적인 손해를 가져온다. 노동인력이 줄어드는 시대에 국가 재정의 근간이 되는 소득세는 어디서 걷을 것이며, 국민연금은 어떻게 충당할 것인가? 정년을 연장하고 고용을 정상화해서 중노년은 안정되게 일과 가정을 꾸리고, 젊은 층은 자신의 삶에 희망을 가지고 미래를 설계할 수 있게 만들어주어야 한다. "따뜻한 자본주의"가 절실히 요구되는 상황이다. 이 문제는 뒤에서 다시 언급하기로 한다.

기업들의 입장에서는 인구절벽 문제가 무엇을 시사하는가? 우선 소비자가 줄어드는 가운데, 타깃 시장이 중노년 층으로 바뀌고 있다는 것이다. 주력시장인 선진국들의 인구구조가 고령자 위주로 바뀌니 소위 실버산업, 실버제품이 주력이 되는 방향으로 기업의 제품과 판매 방향도 바뀌어갈 수밖에 없다. 제품에 따라 차이가 있지만, 실버세대의 취향을 고려하고, 연령 구조를 감안한 제품 설계와 마케팅이 필요한 것이다.

고용 측면에서는 젊은 인력을 구하기가 힘들어지고 상대적으로 고령 노동자에 생산인력을 의존해야 한다는 것이다. 한편으로는 젊은 인력이 귀해지는 시대에 이들을 잘 확보하여 훈련시켜 나가는 기업이 장기적으로 경쟁에 유리한 고지를 차지할 것이라는 사실을 시사한다. 비정규직으로 젊은 인력을 혹사시키다 내치는 길이 능사가 아닌 시대가 된다.

개별기업의 입장에서 나이 든 사람들이 주력이 되는 고용구조는 바람직한 것이 아니다. 인건비와 노무관리 부담을 높이는 일이 된다. 그러나 인구의 주력인 고령자들의 고용을 흡수해야 하는 문제는 이미 현실적 조건이자 사회적 과제가 되었다. 가정의 생계를 책임지는 사람들이 일자리에서 배제되면 개인의 차원을 넘어 가정이 해체되고 사회 불안정이 커지게 된다. 소비가 마비되고, 국가 재정도 취약해진다. 고령자에게 일자리를 주어야 사회가 돌아갈 수 있는 현실 속에서 기업의 사회적 책임이 필요하고, 이를 위해 정부가 적극 지원해주어야 한다. 치열한 경쟁 속에 살아야 하는 기업들에게 사회적 책임을 요구할 수 있는가 하는 문제가 있지만, 인구절벽 현상은 이제 모든 선진국에서 보편화되어가고 심지어 세계의 공장인 중국에서도 나타나고 있다.

고령화와 인구감소에 따른 사회적 부담을 기업들이 전부 감당하게 만들 수도 없다. 정년을 연장하는 대신 고령자들의 임금을 깎아

나가는 임금 피크제는 이미 많이 도입되었고, 확대되어 가고 있다. 국가와 국제기구들은 기업들의 경쟁환경을 완화시켜 주는 방향으로 정책을 만들고 사회적 합의를 만들어나가야 한다. 무한 경쟁이 능사일 수는 없다. 조그만 인간사회에서도 운동회와 같은 사소한 경쟁은 단체에 활력을 주지만, 죽기살기식의 경쟁이 벌어지면 조직원들 사이에 균열이 발생한다. 내부 갈등이 많은 조직이 생산성 높은 일을 할 가능성은 거의 없다. 미래의 국가 모델은 고용을 안정시키고 노동시간을 단축하는 복지국가 모델이 될 수밖에 없다. 이런 차원에서 기업의 경쟁환경을 조성하는 규제들을 재검토해나가야 한다.

자본주의의 경쟁은 인간의 삶을 개선시키고 국제사회를 평안하게 만드는 방향으로 기여할 때 의미가 있는 것이지, 그 자체가 절대적인 목적이 될 수는 없다. GATT-WTO 체제의 무역자유화는 불필요한 거래 비용을 제거하여 인류사회의 풍요를 가져오는 데 기여했지만, 반대급부로 피해를 낳기도 했고, 지금은 과연 그것이 최상의 목표인가를 점검해볼 때가 되었다. 기업 간, 국가 간의 무한 경쟁을 초래하는 무역자유화는 일정 부분 유예하고, 개별 국가들에 무역정책과 산업정책의 자율성을 부여하며, 세계 전체로 인류사회가 평화롭게 공존할 수 있는 방향의 정책을 논의해야 한다.

무역자유화가 가져온 최대의 폐해는 개발도상국들에 산업화의 꿈을 제거해버렸다는 것이다. 한국과 타이완 등은 내부적으로는 중상주의적인 산업육성정책을 추구하면서 국제적으로는 무역 자유화의 혜택을 입어 성장한 나라들이다. 중국 역시 그러하다. 그러나 1980년대 이후 신자유주의 바람을 타고 국제기구들이 개발도상국에 요구한 무역 자유화와 시장개방은 개발도상국들에게 산업육성정책의 무기를 뺏어버리고 영세한 산업이 선진국 및 한국, 중국을 비롯한 신흥시장 국가들과의 경쟁에서 몰락하게 만들어버렸다.

영국과 미국이 자유무역의 기수로 나선 것은 그들 스스로 보호장벽 안에서 산업의 경쟁력을 충분히 키운 다음 시대의 일이었다. 리스트(Friedrich List)의 <국민경제론>으로 유명한 독일의 사례는 말할 것도 없다. 산업화에 뒤진 독일이 국가의 강력한 보호정책으로 빠른 시일 내에 영국과 경쟁하는 산업강국이 된 것이다. 장하준(2004)의 『사다리 걷어차기』는 이 문제를 적절하게 제시하고 있다. 자신들은 엄격한 보호무역을 통해 산업을 일으킨 나라들이 이제는 개발도상국들에 자유무역을 강요하는 모순을 지적하는 책이다. 이 문제를 더 거론하는 것은 이 책의 범위를 넘어서기 때문에 여기서는 이 수준에서 언급하는 것으로 마치고자 한다.

개발도상국들이 자력으로 일자리를 창출할 수 있는 기회를 제공하는 것이 빈곤 퇴치의 요체이지 원조에 의존하게 만드는 것은 빈곤을 고착화시키는 일이다. 선진국들의 인구절벽과 함께 개도국들의 인구포화 문제에 동시적으로 대응하기 위해서는 선진국 기업들이 개도국에 대한 투자를 늘리고, 국가 간 노동 이동의 장벽을 줄여서 개도국 청년들을 선진국에서 훈련시키고 취업시키는 프로그램들을 만들어나가야 할 것이다. 이 문제에 UN이나 세계은행 등의 보다 적극적인 관심이 요구된다.

(2) 산업의 공급과잉

앞에서 대다수 주력 제조업의 생산이 이미 과잉공급 상태에 들어섰다는 사실을 언급했다. 지구 위에 모든 사람이 휴대폰을 가진 시대가 되었는데, 한 해에 생산되는 휴대폰이 새로 태어나는 인구보다 열 배 이상 많으니 판매가 정체될 수밖에 없다. 기능과 디자인을 보완한 신제품을 지속적으로 만들어내 보지만, 제품의 본질적인 특성이 바뀌지 않는 한 특별한 수요가 생겨나기는 어렵다. 지구위에 굴러다니는 자동차가 여섯 사람당 한 대인 꼴이 되었는데, 역시 해마다 태어나는 인구보다 더 많은 자동차가 쏟아져 나오니 곧 인구 두 명당 한 대 꼴인 시대가 오게 될 참이다. 역시 성능과 디자인을 개선한 신차가 나와도 기존 차에 큰 불편이 없는 사람이라면 굳이 큰돈을 들여 신차를 사려고 하지 않는다.

과잉공급은 현재 상황에서 인간의 생산능력이 성장의 한계에 부딪힌 사실을 단적으로 보여준다. 지난 30여 년간 세계의 공장 중국의 부상이 제조업의 과잉공급을 부추겨왔다는 사실을 앞에서 확인하였다. 자동차를 대체하는 획기적인 신개념의 운송수단이 나오지 않는다면 주차장, 도로, 자원 등 지구의 모든 환경이 자동차 생산과 판매에 더 이상 우호적이기 힘든 상황이 되었다.

자, 이런 시대에 기업을 이끄는 사람들이라면 어떤 식으로 대응할 수 있을까? 우선은 피 터지게 경쟁해서 시장을 유지하고 살아남아야 할 것이다. 과잉공급은 경쟁력이 약한 기업부터 쓰러지게 만든다. 성능과 디자인을 개선해서 더 좋은 제품을 만들고 더 싼 가격에 더욱 적절한 홍보와 판매전략으로 시장을 유지, 확대해나가야 할 것이다. 그러기 위해서는 연구와 개발에 더 많은 투자를 하고, 마케팅과 A/S도 보강해나가야 할 것이다. 그러나 이런 죽기살기식의 치킨 게임은 큰 리스크를 가져온다. 제품의 수명주기가 점점 짧아지는 세계에서 지속적인 신제품 개발을 위한 투자는 과잉공급을 더욱 심화시키는 요인이 된다. 생산라인을 구축하고 교체하는 데 막대한 비용이 들어가지만, 제품이 성공하지 못하면 치명적인 타격을 입게 된다.

제품의 수명주기가 짧아지는 이유는 수요 측면에서 사회변화 속도가 빠르고 소비자들의 취향도 빨리 바뀌는 한편, 공급 측면 역시 기술의 확산 속도가 빠르고 대량생산으로 짧은 시간에 시장이 포화 상태에 이르기 때문이다. 그렇다고 경쟁기업들이 계속 신제품을 내어놓는데, 우리 회사만 현상유지에 집착하다간 수시로 변하는 소비자들의 취향에 부응하지 못해 낙오될 가능성도 있다. 헨리 포드는 Model-T의 성공에 너무 고취되어 15년 이상 한 제품만 고집하다 경쟁업체들의 신차에 밀리게 되었다. 요즘 같으면 상상하기 힘든 일이다.

이렇게 저렇게 하기도 힘든 것이 최근 공급과잉 상황 속의 기업경영 환경이다. 전에 없던 신제품이 나온다면 새로운 수요가 생겨나고 다시 호황을 맞을 수도 있다. 증기기관이 나와 산업혁명을 가져왔고, 철도, 자동차, 전기제품, 컴퓨터, 인터넷, 그리고 휴대폰이 나왔을 때 세계경제는 각각 최고의 호황을 누렸다. 그러나 기술 보급 속도가 빨라지면서 호황 기간도 짧아지고 순식간에 공급과잉이 초래되는 시대가 왔다.

필자는 성장의 한계를 극복할 수 있는 돌파구는 결국 기업들의 창의력에서 나올 것이라고 생각한다. 1943년에 IBM의 전 사장 톰 와트슨(Tom Watson)은 "세계시장에서 컴퓨터 수요는 다섯 대 정도일 것"이라고 예측했다(Heinberg, 2011: 175). 컴퓨터가 집채만 하고 엄청난 고가 물품이던 시절에 그걸 살 수 있는 나라나 기업들은 거의 없다고 생각했던 것이다. 1948년 맨체스터 대학에서 최초로 저장이 가능한 컴퓨터를 개발했는데, 그 당시로서는 획기적으로 소형화를 실현해 베이비(Baby)라고 불렸던 이 컴퓨터의 높이는 2.4 미터, 폭은 5.2미터, 무게는 1톤이 넘었다.[2) 빌 게이츠는 이것보다 수십만 배 성능이 뛰어난 컴퓨터를 책상 위에 올려놓았고, 스티브 잡스는 다시 그걸 손바닥 안으로 올려놓았다. 누가 이런 것을 상상 할 수 있었겠는가?

인간이 필요로 하는 것은 세계 어느 구석에서 누군가가 연구해 반드시 만들어낸다는 전설 같은 말이 있다. 인간이 달나라에 간다 는 것도 상상할 수 없었는데, 이제는 현실이 되었다. 아직도 인간 이 이룰 수 없는 일들이 무수히 많지만, 성장의 한계를 극복하는 방법도 반드시 나올 수 있을 것이라고 믿어본다. 엄청난 자본이 투 자되는 신기술 개발과 우주 개척은 기업이 아닌 정부가 주도하여 이루어진 경우가 많지만, 이를 실용화하는 것은 기업의 역할이다. 수요가 있는 곳에 반드시 공급이 있다는 자본주의 시장경제가 인 간이 지금 상황에서 절실히 필요로 하는 어떤 것들을 만들어내고 보급할 수 있으리라 기대해본다.

그러나 이것은 불확실한 미래에 대한 기대일 뿐이다. 당장 공급 과잉 상황에서 고전하는 기업들은 어떻게 할 것인가? 인간을 불행 하게 만드는 무제한의 치킨게임은 이제 중단하고 조화롭게 경쟁하 는 세계가 필요하다고 앞에서 언급하였다. 기업들의 입장에서는 막 대한 예산을 투입해서 교체한 생산설비가 짧은 시간에 낡아버리는 상황을 계속 반복하고 있을 수도 없다. 결국 생산방식을 획기적으 로 조정해서 수요를 예측할 수 없는 대량생산을 지양하고 주문생

---

2) https://en.wikipedia.org/wiki/Manchester_computers: 베이비는 2의 18승(262,144)에 대해 정수로 된 가장 큰 약수를 찾으라는 17개의 명령을 수행해 52분 만에 131,072 라는 답을 내어놓았다.

산 방식으로 가야 하는 것으로 생각된다. 과거에는 수요를 미리 파악한다는 것이 불가능했으나, 휴대폰과 네트워크가 있는 요즘 시대에는 전 세계에서 주문을 미리 파악할 수 있다. 이런 방식으로 생산을 조절해서 불필요한 예산과 자원의 낭비를 줄이는 생산방식으로 나가야 할 것이다. 이미 여러 분야에서 이런 생산방식으로 공장을 전환해나가면서 전자공장(e-factory), 스마트 제조업 같은 용어들이 등장하고 있다(주현, 강두용 외, 2015).

정부는 이런 기업들의 노력을 지원하고 국제기구들은 전 산업 분야의 세계적인 공급 과잉 상황을 면밀하게 조사하여 정보를 공유하고, 국가 간에 조정이 가능한 부분은 조정할 수 있도록 노력을 기울여나가야 할 것이다. 선진국의 경제학이 산업을 떠나 금융 중심의 이야기에 집중하는 방향으로 옮겨가다 보니 수요 포화 상태에 이른 세계시장에 돈을 자꾸 풀어 경기를 부양하라는 주문만 쏟아낸다. 지금의 문제는 기존 제품들이 더 이상 아무리 돈을 풀어도 수요가 생길 수 없는 산업의 한계 상황에 와 있는 데서 생겨난다. 모든 사람이 휴대폰을 가진 시대에 얼마나 더 많은 휴대폰을 팔 수 있으며, 지구 위에 6명 중 1대 꼴의 자동차가 다니는 시대에 얼마나 더 많은 자동차를 팔 수 있겠는가? 산업을 도외시한 금융 중심의 접근법은 거품을 더 크게 만들어 세계경제에 더욱 큰 파장을 가지고 오지 않을까 우려된다.

이제는 전통적인 산업의 시대가 끝나가고 완전히 새로운 차원의 신산업이 등장하는 제4차 산업혁명이 이어진다는 이야기들이 나오고 있다.[3] 필자는 개인적으로 지금까지의 산업혁명이 인간의 육체

---

3) 위키피디아에는 제4차 산업혁명에 대해 Industry 4.0이라는 제목으로 개념과 특징이 간단히 잘 정리되어 있다. https://en.wikipedia.org/wiki/Industry_4.0

노동을 줄이고 물질적 풍요를 위한 생산에 집중한 것이었다면, 앞으로의 산업혁명은 인간의 정신적 만족도를 추구하는 방향으로 가지 않을까 생각해본다. 지금 인류는 먹고 입고 쓰는 분야에서는 수요를 충족하고도 넘치는 생산능력을 가지고 있다. 사람들의 생활이 전반적으로 풍요로워지면서 개인의 자아실현과 정신적 만족을 추구하는 방향으로 사회적 에너지가 흘러간다. SNS, 가상현실, 인공지능을 갖춘 첨단로봇, 3D 프린팅 같은 다양한 첨단 미래산업들이 발달하고 있는데, 이런 흐름들은 궁극적으로 의식주 해결 그 이상의 욕구를 충족하는 방향으로 나가고 있다.

전통적인 제조업에 집중하고 있는 한국의 경우는 이런 방향성을 읽고 빠르게 대응해나가지 않을 경우 거대한 전통 제조업의 벽에 갇혀 경쟁력을 상실할지도 모른다. 영국에서 시작된 전통적인 제조업은 유럽대륙과 미국, 일본을 거쳐 아시아 신흥공업국들과 중국으로 중심이 옮겨가면서 절정에 이르렀다. 세계의 공장은 영국에서 미국으로, 그리고 중국으로 옮겨왔다.

제조업의 이런 지리적 확장이 세계경제에 풍요의 확산 효과를 가져왔다. 아직 이런 확산 효과를 누리지 못한 여타 제3세계 국가들이 마지막으로 전통적인 제조업을 떠받칠 수 있고, 그것이 지구촌에 마지막 남은 빈곤을 퇴치하는 데 기여할 수 있을 것이다. 선진국들은 전통 제조업이 떠나가면서 첨단산업과 서비스업 중심으로 산업구조를 이전해왔다. 이런 노력하에서 미국의 실리콘 밸리가 출현하고 컴퓨터와 인터넷, 휴대폰, SNS가 등장한 것이다. 한편으로 전자금융의 확대와 함께 투기적인 금융경제도 확대되어 왔다. 제4차 산업혁명은 투기적인 성격을 제어하고 생산적인 활동으로 부가가치를 창출하면서 인간의 전반적인 삶의 만족도를 높여주는 방향으로 나가야 할 것이다. 한국도 이런 방향으로 산업구조를 전환해나가야 하는 도전에 직면하고 있다.

(3) 기후변화

성장의 한계가 가져오는 또 하나의 문제는 기후변화로 집약되는 환경 파괴와 그 영향이다. 한때는 오존층 파괴와 기후변화처럼 지구 위 먼 곳에서 발생하는 현상이 사실인가에 대한 논란도 있었지만, 지금은 전 세계가 이 문제를 기정사실화 하고 대응책 마련에 부심하고 있다. 전문 과학자가 아닌 일반인들이 느끼기에도 우리 주위의 기후변화가 심각하다는 사실은 우리 세대에 익숙했던 한국의 기후가 예전과 달라졌다는 느낌으로 인해 실감하게 된다. 이제는 기업이나 국가나 국제사회나 모두 기후변화에 시급히 대응해야 한다는 필요를 느끼고 있다. 이런 필요성을 집약해서 나온 논의가 "지속 가능한 개발"이다. 이 문제는 바로 뒤에서 조금 더 서술한다.

기후변화는 이제 환경을 파괴하고 공해를 배출하는 산업은 지구에서 퇴출될 수밖에 없다는 사실을 강조한다. 기업들도 이런 사실을 모두 인지하고 있으나, 중소기업들이나 개발도상국의 영세한 기업들은 환경오염 방지에 들어가는 비용을 부담하지 않기 위해 오물과 폐기물을 몰래 처분하는 문제가 계속 발생하고 있다. 정부는 환경오염에 대한 계몽과 단속을 강화하는 한편 영세한 기업들의 환경오염 방지 시설 확충을 지원해주어야 할 것이다.

기후변화는 세계적으로 녹색성장(Green Growth)이라는 의제를 부각시켰다. 이 의제는 이명박 정부에서 한국이 중점적으로 제기했으나, 아쉽게도 박근혜 정부가 들어서면서 논의가 상당 부분 중단되었다. 이명박 정부가 무리한 4대강 공사를 추진하면서 이를 위한 정치적 홍보전략으로 녹색성장을 강조한 데 대한 반발이라 생각된다. 지구적으로 매우 의미 있고 중요한 논의가 한국에서는 정치적인 목적으로 이용되다가 정치적인 역풍에 부딪힌 것이다. 특정 정부와 특정 국가의 문제를 떠나 이 문제가 지구촌의 중요한 과제이며, 지속 가능한 개발의 사실상 가장 중심적인 테마라는 사실을 잊으면 안 된다.

녹색성장은 환경과 성장을 동시에 고려하면서 신기술과 기존산업의 융합을 통해 현재와 미래의 인류에게 유용한 산업을 만들어 나가자는 개념으로 제시되었다. 태양열, 풍력 발전 등 재생 가능한 에너지를 비롯해 첨단 기술을 이용한 각종 IT, BT 사업 등이 자원을 덜 소모하면서 미래에 새로운 일자리를 가져다줄 수 있는 성장 동력으로 연구 개발되고 있다. 아직 충분히 실용적인 단계에 들어서지 못한 제품들이 많고, 개발도상국에까지 이런 신기술 제품들이 확산되기는 먼 감이 있지만, 인류사회가 이런 방향으로 나가야 하고, 나가고 있다는 사실은 분명하다.

재생 가능한 에너지의 개발은 미래를 위해 특히 중요하다. 새로운 에너지원이 출현해 인간의 힘을 키워주면서 산업혁명이 진전되어 왔다. 증기기관의 출현이 인력과 가축을 대체하면서 1차 산업혁명을 가져왔고, 전기와 석유의 보급이 2차 산업혁명을 가져왔다. 3차 산업혁명은 컴퓨터와 네트워크의 발전에 기반을 두었고, 이를 위해 소요되는 막대한 전력은 원자력 에너지의 출현으로 뒷받침되어 왔다. 그러나 화석연료와 원자력 에너지는 환경문제와 안전문제, 자원고갈 문제를 야기하면서 인류의 미래를 불안하게 만드는 지경에 이르렀다. 이를 대체할 새로운 에너지원은 아직 비용과 효과 면에서 충분히 실용화되기 어려운 것으로 알려지고 있다. 최근에 연구되고 있는 박막발전과 같이 휴대가 가능하면서 강력한 성능을 발휘할 수 있는 태양전지가 발전한다면 화석연료와 원자력을 대체할 수 있을는지도 모른다.

어찌 됐든, 필자가 어릴 때와 비교하면 지금 한국에는 수백 배나 더 많은 자동차가 굴러다니는데도 석유와 매연 문제가 과거보다 더 심각하게 느껴지지 않는 것 같다. 1973년 제1차 석유파동이 발생했을 때 한국에서는 집집마다 한 등 끄기 운동이 벌어지고, 길거리의 네온사인 간판들이 소등되었다. 석유가 나오지 않는 나라에서 석유가 없어지면 어떤 상황이 벌어질 것인지를 그때 중학생이었던 필자는 생생하게 체험하면서 자랐다. 지금은 자동차의 성능이 좋아져 소량의 석유를 소모하면서도 주행거리가 더 늘어나고 매연도 줄어들었다. 한국 경제가 성장하면서 정유시설도 대폭 확충하여 그때만큼 석유 공급이 부족하지 않기도 하다. 땅에서 나오는 원유는 가공을 해서 정유로 만들어야 쓸 수 있는데, 한국은 원유를 수입하여 정유를 수출하는 나라로 발전하였다. 이처럼 자원을 절약하고 효율적으로 사용할 수 있는 신기술과 신제품의 개발은 현재와 미래의 인류에게 매우 중요한 일이다.

한편으로 녹색성장과 연계하여 지금은 환경을 보호하는 수동적 차원이 아니라 훼손된 환경을 가급적 원래 상태로 복원하는 사업도 추진할 수 있다. 인간의 경제활동으로 인해 훼손된 지구촌 곳곳의 산과 들과 강과 바다를 가능한 범위 안에서 깨끗한 원상태로 복원시켜 나가는 사업을 말한다. 지금 태평양에는 미국 텍사스 주만 한 크기의 쓰레기 더미 섬이 만들어져 있다고 한다. 이런 쓰레기가 해양생물의 생태계를 해치고 궁극적으로는 인간의 안전에도 위협을 주는데, 사람들은 아직 이 현실을 제대로 알고 있지도 못하다. 태평양의 쓰레기섬(debris island in pacific)이라는 단어로 검색을 해보니 다행히 최근에 UNESCO의 후원으로 대응책이 논의되고 있는 모양이다.[4)]

그동안의 경제성장이 지구환경을 해치는 엔지니어링이었다면, 이제는 훼손된 환경을 되살리는 엔지니어링으로 새로운 성장 엔진을 찾아낼 수도 있을 것이다. 오직 사람을 죽이는 것 이외에는 다른 아무 쓸모가 없는 무기를 생산하는 데만 지구촌의 모든 국가가 어마어마한 예산을 해마다 쏟아 붓고 있다. 이 돈을 지구촌의 환경을 되살리는 작업에 투자한다면 전 세계적으로 수많은 일자리가 생겨나고 평화가 좀 더 진전될 것이다.

앞의 제6장에서 설명했지만, 지구촌 전체로 봤을 때 환경문제는 과거 선진국의 문제에서 이제는 개도국에 더 심각한 문제로 변화하였다. 수천 년 동안 개도국 사람들은 산과 들에 흐르는 강물을 별다른 여과장치 없이 손으로 떠먹으면서 살았다. 필자 역시 어릴 때 고향의 하천에서 물을 떠 마시기도 하면서 자랐다. 그러나 지금 아프리카, 동남아의 개도국들을 다녀보면 하천 오염이 심각하고 사실상 안전하게 마실 수 있는 식수가 없다.

개발도상국들의 환경오염 문제 개선에 선진국들이 좀 더 많은 관심을 두고 지원을 해야 한다는 사실은 역사적으로나 현재 상황에서 명백한 당위성을 지니고 있다. 미국이 교토의정서 비준을 거부하고 국제사회의 환경문제 해결에 적극적이지 않다는 사실을 앞의 6장에서 살펴보았다. 국제사회를 주도하는 나라로서 특정 국가

---

4) https://en.wikipedia.org/wiki/Great_Pacific_garbage_patch

의 문제가 아닌 인류 공동의 문제가 된 환경문제 해결에 미국을 비롯한 선진국들이 좀 더 적극적으로 나서야 할 것이다.

중국, 인도, 아프리카, 동서남아, 중남미 곳곳에서 처참하게 훼손된 환경을 복원하고 깨끗한 수자원을 공급하는 사업은 많은 일자리를 공급하여 빈곤퇴치에도 기여하고, 수많은 사람을 살리는 일이 될 것이다. 오염된 환경으로 인해 발생하는 신종 질병도 예방하여 인류를 불안에서 벗어나게 해줄 수 있을 것이다. 기술 발달로 지금은 과거에 생각하지 못했던 환경개선 사업들이 가능해졌고, 이런 사업들이 새로운 일자리를 가져다준다. 서울에서 나온 쓰레기가 모여 산을 이루었던 난지도에 지금은 쾌적한 생태습지공원과 골프장이 만들어져 있다. 그동안 쌓였던 쓰레기가 부패하면서 나오는 메탄가스를 이용해 열병합 발전을 하는 시설도 설치되어 있다.

개도국의 환경문제는 절박한 빈곤에서 비롯되고 있는데, 선진국과 국제기구들이 적극 지원하여 빈곤을 퇴치하면서 쾌적한 지구촌을 유지하는 데 노력해야 할 것이다. 절박하게 가난한 사람들이 먹고 살기 위해 나무를 베어내 팔고, 야생동물을 밀렵하는 상황에서 이들이 부딪히는 삶의 조건을 개선해주지 않는 환경보호나 개선 사업은 오히려 빈민들을 더욱 절망의 나락으로 떨어뜨리는 경우들도 있어 합리적인 접근이 필요하다. 도시 미관을 개선한다고 빈민들의 주거지를 일방적으로 밀어내 버리는 식의 환경보호가 아니라 빈민들의 생활환경을 개선하여 쾌적한 삶의 조건을 만들어주고, 환경 개선 사업이 소득 창출과 연계될 수 있도록 사업을 설계하고 추진해나가야 할 것이다.

생물 다양성 보존도 환경의 복원이라는 과제와 연결된다. 인간이 무분별하게 자연을 파헤침으로써 지구에 함께 사는 다른 생물체들은 급속하게 멸종위기로 몰려가고 있는 현상을 앞에서 살펴보았다. 파괴된 환경을 복원하고, 새로운 개발 수요가 있는 곳에는 다른 생물들의 서식 환경도 최대한 보호하는 조치가 필요하다. 고속도로나 철도가 생김으로써 야생동물들의 이동로를 차단하는 현상, 습지나 바다 간척으로 철새들과 바다생물의 서식지가 파괴되는 현상 등에 대해 주도면밀하게 환경 영향을 평가하여 인간과 자연이 공존할 수 있는 지혜를 모색해야 할 것이다. 심해나 남북극의 자원을 이용한다는 취지로 인간의 손길이 닿지 않은 마지막 공간을 파헤치는 일들도 지구의 생태계를 파괴하는 것이 아닌지 하는 우려에 대해 전문가들이 충분히 논의하고 검토해야 할 것이다. 생물 다양성이 왜 필요한지 일반인들의 이해를 제고하는 작업도 필요하다.

3. 따뜻한 자본주의를 향하여

앞에서 우리는 자본주의를 인류가 타고 있는 배 또는 인류사회를 움직이는 기본 운영체제라고 표현하였다. 우리는 모두 자본주의라는 배를 타고 인생이라는 험한 바다를 헤쳐나가고 있는 중이다. 그런데 지금 이 자본주의라는 배는 안정적으로 항해를 하지 못하고 표류하고 있는 듯한 불안감을 안겨준다. 세계인들의 가슴을 무겁게 짓누르는 불황, 실업, 빈부 격차, 그리고 수시로 파국을 가져오는 투기경제의 위협을 앞에서 상세히 살펴보았다. 이런 문제들을 적절히 해결하여 누구나 안정적으로 일자리와 소득을 가지고, 차별받지 않고 공정한 기회를 누리며, 가진 자들의 부도덕한 투기로 고통받지 않는 사회를 실현하는 것이 자본주의가 해결해야 할 과제이다. 필자는 지금 이 불안한 자본주의가 오작동을 시정하고 인류 사회를 평안하게 만들 수 있는 길을 "따뜻한 자본주의"라고 표현하고 싶다.

(1) 신자유주의를 넘어

신자유주의는 1970년대 오일쇼크 이후 세계경제의 극심한 스태그플레이션을 배경으로 시장의 자율기능을 강화하여 경제의 효율성을 높이자는 취지를 내세우며 득세하였다. 국가의 과도한 시장규제를 해제하고, 정부와 공기업들의 방만한 경영을 시정하면서, 공기업의 민영화, 노동시장의 유연화 등을 강조한 것이 신자유주의의 특징이다. 극심한 인플레와 저성장이 겹치던 당 시대의 분위기 속에서 필요한 정책들이기도 했다.

그러나 국가의 과도한 시장개입을 반대한 신자유주의는 시장근본주의(market fundamentalism)라고 불리는 극단의 지점으로까지 치달아 오늘날 다시 세계경제를 불안에 빠뜨린 주범으로 지목되기도 한다. 신자유주의 이데올로기를 실천한 영국의 대처(Margaret Thatcher, 재임 1979-1990) 수상은 과감한 민영화와 강경한 노조 대응으로 영국 경제를 부흥시켰다고 칭찬받기도 하지만, 의료, 교육 등 서민들의 복지예산을 삭감하고 대량 해고를 감행하여 서민들의 삶을 도탄에 빠뜨렸다는 지탄을 받기도 한다.[5]

---

5) 필자는 영국에서 공부할 때 국가가 운영하는 의료서비스(National Health Service: NHS)가 대처 수상 시기에 대폭적인 예산 삭감으로 제 기능을 수행하기 어렵게 되었다는 말을 주위에서 수없이 들었다. 이 문제를 깊이 들여다보지 않아 사실이 그런지는 정확히 알지 못한다. 그러나 팔이 부러진 사람이 수술 순서를 기다리는 사이 뼈가 부러진 채로 굳어버렸다는 뉴스를 본 적이 있고, 필자 자신도 사랑니가 아파

동양의 사대 고전인 사서(四書) 중의 하나에 중용(中庸)이라는 책이 있다. 이 책은 인간이 살아가는 지혜로 중용이 가장 중요한 덕목임을 가르친다. 이것은 선택이 요구되는 시기에 이쪽저쪽 눈치를 보라는 의미가 아니라 어느 쪽이든 극단으로 치우칠 때 진실의 한편을 놓치기 쉬우며, 결국에는 개인과 사회를 망친다는 깊은 교훈을 가르치는 것이다. 필자는 국가냐 시장이냐를 강조하는 경제담론에서도 이 교훈이 꼭 필요하다고 생각한다. 국가가 과대해지면 시장을 억압하여 경제의 활력과 창의력이 죽고, 반대로 시장을 너무 자유롭게 방치하면 인간사회가 약육강식의 야만적인 정글이 된다.

지난 30여 년의 세월에 신자유주의가 세계를 지배하면서 가져온 가장 중요한 폐단은 고용을 불안하게 만들면서 소득 격차를 극심하게 확대시켰다는 것이다. 기업환경이 어려운 시기에 고용을 줄이거나 비정규직을 채용하는 방식의 노동시장 유연화는 필요하다. 그러나 신자유주의는 노동을 비용으로만 간주하고 대량해고와 비정규직 확대를 당연시하게 만드는 사회 문화를 확산시켜 왔다. 노동자란 기업 입장에서는 비용이라고 생각할 수 있지만, 사실 생산을 담당하는 주체이고, 기업의 제품을 사주는 소비자이기도 하다. 국가적으로는 재정을 유지하게 하는 납세의 주체이다.

신자유주의가 강조하는 경쟁은 사회를 발전시키는 동인이기도 하지만, 과열경쟁은 사회를 망가뜨리는 갈등의 원천이 되기도 한다. 승자 독식이 아니라 함께 가는 따뜻한 사회가 되어야 자본주의도 제대로 굴러가는 것이다. 죽기살기식의 치킨 게임으로 이긴 자가 모든 것을 독식하면 인간 세계가 약육강식의 정글로 바뀌게 되

뽑아야 하는데, 동네 치과에 접수 후 한 달이나 기다려서 뽑았던 기억이 있다.

어 누구도 평안해지기 어렵다. 개인과 사회, 경쟁과 협동, 이 두 가지 추들의 균형 속에서 자본주의가 운영될 때 사회가 안정적으로 발전하고, 그 안에서 개인들도 번영할 수 있다.

(2) 불평등 해소

앞에서 피케티의 불평등 확대론을 소개했는데, 피케티는 이것을 시정하기 위한 정책으로서 부자들에 대한 과세를 주장한다. 그가 주장하는 "글로벌 누진세"(global progressive tax)는 실현 가능성을 둘러싸고 논란을 빚으면서 많은 비판을 받기도 한다. 한국의 한 우파 논객이 쓴 다음과 같은 글을 보면 피케티에 대한 비판적 시각의 단면을 이해할 수 있다.[6]

> "피케티는 빈부 격차를 해소하기 위한 처방으로 부유층을 대상으로 막대한 세금을 부과하자는 사회주의 방식의 처방을 내놓았다. 이미 유럽에서 많은 나라들이 평등 정책으로 실험했다가 무참히 실패했었던 바다. 그 대표적인 나라인 스웨덴은 이를 반성하고 2005년 상속세를 폐지하고 2006년에는 부유세를 폐지하였다. 이미 오래전에 역사적으로 실패해 폐기한 평등정책을 다시 실험하자는 것은 잘못된 생각이며, 각 국가의 사람들이 바보가 아니라면 그런 낡은 평등정책에 동의하지 않을 것이다."

이 논객은 피케티가 주장하는 강력한 자본과세가 현실적으로는 자본의 이동성 때문에 세계 각국이 세율 인상에 협조해야만 가능한 문제이고 조세회피처 같은 것도 사라져야만 가능한 것인데, 이

---

6) 최승노(2014), "토마 피케티의 '21세기 자본론' Q&A", 조선Pub, 2014.8.4.
   http://pub.chosun.com/client/news/viw.asp?cate=C06&mcate=M1035&nNewsNumb=20140815328&nidx=15329

것이 과연 실현성이 있느냐는 질문에 대해 다음과 같이 대답한다.

"소가 웃을 해법이다. 이미 유럽에서 여러 나라가 더 많은 투자를 유치하기 위해 법인세 인하 경쟁을 벌인 바 있다. 전 세계의 정부가 담합해서 소득세를 높이자는 피케티의 제안은 마르크스가 전 세계 노동자가 단결해서 혁명을 하자고 주장한 것처럼 허망한 구호다. 프랑스에서 부자증세를 현실화하자 국민 배우 제라르 드파르디외 등 수많은 국민이 세금 망명을 택했다. 이에 자극받은 평등론자인 피케티는 국민들이 다른 나라로 도망가지 못하도록 탈출구를 봉쇄하려 하지만 헛된 짓이다. 부자증세로 나라경제만 기울 뿐이다."

세금을 궁극적인 해법으로 제시하는 피케티의 처방은 사실 옹색하다. 피케티 스스로도 자신의 처방이 현실적으로 실현 가능할까에 대해 다분히 비관적인 전망을 하면서 자본주의의 미래에 대해 우려를 하고 있다. 그의 연구가 조세통계를 기반으로 하다 보니 사후적 처방인 세금에 집착하는 결과가 나온 것으로 생각된다. 필자는 그보다 더욱 중요한 것이 세금이 발생하기 이전에 고용 안정과 임금구조 개선을 통해 원천적으로 소득의 분배를 좀 더 공정하게 실현하는 것이라고 생각한다. 이에 대해 곧이어 조금 더 언급할 것이다.

그러나 먼저 피케티의 처방인 누진세가 사회주의적이라는 주장에 대해서는 적절한 비판적 인식을 제기하고자 한다. 이미 기울어져 있는 운동장에서 자유경쟁을 강조하면서 소득과 재산의 불평등이 계속 확대되는 상황을 방관하거나 조장하는 것이 자본주의적인가? 필자는 이것이야말로 궁극적으로 자본주의와 민주주의를 해치고 사회를 파괴하는 길이라고 생각한다.

자본주의의 생명은 공정한 기회 위에서 공정한 경쟁을 하는 것이다. 과도한 빈부 격차는 승자와 패자 간에 다시 경쟁을 할 수 없는 구조를 만들어서 이 원칙을 해친다. 한번 승리한 사람들이 대를 물려 계속 챔피언이 되게 만드는 사회는 더 이상 자본주의적이거나 민주주의적이라고 할 수 없으며, 인류가 극복해온 중세의 신분 사회와 유사한 사회가 된다. 앞의 5장에서 디턴 교수가 이 점을 우려하는 글을 인용한 바 있고, 피케티 역시 같은 시각에서 자본주의의 미래를 우려한다. 경제성장이 그 과실을 골고루 나누어주지 않기 때문에 인위적인 조정을 통해 가급적 공정한 기회와 공정한 경쟁을 보장하도록 노력해야 제대로 된 자본주의가 작동한다는 것이 피케티의 논점이다.

피케티(Piketty, 2014: 571-572)는 자본으로부터 나오는 사적수익(r)이 노동으로부터 나오는 소득과 생산의 증가(g)보다 커서 불평등이 구조적으로 확대되는 자본주의의 경향성을 진단하며, 이런 상황에서는 기업가(entrepreneur)가 임대수익자(rentier)화되어 경쟁과 초기 자본축적을 저해한다고 말한다. 쉽게 설명하자면 물려받은 재산으로 떵떵거리고 사는 사람이 죽어라고 일하는 사람보다 언제나 더 많은 돈을 버는 사회라면 발전의 희망이 없다는 것이다. 피케티는 이런 현상에 대해 "과거가 미래를 갉아먹는다"고 표현하며, "부의 과도한 불평등은 기업가 정신과 아무런 관련이 없으며 성장을 촉진하는 데에도 도움이 되지 않는다"고 말한다. 결국 그가 제시하는 글로벌 재산세라는 처방은 자본주의의 오작동을 시정하기 위한 처방료 정도로 인식할 수 있다. 자본주의의 생명인 경쟁과 창의적 혁신을 보장하기 위해서는 후대가 선대의 영향으로부터 자유롭게 다시 새로운 경쟁을 할 수 있는 시장구조가 만들어져야 하며, 이것을 가능하게 하기 위한 최소한의 처방이 누진적인 재산세라는 것이다.

사실 부자를 혐오하는 사회는 건강한 사회가 아니다. 우리는 흔히 사회적 강자가 약자를 괴롭히는 것이 불의라고 생각하지만, 사실은 경쟁에 낙오한 사람들이 승자를 인정하지 않고 질시하는 것도 정의로운 일이 아니다. 남보다 노력하여 정당하게 부를 축적한 사람을 비판하고 질시하면서 그 사람의 것을 빼앗으려는 사회라면 누구든 열심히 노력해야 할 이유를 느낄 수가 없다. 그런 사회는 퇴보하기 마련이다. 불법으로 취득한 재산이나 소득에 대해서는 과세를 넘어 압류까지도 하는 것이 정당하지만, 정당하게 취득한 부를 적대시해야 할 이유는 없다.

그러나 과도한 빈부 격차는 결국 부자들 자신에게도 위험하다는 사실을 인식할 필요가 있다. 빈부 격차가 심한 사회가 안정적이고 평화롭게 돌아가는 경우는 없으며, 사회 자체도 장기적으로 계속 퇴보하는 것을 역사 속에서나 지금의 현실 속에서도 볼 수 있다. "빵이 없으면 고기를 먹으면 되지"라고 말했다는 마리 앙투아네트 시대에 빵 한 조각 때문에 평생 불행하게 살아야 하는 장발장과 같은 사람들이 수두룩했고, 그런 사회 속에서 프랑스혁명의 긴 혼란과 엄청난 희생이 발생했던 것이다. 빈곤과 기아, 질병, 범죄가 만연한 사회에서는 누구도 행복해지기 어렵다.

(3) 고용 안정

종업원 한두 명을 거느리고 조그만 가게를 운영하는 사람으로부터 거대한 기업을 경영하는 사람들까지 남의 월급을 챙겨준다는 것은 큰 부담이 되는 일이다. 월급을 받는 사람은 월급날이 왜 이렇게 더디게 오는가 마음 졸이지만, 월급을 주어야 하는 사람은 월

급날이 왜 이렇게 금방금방 오는지 마음 졸인다. 종업원을 고용한다는 것은 돈뿐만 아니고, 인간관계, 노사관계까지 많은 부담을 주는 일이다. 가급적 돈은 적게 주고, 일은 많이 부리고 싶은 것이 기업주의 심리일 것이다. 신자유주의는 이런 심리를 당연한 것으로 정당화하는 문화를 확산시키면서, "노동시장 유연화"라는 구호로 대량 해고와 비정규직 확대를 조장해왔다. 그러나 입장을 바꿔 생각해보자. 당신이라면 그런 회사에서 일하고 싶겠는가?

종업원을 비용으로만 간주하는 시각은 일부러 동전의 한 면만을 보는 것이다. 종업원이 있어 가게 주인은 돈을 더 벌 수 있고, 생활의 여유도 가지게 될 것이다. 종업원 수에 따라 주인의 사회적 지위도 다르게 인식된다. 더 나가서 종업원은 직접적인 소비자이기도 하다. 삼성전자의 물건을 가장 열심히 사는 사람들은 삼성전자 직원과 그 가족들일 것이다. 필자 역시 최근 세종시로 이사하면서 낡은 가전제품들을 새로 장만해야 했는데, LG전자에 다니는 조카 덕분에 모조리 LG전자 제품을 사게 되었다. 당신의 종업원은 당신 회사 제품의 가장 충실한 소비자이자, 가장 훌륭한 홍보요원인 것이다.

사회 전체적으로는 고용이 불안정하면 소비가 늘지 않아 경기도 하락하고, 국가 재정도 약해지는 악순환이 거듭된다. 산업의 극심한 공급과잉 상황에서 고용이 안정되지 않으니 수요가 살아날 수 없는 구조가 심화된다. 해고가 자유롭지 못하니 기업들이 사람을 고용하기 힘들다는데, 한국에서는 60세 정년을 유지하는 직장도 드물어서 "사오정"이라는 말이 유행한 지가 오래됐다. 청년들은 번듯한 직장을 제대로 구할 수가 없어 아르바이트와 인턴을 전전하는 "88만 원 세대"에서 이제는 연애, 결혼, 출산을 포기하는 "3포 세대"라는 말이 나오고 있다. 이런 상황은 선진국들도 크게 다르지 않다.

미국 노동통계국(US Bureau of Labor Statistics: BLS)은 주당 35시간 이하의 노동을 하는 사람을 비정규직 노동자로 분류하는데, 1968년 이 통계를 처음 작성할 당시의 비정규직 노동자 비율은 전체 노동자의 13.5%였으나 2010년에는 이 비율이 20.1%로 늘어났다(Doug Short, 2015). 미국 노동자 다섯 명 중 한 명이 아르바이트, 계약직, 기간제 등 각종 명칭의 비정규직 노동자이고 이들의 상태는 심각하다. CNN 뉴스(Patrick Gillespie, 2014)는 700만 명의 미국인 노동자와 그들의 가족이 거의 빈곤 상태에 놓여 있다고 보도하고 있다.[7] 이들은 직장에서의 지위도 불안정한데다 보험, 연금 등 정규직 노동자들이 누리는 각종 혜택도 전혀 받지 못한다. 지위가 불안하기 때문에 과중한 노동에도 항의하지 못하고 일해야 하는 경우가 많다. 세계 최강대국인 미국에서 32살의 스티븐슨이라는 노동자가 다음과 같은 말을 하는 현실이 전개되고 있다는 사실을 우리는 어떻게 받아들여야 하는가?

> "파트타임 일을 하고 있는 사람은 인생의 막장에 이른 것이다. 고용주들은, 최소한 이 동네에서는, 달이 뜰 때까지 일하도록 요구하고 돈은 주지 않는다."

대기업들은 돈을 쌓아놓고 고용과 투자는 늘리지 않는 대신, 비정규직 채용을 확대하면서 슈퍼 CEO들과 대주주들만 엄청난 보상을 챙겨가는 현상이 발생해왔다. 이들은 주당 30시간 이상 노동하는 사람들에게 건강보험을 제공하자는 이른바 오바마 케어(Obama

---

7) http://money.cnn.com/2014/11/20/news/economy/america-part-time-jobs-poverty/

Care) 법안에도 강력하게 저항하고 있다. 한국의 경우 역시 비정규직에 대한 최근의 뉴스만 간단히 검색해보아도 상황이 크게 다르지 않음을 알 수 있다. 기업 10곳 중 4곳 이상이 인건비 절감과 업무능력 검증 등을 이유로 비정규직을 고용하고 있으며,[8] 비정규직 4명 중 3명이 5년 후에도 여전히 정규직이 되지 못하고 있다.[9]

수년 전에 필자의 제자 중 한 명이 한국에 있는 유럽계 공공기관에 인턴으로 다닌다는 안부 인사를 전해왔다. 급여를 물어봤더니 무급 인턴이고 점심값과 차비조차도 주지 않는다고 했다. 참으로 개탄스런 일이었다. 20대 청년들이 인턴 경력이라도 쌓아야 취직에 유리하다는 절박한 현실에 떠밀려 있는 상황을 악의적으로 이용해서 남의 노동을 착취하고 자신들이 할 일을 대신 시키면서 최소한 밥값과 차비조차 주지 않는 일이 21세기 대한민국에서 최고 선진국의 공공기관에 의해 자행되고 있는 것이다. 사람을 노예로 생각하는 것이 아니라면 어떻게 아무런 돈도 지급하지 않고 일을 부릴 생각을 할 수 있는가? 입장을 바꾸어 자기 자식을 그렇게 부리라고 한다면 동의하겠는가?

신자유주의는 이제 시대에 맞지 않는 사고가 되었다. 언제 쫓겨날지 모르는 회사에서 종업원들이 충성을 바쳐 일하기는 힘들고, 장기적인 관점으로 좋은 제품과 서비스를 개발하기도 힘드니 그런 회사에서 좋은 제품이 나올 리가 만무하다. 임원이 되더라도 언제 잘릴지 모르는 상황에서 단기적인 수익극대화에 치중해야 하니 회사의 미래를 내다보는 고용이나 투자를 생각하기 어렵다. 한국인들

---

8) http://041.saramin.co.kr/zf_user/help/live/view?idx=25130&offset=3316&page=166&menu=1

9) http://www.hani.co.kr/arti/society/labor/715314.html

의 신바람이 경제성장의 동력이라고 강조되던 시대가 있었다. 일본인들의 평생 고용 문화가 일본 기업들의 강점 요인이라고 분석되던 시대가 있었다. 직장에 대한 애착이 일의 성과도 높여준다는 것은 상식으로 유추할 수 있는 일이다.

1991년 겨울에 필자는 미국 출장길에 한 TV 프로그램에서 아시아 기업들이 왜 강한가를 분석하면서 미국에 진출한 한국 기업의 사례를 소개한 내용을 본 적이 있다. 한 미국인 노동자가 아파서 하루 결근을 했는데, 회사 동료들이 저녁에 문병을 왔더라는 이야기를 소개하면서, 미국 기업에서는 상상할 수 없는 이런 가족적 문화가 종업원들의 충성도를 높이고, 그러니 회사의 경쟁력도 높을 수밖에 없다는 식으로 분석을 하고 있었다. 당시는 일본 경제가 욱일승천하고 미국 경제가 침몰하면서 뉴욕의 록펠러 빌딩과 할리우드 3대 영화사의 하나인 컬럼비아 픽처스를 일본 사람들이 인수해 미국의 혼이 팔려나간다는 자극적인 뉴스들이 나오기도 하던 때였다.

이런 문화는 일본 경우는 1990년대 이후 장기 불황을 겪으면서, 그리고 한국 경우는 1997년 외환위기를 기점으로 거의 사그라졌다. 한때는 경쟁력의 중요한 원인이라고 분석되던 가족적인 기업 문화가 기업의 생산성을 해치는 전근대적인 가부장적 문화라고 비난받고, 평생고용은 노동시장 경직화의 사례로 비난받았다. 그러나 사실 이런 문화는 아시아계 기업들의 고유한 강점 요인이었다. 일본의 장기불황과 한국의 외환위기는 거시경제의 관리 실패와 기업들의 과잉투자, 투기가 주요인이지, 인화를 중시하는 기업 문화가 주요인은 아니었다. 과격한 노조의 사례를 흔히 말하지만, 노조가 과격해지는 경우는 대부분 경영과 노사관리 실패 등이 먼저 선행한다. 한국의 경우 노동조합 조직률은 10% 전후한 수준이고, 실제로 노조의 보호를 받을 수 있는 노동자 수도 극히 적다.

직원이라는 소속감을 느끼기 힘들고, 종업원들이 자신의 미래를 걸 수 없는 회사에 충성을 바쳐 일할 수 있을까? 2009년 일본이 자랑하던 도요타 자동차가 중대한 안전 결함으로 사상 초유의 대규모 리콜 사태를 겪었는데, 당시 언론들은 도요타가 비용 절감을 위해 부품조달과 인력 운용에 무리를 했기 때문이라는 분석 기사를 냈다(송길호 외, 2013: 83).

고용 안정과 노사 화합을 위해 기업들이 지불하는 비용은 장기적으로 생산성을 통해 보상받을 수 있다. 비정규직 채용이나 해고의 자유를 통해 기업들이 절감할 수 있는 비용이 안정적으로 고용을 유지해서 얻는 보상보다 더 큰 것인지 냉정하게 검증해볼 필요가 있다. 불황기에 해고를 감행하지 않고 노사가 함께한 기업들이 성과가 좋다는 사례는 뉴스에도 자주 나온다.

필자는 노사가 함께하고, 대기업과 중소기업이 함께하는 따뜻한 자본주의야말로 지금의 극심한 불황과 궁극적인 성장의 한계를 돌파해나가는 중요한 키워드일 것이라고 생각한다. 이 점에서 기업들의 안정적 고용 유지를 위한 정책에 국가들이 더 관심을 기울여야 할 것이다.

로봇과 인공지능에 의한 자동화가 진전되면서 경제는 성장해도 고용이 늘어나지 않는 "고용 없는 성장"(Growth without Employment) 현상에 대해 많은 우려가 나오고 있다. 이에 대해 필자는 역으로 노동은 자동화하고 인간은 창의적인 일에 집중하면서 여가를 즐기는 "성장 없는 고용"(Employment without Growth)의 시대도 가능하지 않을까 하는 상상을 해본다.

(4) 투기경제 억제

　자본주의를 일순간에 망가뜨리고 수많은 사람들의 삶을 무너뜨리는 투기경제의 폐해를 우리는 역사에서 배웠고 현실에서도 수시로 경험한다. 1929년 대공황과 2008년 세계 금융위기는 투기경제의 폐해가 극단적으로 드러난 사건이라고 앞에서 살펴보았다. 그런데 전 세계의 모든 나라에서는 아직도 크고 작은 규모의 이런 투기경제로 인한 파동이 수시로 일어난다. 왜 이런 현상이 반복적으로 일어나는가?

　이 문제는 돈을 벌고 싶다는 인간의 가장 깊은 욕구와 관련되어 간단하게 제도적 장치만으로 제어되지 않는 현상이기 때문이다. 돈과 정보를 가진 사람들은 투기에 따른 이익을 기대할 수 있는 가능성이 크고, 권력과도 가깝기 때문에 투기를 유발하는 정책을 도입하기 쉽다. 각종 부동산 개발정책이나 증시 부양 정책은 국민경제를 위한다는 구실을 내세우지만, 사실은 투기를 기대하는 세력의 개입이라는 의혹을 받는 경우가 많다. 투기의 폐해가 국가적으로 감당하기 어려울 정도로 심해질 경우 이런저런 규제가 도입되기도 하지만, 결국 가진 자들의 저항에 부딪히거나 규제를 피해가는 투기꾼들의 장난으로 실효를 거두지 못하는 경우가 많다. 제도의 허점을 이용해 투기를 하는 세력으로 인해 잘못 입안된 정책들이 오히려 부작용만 가져온 사례도 많다.

　한국에서 부동산투기 억제를 둘러싸고 수없이 바뀐 국가정책만 살펴보아도 이 문제가 간단하지 않다는 것을 알 수 있다. 1980년대 말 과도한 부동산 투기의 폐해에 대응해 도입되었던 토지공개념 제도는 1994년 토지초과이득세가 위헌 판정을 받고 1999년에는 택지소유상한제도 위헌 판정을 받으면서 유명무실해졌다.[10] 제5장에서 언급한 앵거스 디턴(Deaton, 2013: 211) 교수나 로렌스 미첼(Mitchell, 2007) 교수의 분석은 미국에서도 투기억제는 현저하게 정치적인 과정이라는 사실을 상기시켜 준다. 미국에서 2010년 입법된 도드-프랭크 법안이 위헌 소송에 걸려 있는 사실과 국제 투기자본을 규제하기 위한 토빈세 논의가 실현이 어려운 사실도 그것이 자신들의 이익에 반대된다고 생각하는 사람들의 강력한 저항에 직면하고 있기 때문이다.

이런 사람들은 이미 가진 것이 많은 사람들임에도 불구하고 더 많은 것을 가지려 함으로써 가진 것조차 없는 수많은 사람들에게 고통을 안겨준다. 아파트 값이 하염없이 오르면 돈을 버는 소수의 사람들을 제외하고 서민들은 평생 돈 모아 집 한 채 마련하려는 꿈을 포기하는 수밖에 없다. 돈을 가진 사람들의 돈 장난으로 노동의 대가가 무시당하는 사회는 자본주의적인 사회도 아니며, 민주적인 사회도 아니다. 건전하게 노동하고 생산적인 일을 하여 정당하게 돈을 버는 사회라야 모든 사람이 희망을 가지고 노력할 수 있는 사회가 되는 것이다.

결국 투기는 사회를 망치고 모든 사람을 괴롭히는 절대 악이라는 확고한 철학을 가진 정치집단이 제도와 정책을 마련하고 사회적 타협과 설득을 통해 억제하고 퇴치시켜 나가야 할 것이다. 자연

---

10) 토지공개념이란 자연에 의해 주어진 토지는 인간이 공장에서 생산하는 제품처럼 무한정 공급될 수 있는 것이 아니고 모든 사람이 공동으로 이용해야 하는 자산이기 때문에 사유재산에 일정한 제한을 가할 수밖에 없다는 개념이다. 한국에서 토지공개념은 1989년 이후 택지소유에 관한 법률, 토지초과이득세법, 개발이익 환수에 관한 법률 등의 3법으로 입법되었으나 1990년대 들어 사유재산 침해 또는 실현되지 않은 이익에 대한 과세의 부당성 등을 이유로 논란에 휩싸이면서 폐지되었다.

의 일부인 부동산의 공개념을 법리적인 문제가 발생하지 않도록 제도화하고, 증권과 외환 등 금융거래에 투기적인 요소를 제외해서 자금이 건전한 생산활동과 실제 수요에 따르도록 만드는 것은 관련법들을 검토해서 충분히 실현할 수 있는 문제이다.

4. 지속 가능한 개발을 위한 국제협력

필자가 이 책을 마무리하는 단계로 들어선 2015년 후반기에 지구촌에서는 매우 의미 깊은 행사가 있었다. 9월 25일부터 27일까지 사흘간 열린 제70차 UN 정기총회에서 17개의 "지속 가능한 개발목표"(Sustainable Development Goals: SDGs)가 채택된 것이다. 1945년 탄생한 UN은 2015년 10월 24일에 70주년 생일을 맞았는데, 생일을 한 달 앞둔 시점에서 뉴욕의 UN본부에서 160개 국가의 정상들이 참석하여 의미 깊은 지구촌의 새로운 개발목표를 채택한 것이다.

이것은 앞에서 설명한 대로 2000년에 채택했던 새천년 개발목표(MDGs)가 2015년에 종료됨에 따라 뒤를 이어 2030년까지 지구촌이 달성해야 할 목표로 각 나라의 대표들이 모여 약속한 것이다. 한국인 반기문 UN 사무총장이 이 회의를 소집했고, 박근혜 대통령이 참석하여 여러 지도자와 함께 17가지 목표를 낭송하였다. 200여 개의 나라가 있는 지구촌에서 한국이라는 조그만 나라의 사람들이 이처럼 중요한 행사에 두각을 보인 것은 어찌 됐든 그 사실 자체만으로 우리에게는 의미 깊은 일이다.

SDGs의 기본 개념은 환경문제를 다룬 앞의 제6장에서 소개하였다. 이번에 UN이 채택한 17개의 기본 목표는 <표 8-2>에 제시되어 있다. "지속 가능한 개발"이라는 용어는 앞에서 설명한 대로 1987년 노르웨이의 전 수상 브룬트란트(Mrs. Brundtland)를 의장으로 한 <환경과 개발에 대한 세계위원회(WCED)>가 『우리의 공동 미래(Our Common Future)』라는 보고서에서 제시하면서 세계적으로 유행하게 되었다. 이 용어가 강조한 개념은 미래에 우리 후손들도 쓸 수 있는 자원과 환경을 남겨주는 방식으로 개발을 추진해야 한다는 것이었다.

UN이 이번에 채택한 17개 목표는 브룬트란트 보고서의 개념에 담긴 철학을 반영하고 있지만, 그 철학을 잘 소화하여 보다 응축된 목표를 제시하기보다는 다방면의 여러 가지 목표를 전방위적으로 언급한 특성이 있다. MDGs가 산업과 경제개발을 도외시한 사회개발 중심의 목표에 치중했다는 비판을 반영하여 기존의 MDGs 목표에다 추가적인 목표들을 그냥 나열한 느낌이 있다. 목표가 너무 분산되어 효율적인 추진이 가능할지에 대한 의문이 벌써 제기되고 있다.

지속 가능한 개발이란 그 용어 자체가 분명한 철학을 담고 있다. 이것은 환경을 보호하고, 자원을 낭비하지 않는 개발방식으로 우리 후손들에게 이 지구라는 별을 깨끗이 넘겨주어야 한다는 의미이다. 사회적으로는 갈등을 유발하지 않고 평화로운 방식으로 추진되는 개발을 의미한다. 경제성장에 집중해온 기존의 개발방식이 지구를 파헤쳐 환경을 훼손하고, 생명체의 멸종을 초래하며, 자원을 고갈시켜 더 이상 앞으로 나갈 수 없는 상황에 이르게 만든 지금의 상황을 종합적으로 개선하자는 말이다.

〈표 8-2〉 UN이 채택한 지속 가능 개발목표(SDGs)

1	모든 형태의 빈곤을 모든 지역에서 종식
2	기아 종식, 식량안보와 영양개선, 지속 가능한 농업
3	모든 나이의 모든 사람에게 건강한 삶, 복지 증진
4	포용적이고 형평성 있는 양질의 교육 보장, 평생교육기회 증진
5	성 평등 달성, 모든 여성과 소녀들의 권한 강화
6	수자원과 위생을 지속 가능하게 관리
7	믿을 만하고 지속 가능한 현대적 에너지 이용 보장
8	지속 가능하고 포용적인 경제성장 추진, 생산적인 고용과 양질의 일자리 제공
9	회복 가능한 인프라스트럭처 구축, 포용적이고 지속 가능한 산업화, 혁신 추구
10	국가 안의, 그리고 국가 간의 불평등 축소
11	도시와 인간 주거지를 포용적이고 안전하고 지속 가능하게 관리
12	지속 가능한 소비와 생산 패턴 구축
13	기후변화에 대한 시급한 대응(UNFCCC 포럼 준수)
14	해양 보존, 해양 자원의 지속 가능한 개발
15	육지 생태계 보호와 회복, 삼림 관리, 사막화 대응, 토질악화 대응, 생물 다양성 파괴 억제
16	지속 가능한 개발을 위해 평화롭고 포용적인 사회 건설, 사법정의 구현, 효율적이고 신뢰할 만한 제도 구축
17	지속 가능한 개발을 위한 집행 수단 강화, 글로벌 파트너십 활성화

자료: UNDP Post-2015 Agenda 홈페이지 내용을 필자가 압축해서 번역.

지금 이 책은 전체가 이런 문제의식을 제기하고 있는 사실을 독자 여러분은 이미 이해하셨을 것이다. 지속 가능한 개발은 우리 세대와 우리 후손들의 세대에 인류가 이 지구라는 별에서 지속적으로 살아나가기 위해 추구해야 할 경제적, 사회적 개발방식이며, 환경보호 운동이다. 필자는 앞에서 인구문제, 산업의 공급과잉문제, 기후변화 문제를 성장의 한계가 드리우는 기본적인 문제로 제시했다. SDGs가 이처럼 조금 더 응축된 표현으로 다방면의 목표를 함축하면서도 분명하고 단순하게 방향성을 설정할 수는 없었는지 아쉬움이 남는다.

UN이 1960년대와 1970년대를 잇따라 "개발의 십 년"(Development Decade)으로 선언하고 개발도상국들의 경제성장을 최대 당면과제로 선택한 이유는 목표를 단순화해서 교착 상태를 뚫어야 한다는 인식 때문이었다(주동주, 2011: 36). 경제성장에 집착한 결과에 대한 반작용이 2000년에는 사회개발 중심의 빈곤퇴치에 집중하는 MDGs 채택에 영향을 주었지만, 이번에는 이런 실패들을 반영해서 목표를 다변화한 것으로 생각된다. 어쨌든 인류사회가 지혜를 모아 채택한 목표들이 순조롭게 달성되어 평화롭고 지속 가능한 지구촌 공동체가 만들어지기를 간절히 염원한다.

이번에 UN이 채택한 17개의 SDGs를 보면 이전의 MDGs와 마찬가지로 1번에 빈곤 퇴치를 내세우면서 MDGs가 내세웠던 8가지 목표, 즉 교육, 보건, 성 평등, 환경 개선 등을 그대로 채택하고, 여기에다 산업, 에너지, 수자원, 생산과 소비, 해양보존과 해양자원 등 MDGs에서 빠뜨렸던 주로 경제개발과 관련한 목표들을 대량으로 추가했다는 점을 알 수 있다.

마지막 17번째 목표인 글로벌 파트너십은 MDGs에서도 8번째 목표로 채택되었던 바 있다. 이것은 각 나라의 정부와 민간기구, 국제기구들이 협력해서 앞의 16가지 목표를 실천하기 위한 활동을 강화해나가자는 목표이다. 제7장에서 살펴보았듯이 현재 세계에는 하나의 정부가 없기 때문에 다양한 행위주체들이 자발적으로 협력하지 않는 한 이를 강제할 수 있는 방법이 없다.

세계정부와 관련해 필자는 UN총회가 각 나라의 인구와 경제력을 적절히 반영해 민주적으로 구성되고 운영되는 세계의회(World Congress)로 발전할 수 있으면 좋겠다는 생각을 한다. 이 문제는 뒤에 이어지는 부분에서 조금 더 언급한다. 그러나 200여 개의 주권국가가 활동하는 세계에서 이 문제는 누가 아무리 좋은 이론을 만든다 한들 현실적으로 실현할 수 있는 정치적 리더십이 나타나지 않으면 기대하기 어려운 문제이다. 각 나라의 지도자들과 국제기구의 리더들이 인류에게 위기를 가져오는 문제들의 실상을 제대로 파악하고, 적절한 글로벌 파트너십을 구축하여 지속 가능한 미래를 후손들에게 남겨줄 수 있게 되기를 바랄 뿐이다.

5. 민주적인 세계정부 구성

인류가 직면하고 있는 심각한 문제들에도 불구하고 지구촌은 200여 개의 국가와 정부로 나누어져 사실상 무정부체제에 가까운 상태이고, 이로 인해 공동의 문제에 효율적으로 대응하지 못하고 있음을 앞에서 살펴보았다. 지구촌을 이끌 하나의 정부가 필요하다는 논의는 오래전부터 많은 사람들이 계속해오고 있지만, 그것이 가까운 장래에 실현될 수 있으리라고 생각하는 사람은 거의 없는 것 같다. 한국인 반기문 사무총장이 이끌고 있는 UN은 세계정부에 가장 가까운 조직이지만, 여러 정부의 단순한 협의체로서 상징적인 선언과 결의문들을 만들어내고 있는 이상의 역할을 하지 못하고 있다.

언어가 다르고, 피부가 다르고, 문화도 다른 수많은 사람들이, 심지어는 단순히 다르다는 차원을 넘어 서로 적대적인 관계에 있기도 한 사람들이 평화적인 방법으로 하나의 정부를 건설하고 그 아래에서 함께 살 수 있을까? 알렉산더가 만든 코스모폴리탄적 세계는 엄청난 전쟁의 결과로 적대적인 세력들이 모두 파괴된 뒤에야 이룩된 것이다. 로마의 평화도 마찬가지이고, 칭기즈칸의 후예들이 건설한 몽고의 대제국도 마찬가지이다.

갈라진 민족이 평화적인 방법으로 통일정부를 구성한 경우는 역사적으로 매우 드물다. 분열과 통일을 거듭해온 중국의 역사는 전쟁으로 점철돼 있다. 한반도의 예만 해도 삼국통일은 치열한 전쟁을 통해 이루어졌다. 지금은 남한과 북한의 두 개 정부가 대립하고 있으며, "우리의 소원은 통일"이라는 국민들의 염원에도 불구하고 평화적인 통일을 기대하기가 쉽지 않은 상황이다. 이집트는 1958년 나세르의 주도하에 시리아와 통일아랍공화국(United Arab Republic)을 건설했으나, 1961년 시리아가 탈퇴하고 말았다. 예멘의 남북정부는 1990년 평화적으로 통일정부 구성에 합의했으나 1994년 내전이 발생하여 결국 북예멘이 남예멘을 무력으로 점령하고 강제적인 통일을 달성하였다(주동주, 2007). 그러나 2010년 이후 민주화를 요구하는 시위가 확산되고 2015년 현재는 복잡한 양상의 내전에 휘말려 있다.

같은 민족들끼리도 이러한데, 더 나가서 같은 민족도 아니고 오랜 역사적인 원한을 지닌 민족들이라면 하나의 정부를 받아들인다는 것은 상상하기도 어렵다. 팔레스타인과 이스라엘의 예는 어떠한가? 1993년에 팔레스타인해방기구(PLO)의 야세르 아라파트 의장과 이스라엘의 라빈 총리가 평화협정을 맺었지만, 2015년 10월 현재 극단적인 적대행위가 계속되고 있다. 마침내 얼마 전에는 팔레스타인 측에서 더 이상 의미가 없는 오슬로협정을 파기한다는 선언을 했다. 제3자의 입장에서는 양측의 갈등을 강 건너 불구경하듯이 할 수 있지만, 당사자들에게는 피가 튀는 철천지 원한이 맺힌 문제이다.

그렇지만, 상반되는 사례가 없는 것은 아니다. 제2차 세계대전으로 분단되었던 독일은 1989년 베를린장벽의 붕괴로 상징되는 평화적 통일을 이룩하였다. 서독의 압도적인 경제력이 동독을 흡수하게 만든 경우이다. 또한 현대에 두 차례의 큰 전쟁을 치렀던 독일과 프랑스가 유럽연합을 결성하고 유럽의회까지 만들어 단일한 화폐를 사용하는 것은 사실 기적에 가까운 일이다. 이런 사례를 감안하고, 유럽의회와 UN을 모델로 해서 세계정부를 구상해보는 일도 충분히 가능하다.

지구촌의 인류가 다양한 갈등관계를 그대로 안고 계속 가서는 더 이상 생존하기 어렵다는 것이 이제는 현실이 되었다. 하나의 세계정부 안에서 지구촌 곳곳의 문제들을 검토하고, 갈등을 해소하며, 인류 공동의 문제에 대응할 수 있는 체제가 절실히 필요하다. 각 민족과 국가의 독자적인 문화와 자존감을 충분히 고려하면서, 세계인들이 같이 모여 민주적인 의사결정을 내릴 수 있는 정치체계가 필요하다.

UN총회를 명실상부한 세계의회로 변화시킨다면 어떨까? 현재의 한 나라 한 표 시스템은 덩치 큰 나라와 아주 작은 나라의 현실적인 차이를 무시하여 사실상 UN을 무기력하게 만드는 요인이 되고 있다. 10억이 넘는 인구를 가진 나라와 몇백만도 안 되는 나라가 똑같이 한 표를 행사한다는 것은 민주주의의 원칙에도 사실 맞지 않다. 한쪽의 사람들은 과소하게 대표되고, 한쪽은 과다하게 대표되는 것이다. 한편으로 강력한 국력을 지닌 나라가 약소국가와 같은 취급을 받아야 한다면 이것 역시 한쪽 국민들의 자존감을 무시하는 비현실적인 체제가 된다.

유럽의회는 인구 비례 원칙에 따라 대표 수를 배정하지만, 이것은 유럽 국가들의 인구 자체가 현실적인 국력과 거의 비례하는 상황을 반영하는 것이다. 세계의회는 이와 달리 인구와 국력을 복합적으로 반영하여 대표 수를 배정할 수 있을 것이다. 인구만을 반영한다면 세계경제 1위인 미국은 인구 1위인 중국에 비해 3분의 1도 안 되는 대표를 배정받아야 하고, 이런 시스템은 효과적으로 작동하기 어렵다. IMF나 세계은행처럼 경제력만을 반영한다면, 이 역시 민주적인 정부가 되기 어렵고, 강대국들의 의사만 관철되는 제국주의적 수단이 되기 쉽다. 인구와 국력을 적절한 선에서 결합하여 대표를 배정하고 세계의회를 구성한 다음, 이를 통해 연방 형태의 세계정부를 구성할 수 있지 않을까 생각해본다.

궁극적으로 중요한 문제는 세계를 이끌어가는 사람들의 비전과 철학, 지혜이다. 크든 작든 인간사회의 모든 조직은 그 조직의 리더가 어떤 철학과 비전, 지혜를 가진 사람이냐에 따라 성과가 결정되는 것을 우리는 현실에서 직접 경험한다. 히틀러라는 한 사람의 잘못된 생각이 전 세계를 전쟁의 구렁텅이로 몰아넣었다. 제1차 세계대전과 대공황의 파괴적인 경제상황이 이런 사람을 지도자로 올라서게 만든 환경을 만들어주었다. 세계정부를 이끌어갈 지도자들은 충분히 검증을 거쳐 민주적으로 선출되는 절차를 만들어야 할 것이다.

지구촌 전체로 성장의 한계가 점점 더 명확해지고, 각국의 경제상황이 어려워지면서 우려할 만한 현상들이 두드러지게 나타나고 있다. 내가 어려워지면 남을 생각할 수 있는 여유가 없어지고, 나부터 살고 보자는 생각이 커지게 된다. 소련의 붕괴로 동서냉전이 끝나고 인류가 평화적 공동체를 건설하는 데 에너지를 집중할 수 있었던 결정적인 시기에 미국 일방주의를 내세운 지도자가 등장했던 것은 아쉬운 일이다. 지금 미국과 유럽에서는 난민문제가 사회적, 정치적 이슈로 떠오르고 있는데, 배타적인 목소리들이 커지고 있는 현상은 우려스럽다. 이런 분위기 속에서 중국과 일본도 국수주의를 내세우고 무장을 강화하는 방향으로 움직이고 있어 역시 우려스럽다.

한국 역시 동서냉전 시대로 회귀한 듯한 정치, 사회적 분위기가 커지고 있는 한편, 고속성장 하던 시기에 성공하여 과실을 축적한 사람들이 이제는 자신들과 자기 자식들의 지위 보전만을 생각하면서 사회적 계층 이동에 대한 장벽을 쌓는 일에 몰두하는 현상이 나타나고 있어 걱정스럽다. 성공한 사람들이 그 과실을 사회와 나눈다면 훨씬 아름답고 평화로운 나라가 될 것이다. 돈을 가진 사람은 돈으로, 지식을 가진 사람은 지식으로 사회에 기여하려는 자세가 필요하다.

"공존하자!"는 철학은 이런 시대에 더욱 강력한 사회적 메시지가 되어야 한다. 인류가 평화롭게 공존할 수 있도록 지혜를 모아 세계정부의 건설이 필요하다. 이 지점에서 찰리 채플린의 <독재자(The Great Dictator)>라는 1940년 영화에 나오는 채플린의 명연설이 생각나 한 구절만 옮겨보고 싶다. 히틀러와 닮은 주인공이 히틀러 대신 군인들을 상대로 토해내는 이 연설은 내가 본 모든 영화의 대사 중에 가장 감동적인 구절이다. 이런 명연설을 만든 채플린과 작가에게 감탄과 존경을 보낸다.

> "우리는 새로운 세계, 모든 사람에게 일할 기회를 주고, 청년들에게는 미래를, 노인들에게는 안정을 줄 수 있는 세계를 위해 싸웁시다. 야만적인 인간들이 이런 것들을 약속하면서 권력을 잡았습니다. 그러나 그들은 거짓말을 하고 있습니다. 그들은 약속을 지키지 않습니다. 그들은 전혀 그럴 의사가

없습니다. 독재자들은 자신들만을 자유롭게 하고 다른 사람들은 노예로 만듭니다. 자, 이제 우리가 이 약속을 실현하기 위해 싸웁시다. 자유로운 세상을 위해 싸웁시다. 국가의 장벽을 없애고, 탐욕과 증오와 배척을 없앱시다. 이성이 지배하고, 과학과 진보가 모든 사람을 행복으로 이끄는 세계를 위해 싸웁시다. 군인들이여, 민주주의의 이름으로 모두 단합합시다!"

6. 사회주의의 비현실성에 대하여

책을 마무리하는 단계에서 다소 뜬금없는 사족 같은 이야기지만, 여기에서 사회주의에 대한 낭만적 기대의 위험성에 대해 조금 언급해두고 싶다. 성장의 한계라는 주제로 책을 쓰고자 구상하면서 필자가 읽은 자료들 가운데 사회주의를 대안으로 생각하는 경향이 눈에 띄어서 이에 대한 필자의 의견을 이 책 어디엔가 조금 집약해서 넣어두는 것이 좋겠다는 생각을 했다. 우리가 사는 자본주의사회가 여러 면에서 불안하고, 그 점에서 많은 반발을 사고 있지만, 이런 시기에 적절한 대안이 무엇인지에 대해서는 정말 깊은 고민을 필요로 한다. 역사에서 이미 실패한 사회주의 계획경제 모델이 여전히 자본주의의 대안으로 기대를 받기도 하는 까닭은 다분히 낭만적이며 이상적으로 들리는 그 구호가 관심을 모으기 때문이 아닐까 생각해본다. 그러나 현실은 그런 낭만이나 이상과는 거리가 멀다는 사실을 지적해두고 싶다.

계획경제 모델에 대해 한국인 교수 두 분이 쓴 상반된 글이 있어 여기에서 소개하고자 한다. 2015년에 작고한 서울대의 김수행 교수는 한국에서 마르크스의 자본론을 가르친 대표적인 좌파 이론가로 알려져 왔다. 좌파를 불온시하고 용납하지 않던 한국의 정치사회 현실 속에서 학자로서 자신의 신념을 지키며 마르크스를 연구해온 그 분의 자세는 충분히 존경할 만하다. 그러나 현실에서 이미 실패한 계획경제를 그가 마지막까지 자본주의의 대안으로 제시한 것은 이해하기 어렵다. 김수행(2011: 67-68) 교수가 2011년에 출판한 『세계대공황』에는 아래와 같은 글이 나온다. 내용을 충분히 전달하기 위해 다소 길게 인용해보겠다.

> "모든 주민이 그 사회의 모든 인적 물적 자원을 공동체(지역과 전국)를 위해 사용하기로 주민자치위원회를 통해 결정한다고 해봅시다. 일할 수 있는 모든 사람은 자기의 능력과 적성에 따라 공동체의 작업에 참여해야 하고, 그 사회에 있는 모든 토지와 공장과 기계와 원자재는 공동체가 이용할 수 있는 자원이 됩니다. 주민자치위원회는 모든 주민에게 자기와 가족이 1년 동안 소비할 재화와 서비스의 종류와 수량을 컴퓨터를 통해 알려줄 것을 요구하여 모든 주민의 필요와 욕구를 파악하게 됩니다. 주민자치위원회는 그 사회의 인적 물적 자원이 주민들의 필요와 공동체 자체의 공적 필요(학교, 병원, 철도와 도로, 스포츠센터, 오락시설 등)를 충족시키는 데 충분한지를 검토하여, 주민들의 요구 사항과 공동체의 필요에 대한 여러 가지 계획안을 작성하여 주민들에게 토론하게 할 것입니다.
> 현재의 고도로 발달한 쌍방향의 정보통신 기술은 효과적이고도 민주적인 계획경제의 수단이 될 수 있을 것입니다. 이리하여 계획이 확정되면 주민자치위원회는 그 계획대로 재화와 서비스를 생산하여 각각의 주민에게 배달해줄 것입니다. 수요와 공급은 처음부터 일치하게 되고, 일할 수 있는 모든 사람이 일에 참여하기 때문에 하루의 노동시간은 3시간으로 단축되며, 빈부의 격차도 없고 지배와 억압도 없는 자유롭고 평등하며 연대감이 넘치는 새로운 사회가 올 것입니다."

참으로 이상적이며 아름다운 사회다. 계획경제가 실현되면 과연 이런 세상이 올까? 김수행 교수가 언급한 계획경제에 대해 그보다 60여 년 전에 이미 현실을 직접 체험한 서울대의 김성칠(1993: 128-138) 교수가 남긴 글이 있어 여기 소개해본다. 1950년 북한군의 남침으로 6·25전쟁이 터지고 사흘 만에 수도 서울이 함락당하자 피난을 가지 못한 절대다수의 서울시민들은 석 달간 공산정권의 통치를 겪어야 했다. 당시 서울대 사학과 김성칠(1993: 180-181) 교수 역시 피난을 가지 못하고 서울에서 생활하면서 공산정권하에서 벌어졌던 일들을 일기에 생생하게 기록하였다. 1950년 8월 26일자 일기에는 그가 소유한 밭에 무와 배추를 심으라는 당의 지시가 내려와 김 교수가 항의하는 내용이 기록되어 있다. 무, 배추를 파종할 수 있는 시기가 지나 날씨도 적합하지 않고, 땅도 적지가 아니라는 항의에 인민위원회에서는 개인의 사정을 떠나 무조건 국가의 명령에 복종하여 주어진 생산량을 달성하는 것이 계획경제라고 윽박지른다. 아래 인용하는 내용이 그 부분이다.

"오늘은 무·배추의 파종 명령서가 내리었다. 이런 명령서가 아니기로서니 어련히 농사지으리요 하니, 듣는 측이 깜짝 놀란다. "댁에서까지 그처럼 이해가 없으셔서야 어떡합니까. 우리 인민공화국에서는 모두가 계획경제인걸요" 한다. "무·배추는 아시다시피 이 지방은 이미 파종의 적기가 지났고, 또 그렇더라도 땅만 축축하면야 늦었건 말건 지금 당장 씨를 내릴 수도 있는 일이지만, 이렇게 달포나 가물어서 먼지가 풀풀 나는 밭에 씨를 내려보았댔자 타죽을 뿐일 것이고, 비 오기를 기다려서 한다면 아주 시기를 놓치고 말 것입니다. 더욱이 우리 밭으로 말하면, 본시 강변 바닥이라서 워낙 가물사리를 심히 타기 때문에 해마다 얼마쯤 심어보는 것이 번번이 모두 말라 죽어버려서 금년에는 아주 김장 농사를 단념하고 호박이나 늦게까지 두고 따 먹을 작정입니다" 하였으나 "댁의 사정은 댁의 사정이고, 나라 일은 그렇게 맘대로 되는 것이 아닙니다. 상부에서 모두 일정한 계획이 서 있어서 정릉리는 금년에 몇 정보의 무와 또 몇 정보의 배추를 갈도록 하라는 지시가 있고, 우리는 이 지시에 따라 다시 각 개인의 농지면적을 참작하여 공평하게 배정하는 것입니다. 댁에선 어떠한 형편이 있더라도 지정된 면적에 파종하여 가을에 일정량의 현물세와 공출을 내어야 하는 것입니다. 그래야만 우리나라 수도 서울의 국가기관과 공장에서 일하는 분들의 김장을 담을 수 있을 것이 아닙니까. 이것이 계획경제라는 것입니다" 하고 어디까지나 계획경제를 앞장세운다."

9월 5일자 일기에는 김 교수가 이 고장 기후와 토질과 작물의 특성으로 보아서 안 될 것이 너무나 명백한 사실이지만, 당국자와 말썽을 빚기 싫어 결국 무와 배추씨를 뿌렸다는 내용이 나온다. 계획경제라는 구호가 얼마나 비현실적인지를 생생하게 보여준다. 그보다 앞서 7월 26일자 일기에는 인민위원회 선거에 대한 이야기가 나온다. 김수행 교수가 말한 주민자치위원회가 현실에서 구현된 조직이라고 보면 맞을 것이다. 인민들의 직접 선거에 의해 가장 민주적인 절차로 주민대표를 뽑아 운영한다고 선전한 인민위원회가 얼마나 비민주적이고 황당한 방식으로 구성되었는지를 누구든 알 수 있다. 권력을 장악한 소수의 사람들이 대중을 모아놓고 선동하고 윽박지르는 방식으로 자신들이 내정해놓은 사람들을 박수에 의해 선출하는 것이다.

60여 년 전에 전쟁 중인 특수상황에서 발생한 일을 가지고 오늘날 컴퓨터와 네트워크 시대에 그대로 적용할 수 있는가 하고 반박할 수 있을 것이다. 그러나 주민들의 수요를 미리 조사해서 중앙에서 생산을 계획하고 결과물을 나누어준다는 생각이 현실 세계에서 제대로 실현 가능하지 않다는 사실은 소련과 동유럽, 중국, 북한의 사례에서 이미 충분히 검증되었다. 70억의 인구가 사는 오늘의 세계에서 이런 방식으로 경제를 운영한다고 생각해보자. 한 사람이 사는 데 하루에 필요한 물건만 해도 도대체 몇 가지나 되는지 한번 생각해보기 바란다. 아침에 일어나 잠자리를 정리하고 세수하고 밥 먹고 이빨 닦고 옷 입고 가방 챙겨서 차를 타고 출근하고 사무실에 나와 커피 한잔 마시고 온갖 일을 다 한 다음 저녁에 퇴근해서 밥 먹고 TV 보다 잔다. 이 평범한 한 사람의 하루 일과를 위해 필요한 물건이 몇백 개인지 한번 헤아려보자. 나가서 70억의 인간들이 날마다 먹고 입고 써야 하는 물건은 도대체 몇백억 개일지 한번 생각해보자. 수요를 조사해 생산계획을 세우는 일 자체가 힘들겠지만, 모든 물자를 실제 생산하고 배달하는 과정은 어떻게 이루어질 것인지 상상하기 어렵다.

나는 필요한 칫솔이 10개라고 써냈는데, 옆집 사람은 20개로 써냈다면 누가 어떻게 생산과 배분을 공정하게 결정하겠는가? 내가 원하는 칫솔의 모양과 옆 집 사람이 원하는 칫솔의 모양이 다르면 어떻게 할 것인가? 나는 이런 크기의 집을 원하는데 다른 사람은 더 큰 아파트를 원한다면 어떻게 할 것인가? 수많은 사람들이 셀 수 없이 많은 물건에 대해 제각각 다른 필요를 가지는 것은 당연한데, 그걸 누가 어떻게 조정해서 생산하고 분배할 것인가? 주민들이 토론해서 결정한다는데, 얼마나 많은 토론에 사회적 에너지를 소모해야 할 것인가? 그리고 생산과 배달 과정은 또 얼마나 어려운 것인가?

그 모든 과정을 조사하고 결정하는 주민자치위원들은 신적인 능력과 순수성을 지닌 사람들일까? 한국에서 요 얼마 동안 아파트단지의 난방비를 둘러싼 주민들 간의 싸움이 뉴스에 나온 적이 있다. 주민들의 직접 선거로 선출하는 조그만 동네 아파트단지의 대표들조차도 자신들이 이용할 수 있는 권력으로 아파트 난방비를 조작하여 말썽을 빚은 것이다. 그런데 조그만 아파트도 아니고 한 나라의 거대한 인구가 먹고 사는 모든 일을 계획하고 통제할 수 있는 주민자치위원회라면 실제 엄청난 권력을 집중화한 독재조직이 될 수밖에 없다. 결국 정치적으로는 황제의 절대권력이 지배하고, 경제적으로는 필요한 곳에 수요를 채워주지 못하는 만성적인 물자부족으로 국민들의 불만이 폭발해 사회주의 정권들이 무너진 것이다.

시장에 기반을 둔 수많은 개인들의 창의적 노력이 보이지 않는 손의 조화를 통해 자신들의 의도와 상관없이 사회 발전을 가져온다는 아담 스미스의 통찰은 인간의 현실세계를 냉철하게 관찰하여 얻은 경험적 지식이다. 사회적으로 어떤 물자가 부족해지면 그것을 생산해서 파는 것이 돈벌이가 되겠다고 생각하는 개인들이 투자한다. 자본주의는 이런 식으로 해서 수많은 사람들의 자발적인 판단에 근거해 생산과 교환이 이루어지고 필요한 곳에 물자가 가게 만드는 것이다. 반대로 소수의 개인들이 수많은 사람들의 다양한 수요를 파악해서 생산을 계획하고 통제한다는 사회주의는 정작 수요를 충족하기에 턱없이 부족하고 소수의 권력자만 만드는 비현실적인 체제가 되는 것이다. 개인들은 자신의 노력으로 부자가 될 수 있는 것도 아니니 노력해야 할 동인을 느끼지 못한다.

소수의 사람들이 사회를 계획하고 통제해서 인위적으로 자신들의 생각을 사회에 관철하고자 하면 대부분 끔찍한 결과가 초래된다는 사실을 우리는 역사 속에서 얼마든지 볼 수 있다. 사람들의 생김새가 모두 다르듯이 생각 역시 모두 다르고, 그런 개인들이 남을 해치지 않는 선에서 자유롭게 생각하고 활동할 수 있는 사회래야 정신적으로나 물질적으로 풍요로워지는 것이다. 개인들의 경쟁이 공정한 게임의 룰 아래서 조화롭게 이루어지고 승리한 사람들에게 보상을 해주되 패배한 사람들에게도 재기의 기회를 충분히 주는 따뜻한 자본주의래야 우리의 삶을 안정되고 평화롭게 만들어주는 것이 아닐까 생각한다.

7. 인류의 역사는 어디로 향하는가?

이제 이 힘든 작업을 전체적으로 마무리하는 순간에 이르렀다. 맺음말을 대신하여 인간의 삶이 어디로 가고 인류의 역사는 어디로 향하는가에 대한 필자의 생각을 한번 정리해보고자 한다. 이 책을 시작하는 앞부분에서 필자는 인류 역사가 어떻게 흘러와서 어떠한 발전을 이루었는가를 간략히 개관하였다. 짧은 글이지만 필자가 생각하기에 가장 중요한 발전 네 가지를 압축해서 설명하였다.

다른 생명체들과의 경쟁에서 이기고 지구를 지배하는 종으로 우뚝 섰다는 것, 약탈에서 교환으로 생존방식의 변화를 이루었다는 것, 늘 춥고 배고프던 궁핍의 시대에서 전반적인 풍요의 시대로 옮겨왔다는 것, 그리고 태어나서부터 죽을 때까지 주어진 신분으로 살아야 했던 계급사회에서 누구나 똑같이 평등한 사회로 이전했다는 것을 중요한 네 가지 발전으로 파악하였다. 필자는 이러한 네 가지 변화가 지금까지 인류 역사의 방향성을 보여주는 가장 중요한 흐름이었고, 앞으로도 그러할 것이라고 생각한다. 인간의 역사에 어떤 목적성이 있다면 궁극적으로 모든 사람이 생명의 위협을 받지 않고, 춥고 배고프지 않고 풍요로우며, 타인에게서 구속받지 않고 자유로운 세상을 실현하는 것이 아닐까 생각한다.

모든 개인이 가진 이러한 욕구를 집단적으로 현실 속에서 실현해온 과정이 인류 역사의 큰 흐름이고, 앞으로도 나아갈 방향성이다. 타인들이 자신들의 자유와 풍요를 위해 나의 자유와 풍요를 저해하는 일은 어떤 인간이라도 용납하지 못한다. 소수의 사람들이 칼과 총을 가지고 수많은 사람들을 억압하고 착취하며 과분한 풍요를 누리는 시대에는 어김없이 저항이 발생하여 엄청나게 많은 피를 흘려야 했다. 인류 역사의 긴 과정이 이러한 투쟁의 연속이었고, 근대의 식민통치는 그러한 착취와 저항의 역사에서 절정이었다.

인간은 왜 태어나서 왜 이런 삶을 살고 죽은 후에는 어디로 가는지 사실 지금까지 아무도 모른다. 공자(孔子)는 삶의 문제도 모르는데 죽음 이후의 문제를 어떻게 알겠냐는 취지의 말을 했다. 『논어(論語)』의 선진(先進) 편에 이런 말이 있다.

> "계로가 귀신을 섬기는 법에 대해 물었다. 공자가 답하길 사람을 섬기는 법도 모르는데 어떻게 귀신을 섬기겠는가? 계로가 다시 물었다. 그래도 감히 여쭙니다. 공자가 답했다. 삶을 알지 못하는데, 어찌 죽음을 알겠는가"
> (季路問事鬼神 子曰 未能事人 焉能事鬼 敢問事 曰 未知生焉知死).

나는 공자가 진실로 솔직한 사람이라고 생각한다. 많은 종교지도자들이 신의 이름을 팔아 내세를 이야기하지만, 솔직히 그들인들 죽음 이후의 세계가 어떤 것인지 알겠는가? 필자는 대학 시절에 어느 유명한 신학자가 기독교에서 말하는 구원과 성령의 감동이라는 것이 솔직히 무엇인지 잘 모르겠어서 고민했다는 글을 읽고, 이런 거장도 나처럼 평범한 청년과 마찬가지로 그런 의문을 가졌다는 사실에 당시로서는 상당한 감동을 느꼈다. 수십 년 전에 읽었던 그 내용이 어느 자료에서 본 것인지 지금은 아무리 해도 찾을 수가 없어 출처를 밝히지 못함을 애석하게 생각한다.

종교인이라고 특별한 인간이겠는가? 예수에게서 천국 열쇠를 전해내려 받았다는 로마 교황이 실제로 그런 열쇠를 지니고 있을까? 면죄부를 팔아 착복하던 중세의 교황들이 그런 열쇠를 지닌 사람들이었다고 생각되는가? 지상에서 신을 대리한다는 이란의 아야툴라는 과연 신적인 존재일까? 이슬람교의 예언자 마호메트는 나를 신으로 섬기지 말라는 유시를 내리면서 "알라 이외에 신은 없다"고 했는데, 오늘날 이슬람세계의 모습은 어떠한가? 마호메트는 사도라고 하지만, 이미 신과 같은 존재이다. 얼마 전에는 극단적인 무슬림들이 파리의 어느 만화가가 마호메트를 풍자했다고 그가 근무하는 신문사로 찾아가 잔인하게 총기를 난사하여 많은 사람들을 죽인 사건이 있었다.[11]

현세에서 재물과 권세를 탐하지 말고 다음 생애의 축복을 믿으라고 설교하는 성직자들이 정작 자신들은 신도들이 바치는 재물로 호화로운 교회를 짓고 현세의 영화를 꿈꾼다. 테러리스트에게 죽음 이후 천국을 약속하면서 순교를 요구하는 사람들은 정작 자신들이 현세에서 이루고자 하는 목적을 위해 남의 생명을 빼앗는다. 면죄부를 팔아 돈을 챙기던 로마교황청의 사기는 인류 역사의 모든 시대에 어느 곳에서나 늘 있어 왔다.

공자는 괴력난신(怪力亂神)에 대해 말한 적이 없다고 하였다. 인간의 이성으로 이해할 수 없는 괴이한 일, 힘자랑하는 일, 세상을 어지럽게 하는 일, 신적 존재에 관한 일을 언급하지 않았다는 것이다(논어, 술이 편). 이러한 말들은 거의 모두 특정한 목적을 위해 사람들을 유혹하는 사기라고 보아도 틀림없다. 나는 인간의 개별적인 삶이 어디로 가는지 모른다. 성경의 표현대로 흙에서 나와 흙으로 돌아갈 것이다. 네일 슈빈(Neil Shubin, 2013)이라는 생물학자는 우리의 몸도 결국은 물고기와 같은 원자로 구성된다고 설명한다. 성경의 표현을 현대식으로 고친다면 인간은 원자로 만들어

---

11) 2015년 1월 7일 파리의 시사주간 잡지인 Charlie Hebdo사의 빌딩에 두 명의 무슬림 형제가 난입하여 총기를 난사, 11명이 죽고 11명이 다쳤다.

져 원자로 돌아간다고 해야 하지 않을까 싶다.

어쨌거나 개별적인 삶의 의미는 이해할 수 없지만, 인류라는 사회 전체의 역사는 뚜렷한 방향성을 지니고 있다는 것을 분명히 인식하고, 여기에 서술하였다. 이제 인류 역사는 자칫하면 모두가 절멸할 수 있는 마지막 단계에 왔다. 이 단계에서 우리가 새겨야 할 철학은 "공존하자!"라는 것임을 다시 한 번 강조하고 싶다. 지금 이 지구 위에서 힘을 가진 소수의 세력이 타인을 억압하고 착취하여 자신들만 풍요롭고 안락하게 살겠다는 욕구를 추구한다면, 지구는 그 자체가 설국열차가 될 수밖에 없다. 결국 인류라는 열차가 탈선하여 모두가 함께 낭떠러지로 떨어질 것이다. 인류 역사의 찬란한 발상지인 이라크와 시리아의 아름다운 도시들이 소수의 독재자들로 인해 지금 어떻게 부서지고 있는지 현실에서 보여주고 있지 않은가?

내가 아닌 다른 누구라도 남에 의해 자유를 구속받는 삶을 원하지 않으며, 남으로부터 생명을 위협받기 원하지 않는다. 내 삶의 물질적 기반을 약탈당하고 춥고 배고프게 살기도 원하지 않는다. 내가 원하지 않는 것들은 남들도 원하지 않는다는 이 평범한 사실이야말로 인간이 사회를 이루어 평화롭게 살 수 있도록 하는 기본적인 진리이며 지혜이다. 이 평범한 사실을 분명히 인식하는 데에서부터 위기에 처한 인류가 함께 살아나갈 수 있는 방법이 나오는 것이다.

이와 관련하여 다시 공자의 말이 생각난다. 우리 동양인들은 이상적이기는 하지만 현실과 동떨어진 것 같은 말을 들을 때 "공자님 말씀"이라고 표현하는데, 그의 말은 사실 인간사회의 온갖 풍파를 경험하고 관찰하면서 결국은 인간들이 가장 평화롭게 살 수 있는 원칙을 제시한 것이다. 어지러운 세상에서 자신의 정치철학을 실현하기 위해 세상을 주유했던 그의 스산했던 삶의 경험과 깊은 학문이 어우러져 나온 절실한 깨달음이 그의 말로 표현되고 있는 것이다. 그래서 사람들이 살아오면서 타인과의 갈등으로 괴롭고 어떻게 살아야 하는지 마음이 흔들릴 때 이 사람의 말이 수천 년의 세월을 뚫고 되살아나 마음에 새겨진다. 『논어(論語)』위령공(衛靈公) 편에 다음과 같은 말이 있다.

> "자공이 물었다. 평생토록 지켜 행해야 할 한마디의 말이 있다면 무엇입니까? 공자가 답했다. 그것은 서(恕)이니 내가 원하지 않는 것을 남에게 행하지 않는 것이다"(子貢問曰 有一言而可而終身行之者乎 子曰 其恕乎 己所不欲 勿施於人).

내가 원하지 않는 것을 남에게 강요하지 말라. 이 말은 너무나 평범한 그야말로 "공자님 말씀"이지만, 이 단순한 철학이 지금, 그리고 앞으로 인류를 위기에서 구해내는 중요한 키워드가 될 것이다. 그 정신은 예수가 "서로 사랑하라"고 한 말과도 일맥상통한다. 인간과 인간의 공존, 나아가 인간과 자연의 공존, 이 두 가지 철학을 실천해나가는 길만이 인류가 지속 가능한 미래를 담보할 수 있는 방법이 될 것이라 생각한다.

마지막으로, 책을 끝맺으면서 "70억의 별"이라는 이 책의 제목이 함축하는 또 하나의 의미에 대해 언급하고자 한다. 이 제목은 우선 서론에서 언급한 대로 70억이라는 인구를 포함하고 있는 지구라는 별을 의미한다. 그러나 이 제목은 나아가 지구라는 별 위에 살고 있는 70억의 또 다른 작은 별들을 의미하기도 한다. 인도의 고전철학에서는 삼라만상 하나하나가 본질적으로 우주 그 자체와 같은 속성을 품고 있다고 한다. 필자는 이런 선인들의 깨달음에 깊이 공감한다. 이 별 위에 발을 딛고 숨 가쁘게 살아가는 모든 사람 한 명 한 명이 그 자체로 빛나는 별들인 것이다. 필자는 70억의 작은 별들을 안고 있는 지구라는 별이, 그리고 그 70억의 작은 별들 하나하나가 모두 찬란하고 영롱하게 빛나는 아름다운 별들이 되기를 간절히 희망한다는 말을 남기고 싶다.

\<Box 8-1\> 우파니샤드의 범아일여(梵我一如)

인도의 고전철학서인 『우파니샤드(Upanishad)』에 따르면 대우주는 궁극적으로 수많은 소우주와 그 본질에서 하나이다. 우파니샤드는 대우주를 구성하는 원리이자 대우주 그 자체를 \<브라만(Brahman)\>이라고 하고, 개개의 인간이 지니고 있는 본질적 속성을 \<아트만(Atman)\>이라고 한다. 브라만은 무수히 많은 아트만으로 표현되어 나타나지만, 궁극적으로 이 양자는 하나라고 한다. 우주의 삼라만상에 나타나는 수많은 다양한 아트만들을 뚫고 들어가 보면 궁극적으로 모두가 하나인 브라만이고, 이것을 깨달을 때 인간이 너와 나의 차별이 없고, 모두가 브라만인 열반의 세계에 이른다고 가르친다. 중국인들이 이 가르침을 한자로 번역하여 \<범아일여(梵我一如)\>라고 표현했다.

우파니샤드라는 말은 "좀 더 가까이 앉는다"라는 뜻에서 나온 말로 은밀하게 전달하는 비밀스러운 가르침이라는 의미를 지니고 있다. 고대 아리아인의 종교인 브라만교(Brahmanism)의 경전, 베다(Veda)를 구성하는 세 부분(브라마냐, 아라나카, 우파니샤드)의 마지막 부분으로서, 오랜 세월에 걸쳐 만들어진 100여 권의 철학서를 집합적으로 일컬어 우파니샤드라고 하며, 그 중 특히 13권이 유명하다(원의범, 1981: 43; 강은형, 1979: 279). 지배 종족의 종교였던 브라만교가 세월이 흐르면서 피지배 토착인들의 민간신앙과 융합하여 형성된 종교를 힌두교(Hinduism)라고 한다.

에필로그

필자는 대학 시절에 아놀드 토인비의 『역사의 연구』, 『시련에 처한 문명』 등을 읽으면서 인류의 미래에 대해 고민하기 시작했다. 크게는 미국과 소련의 양대 강국에 의해 냉전이 진행되면서 제3차 세계대전과 핵전쟁의 위험이 늘 거론되고, 작게는 200여 개의 국가들이 나누어져 충돌하는 세계, 그리고 정신적으로는 자본주의와 사회주의의 세속적 이념들이 충돌하고, 기독교, 이슬람교, 유태교, 불교, 힌두교, 유교 등의 종교들이 충돌하는 세계, 토인비의 책들은 이런 세계의 모습에 대한 진단과 인류의 미래에 대한 걱정으로 가득 찬 책들이었다.

지금 필자가 펼쳐보고 있는 때 묻고 너덜너덜해진 『시련에 처한 문명』의 맨 뒷장에는 1979년 12월 26일 광화문서적센터에서 샀고, 한국외국어대 아랍어과 2학년 주동주라는 서명이 있다. 무려 36년 전, 만으로 20세의 나이에 샀던 책이다. 학점 관리하면서 취업 걱정하고 연애에 몰두했어야 할 그 아름다운 청춘의 20대 시절에 나는 왜 하필 이런 책들에 빠져 고민하면서 살아야 했는지 모르겠다. 지나간 청춘 시절이 아쉬워질 때면 그것도 내 팔자고 운명이라는 생각으로 자위하고는 한다. 그 오랜 고민의 결과로 지금 겨우 이런 책을 쓰고 있는데, 아직도 분명한 답은 없다.

인류사회가 정치적으로 안정되기 위해서는 "세계정부"(Universal State)가 필요하고, 정신적으로 화해하고 조화되기 위해서는 "세계종교"(Universal Church)가 필요하다는 생각은 토인비의 책들을 읽을 때부터 늘 가져왔다. 내가 최고이고, 남은 무시하거나 밟아버려야 할 존재라는 생각이 인류 역사에 수많은 분쟁과 갈등을 가져온 원인이며, 이런 분쟁의 역사에 아이러니컬하게도 사랑을 가르쳐온 종교들이 큰 기여를 했다. 모세가 시나이산에서 받아왔다는 "나 이외에 다른 신을 섬기지 말라"는 계율로 인해 그 후 인류 역사에 얼마나 많은 전쟁과 피 흘림이 있었는지 생각해볼 필요가 있다. 특정한 믿음을 지녀서 자신의 마음이 평안하고 생활에 도움이 된다면 혼자서 그렇게 믿으면 된다. 그런데 자신의 믿음을 남에게 강요하고 그것을 무력으로까지 관철하려고 하면, 생각이 다른 사람들끼리 충돌이 발생하는 것이다.

다신교도였던 헤로도토스(박광순 역, 1987)의 역사를 읽어보면 다른 민족의 종교에 대해 매우 관용적인 이해를 한다. 이집트인들은 제우스를 아문이라고 부르고 디오니소스를 오시리스라고 부르며, 헤라클레스라는 이름은 그리스인들이 이집트로부터 받아들인 것이라고 서술하는 식으로, 다른 민족들이 숭상하는 종교를 존중하고 자신의 종교와 배타적이지 않은 것으로 이해한다. 내가 가진 때 묻은 번역서의 맨 뒷장에 1992년 2월 20일이라고 적혀 있는 독후감에는 이런 구절이 있다.

> "모든 민족의 풍속은 제각기 존중되어야 할 가치가 있으며, 특히 어느 민족이 섬기는 신이든 그 신은 실재하는 것으로 받아들여야 한다. 이들 신은 그리스의 신들과 동일한 존재나 다른 이름으로 불리는 경우가 많다. -그리스적인 중화사상(中華思想)을 발견할 수 없다는 점은 헤로도토스의 가장 큰 장점이다."

무려 23년 전에 읽고 적어놓은 이런 독후감이 그 후부터 지금까지 가져온 내 세계관의 일부를 반영하고 있다. 지중해 연안의 방대한 지역을 여행하면서 자신이 보고 들은 민족들의 역사와 풍속, 종교들을 상세히 기록한 헤로도토스의 역사에 유태인에 대한 언급이 전혀 없다는 사실은 시사하는 바가 있다. 성경에 나오는 출애굽의 장대한 이야기가 역사적 사실이라고 믿을 이유는 없다.

신을 독점해서 자신의 생각을 신의 이름으로 팔아먹는 사람들을 우리는 경계해야 한다. 인간은 자신이 아는 만큼 남을 이해하고 세상을 이해한다. 공부를 하지 않는 목사들이 아는 것을 제대로 설명할 수 없으니 "예수 천국, 불신지옥"이라는 협박으로 겁을 주고 장사를 하는 것이다.

사도 바울이 아테네에 가서 수많은 신상을 보고 우상이라고 비난했지만, 헤로도토스와 같은 그리스인들에게 그 신상은 진지한 경배의 대상이었다. 델피의 아폴로신전에서 무녀들이 받았다는 신탁을 지금 우리는 미신 정도로 생각하지만, 당시에는 사람들을 떨게 만들고 기쁘게도 만들던 신의 계시였다. 세월이 지나 모세가 시나이산에서 계율을 받았다고 하는 믿음이 까마득한 옛날 전설로 간주되는 시대가 온다면 야훼와 알라의 자손들이 함께 공존할 수 있지 않을까 생각해본다. 그리스에서는 제우스를 경배하고, 시나이산에서는 모세를 생각하면서 야훼를 경배하고, 아라비아의 사막에서는 마호메트를 생각하면서 알라를 경배하는 헤로도토스적 관용이야말로 현대인에게 절실히 필요한 정신이다. 종교라는 이름으로 결집되어 있는 온갖 인간군상들의 신념과 이해관계가 지금은 이러한 관용을 가로막고 있다.

개인적인 군소리가 많아졌지만, 어차피 이 에필로그는 책의 다른 부분에서 말하기 어려웠던 개인적인 이야기를 좀 남겨두고 싶다는 생각으로 쓰는 것이다. 필자의 50여 년 인생을 통해 가장 큰 고민이었던 인류사회의 위기에 대한 문제를 좀 정리해보자고 책을 쓰기 시작했는데, 주제가 너무나 어렵고 방대한 문제여서 쓰면서도 몇 번씩이나 내가 이 책을 마칠 수 있을까 회의했다. 모처럼 직장 일에서 풀려나 1년간의 미국 휴식 시간에 사실 거의 모든 에너지를 이 책을 쓰는 데 소모했다. 그 결과 휴식을 취해 건강해진 몸이 아니라 상당히 지친 상태로 한국에 돌아왔는데, 오자마자 세종시라는 신도시로 주거를 옮겨 정착하고 직장일이 산더미처럼 몰려 매우 고전하면서 여기까지 왔다. 주제가 우리의 일상적인 삶과도 거리가 먼 것이라 주위 사람들 누구에게도 무슨 책을 쓴다고 제대로 말도 못 하고, 혼자 고민하면서 작업을 했다.

이 힘든 작업을 마치면서, 책이 나왔을 때 이런 책을 읽을 사람들이 있을는지, 그들이 읽고 어떤 반응을 보일지 솔직히 잘 모르겠다. 나의 지식과 능력을 최대한 동원해서 열심히 썼는데, 너무나 방대한 주제에 내가 다 알 수도 없는 문제들을 겁 없이 도전해서 썼다는 걱정도 있다. 내 전공이 아닌 분야에 잘 알지도 못하면서 함부로 언급하는 것은 위험한 일이다. 그래서 하나의 사실을 언급할 때는 최대한 관련 자료를 찾아 몇 번씩 확인하면서 일단 정확한 사실을 기술하고자 노력했다. 수많은 전문가들이 넘치는 세계이니 특정 주제에 대해 더욱 관심 있는 분들은 관련 분야의 전공서적들을 찾아 세밀한 그림들을 볼 수 있으리라 생각한다.

필자는 30여 년간 경제연구소에서 근무하면서 수십 권의 전문서적을 썼고, 오랫동안 대학에서 강의를 했다. 전문가로서의 길도 물론 중요하고 나름대로 그 분야에서 인정받게 되었지만, 개인적으로는 정작 그 많은 책에 내 영혼을 담은 글을 쓸 수 없고, 사회의 전체적인 모습을 보는 것이 아니라 코끼리 다리 만지듯이 국지적인 현상만을 들여다봐야 한다는 사실이 늘 마음 답답했다.

학문의 목적이 사물의 이치를 밝히어 궁극의 깨달음을 얻고 그로부터 마음의 평안을 얻는 것이라는 동양의 고전 『대학(大學)』에 나오는 구절들이 늘 마음의 갈증을 부추겼다. 한학자이셨던 아버지로부터 어릴 때 배워 뜻도 모르고 그냥 외웠던 구절들이 자라면서 그 의미가 새겨지고 마음속에 늘 숙제로 되살아났다. 아직도 모르는 문제가 너무나 많아 격물치지(格物致知)라는 그 경지는 닿을 수 있는 것인지 의문이지만, 나이가 50이 넘고 이제 사회생활을 마무리하는 단계로 들어선 마당에 지금이라도 내 영혼을 담은 책을 하나 써봐야겠다는 생각을 해서 이 책을 쓰게 되었다.

필자는 일반 독자를 위한 교양서적으로서 이 책을 구상했다. 내용의 상당 부분이 고도의 전문지식을 가져야 이해할 수 있는 부분이지만, 필자 자신이 이해하는 범위 내에서 최대한 독자들이 쉽게 이해할 수 있도록 쓰려고 노력했다. 중요한 단어들에 영어를 같이 표기한 것은 원문을 알면 좀 더 정확한 이해가 가능하고 궁금한 사실을 더 찾아보는 데에도 도움이 되더라는 필자 자신의 경험을 반영한 것이다. 사실 필자는 가까운 시일 내에 이 책을 영어로 번역도 하고 싶다는 생각에서 거의 모든 중요한 문구와 단어에 최대한 원문을 병기했고, 그 때문에 상당한 시간을 지체했지만, 지금 국문 출판본에서는 독자들에게 오히려 불편을 줄 것 같아 거의 다 생략했다.

우리들의 일상적인 삶에 직접적인 관련이 없는 주제라고 생각할 수 있지만, 이 책을 읽어보는 독자들은 그래도 지구촌의 문제에 관심을 가진 사람들일 것이라고 생각한다. 그들이 세상을 이해하고 따뜻한 방향으로 만들어가는 데 조금이라도 도움이 되기를 기대하면서 글을 마친다. 필자의 지식과 생각이 모자라서 미처 고려하지 못했던 내용이나 오류가 있다면 언제든 지적해주시는 분들에게 미리 감사하다는 말을 남겨놓고자 한다. 필자는 기회가 되는 대로 이 책에서 다룬 여러 주제에 대해 전문가들의 조언을 받아가며 후속 연구를 계속해나갈 생각이다.

영문약어목록

A

- ADB: Asian Development Bank(아시아개발은행)
- AfDB: African Development Bank(아프리카개발은행)
- AFL-CIO: American Federation of Labor and Congress of Industrial Organizations(미국 노동자연합 및 산업별 조합회의)
- APOC: Anglo-Persian Oil Company(영국-페르시아 석유회사)

B

- BEA: Bureau of Economic Analysis(미국 상무부 경제분석국)
- BLS: Bureau of Labor Statistics(미국 노동통계국)

C

- CARE: Cooperative for Assistance and Relief Everywhere(1945년 설립된 국제구호단체)
- CBD: Convention on Biological Diversity(생물다양성협약, 1992년 리오 UNCED에서 채택)
- CDO: Collateralized Debt Obligation(부채담보부증권)
- CFC: Common Fund for Commodities(상품공동기금, 1980년 UNCTAD 총회에서 결의되어 1989년 설립)
- CFC: ChloroFluoroCarbon(염화불화탄소, 오존층 파괴 물질로 규제)
- CITES: Convention on International Trade in Endangered Species of Wild Fauna and Flora(멸종위기종 야생 동식물의

무역에 관한 협약, IUCN 주도로 1973년 체결)

- CLRTAP: Convention on Long Range Transboundary Air Pollution(국경을 초월하는 장거리 대기오염에 관한 협정, 1979년 체결)
- CMS: Convention on Migratory Species(이주성 야생동물 보호협약, UNEP 주도로 1979년 서독 본에서 체결)
- CNN: The Cable News Network(미국 뉴스 전문 유선방송회사)
- COP: Conference of the Parties(가입 당사국 회의, 국제조약에 가입한 회원국들 간의 회의)

D

- DAC: Development Assistance Committee(OECD 개발원조 위원회)
- DDA: Doha Development Agenda(도하 개발의제)
- DEFRA: Department for Environment, Food & Rural Affairs(영국 환경, 식품 농촌부)
- DES: Dietary Energy Supply(식용 에너지 공급, 식량공급에 준하는 뜻으로 FAO가 보고서에서 사용하는 용어)
- DJIA: Dow-Jones Industrial Average(미국 다우존스 산업지수)

E

- EC: European Commission(EU집행위원회)
- EC: European Community(유럽공동체)
- EEC: European Economic Community(유럽경제공동체)
- ECJ: European Court of Justice(유럽사법재판소)

- EEZ: Exclusive Economic Zons(배타적 경제수역)
- EPA: Environmental Protection Agency(미국 환경보호청)
- ESA: Endangered Species Act(미국의 멸종위기종 보호법, 1973년 제정)
- EU: European Union(유럽연합)

F

- FAA: Foreign Assistance Act(미국 대외원조법)
- FAO: Food and Agricultural Organization(UN 식량농업기구)
- FDI: Foreign Direct Investment(외국인 직접투자)
- FTA: Free Trade Agreement 또는 Free Trade Area(자유무역협정 또는 자유무역지대)

G

- GATT: General Agreement on Tariff and Trade(관세 및 무역에 관한 일반협정)
- GCF: Green Climate Fund(녹색기후기금)
- GDP: Gross Domestic Product(국내총생산)
- GEO: Global Environment Outlook(지구 환경전망, UNEP 발행)
- GGGI: Global Green Growth Institute(글로벌 녹색성장연구소)
- GMO: Genetically Modified Organizms(유전자 변형 생물)
- GNH: Gross National Happiness(국민총행복)
- GNP: Gross National Product(국민총생산)
- GNI: Gross National Income(국민총소득)

- GVC: Global Value Chain(글로벌 가치사슬)

H

- HDI: Human Development Index(UNDP가 발표하는 인간개발지수)
- HICs: High Income Countries(고소득국가)
- HIPCs: Heavily Indebted Poor Countries(고채무 빈곤국가)

I

- IBRD: International Bank for Reconstruction and Development (국제재건개발은행)
- ICC: International Criminal Court(국제형사재판소)
- ICJ: International Court of Justice(국제사법재판소)
- IDA: International Development Association(국제개발협회)
- IDB: Inter-American Development Bank(미주개발은행)
- IGO: Inter-Governmental Organization(정부 간 국제기구)
- IMF: International Monetary Fund(국제통화기금)
- IMO: International Maritime Organization(국제해양기구)
- INGO: International Non-Governmental Organization(비정부 간 국제기구)
- IPCC: Intergovernmental Panel on Climate Change(기후변화에 관한 정부 간 패널, 1988년 설립)
- ITLOS: International Tributional for the Law of the Sea (국제해양법재판소)
- ITO: International Trade Organization(국제무역기구, 1944년

브레튼 우즈 기구의 하나로 설립 합의되었으나 미국 의회의 비준 거부로 설립 무산)

- IUCN: International Union for Conservation of Nature(국제 자연보존연맹, 1948년 IUPN으로 설립, 1956년 개명)
- IUPN: International Union for the Protection of Nature(국 제자연보호연맹, IUCN의 전신)

K

- KIET: Korea Institute for Industrial Economics & Trade (산업연구원, 1976년 설립된 한국의 국책 경제연구소)

L

- LDCs: Least Developed Countries(최빈개도국, UN이 선정하 는 최저개발국가들)
- LICs: Low Income Countries(저소득국가)
- LMICs: Lower Middle Income Countries(중저소득국가)
- LN: League of Nations(국제연맹)

M

- MARPOL: International Convention for the Prevention of MARine Pollution from Ships(선박으로부터의 해양 오염 방 지 협약, 1973년 체결, 약칭은 MARine Pollution에서 따옴)
- MBS: Mortgage-Backed Secuties(모기지 담보 증권)
- MDGs: Millennium Development Goals(새천년개발목표, 2000년에 UN이 채택)

- MNCs: Multi-National Companies(다국적기업)

N

- NAM: Non-Aligned Movement(비동맹운동)
- NASA: National Aeronautics and Space Administration (미국 항공우주국)
- NICs: Newly Industrializing/Industrialized Countries(신흥공업국)
- NIEO: New International Economic Order(신국제경제질서)
- NPE: New Political Economy(신정치경제학)

O

- ODA: Official Development Assistance(공적개발원조)
- ODS: Ozone Depleting Substances(오존층 파괴물질)
- OECD: Organisation for Economic Cooperation and Development(경제협력개발기구, 1961년 설립)
- OEEC: Organisation for European Economic Cooperation (유럽경제협력기구, 1948년 설립, OECD의 전신)
- OICA: Organisation Internationale des Constructeurs d'Automobiles(국제자동차생산자기구, 프랑스 파리 소재)
- OPEC: Organization of Petroleum Exporting Countries (석유수출국기구)

P

- PLO: Palestine Liberalization Organization(팔레스타인 해방기구)

S

- SDGs: Sustainable Development Goals(지속 가능 개발목표, 2015년 UN이 채택한 17개의 세계개발목표)
- SEPA: Swedish Environmental Protection Agency(스웨덴 환경보호청)
- SNS: Social Network Service(소셜 네트워크 서비스)

T

- TNCs: Trans-National Companies(초국적기업)

U

- UAE: United Arab Emirates(아랍에미리트연합)
- UMICs: Upper Middle Income Countries(중고소득국가)
- UN: United Nations(국제연합)
- UNCCD: UN Convention on Combat Desertification(UN 사막화방지협약, 1994년 체결)
- UNCED: United Nations Conference on Environment and Development(UN 환경 및 개발회의, 1992년 리오 정상회의)
- UNCHE: United Nations Conference on the Human Environment(UN 인간환경회의, 1972년 스톡홀름 정상회의)
- UNCLOS: United Nations Convention on the Law of the Sea(UN 국제해양법, 1982년 채택)
- UNCSD: United Nations Conference on Sustainable Development(지속 가능한 개발을 위한 회의, RIO+20 회의, 2012년 리우데자네이루 개최)

- UNCTAD: United Nations Conference on Trade and Development(UN무역개발회의)
- UNDP: United Nations Development Program(UN개발계획)
- UNEP: United Nations Environment Programme(UN환경계획)
- UNFCCC: United Nations Framework Convention on Climate Change(UN 기후변화협약, 1992년 리우회의에서 채택)
- UNESCO: United Nations Educational, Scientific and Cultural Organization(UN교육과학문화기구)
- UNIDO: United Nations Industrial Development Organization (UN산업개발기구)
- USAID: United States Agency for International Development (미국 국제개발처)
- USEPA: US Environmental Protection Agency(미국 환경보호청)
- USSR: Union of Soviet Socialist Republics(소비에트 사회주의 연방공화국, 흔히 소련이라고 함. 1922년 성립, 1991년 해체됨)

W

- WB: World Bank(세계은행)
- WCED: World Commission on Environment and Development (환경과 개발에 대한 세계 위원회, 브룬트란트 위원회, 1984년 출범)
- WDR: World Development Report(세계개발보고서, 세계은행 발간)

- WHC: World Heritage Committee(UNESCO 세계문화유산 위원회)
- WMO: World Meteorological Organization(세계기상기구)
- WFE: World Federation of Exchange(세계거래소연합회, 종전 International Federation of Stock Exchanges에서 이름을 바꿈)
- WSSD: World Summit on Sustainable Development(지속 가능 개발을 위한 세계정상회의, 2002년 요하네스버그 개최)
- WTO: World Trade Organization(세계무역기구)

참고문헌

◻ 한글서적

○ 강유원(2012), 『역사고전 강의: 전진하는 세계, 성찰하는 인간』, 서울: 라티오.

○ 강은형(1979), 『우파니샤드』, 서울: 동호서관.

○ 김구(2002), 『백범일지』, 서울: 나남출판.

○ 김낙년(2014), 「한국의 개인소득 분포: 소득세 자료에 의한 접근」, 낙성대경제연구소 워킹페이퍼 2014-08(http://www.naksung.re.kr/xe/main).

○ 김성칠(1993), 『역사 앞에서: 한 사학자의 6·25 일기』, 서울: 창작과 비평사.

○ 김성희(1978), 『구미정치사』, 서울: 박영사.

○ 김수행(2011), 『세계 대공황』, 서울: 돌베개.

○ 김우철(2014), 「소득불평등 지수의 정확한 추정을 위한 조건」, 자유경제원 현안해부 No.13, 2014.10.1.

○ 김용식(2014), 「글로벌 금융규제의 변화와 한국 금융의 미래: 볼커룰(Volcker Rule)을 중심으로」, 『언론재단 논문집』, 2014.9.3.

○ 김주한, 윤정현, 강지현(2014), 『한국형 ODA 산업분야 연구: 발전경험 시리즈-철강산업』, 서울: 산업연구원.

○ 노명식(1980), 『프랑스 혁명에서 빠리 꼼뮨까지 1789-1871』, 서울: 도서출판 까치.

○ 송길호 외(2013), 『세계경제권력지도』, 서울: 어바웃어북.

○ 유시민(1992), 『부자의 경제학, 빈민의 경제학』, 서울: 푸른나무.

○ 원의범(1981), 『인도철학사상』, 서울: 집문당.

○ 이철환(2016), 『좋은 돈 나쁜 돈 이상한 돈: 돈에 관한 모든 이야기』, 서울: 나무발전소.

○ 장하성(2016), 『왜 분노해야 하는가』, 서울: 헤이북스.

○ 정윤형(1981), 『서양경제사상사연구』, 창비신서 30, 서울: 창작과 비평사.

○ 주동주(1994), 「현지 리포트: 남아공, 종합개발계획 추진」, 『KIET 실물경제』, 1994.6.22.

○ 주동주, 이석기(2004), 『인도경제의 부상과 한 인도 산업협력방안』, 정책자료 2004-157, 서울: 산업연구원.

○ 주동주(2005a), 『신흥 경제대국 BRICs와 한국경제』, 서울: 산업연구원.

○ 주동주(2005b), 「친디아 시장형성 배경과 산업별 영향」, 『KIET산업경제』, 통권80호(2005.5), 서울: 산업연구원.

○ 주동주(2005c), 『한·인도 투자 확대를 위한 투자환경 분석 및 투자기업 지원 방안』, 산업자원부 용역 보고서, 서울: 산업연구원.

○ 주동주(2007), 『중동, 아프리카 경제자료집 1, 2, 3』, 서울: 한국학술정보(주).

○ 주동주 편저(2011), 『국제개발과 국제원조』, 서울: 시나리오 친구들.

○ 주동주, 차문중, 권율 외(2012), 『한국형 ODA 모델수립』, 서울: 산업연구원.

○ 주현, 강두용, 서동혁 외(2015), 『제조업의 메가트렌드와 정책과제』, 이슈페이퍼 2015-393, 세종: 산업연구원.

○ 차하순(1981), 『서양사총론』, 서울: 탐구당.

○ 최승노(2014), 「토마 피케티의 '21세기 자본론' Q & A」, 조선 Pub, 2014.8.4.

○ 최웅, 김봉중(1992), 『미국의 역사-그 맥락과 현대적 조명』, 서울: 소나무.

○ 최혁(2009), 「글로벌 금융위기의 전개과정」, 『한국경제포럼』, 제2집 제1호, 서울: 한국경제학회.

○ 환경부(2006), 『국내 도입 외래동물 현황 파악 및 생태계위해성 등급 분류 연구』, 2006.12.

□ 번역서적

○ 레이몽 아롱(이종수 역, 1980), 『사회사상의 흐름』, 홍성신서 26, 서울: 홍성사(원저: Raymond Aron, 1967, *Les Étapes de la pensée sociologique(Main Currents in Sociological Thought)*, Paris: Gallimard).

○ 레이몽 아롱(정기수 역, 1981), 『산업사회의 미래』, 서울: 을유문화사(원저: Raymond Aron, *Dix-huit leçons sur la société industrielle*, 1962).

○ 리오 휴버먼(장상환 역, 2012), 『자본주의 역사 바로 알기』, 서울: 책벌레(원저: Leo Huberman, 1936, *Man's Worldly Goods: The Story of the Wealth of Nations*)

○ 리처드 도킨스(이한음 역, 2010), 『만들어진 신: 신은 과연 인간을 창조했는가?』, 서울: 김영사(원저: Richard Dawkins, 2006, *The God Delusion*).

○ 베르너 풀트(송소민 역, 2013), 『금서의 역사』, 서울: 시공사(원저: Werner Fuld, 2012, *Das Buch der verbotenen Bücher: Universalgeschichte des Verfolgten und Verfemten von der Antike bis heute*).

○ 사마천(司馬遷, 정범진 역, 1994), 『史記1 : 史記本紀』, 서울: 까치

○ 슘페터(이상구 역, 1979), 『자본주의, 사회주의, 민주주의』, 서울: 삼성출판사(원저: Joseph Schumpeter, 1944, *Capitalism, Socialism and Democracy*).

○ 스티븐 로치(이은주 역, 2015), 『G2 불균형』, 서울: 생각정원(원저: Stephen Roach, *Unbalanced: The Codependency of America and China*).

○ 아놀드 토인비(강기철 역, 1975), 『시련에 처한 문명』, 서울: 일지사(원저: Arnold Joseph Toynbee, 1948, *Civilization on Trial*, Oxford University Press).

○ 아놀드 토인비(노명식 역, 1979), 『역사의 연구』, 서울: 삼성출판
　　사(원저: Arnold Joseph Toynbee, 1973, *A Study of History*,
　　Oxford University Press).

○ 안토니 파그덴(한은경 역, 2003), 『민족과 제국』, 서울: 을유문화
　　사(원저: Anthony Pagden, 2003, *Peoples and Empires*).

○ 이나미 리츠코(이은숙 역, 1997), 『사치향락의 중국사』, 서울: 차림

○ 이브 시아마(심영섭 역, 2011), 『멸종위기의 생물들』, 서울: 현실
　　문화(원저: Yves Sciama. 2008, *Petit Atlas des Escepes Menacees*,
　　Larousse).

○ 장하준(형성백 역, 2004), 『사다리 걷어차기』, 서울: 도서출판 부
　　키(원저: Ha-Joon Chang, 2002, *Kicking Away the Ladder*,
　　Anthem Press).

○ 조제프 나이(박로웅 역, 1991), 『21세기 미국파워』, 서울: 한국경
　　제신문사(원저: Joseph Nye, Jr., 1990, *Bound to Lead*).

○ 존 미클스웨이트, 에이드리언 울드리지(유경찬 역, 2004), 『기업의
　　역사』, 서울: 을유문화사(원저: John Micklethwait and Adrian
　　Wooldridge, 2004, *The Company*).

○ 진위루, 양천(하진이 역, 2014), 『금융으로 본 세계사: 솔론의 개
　　혁에서 글로벌 경제위기까지』, 서울: 시그마북스(원저: 陣
　　雨露, 楊陳, 2011, 世界是部金融史).

○ 칼 마르크스(김영민 역, 1987), 『자본 1-1, 1-2, 1-3』, 서울: 이론
　　과 실천

○ 클라우스 슈밥(송경진 역, 2016), 『클라우스 슈밥의 제4차 산업혁
　　명』, 서울: 새로운현재(원저: Klaus Schwab, 2016, *The Fourth
　　Industrial Revolution*).

○ 토드 부크홀츠(이승환 역, 2004), 『죽은 경제학자의 살아있는 아
　　이디어: 현대 경제사상의 이해를 위한 입문서』, 서울: 김
　　영사(원저: Todd G, Buchholz, 1989, *New Ideas from Dead
　　Economists*)

○ 프리드리히 하이에크(김이석 역, 2012), 『노예의 길』, 서울: 출판

나남.

○ 헤로도토스(박광순 역, 1987), 『역사』, 서울: 범우사.

○ 해리 덴트(권성희 역, 2014), 『2018 인구절벽이 온다』, 서울: 청림
출판(원저: Harry S. Dent, Jr., 2014, *The Demographic Cliff*).

○ E. K. 헌트(최완규 역, 1979), 『소유의 역사』, 서울: 새밭(원저: E.
K. Hunt, 1972, *Property & Prophets*, Harper and Row).

○ V. I. 레닌(김영철 역, 1988), 『제국주의론』, 서울: 논장.

○ Kenwood/Lougheed(박명섭 역, 1990), 『국제경제사』, 서울: 형설출
판사(원저: A. G. Kenwood and Al. Lougheed, 1980, *The
Growth of International Economy*).

○ 石坂昭雄 외 3인(배주한, 홍성희 역, 1997), 『新版 西洋經濟史』,
서울: 삼영사.

□ **영문서적**

○ Acemoglu, Daron and Robinson, James A.(2002), "The Political
Economy of the Kutznets Curve", *Review of Development
Economics*.

○ Acemoglu, Daron and Robinson, James A.(2012), *Why Nations
Fail; The Origins of Power, Prosperity, and Poverty*, New York:
Crown Business.

○ Alpert, Daniel(2014), *The Age of Oversupply: Overcoming the Greatst
Challenge to the Global Economy*, Portfolio/Penguin.

○ Alter, Karen J.(2014), *The New Terrain of International Law: Courts,
Politics, Rights*, Princeton and Oxford: Princeton University
Press.

○ Buchanan, James M. and Tollison, Robert, D.(eds.)(1972), *Theory of
Public Choice: Political Applications of Economics*, Ann Arbor:
The University of Michigan Press.

○ Cain, Michale L., Bowman, William, and Hacker, Sally D.(2011),

Ecology, Second Edition, Sinauer Associates Inc..

○ Cassidy, John(2014), "Piketty's Inequality Story in Six Charts", The New Yorker, March 26, 2014.

○ Chilosi, Alberto(2008), "Poverty, population, inequality, and development in historical perspective", *The European Journal of Comparative Economics,* Vol.7, No.2.

○ CNN(2007), *Planet in Peril: A CNN Worldwide Investigation,* DVD.

○ Collier, Paul(2007), *The Bottom Billion: Why the Poorest Countries are Failing and What Can Be Done About It,* Oxford University Press.

○ Craig, Campbell(2010), "The Resurgent Idea of World Government", Chapter 19 in Paul F. Diehl & Brian Frederking(2010), *The Politics of Global Governance: International Organizations in an Interdependent World,* Boulder & London: Lynne Rienner Publishers.

○ Daly, Herman E.(1996), *Beyond Growth: The Economics of sustainable Development,* Boston: Beacon Press.

○ Daly, Herman E. and Farley, Joshua(2004), *Ecological Economics: Principles and Applications,* Washington: Island Press.

○ Davis, Gerald F.(2009), *Managed by the Markets: How Finance Re-Shaped America?,* Oxford University Press.

○ Deaton, Angus(2013), *The Great Escape: health, wealth, and the origins of inequality,* Princeton University Press.

○ DeSombre, Elizabeth R.(2015), "Domestic Sources of U. S. Unilateralism." Chapter 6 in Regina S. Axelrod and Stacy D. VanDeveer(eds.)(2015), *The Global Environment: Institutions, Law, and Policy,* Los Angeles: CQ Press, an imprint of Sage Publications, Inc..

○ Diamond, Jared(1999), *Guns, Germs, and Steel: The Fates of Human Societies,* New York & London: W. W. Norton & Company.

O Dicken, Peter(1992), *Global Shift: The Internationalization of Economic Activity, Second Edition*, London: Paul Chapman Publishing Ltd..

O Diehl, Paul F. & Frederking, Brian(2010), *The Politics of Global Governance: International Organizations in an Interdependent World*, Boulder & London: Lynne Rienner Publishers.

O Dimento, Joseph E. C.(2003), *The Global Environment and International Law*, Austin: University of Texas Press.

O Duncan, David Ewing(1998), *The Calendar: The 500-Year Struggle to Align the Clock and the Heavens-and What Happened to the Missing Ten Days*, London: Fourth Estate.

O Easterly, William(2001), *The Elusive Quest for Growth: Economist's Adventures and Misadventures in the Tropics*, Cambridge, MA: The MIT Press.

O EDGAR(2013), *Trends in Global CO2 Emissions: 2013 Report,* Joint Research Centre of the European Commission & Netherlands Environmental Assessment Agency.

O Engels, Friedrich(1845), *Condition of the Working Class in England.*

O Falk, Richard A.(1975), *A Study of Future Worlds*, New York: The Free Press.

O FAO(1996), *The Sixth WORLD FOOD SURVEY*, Rome: Food and Agriculture Organization of The United Nations.

O FAO(2010), *Global Forest Resources Assessment 2010: Main Report*, Rome: Rome: Food and Agriculture Organization of The United Nations.

O Fasulo, Linda(2009), *An Insider's Guide to the UN,* Second Edition, New Heaven and London: Yale University Press.

O Finegan, Jack(1974), *Light from The Ancient Past: The Archeological Background of Judaism and Christianity, Vol. I,* Princeton University Press.

○ Fitzgerald, F. Scott(1925), *The Great Gatsby,* New York: Scribner.

○ Friedman, Benjamin M.(2005), *The Moral Consequences of Economic Growth*, Vintage Books.

○ Fukuyama, Francis(2006), *The End of History and the Last Man,* Edition with a Nw Afterword, New York: The Free Press.

○ Gates, Bill(2014), "Wealth and Capital: Why Inequality Matters", The Blog of Bill Gate, October 13, 2014.

○ Ghemawat, Pankaj and Pisani, Niccolò(2014), "The Fortune Global 500 Isn't All That Global", *Harvard Business Review*, November 04, 2014.

○ Gillespie, Patrick(2014), "Part-time jobs put millions in poverty or close to it", money.cnn.com, November 20, 2014.

○ Goldin, Ian(2013), *Divided Nations: Why Global Governance is failing, and what we can do about it,* Oxford University Press.

○ Gorden, John Steel(2004), *An Empire of Wealth: The Epic History of American Economic Power*, Harper Perennial.

○ Graaf, John D. and Batker, David K.(2011), *What's the Economy For, Anyway?,* New York: Bloomsbury Press.

○ Green Facts(2006), *Facts on Desertification: A Summary of the Millennium Ecosystem Assessment Desertification Synthesis.*

○ Greene, Owen(1997), "Environmental Issues", Chapter 16 in John Baylis and Steve Smith(eds.), *The Globalization of World Politics: An Introduction to International Relations*, Oxford University Press.

○ Hart-Davis, Adam(ed.)(2012), *DK History: The Definitive Visual Guide*, DK Publishing.

○ Hayek, F. A.(2007), *The Road to Serfdom,* Text and Documents: The Definitive Edition, Edited by Bruce Caldwell, The university of Chicago Press.

○ Heinberg, Richard(2011), *The End of Growth: Adapting to Our New*

Economic Reality, New Society Publishers.

○ Hobsbawm, Eric(1962), *The Age of Revolution 1789-1848*, First Vintage Books Edition, 1996, New York: Vintage Books.

○ Hobsbawm, Eric(1975), *The Age of Capital 1848-1875*, First Vintage Books Edition, 1996, New York: Vintage Books.

○ Hirst, Paul and Thompson, Grahame(1996), *Globalization in Question*, Cambridge, UK: Polity Press.

○ Hughes, J. Donald (2001), *An Environmental History of the World: Humankind's Changing Role in the Community of Life*, London & New York: Routledge.

○ Iida, Keisuke(2010), "Is WTO Dispute Settlement Effective?" Chapter 10 in Paul F. Diehl & Brian Frederking(2010), *The Politics of Global Governance: International Organizations in an Interdependent World*, Boulder & London: Lynne Rienner Publishers.

○ IUCN(2008), *The IUCN Red List of Threatened Species*, International Union for Conservation of Nature.

○ Jackson, John H.(2010), "The Case of the World Trade Organization", Chapter 11 in Paul F. Diehl & Brian Frederking(2010), *The Politics of Global Governance: International Organizations in an Interdependent World*, Boulder & London: Lynne Rienner Publishers.

○ Jacobson, Mark. Z.(2012), *Air Pollution and Global Warming: History, Science, and Pollutions*, Cambridge University Press.

○ Jaffe, Eric(2014), *The Geography of the Anti-Agenda 21 Movement: A look at the legislation that's undermining sustainable planning across the U. S.*, http://www.citylab.com/politics/2014/05/geography-anti-agenda-21-movement/9056/

○ Johnson, Stanley(1972), *The Green Revolution*, New York: Harper Torchbooks.

○ Karns, Margaret P. & Mingst, Karen A.(2010), *International Organizations: The Politics and Processes of Global Governance*, Second Edition, Boulder and London: Lynne Rienner Publishers.

○ Kates, Robert W. et al.(2005), "What is Sustainable Development?- Goals, Indicators, Values, and Practice", *Environment, Science, and Policy for Sustainable Development*, Volume 47, Number 3, April 2005.

○ Keynes, John Maynard(1973: originally 1936), *The General Theory of Employment, Interest and Money, Vol. 7 in The Collected Writings of John Maynard Keynes,* 1973 edition published by Macmillan St. Martin's Press for The Royal Economic Society.

○ Kim, NakNyeon & Kim, Jongil(2014), *Top Incomes in Korea, 1933-2010: Evidence from Income Tax Statistics*, Working Paper 2014-03, Seoul: Naksungdae Institute of Economic Research.

○ Kindleberger, Charles P. & Aliber, Robert Z.(2011), *Manias, Panics, and Crashes: A History of Financial Crises*, 6th Edition, Palgrave MacMillan.

○ Kirsch, Philippe(2010), "The Role of the International Criminal Court in Enforcing International Criminal Law", Chapter 17 in Paul F. Diehl & Brian Frederking(2010), *The Politics of Global Governance: International Organizations in an Interdependent World*, Boulder & London: Lynne Rienner Publishers.

○ Kolbert, Elizabeth(2014), *The Sixth Extinction: An Unnatural History*, New York: Henry Holt and Company.

○ Kohn, Hans(1944), *The idea of nationalism: a study in its origins and background*, New York: Macmillan Co..

○ Krugman, Paul(2007), "Who Was Milton Friedman?", *The New York Review of Books*, February 15, 2007.

○ Krugman, Paul(2009), *The Return of Depression Economics and The*

    Crisis of 2008, New York: W. W. Norton & Company.

○ Kurtzman, Joel(1993), *The Death of Money: How the Electronic Economy Has Destabilized the World Market and Created Financial Chaos.*

○ Kuznets, Simon(1955), "Economic Growth and Income Inequality", *The American Economic Review*, Volume XLV, Number 1, March 1955.

○ Landes, David(1999), *The Wealth and Poverty of Nations: Why Some Are So Rich and Some So Poor.*

○ Macroy, Richard(2008), *Regulation, Enforcement and Governance in Environmental Law*, Cameron May.

○ Malthus, Thomas Robert(1960; originally 1798), *An Essay on the Principle of Population as if affects the Future Improvement of Society with Remarks on the Speculations of Mr. Godwin, M. Condorcet, and Other writers*, Edited and introduced by Gertrude Himmelfarb, New York: The Modern Library.

○ Mander, Jerry(2012), *The Capitalism Papers: Fatal Flaws of and Obsolete System*, Berkeley, CA: Counterpoint.

○ Mankiw(2009), *Principles of Economics*, Fifth Edition, South-Western Censage Learning.

○ Markham, Adam(1994), *A Brief History of Pollution*, New York: St. Martin's Press.

○ Marx, Karl and Engels, Frederick(1991), *Selected Works in One Volume*, London: Lawrence and Wishart.

○ Marx, Karl(1999; originally 1867-1895), *Capital,* Oxford World Classics A new Abridgement, Edited with and Introduction and Notes by David Mclellan, Oxford University Press.

○ McNeill, J. R.(2000), *Something New Under the Son: An Environmental History of the Twenties Century World,* London: W. W. Norton & Company Ltd..

O Meadows, Donella H. et al.(1972), *The Limits to Growth: A Report to the Club of Rome's Project on the Predicament of Mankind*, A Potomac Association Book.

O Meier, Gerald M.(2005), *Biography of A Subject: An Evolution of Development Economics*, Oxford University Press.

O Meltzer, Milton(1993), *Slavery: A World History*, Da Capo Press.

O Mitchell, Lawrence(2007), *The Speculation Economy: How Finance Triumphed Over Industry*, Berrett-Koehler Publishers.

O Mitchell, Lawrence(2014), "Financial Speculation: the good, the bad, and the parasitic", *The Conservation*, November 11, 2014.

O Mitchell, Sara; Stephen C. Nemeth; Elizabeth A. Nyman(2008), *Ruling the Sea: Institutionalization and Privatization of the Global Ocean Commons*, http://ir.uiowa.edu/cgi/viewcontent.cgi? article=1003&context=polisci_pubs

O Morgan, Kenneth O.(ed.)(1996), *The Young Oxford History of Britain & Ireland*, Oxford University Press.

O Mosley, Stephen(2001), *The Chimney of the World: A History of Smoke Pollution in Victorian and Edwardian Manchester*. Cambridge: White Horse Press.

O Moyo, Dambisa(2009), *Why Aid is not working and How There is a better way for Africa*, New York: Farra, Straus and Giroux.

O Myrdal, Gunnar(1970), *The Challenge of World Poverty: A World Anti-Poverty Program in Outline*, New York: Pantheon Books.

O Najam, Adil(2015), "The View from the South: Developing Countries in Global Environmental Politics", Chapter 9 in Regina S. Axelrod and Stacy D. VanDeveer(eds.)(2015), *The Global Environment: Institutions, Law, and Policy*, Los Angeles: CQ Press, an imprint of Sage Publications, Inc..

O Nye, Joseph.(1990), *Bound to lead: The changing nature of American power*. New York: Basic Books.

○ OECD(2008a), *OECD Environmental Outlook to 2030*, Paris: Organisation for Economic Co-operation and Development.

○ OECD(2008b), *OECD Environmental Outlook to 2050*, Paris: Organisation for Economic Co-operation and Development.

○ OECD(2014), *Focus on Inequality and Growth,* December 2014.

○ Opello, Jr. Walter C. and Rosow, Stephen J.(2004), *The Nation-State and Global Order: A Historical Introduction to Contemporary Politics,* Second Edition, A Text-in-Time Edition, Boulder & London: Lynne Rienner Publishers.

○ Oreskes, Naomi and Conway, Erik M.(2014), *The Collapse of Western Civilization: A View from the Future*, Columbia University Press.

○ Piketty, Thomas(2014), *Capital in the Twenty-First Century*, The Belknap Press of Havard University.

○ Pongracic. Jr., Ivan(2007), *The Great Depression According to Milton Friedman,* http://fee.org/freeman/the-great-depression-according-to-milton-friedman

○ PWC(2015), *Global Top 100 Companies by market capitalisation*, 31 March 2015 update.

○ Randers, Jörgen(2010), *What was the message of the Limits to Growth?*, Club of Rome.

○ Randers, Jörgen(2012), *2052: A Global Forecast for the Next Forty Years,* Chelsea Green Publishing.

○ Reece, Jane B. et al.(2012), *Campbell Biology: Concepts and Connections, Seventh Edition,* Boston: Benjamin Cummings.

○ Reinert, Erik S.(2007), *How Rich Countries Got Rich ⋯ And Why Poor Countries Stay Poor*, London: Constable and Robinson Ltd.

○ Ricardo, David(1817), *The Principle of Political Economy and Taxation,* Vol. 1 in *The Works and Correspondence of David Ricardo,* edited by Piero Sraffa(1970), Cambridge at the University

Press.

○ Robert Ovetz(2005), "Privatization is the Real Tragedy of the Commons", *Environmental News Network*, July 28, 2005.

○ Rosendal, G. Kristine(2015), "Global Biodiversity Governance: Genetic Resources, Species, and Ecosystems", Chapter 12 in Regina S. Axelrod and Stacy D. VanDeveer(eds.)(2015), *The Global Environment: Institutions, Law, and Policy*, Los Angeles: CQ Press, an imprint of Sage Publications, Inc.

○ Rostow, W. W.(1960), *Stages of Economic Growth: A Non-Communist Manifesto,* Second Edition, Cambridge University Press.

○ Sachs, Jeffrey(2005), *The End of Poverty: Economic Possibilities of Our Time*, Penguin Books.

○ Samuelson Paul. A. & Nordhaus, William D.(1985), *Economics*, Twelfth Edition, McGraw-Hill Book Company.

○ Schreurs, Miranda A.(2007), "The Politics of Acid Rain in Europe", Chapter 7 in Gerald R. Visgillio and Diana M. Whitelaw (eds.)(2007), *Acid Rain in the Environment: Lessons Learned and Future Prospects*, Springer US.

○ Schumpeter, Joseph. A.(1976; originally 1944), *Capitalism, Socialism and Democracy*, Fifth Edition, George Allen & Unwin.

○ Sen, Amartya(1999), *Development as Freedom*, New York: Anchor Books.

○ Seyle, D. Conor and King, Matthew Wilburn(2013), "Understanding Governance", Chapter 2 in The World Watch Institute(2013), *State of the World 2014: Governing for Sustainability*, Washington and London: Island Press.

○ Short, Doug(2015), "Ratio of Part-Time Employed Remains Higher Than the Pre-Recession Levels", October 5, 2015 Shubin, Neil(2013), *The Universe Within: The Deep History of Human Body*, New York: Vintage Books.

○ Smith, Adam(1776), *An Inquiry into the Nature and Causes of the Wealth of Nations*, Oxford: Clarendon Press, 1976 Edition.

○ Snarr, Michael T. and Snarr, D. Neil(eds.)(2008), *Introducing Global Issues*, Fourth Edition, Boulder & London: Lynne Rienner Publishers.

○ Stearns, Peter N.(2013), *The Industrial Revolution in World History*, Fourth Edition, Westview Press.

○ Strange, Susan(1996), *The Retreat of the State: The Diffusion of Power in the World Economy*. Cambridge University Press

○ Todaro, Michael P. and Smith, Stephen C.(2003), *Economic Development*, Eighth Edition, Addison Wesley.

○ Toynbee, Arnold(1919), *Lectures on the Industrial Revolution of the Eighteenth Century in England: Popular Addresses, Notes and Other Fragments*, London: Longmans Green and Co..

○ Toynbee, Arnold Joseph(1973), *A Study of History*, Oxford University Press.

○ Tumurtogoo, D.(ed.)(2007), *The Secret History of Mongols,* Ulaanbaatar: MONSUDAR Co. Ltd..

○ Turner, Graham(2008), *A Comparison of the Limits to Growth with Thirty Years of Reality,* CSIRO Sustainable Ecosystems (www.csiro.au).

○ UNEP(2012), *Global Environmental Outlook 5: Summary for Policy Makers*, Nairobi: United Nations Environment Programme.

○ UNFCCC(2007), *Investment and Financial Flows to Address Climate Change*, United Nations Framework Convention on Climate Change.

○ UNIDO(2013), *Industrial Development Report 2013*, Vienna: United Nations Industrial Development Organization.

○ United Nations(2006), *World Urbanization Prospects: The 2005 Revision.* Working Paper No. ESA/P/WP/200, New York: United

Nations Department of Economic and Social Affairs Population Division.

○ United Nations(2015), *World Population Prospects: The 2015 Revision-Key Findings and Advance Tables,* New York: United Nations Department of Economic and Social Affairs Population Division.

○ United Nations Department of Economic and Social Affairs(2013), "World population projected to reach 9.6 billion by 2050", 13 June 2013.

○ United Nations University(2011), *Former National Leaders: Water a Global Security Issue,* Press Releases, March 20, 2011.

○ Vié, Jean-Christophe; Hilton-Taylor, Craig; Stuart, S. N.(eds.) (2008), *Wildlife in a changing world: an analysis of the 2008 IUCN Red List of Threatened Species,* IUCN Species Survival Commission(SSC).

○ Volgy, Thomas, et al.(2015), "Identifying Formal Intergovernmental Organizations", Chapter 2 in Paul F. Diehl & Brian Frederking(2010), *The Politics of Global Governance: International Organizations in an Interdependent World,* Boulder & London: Lynne Rienner Publishers.

○ Wade, James B., et al.(1997), "Worth, words, and the justification of executive pay", *Journal of Organizational Behavior,* VOL. 18.

○ Ward, Peter D.(2010), *The Flooded Earth: Our Future in A World Without Ice Caps,* New York: Basic Books.

○ Weber, Max(2001: originally 1905), *The Protestant Ethic and The Spirit of Capitalism,* Translated by Talcott Parsons in 1930, Routledge.

○ Wendt, Alexander(2003), *Why A World State is Inevitable: Teleology and The Logic of Anarchy,* http://www.comw.org/qdr/fulltext/03wendt.pdf

○ Wilson, E. O.(2006), *Creation: An Appeal to Save Life on Earth*, New York and London: W. W. Norton and Company.

○ Wilson, Edward O.(2014), *The Meaning of Human Existence*, Liveright, p.47.

○ Wogan, David(2013), "Why we know about the green house gas effect?", *Scientific American*, May 16, 2013.

○ World Bank(2001), *World Development Report 2000/01: Attacking Poverty*, Washington, D.C.: World Bank.

○ World Commission on Environment and Development(1987), *Our Common Future*, Oxford: Oxford University Press.

□ **인터넷 홈페이지**

○ 국제통화기금 http://www.imf.org
○ UN 기후변화 http://www.un.org/climatechange/
○ UN 기후변화협약 http://unfccc.int/2860.php
○ UN 새천년 개발목표 http://www.un.org/millenniumgoals/
○ UN 생물다양성협약 https://www.cbd.int/
○ UN 인구통계 http://esa.un.org/unpd/wpp/
○ UN 지속 가능 개발목표 https://sustainabledevelopment.un.org/
○ UN 사막화 방지협약 http://www.unccd.int
○ UNDP 인간개발 보고서 http://hdr.undp.org/en
○ 국제자연보존연맹 http://www.iucn.org/
○ World Bank 빈곤 데이터 http://data.worldbank.org/topic/poverty
○ World Bank 세계개발보고서 http://www.worldbank.org/en/publication/wdr/wdr-archive
○ 세계무역기구 http://www.wto.org

주동주

한국외국어대학교 아랍어과(1982)를 졸업하고 동 대학원에서 경영학석사를 마친 후, 영국 맨체스터대학에서 국제개발학 석사, 박사를 취득하였다. 1984년 국책경제연구소인 산업연구원(KIET)에서 근무를 시작하여 동 연구원 국제개발협력실장을 역임하고 현재는 선임연구위원으로 근무하고 있다. 중동, 아프리카, 인도 등 개발도상국 전문가로 광범위한 연구를 수행하였고, 국제개발학과 국제원조 전문가로서 다양한 국내외 협력사업과 연구, 교육에 참여하였다. 한국외국어대학교와 경희대학교 국제대학원에서 겸임(객원)교수로 강의하였으며, 국무총리실 전문위원, 국제개발협력학회 부회장 등을 역임한 바 있다.

70억의 별:
위기의 인류

초판2쇄 2023년 8월 31일
초판발행 2016년 9월 19일

지은이 주동주
펴낸이 채종준
펴낸곳 한국학술정보㈜
주소 경기도 파주시 회동길 230(문발동)
전화 031) 908-3181(대표)
팩스 031) 908-3189
홈페이지 http://ebook.kstudy.com
전자우편 출판사업부 publish@kstudy.com
등록 제일산-115호(2000. 6. 19)

ISBN 978-89-268-7620-6 93330